U0804562

地方档案与社会治理

DIFANG DANGAN
YU SHEHUI ZHILI DIYIJI

第一辑

西华师范大学中华档案文献研究院　编

执行主编　苟德仪

巴蜀书社

目　录

目录

前　言

苟德仪

1902年2月8日，梁启超发表了《中国之旧史》一文，倡导史界革命，痛陈中国旧史学的弊端，他将这些弊端概括为“四蔽二病”，所谓四蔽即“知有朝廷而不知有国家”“知有个人而不知有群体”“知有陈迹而不知有今务”“知有事实而不知有理想”。缘此四蔽，复生二病：“能铺叙而不能别裁”“能因袭而不能创作”。四蔽二病合称“六弊”，给读者造成难读、难别择、无感触三大恶果。① 新史学便在批判旧史学的基础上应运而生。梁启超还明确指出：“凡著书贵宗旨。作史者，将为若干之陈死人作纪念碑耶？为若干之过去事作歌舞剧耶？殆非也。将使今世之人，鉴之裁之，以为经世之用也。”② 可见，梁启超特别重视“著书贵宗旨”，这个宗旨不是为逝者立纪念碑，也不是为过去的事作歌舞剧，而是为“经世之用”。

中国自古有经世致用的传统，《资治通鉴》是宋史学经世致用的典范之作。司马光的编纂宗旨有二：其一，“编集历代君臣事迹”，成就一部可信的通史，这从其最初的朴素命名——《通志》中可见一斑；其二，撰写一部“专取关国家兴衰，系生民休戚，善可为法，恶可为戒”的编年体通史，以为资治之镜鉴。前者求真，后者求用，“劝善惩恶，正言直笔”，在经世致用的目标下，将求真与求用完美地融合起来。

正是在传统经世致用思想影响下，我们创办了《地方档案与社会治理》辑刊，目的是要通过深入地方档案与文献的研究，希望能为今天的社会治理提供一些借鉴。作为西华师范大学中华档案文献研究院的学术阵地，本辑刊主要刊登我校及校外同行在地方档案与文献研究方面的最新成果，搭建一个学术交流的平台，如果说“著书贵在宗旨”，我们创办本辑刊的宗旨有二：

一是继承我校悠久的研究传统。建校70多年来，我校立足巴蜀，服务全国，在地方档案、写本与出土文献、巴蜀文献等的整理与研究方面形成了突出的优势和特色，涌现出了如伍非百、周虚白、傅平骧、郑临川、李炳英、李耀仙、赵吕甫、龙显昭等名师大家。正是由于前辈学者的筚路蓝缕，奠定了上个世纪80年代享誉全国的南充师院品牌。在20世纪80年代，我校率先建立了以李耀仙教授为主任的全国较早的地方文献研究机构——古籍整理研究室。90年代之后，何承桂、杨世民、胡嗣坤等教授还组建了古籍整

① 梁启超：《梁启超文集》，北京：北京燕山出版社，2009年，第216—223页。

② 梁启超：《梁启超文集》，北京：北京燕山出版社，2009年，第219页。

理所和巴蜀文化研究所。前辈学者先后推出了《廖平选集》《张澜文集》《巴蜀道教碑文集成》《巴蜀佛教碑文集成》《巴蜀艺文五种》《史通校注》《云南志校释》《苏舜钦集编年校注》《文同全集编年校注》《司马相如集校注》《缙云集校注》《扬雄集校注》《眉庵集》《蜀鉴校注》《梅堂述学》等著作，在学界影响甚大。

二是在继承传统的基础上，不断在地方档案与文献研究方面开拓新领域，产出新成果。前辈学者的艰苦奋斗奠定了我校地方档案与文献研究的深厚根基。如果说他们的创作是一座座令我们仰望的高山，而人事代谢是自然规律，我辈应该在前人的基础上继续攀登。这使我们想到唐朝诗人孟浩然的名句："人事有代谢，往来成古今。江山留胜迹，我辈复登临。"新世纪以来，在继承传统优势的基础上，我校相继成立了区域文化研究中心、地方档案与文献研究中心等科研平台，新一代学者也异军突起，以王安平、李健、蔡东洲、吴佩林、金生杨、吕兴邦等为代表的学者，在清代南部档案、川陕革命根据地档案、川北行署档案等整理与研究方面，以伏俊琏、王胜明、文廷海、蒋玉斌、杨小平、罗建新等为代表的学者对敦煌写本、简帛等出土文献的研究，成果突出，在业内已有重要影响。新一代学者相继推出了《川陕革命根据地历史文献资料集成》《清代南部档案研究》《清代县域民事纠纷与法律秩序考察》《敦煌文学总论》《川东道台与地方政治》等标志性研究成果，还编辑出版了《古代文学特色文献研究》《地方档案与文献研究》（前2辑）学术辑刊。

这个辑刊我们之所以用《地方档案与社会治理》名之，有三方面理由：

第一是为了"预流"。众所周知，1930年陈寅恪在《陈垣〈敦煌劫余录〉序》所言："一时代之学术，必有其新材料与新问题。取用此材料，以研求问题，则为此时代学术之新潮流。治学之士，得预此潮流者，谓之预流。其未得预者，谓之不入流。此古今学术之通义。非彼闭门造车之徒，所能同喻者也。"① 我们这个时代有我们这个时代的学术，有我们这个时代的新材料与新问题。党的十八届三中全会通过了《中共中央关于全面深化改革若干重大问题的决定》明确指出全面深化改革的总目标是"完善和发展中国特色社会主义制度，推进国家治理体系和治理能力的现代化"。② 因此，国家治理体系及治理能力的现代化，将是我国全面深化和推进改革历史进程的指南。社会治理是国家治理体系的重要方面。按照学者的理解，从运行意义上，"社会治理"实际是指"治理社会"，或者换言之，所谓"社会治理"，就是特定的治理主体对于社会实施的管理。③ 在我国，目前所讲的社会治理是指在执政党领导下，由政府组织主导，吸纳社会组织等多方面治理主体参与，对生活公共事务进行的治理活动，在十八大报告中，对我国的社会治理规定为"党委领导、政府负责、社会协同、公众参与、法治保障"的总体格局下运行的中国特色社会主义社会管理。④ 历史上的社会管理能为今天提供什么经验教训？这是我们这

① 陈寅恪：《金明馆丛稿二编》，北京：三联书店，2001年，第266页。

② 《中共中央关于全面深化改革若干重大问题的决定》，《人民日报》2013年11月16日。

③ 王浦劬：《国家治理、政府治理和社会治理的基本含义及其相互关系辨析》，《社会学评论》2014年第3期。

④ 王浦劬：《国家治理、政府治理和社会治理的基本含义及其相互关系辨析》，《社会学评论》2014年第3期。

些年一直在思考的问题。

而我们都知道，近年来地方档案与文献的整理和研究如火如荼，逐渐成为学术研究新的增长点和热点。这一方面是国家推动的结果，另一方面也是学术发展内在理路的必然结果。为了挖掘和保护我国丰富的历史文化遗产，国家有意识地通过项目立项、经费支持，来推动对地方档案与文献的整理、研究、保护、传承。就学术发展的内在理路而言，随着研究者的“眼光向下”，以往常用的正史、政书、日记、文集、方志等传世文献已无法满足学人日益增长的研究需求，而那些提供了大量细致入微、具体详实、生动逼真的历史信息的地方档案与文献进入了他们的视野。通过近年来推出的一些具有较高水平的研究论著可证明，地方档案与文献的整理与研究，极大地推动了政治史、经济史、社会史、文化史、教育史的研究，引起了学界的广泛关注。对于地方档案的研究价值与意义，陈廷湘教授论述过清代民国县级档案整理与研究的意义，他从“中国历史思维与史学特点”的高度论证了档案史料的特殊意义，他说，在世界学术界，档案被公认为历史学研究最可靠的资料之一。中国史学科发展的特殊性决定档案史料具有特别重要的意义。在中国文化背景下，史料对史学研究具有唯一的重大意义。中国史学对人类历史的贡献似只能建构在发现史料与发现史料的意义之上，而难于产生新理论、新范式的建构之上。[①] 此论非常深邃，不过在建立具有中国特色和气派的理论与范式的呼声日益高涨的背景下，我们对利用地方档案与文献进行新问题的研究从而建立中国特色的研究范式多少有些期许。

第二是为了突出重点，不断凝练新的研究方向的需要。近年来，我校凭借清代《南部档案》《巴县档案》等“新材料”，紧扣时代主题，服务国家乡村振兴战略，围绕全面深化改革的总目标，我校地方档案与文献研究方面的科研人员，聚焦清代的民事纠纷、基层组织与乡村管理、佐杂官与基层治理、清代州县房科与基层行政、清代川北盐政与基层社会、清代县域的宗教信仰与乡村社会等问题，获得了10余项国家社科基金项目的立项，推出了一系列研究成果。总结起来，这些项目之所以能获得国家社科基金评委的青睐，是因为这些项目都在围绕基层的社会治理而展开，紧扣了时代的主题，可为今天的社会治理提供借鉴。今后我们还要继续围绕这个主题，突出重点，不断凝练研究方向，不断推出无愧于时代，无愧于前辈的学术成果！

第三是更加突出专家之学。钱穆在《现代中国学术论衡》一书的序言中也讲道：“文化异，斯学术亦异。中国重和合，西方重分别。民国以来，中国学术界分门别类，务为专家，与中国传统通人通儒之学大相违异。”很显然，钱先生此语所揭示的民国以来学术界重分类，追求专家之学，是吸收了西方学术观念和方法的中国现代学术的特征，这与传统学术的重会通不同。据此，刘梦溪认为中国传统学术向现代学术转变，有一学术理念上的分别，即传统学术重通人之学，现代学术重专家之学。这种通人之学与专家之学

---

① 陈廷湘：《清代民国县级档案整理与研究的意义》，吴佩林：《地方档案与文献研究》（第4辑），北京：国家图书馆出版社，2020年，第5—8页。

的分野，既有古今的问题，也有中西的问题。① 因此，专家之学是现代学术的重要特征，我们将辑刊定名为《地方档案与社会治理》，也体现了我们的这种学术追求。

最后，我们有必要考察一下地方档案的概念。在众多学术著作中，学者常在比较含混的概念上使用“地方档案”一词，似乎这是一个不言自明的概念。其实早在 1934 年，我国著名的图书馆学家、档案学家毛坤在《档案经营法》一书中，对档案与地方档案的定义都进行过深入探讨。毛坤先生引证了大量中外文献对档案的解释后说：“由以上种种论说，对于档案有各种不同之观点，试分析言之：自时间言，有以为凡一切公文案件，自收到以至于其存在之日，均为档案。有以为须一切公文案件，现已完全不用而移于他处以存储者，方谓之档案，如清军机处档案，内阁档案等是。吾人今自管理及实用之观点言之，主张前说。以后之讨论，皆以此为范围。自空间言，有以为须政府机关之公文案件，方得谓之档案。有以为凡政府机关、公共团体、企业组合之公文函件，均可谓之档案。吾人今自管理及实用之观点言之，主张后说，以后之讨论，皆以此为范围。换言之，即吾人对于档案之范围无论自时间或空间言，皆取广泛之义也。”② 在这个定义的基础上，毛坤先生还对“地方档案的意义”“地方档案之现状”“地方档案之重要”“保存地方档案之问题”皆做过比较系统的论述。何为地方档案？毛坤先生说：“凡地方政府各机关日常活动往来之文件（书籍、地图）如 office correspondence，letter books，report，minute books，wills，marriage records，vital statistics，deed books，office oath & bounds，vouchers，assement rolls，tax bill，court records，election returns，militia bits，records of States，均为地方档案。惟官吏之纯粹私人函件不在其内。地方档案分现行（current）档案和非现行（non-current）档案。”③ 按照毛先生这一定义，办公函件、函件登记簿、报告、会议记录、遗嘱、婚姻记录、人口统计数据、契约、堂规、凭单、税单、法庭记录、选举结果报告、兵役资料、政府纪录等等皆属于地方档案范畴。毛先生还说：“地方档案最关重要者，以其乃确为人民实际生活之写照也。然而不被人注意也最盛。昔日之章学诚、近代之徐炳昶皆因为此提倡保护。吾国省县皆有管卷宗者，而其卷宗之处亦有出人意料之外者，惜管理不善，保护不周，不防水、不防火，往往随水、火、兵、燹、盗、买、虫、鼠、而多数已毁。”④

徐旭生将中央档案称为档案，地方档案称为例案，二者各有不同功能。他在《保存例案议》一文中说：“例案也叫作案卷，凡各衙门所藏的册籍、诉讼稿件、往来的公文全包括在里面……如果历史家真晓得搜集它、批评它、利用它，它那里面的材料的丰富，纪录的翔实，远不是什么奏议档案、红本所能比拟的。”⑤ 并说例案就是人民生活的反射，

① 刘梦溪：《中国现代学术要略》，北京：三联书店，2018 年，第 145—146 页。

② 毛坤：《档案经营法》，武汉：武汉大学出版社，2013 年，第 4 页。

③ 毛坤：《档案经营法》，武汉：武汉大学出版社，2013 年，第 141 页。

④ 毛坤：《档案经营法》，武汉：武汉大学出版社，2013 年，第 141 页。

⑤ 原文刊于《北京大学社会科学季刊》第 2 卷第 3 号，转引自毛坤：《档案经营法》，武汉：武汉大学出版社，2013 年，第 4 页。

并且为一种比较忠实的反射。徐先生将中央档案称为档案，其功用是可以为修全国史书，即所谓庙堂史之材料。地方档案，称为例案，其功用是可以为民间生活史之史料。[①]

目前，我们所常见的清代州县档案属于地方档案无疑，但绝不能将二者等同起来。从史料的角度讲，档案与地方档案只是史料中的一类。翦伯赞先生说，众所周知，清代著名学者章学诚有"六经皆史"之说，也有学者提出"诸子亦史"之说。中国文献学上的史料是非常丰富的，翦伯赞先生称其"史料的矿山"。[②] 我们若更广义地说，则何止"六经皆史"，"诸子亦史"，"诸诗集、文集、词选、曲录、传奇、小说亦史"，乃至政府档案、私人信札、碑铭、墓志、道书、佛典、契约账簿、杂志报纸、传单广告以及一切文字的记录，无一不是史料。[③] 梁启超将史料分为：一曰在文字记录以外者；二曰在文字记录者。而文字记录以外者又有三类：曰现存之实迹；曰传述之口碑；曰遗下之古物。而文字记录的史料，又包括旧史、关系史迹之文件、史部之外之群籍、类书及古逸书辑本、古逸书及古文件之再现、金文及其他镂文、外国人著述。[④] 在梁启超此书语境中，档案属于第二类即"文字记录者"，梁启超专门论述说："历代官署档案，汗牛充栋，其有关史迹者，千百中仅一二，而此一二或竟为他处所绝不能得。档案性质，本极可厌，在平时固已束诸高阁，听其蠹朽，每经丧乱，辄荡无复存。旧史纪志两门，取材什九出档案；档案被采入者，则附其书以传，其被摈汰者，则永永消灭；而去取得当与否，则视乎其人之史识。其极贵重之史料，被史家轻轻一抹而宣告死刑以终古者，殆不知凡几也。二千年间，史料是罹此冤酷者，计复何限。往者不可追矣，其现存者之运命，亦危若朝露。吾三十年前在京师，曾从先辈借观总理衙门旧档钞本千余册，其中关于鸦片战役者便四五十册，他案称是。虽中多极可笑之语，然一部分之事实含在焉，不可诬也。其中尤有清康熙间与俄法往复文件甚多，其时法之元首则路易十四，俄之元首则大彼得也；试思此等文件，在史料上之价值当居何等？今外交部是否尚有全案，此钞本尚能否存在，而将来所谓'清史'者，能否传其要领于百一，举在不可知之数。此可见档案之当设法简择保存，所关如是其重也。"[⑤]

从这些论述可见，前辈学者对档案与地方档案的定义、价值皆有充分认识，对档案的利用也非常重视，但对我国档案之保存现状和管理存在的问题也无不痛心疾首！所以加强对地方档案的整理、研究、保护、传承，对于存史资政，可谓功在当下，利在千秋，恰逢其时！

现在推出的《地方档案与社会治理》第一辑，是 2019 年 11 月在西华师范大学召开的第一届历史档案与特色文献研究学术研讨会（因这次研讨会上，学者提交的论文比较集中在地方档案与社会治理方面，故其实也是我们组织召开的第一届地方档案与社会治

① 毛坤：《档案经营法》，武汉：武汉大学出版社，2013 年，第 4 页。
② 翦伯赞：《史料与史学》，北京：北京出版社，2004 年，第 21 页。
③ 翦伯赞：《史料与史学》，北京：北京出版社，2004 年，第 21 页。
④ 梁启超：《中国历史研究法》，长春：吉林人民出版社，2012 年，第 45—62 页。
⑤ 梁启超：《中国历史研究法》，长春：吉林人民出版社，2012 年，第 52—53 页。

理学术研讨会）的论文集基础上选编而成。当时这个会议由西华师范大学历史文化学院和地方档案与文献研究中心共同举办，共收到来自全国各地学者的论文40余篇，本辑刊只选择了其中与社会治理大体相关的论文20余篇，对这些论文的作者我们深表敬意和感谢！由于版面的限制，学者们很多高质量的论文无法全选，对此我们也表示歉意！

档案在方志研究中的价值

——以《新疆图志》编纂研究为例

曹志敏*

档案是人类记忆的载体之一，是历史的原始记录，为学术研究的基础文献，“一个国家保存的档案年代是否久远、数量是否浩瀚，是这个国家文明程度的重要标志之一”。[①] 档案在学术研究中的价值历来颇受重视，利用档案可以解决很多有争议的历史问题。方志记载某一区域的历史地理、风土人情、物产物候等情况，堪称地方的百科全书，是“一份珍贵的历史文化遗产，历来被视为繁博丰赡的文化瑰宝”。[②] 在方志编纂过程中，一般都会利用历史档案和实地调查资料进行编纂，同时也会留下一些关于方志编纂的档案，如编纂机构保留的各种资料，地方政府关于志书编纂的各种批文、呈文，征集资料时的各种文书等。在编纂方志过程中形成的档案文献是研究方志的第一手资料，可以解决诸多志书研究当中的疑难问题，但是这些档案一般很难见到，也不受重视，没有充分发挥应有的价值。本文以《新疆图志》编纂为例，来探讨档案在方志编纂研究中的价值。

一、有关《新疆图志》编纂档案的存留状况

《新疆图志》是清末新疆布政使王树枏主持编纂的一部官修省志，较为全面地记述了新疆的历史地理、典章制度、民族宗教等情况，是清代西北史地研究的集大成之作，被梁启超誉为“前无所承，体例亦多创新，卓然斯界后起之雄”。[③]《新疆图志》120卷，共200多万字，用了5年时间纂成，参与其事者有70余人，参考引用文献达600余种，其中官私档案是颇为重要的参考文献。[④] 历史上新疆战乱频繁，大量文献毁于战火，又地处西陲边疆，与中原交通不便，文献交流不畅，编纂《新疆图志》时可利用的文献并不太多，但《新疆图志》局进行了大量社会调查，征集到很多实地调查资料，为《新疆图志》的编纂提供了丰富资料。这些档案资料有的保留至今，珍藏在新疆博物馆。《新疆图志》

---

* 曹志敏，天津师范大学历史文化学院副教授。
基金项目：国家社科基金一般项目“《新疆图志》编纂研究”（ZOBZS016）。

① 张斌：《档案价值论》，《档案学通讯》2003年第3期。

② 林衍经：《方志学综论》，上海：华东师范大学出版社，1988年，第12页。

③ 梁启超：《中国近三百年学术史》，北京：东方出版社，1996年，第373页。

④ 史明文：《〈新疆图志〉版本研究》，中央民族大学，2011年博士论文。

是为了响应清政府纂修地方志书的敕令而编纂的一部省志，网罗各种人才，集全省之力，为此还设立了新疆通志局和新疆舆图局，专门负责《新疆图志》的编纂和舆图绘制，因而留下了不少新疆通志局、布政使司、巡抚衙门等机构有关征集资料、地方府县上报资料的原始档案，这些档案为研究《新疆图志》的编纂情况提供了丰富资料。

新疆因战乱而档案资料几乎散失殆尽，“南北两疆大小官廨档册焚毁散亡，荡然扫地殆尽”，[①] 保留至今的只有少数。由于各种原因，以前想查阅利用这些档案十分困难，近年来，由学术研究的需要和出版的繁荣，特别是“一带一路”倡议的实施，有关部门影印了大量新疆文献，其中就有档案文献，如《清代新疆屯垦档案史料选辑》（新疆文化出版社，2017 年）、《甘肃省档案馆馆藏清末新疆档案》（凤凰出版社，2014 年）、《清代新疆档案选辑》（广西师范大学出版社，2012 年）和《清代乌鲁木齐档案史料选编》《近代外国探险家新疆考古档案史料》（新疆美术摄影出版社，2016 年）、《丝绸之路西域文献史料辑要》中影印的系列档案文献。特别是《清代新疆档案选辑》，共计 91 册，收录大量光绪至宣统三年的原始档案，是一座有待开发的资源宝库，为我们研究清代新疆历史文化提供了不可多得的史料。这些档案资料当中就有一些与《新疆图志》编纂有关的档案。对《新疆图志》利用档案的情况，已有学者进行研究[②]，本文主要利用当时档案史料来探析《新疆图志》编纂诸问题。

二、利用档案可以纠正《新疆图志》研究中的某些失误

《新疆图志》纂于清末，质量高，价值大，版本较多，但由于相关的编纂资料少，编纂中的诸多问题至今仍不清楚。现有的研究成果中存在一些错误，如关于新疆通志局设立的时间。对于新疆通志局设立的时间，学术界有争议，冯永轩先生认为新疆通志局设立于 1909 年（宣统元年），他说：“钟氏所云修志时间与总序合，然筹划当在此前，志局正式成立为己酉之岁也。”[③] 很多人认同这一观点。但魏长洪先生认为新疆通志局应该创立于 1906 年（光绪三十二年），他说：“新疆通志局正式设立时间无明确记载，今人著作多据《新疆图志》编辑凡例称谓清宣统元年设局。事实上凡例载称是《新疆图志》于宣统元年至三年成书，而不能作为设局时间……1907 年前宋伯鲁已到新疆任聘，新疆通志局也应于此前成立。”[④]

朱玉麒先生根据光绪三十三年十一月九日《新疆布政使司就纂修通省志札吐鲁番厅文》中有“俟明年正月设局纂修”之语[⑤]，认为“这一年，已经开始了通志编纂的实际工

① 王树枏：《新疆志稿序》，《湖滨补读庐丛刻》本，1930 年。

② 史明文、赵亚丽：《〈新疆图志〉利用档案探析》，《兰台世界》2012 年 8 月中旬刊。

③ 冯永轩：《评〈新疆图志〉》，《冯永轩文存》，南京：江苏人民出版社，2014 年，第 127 页。

④ 魏长洪、高健：《〈新疆图志〉各分志作者摭拾》，《新疆地方志》1999 年第 2 期。

⑤ 《新疆布政使司就纂修通省志札吐鲁番厅文》，《清代新疆档案选辑》（第 33 册，第 394 页）将其定名为“镇迪道就纂修通省志事札吐鲁番厅文”，朱玉麒先生据实际内容改。

作安排，并在来年的光绪三十四年成立了新疆通志局”。并在注中说明：“这一点，我们通过1907年10月至12月在乌鲁木齐逗留的伯希和的记录，可以知道王树枏开始了《新疆图志》的编纂工作并已经有专门的办公室，这应该是来年成立的新疆通志局的前身。”[①]光绪三十四年二月十五日档案《新疆通志局就纂修各省通志事之札文》印有“新疆通志总局”关防，光绪三十四年三月档案《新疆通志局就查明回王世袭情形事札吐鲁番厅》也有“新疆通志总局”关防，这说明光绪三十四年二月新疆通志局已经设立，开始用其关防行文地方。新疆通志局设立的具体时间目前还没有发现更多的史料，但根据档案可知应该在光绪三十三年（1907）十二月和光绪三十四年（1908）正月之间。

再如《新疆图志》的编纂时间，有的学者依据《凡例》所说“是书始事于己酉春三月，而卒事于辛亥冬十二月”[②]，认为宣统元年（1909）开始编纂《新疆图志》，至宣统三年（1911）完成，前后共用三年时间。但实际上用了5年时间，王树枏等人于光绪三十三年（1907）即已开始编纂工作。从《清代新疆档案选辑》所存档案也可以证明《新疆图志》的编纂并不始于1909年。

三、通过档案还可以考见志书编纂的部分情况

由于资料缺乏，《新疆图志》的编纂情况还少有人研究，论及纂修情况时多一笔带过，语焉不详。这种状况亟待改变。《清代新疆档案选辑》的出版，为我们提供了新资料。编纂一省之志，是一项重大的文化工程，需要借助政府的力量，耗费大量物力财力，动员很多人员参加，遵循一定运作规程，经过相当一段时间才能修成。纂修《新疆图志》这样卷帙较多的省志，可供参考的文献又不多，在撰写文本之前，一定要做很多前期准备工作，有一套工作流程供大家遵循，才能顺利地在短时间内撰成200余万字的皇皇巨著。

在修志期间，肯定会留下一些政府档案资料，或私人信函、日记、稿件等。如现存档案表明，纂修《新疆图志》时，曾让各地进行社会调查，因此积累了丰富的田野调查资料，供编纂省志采择。《新疆图志》编纂时，适逢清政府敕令全国各地编纂方志和乡土志，为了获得最新资料，新疆布政使司要求各地上报本地各种资料。此时，“新政”也在新疆逐渐开展，中央有关部门如宪政编查馆等也让地方定期上报各种“新政”措施的成绩，或让地方政府呈报资料，新疆也积极响应，汇集各种资料，如新式学堂的数量、开垦荒地的亩数、中外贸易物产数量、兴办实业的情况等。新疆通志局乘此之便，或直接向各地索要资料，或将上报的资料抄来保存，以备利用。这些资料种类繁多，有各地每月温度、水文情况，有兴办学校经费、用具、教师、学生情况，有山脉、河流、沟渠的测绘数据，有各地居民情况等等。下面试举几例。

---

① 袁大化修，王树枏等纂，朱玉麒等整理：《新疆图志·整理前言》，上海：上海古籍出版社，2017年，第4页。
② 袁大化修，王树枏等纂，朱玉麒等整理：《新疆图志·凡例》，上海：上海古籍出版社，2017年，第2页。

新疆通志局作为纂修《新疆图志》的专门机构，有权行文各地方，调取或让地方配合调查所需的资料。如为了编纂《藩部志》，曾让吐鲁番厅上报回王世系情况。光绪三十四年三月十七日《新疆通志局就查明回王世袭情形事札吐鲁番厅文》档案记载："新疆通志总局为札饬事。照得本总局开纂通志，现查藩部一门应行考查之珠尔都斯盟旧和硕特世次，又吐鲁番回王世次及回王累次迁移事实，现在承袭姓名，各案卷自以该厅存档较为详备，合行札饬。札到该厅，速即按照前开各项考查明确，造具清册，飞赍到局，以凭纂辑。"① 此档案是为编纂《藩部志》而让吐鲁番厅上报资料的文件。

还有的档案是在编纂过《新疆图志》程中遇到问题，需要地方协助查明的文件，如光绪三十四年十二月《新疆通志局就饬回部是否有爵无地事之批文》档案："申悉吐鲁番回王有封爵无封地，自开省设官以后，情形既概声覆明确，其未设厅治以前，该回部受封之始，旧章有无分土之事，本总局检查院司各档案……熟悉边事，仰即考其初封时，一切典制，另文赍局。并南疆各回部是否一律有爵无地？若有考据确凿者，一并详其崖略。"② 这份档案是为了查明吐鲁番回王及南疆回部伯克是否存在有爵无地的情况而向地方官员咨询。这些档案所提到的资料，在《新疆图志·藩部志》中都能找到相关记述。

兴办新式学堂是清末"新政"的重要内容，从中央到地方，对此都十分重视。为了兴办学堂，作为主管教育官员的新疆提学使杜彤执行学部命令，不顾新疆实际情况，强行推行相关措施，与新疆布政使王树枏之间矛盾重重，互相参劾。当时兴办新式学堂的实际成绩虽然不大，但积累的资料却十分丰富，这也为编纂《新疆图志》提供了便利条件。《新疆图志》当中的《学校志》关于清末教育的资料十分翔实，其资料多来源于提学使司留存的档案。如《连木沁义塾造报肄业维回学童姓名入学情况之清册》中，记载了学生的姓名、年龄、籍贯、入学日期、已读现读书籍等情况。如：

缠童和吉满：曾祖大古提，祖夜提羽，父而慢八海。年十岁，系土籍，由光绪九年四月入塾，已读《三字经》《百家姓》《弟子规》《小学》《韵语》《上下论》《学》《庸》《上孟》《中孟》，现读《下孟》。从本年三月初十春季考课起，至本年六月十七夏季考课止。所读书籍自《上孟》"滕文公问为国"章起，至《下孟》"尽其心者知其性也"章止。学对对字。

缠童沙吉题：曾祖月和满，祖买卖下羽，父阿易普。年十一岁，系土籍，由光绪八年九月入塾，已读四书一部，现读《诗经·国风》。从本年三月初十春季考课起，至本年六月十七夏季考课止，所读书籍自《诗经·国风》"麟之趾"三章起至"有兔爰爰"三章止。学对对字。

缠童山易题：曾祖阿布多，托和弟，父易满羽。年十五岁，系土籍，由光绪八年九月入塾，已读四书一部，《诗经·国风》，现读《缁衣》。从本年三月初十春季考课起，至本年六月十七夏季考课止，所读书籍自《国风》"厌浥行露"三章起，至"终南何有"二

① 新疆维吾尔自治区档案局等编：《清代新疆档案选辑》（七〇），桂林：广西师范大学出版社，2012年，第26页。

② 新疆维吾尔自治区档案局等编：《清代新疆档案选辑》（七〇），桂林：广西师范大学出版社，2012年，第440页。

章止。学对对字。

缠童骆和第：曾祖米吉普，祖托和大，父阿布亚思。年十二岁，系土籍，由光绪九年四月入塾，已读《三字经》《百家姓》《弟子规》《小学》《韵语》《上下论》《学》《庸》《中孟》，现读《上孟》。从本年三月初十春季考课起，至本年六月十七夏季考课止，所读书籍自《上孟》“交邻国”章起，至“孟子去齐充虞路问曰”章止。学对对字。[①]

这些资料，为《新疆图志·学校志》的编纂，提供了颇为详实的一手材料。

王树枏为新疆布政使司，主管新疆的财政、民政等事务，又是纂修《新疆图志》的实际主持者，也为编纂事宜让地方上报各种资料。如宣统元年六月二十三日《新疆通志总局就调查各地产盐情况之札文》档案：

> 新疆通志总局总办署提学使杜、布政使王、兼按察使荣为札饬事。照得通志食货门盐法一条，调查各署档册均不完备。查新疆土性多斥卤，几于无地不产盐，唯盐色之黑白，盐味之纯杂，以及各境产盐之区，或池或滩，长广若干，在城何方，距城里数，岁产岁销各若干？或本境自销之外，尚有运往某境销售者，岁各若干？或本境产盐不佳，向由某境贩入销售者，岁约若干？盐价率以升斗计，每斗应合若干觔，其价几何？有无抽取税厘充作本地某项共用，均应逐一考（以下残缺）[②]

这份文件规定了调查的内容，这些内容与《新疆图志·食货志》中“盐法”相合。“盐法”总序说“今将产地狭广、行销远近、税课有无详著于编，俾整顿盐法者得所依据焉。”[③] 正文也是按照这些内容来叙述，如迪化县：“县治东南一百八十里之达坂城，素为产盐之区，距城西九十里，傍西树窝子有池产盐，曰大盐池。其盐色白味纯，类淮盐，行销阜康、昌吉、绥来、奇台、孚远、呼图壁等处，其运销本治内者，岁曰八十五万觔。而距离城西二十里之小盐池，则产盐较少。”[④] 正与札文相合。

新疆通志局让地方进行社会调查，上报资料，不是随意填报，而是有一定程式要求，不按照要求填写，要返回重新填报，填报不认真，或不能按时完成者，会受到严厉处分，严重者要革职查办。《清代新疆档案选辑》中收录一份《调查各属实业简明则例》，对此有详细说明：

> 调查各属实业简明则例十条
>
> 本境物产名目分动、植、矿三类。

① 新疆维吾尔自治区档案局等编：《清代新疆档案选辑》（三六），桂林：广西师范大学出版社，2012年，第245页。

② 新疆维吾尔自治区档案局等编：《新疆通志局就调查各地产盐情况之札文（残）》，《清代新疆档案选辑》（九一），第410页。

③ 袁大化修，王树枏等纂，朱玉麒等整理：《新疆图志》卷三十二《食货一》，第605页。

④ 袁大化修，王树枏等纂，朱玉麒等整理：《新疆图志》卷三十二《食货一》，第605—606页。

土宜：本境何处宜何物，或山或水，或平壤，并每岁产额若干。

产地：本境何处，外属何处外，注何国、内地何省。

农产品：某项性质若何，畜牧若干，孳息若何，种植若何，牧获若何，开采若何，炼化若干。

工产品：某项以何料制成，其制造法若何，系何处工匠。

销口若干：或行销本境，或行销外属，及外国、内地等处，并分别某项销某地。价值：每斤值银若干，或每石、每件、每条、每匹、每张等值银若干。

输入品自何处运来，或外洋，或内地，或外属，标出价值，销数多少。

森林：何处多，何处少，何木宜作何用，价值若干。

各属情形不同，物产衰旺亦异，总期就本境所现有，按照以上各条逐一详查确载，使无遗漏舛误为要。①

此外，新疆巡抚也多次发布命令，让各府厅州县上报本地调查资料，而各府厅也向下一级地方政府或回部郡王调取档案，核实资料。如光绪三十四年六月二十五日《吐鲁番厅就照式造绘舆图迅速送厅核办事照会鲁克沁郡王文》档案："为照会事。本年六月二十四日案奉宪府电开吐厅曾照前奉大帅札，发该丞申转鲁克沁郡王造赍表册舆图各五份，饬即督同调查、通志两局细心考核议详等因。查回王属地与厅地相连处，应一一剔出，重绘图，以现管之界为凭。图成须知照回王，将图册会同盖印等因。奉此，敝厅卷查贵郡王前造表册舆图仅只五份，业已如数转赍敝厅。兹奉前因急应调阅查考，重新绘图造册，为此照会贵郡王，即便遵照，限文到日，刻将前造表图仍照式造绘各一份，迅速送厅核办。望速施行。"② 此外还有几个部门联名征集资料的情况。

此时新疆征集各地调查资料的档案很多，多数是以巡抚、布政使、提学使等名义向各地发文，如《吐鲁番厅就颁发棉业调查表格查填事札鄯善县文（光绪三十四年五月十三日）》《吐鲁番厅呈光绪三十四年农田调查表（光绪三十四年）》《镇迪道就饬填报府厅县志及现有山川道里程等情形表格事札吐鲁番厅（宣统二年四月十六日）》《镇迪道就催饬造绘图报各地官民荒地气候土宜事札吐鲁番文（宣统二年十月二十五日）》《镇迪道就查报境内寄居外部人员户口清册事札鄯善县文（宣统三年六月十三日）》等等。

四、档案资料可考见《新疆图志》编纂程序和文本纂写情况

《新疆图志》的编纂过程十分复杂，诚如《凡例》所说："是书分类较繁，则分纂诸家甚众，而服官于此者复居多数，有初稿甫定即行奉檄他出者，有甫成半稿经后贤接续

① 新疆维吾尔自治区档案局等编：《清代新疆档案选辑》（九一），桂林：广西师范大学出版社，2012 年，第 7 页。

② 新疆维吾尔自治区档案局等编：《清代新疆档案选辑》（二一），桂林：广西师范大学出版社，2012 年，第 330 页。

者，有一志数门分员编纂者，虽经诸总纂所酌易，亦各随其识略删润之，诚不至琅琅珷玞，妍媸羼杂。”[①]《新疆图志》从筹备修志到刊行，用了5年时间，而部分专志的修改和刊布则持续了十多年，至1923年修订后的东方学会本印行，其修订工作才最终结束。关于纂修程序和文本撰写过程，我们知之甚少，作者留下的有限资料没有论及此事，只能从现存的几种稿本修改情况来推测。随着新资料的陆续发现，原来的有些推论被不断修正。

当时的档案文献也有反映《新疆图志》编纂的资料，如《清代新疆档案选辑》中的《新疆通志局就纂修各省通志事之札文》《新疆布政使司就纂修通省志事札吐鲁番厅文》等文件。光绪三十四年二月十五日《新疆通志局就纂修各省通志事之札文》档案：“前奉府宪札饬纂修通省志书等因，当经开列天地人物四大类，分饬各属详细采访在案。兹查各该处迄未查赍前来。本局现已开办纂修，亟待征考，除分行外，合行札饬……该厅遵照，刻即照依前札各节确切采访，详细造具清册，绘图列表，飞赍来局。濡笔以待，勿少延宕，致干未便。切速。”[②] 这件档案说明了《新疆图志》的内容主要分四大类，要求地方按照要求上报资料。《新疆布政使司就纂修通省志事札吐鲁番厅文》规定的更为详细：“兹拟分天地人物四大类，天文中各经纬度数、寒暑、雨量、地理、山脉、川流、国界、沙壤、水泉、牧界、人事、文艺、武功、种族、沿革、学校、职官、祀典、钱币、名宦、乡贤、节孝、忠烈、礼俗、物产、动物、种植树艺、矿产等类……由各地方官详细采访，绘图列表，陆续造具清册，赍司考证。”[③] 这些事项都是《新疆图志》二十九个专志的内容，说明新疆通志局对《新疆图志》的内容及体例有详细的设想，只是在后来具体撰写稿件时根据实际情况做了调整和修改。

《清代新疆档案选辑》辑录的表格，对研究《新疆图志》编纂也有帮助。《新疆图志》的作者重视图表，认为图表能使“阅者一览通晓，不致失于混淆”。[④]《新疆图志》初稿中有很多表格，如《藩部志》《祀典志》《职官志》和《道路志》中都有大量表格，但后来由于多种因素的影响，有些本来使用表格的部分改为文字叙述，如王树枏撰有《土壤表》一卷，定稿后的《土壤志》没有表格，全部为文字叙述。这样就使《新疆图志》的体例与最初的设想有很大差距。《清代新疆档案选辑》中的《畜牧表》《农田表》《迪化县学务要略表》《吐鲁番厅学务要略表》等表格为我们了解初稿的表格情况提供了资料，因为这些表格有部分被《新疆图志》略作修改即采用。如《土壤志》原来的设想有《土壤表》，以表格的形式来罗列田地的数量、物产等，而定本没有表格，改为文字叙述，最初设想的表格无从得知，而档案《农田表》则为我们提供了实例。

---

① 袁大化修，王树枏等纂，朱玉麒等整理：《新疆图志·凡例》。

② 新疆维吾尔自治区档案局等编：《清代新疆档案选辑》（六九），桂林：广西师范大学出版社，2012年，第424页。

③ 新疆维吾尔自治区档案局等编：《清代新疆档案选辑》（三三），桂林：广西师范大学出版社，2012年，第394页。

④ 袁大化修，王树枏等纂，朱玉麒等整理：《新疆图志·凡例》。

农田表			
省名	新疆省		
府厅州县名	吐鲁番厅		
已成田亩	上等	五万壹千叁百三拾三亩陆分肆毫贰丝，外贡地贰万捌百玖拾伍亩玖分玖厘肆毫	
	中等	捌万五百玖拾柒亩壹分柒厘伍毫	
	下等	叁万叁千叁百捌拾叁亩壹分壹厘玖毫捌丝	
未成田亩	已垦	官荒	无
		民荒	无
	未垦	官荒	……
		民荒	……

再如《畜牧表》：

畜牧表	
地名	吐鲁番厅
牧场区域	厅境北至克理山，大河沿草场各一处；西至都岗湖、大草湖、黄草湖草场各一处，伊拉湖、夹而盖斯草场各一处。此均系小场，牧放无多，其余大半在山北一带牧放
畜牧种类 畜牧总额	牧场所牧者牛羊马，查牛马无多，惟羊只在山北及本境各场牧放者每年约计柒八万只，岁产□羔子大丰，□伤不能成活。其冬羔子成活仅十之二三
饲养法	牧产每年开春，将羊只驱至各草场牧放；至冬令，羊只少者仍回羊圈，自行喂养。多者仍在场内牧放
皮毛运销场	每年所产羊毛羊皮在本省销行者十之六七，余皆由俄商贩运回国
价值	羊毛每百口价银八两，羊皮每张价银贰钱五分
厘税	每羊毛百斤抽收税四钱，每羊皮一张抽收税壹分或厘五毫
历年衰旺情形	羊毛上年约产十四五万斤，本年约产十三四万斤，羊皮上年约产一万八九千张，本年约产二万余张

新疆哈萨克族、蒙古族等民族以放牧为生，畜牧业在经济中占有重要地位，也是清末新疆“新政”期间需要发展的重要产业。《实业志·畜牧》中就引用了不少调查资料，如《俄国商务调查表》等。上述表格及其内容，都为研究《新疆图志》的文本撰写提供了资料。

总之，《新疆图志》是清代所修边疆省志中质量较高的一种，堪称“晚清编纂省志中之巨制”。[1] 在王树枏的领导下，以地方政府的力量充分动员了当时所能网罗到的人才参与纂修，留下了大量有关修志的档案资料。随着清末新疆档案的不断公布和出版，会有更多关于《新疆图志》编纂的新资料被发现，促进《新疆图志》的研究与利用。

① 袁同礼：《重印〈新疆交涉志要〉序》，《袁同礼文集》，北京：国家图书馆出版社，2010 年，第 272 页。

馆校合作：档案整理与研究的新路径

——以《清代南部档案》为例

左　平*

档案整理是指将处于零乱和需要进一步条理化的档案，进行基本的分类、组合、排列、编号、编制目录、建立全宗等，组成有序体系的过程。档案研究包括对档案本身的研究和利用档案进行相关问题的研究两方面。既往的档案整理主要是档案所有者或保管者对档案进行整理，而档案研究包括所有者或保管者进行档案研究，但更主要是相关科研人员进行档案研究。由于各方面的努力，无论是档案整理还是档案研究皆取得了重大成果。尽管如此，档案整理与研究仍存在一些不足。如部分档案所有者或保管者由于自身研究力量较弱，档案比较繁杂，难以高效进行档案整理与研究，而一些相关科研人员由于各种原因难以顺畅利用档案，常常望档案兴叹。因此，大型档案的所有者或保管者与科研人员合作不失为档案整理与研究的新路径。本文拟以馆校合作下的清代南部档案的整理与研究为例，就档案数量丰富的档案馆与科研力量强大的高校之间合作进行档案整理与研究加以论述，以进一步推动档案整理与研究事业的新发展。

一、档案及其整理与研究

根据《中华人民共和国档案法》，档案是“指过去和现在的国家机构、社会组织以及个人从事政治、军事、经济、科学、技术、文化、宗教等活动直接形成的对国家和社会有保存价值的各种文字、图表、声像等不同形式的历史记录”①。由于原始性、客观真实性、信息性和知识存储性等特点，于当今学者而言，档案具有极其重要的第二价值和情报价值②。从档案的责任者来看，档案可分为官方档案和民间档案。就时间而言，档案包括历史档案和当代档案。民间历史档案则以徽州档案和清水江档案为重，尤其是徽州档案引起了各路学者的重视和研究，并取得了丰硕的成果，且形成了学界中迄今无出其右的“徽学”。在官方历史档案中，学界尤以珍稀的明清档案为贵，以致明清档案与敦煌藏经、殷墟甲骨被誉为中国近代文化史上的三大发现，更因其为明清史研究提供了最原始最丰富的史料，被称为“第一手的珍品”。现存明清中央档案主要藏于中国第一历史档案

*　左平，西华师范大学历史文化学院教授。

①　四川省档案局编印：《档案法学习资料》，1992年，第15页。

②　傅荣校：《关于档案学价值研究》，《中国档案》1996年第9期。

馆和台北故宫博物院。部分省级档案馆，如辽宁省档案馆、四川省档案馆、北京市档案馆、河北省档案馆、黑龙江省档案馆、广东省档案馆等，亦保存了一批重要的清代档案[①]。此外，现存的清代地方档案，如清代巴县档案、清代南部县档案、清代获鹿县档案、清代冕宁县档案、清代会理州档案、清代宝坻县档案、清代台湾淡水新竹档案、自贡市清代盐业档案、龙泉县晚清司法档案、清代黄岩县诉讼档案、清代紫阳县档案等，日益引起学者的青睐和关注。当然，各级档案馆还保存着十分丰富的民国档案。

为更好地发挥档案的社会价值，充分履行职责，档案馆对馆藏的明清、民国档案进行了初步整理。国家级、省级档案馆由于具备较强的科研力量，自身能够有效地进行档案整理甚至研究。如中国第一历史档案馆对明清档案的整理与研究[②]，中国第二历史档案馆对民国档案的整理与研究[③]，四川省档案馆对巴县档案的整理[④]，辽宁省档案馆对辽东档案的整理[⑤]，吉林省档案馆对清代吉林档案的整理[⑥]，内蒙古自治区对民国档案的整理[⑦]，天津市档案馆对袁世凯档案的整理[⑧]等等。而大多数地方档案馆主要“负责接收、收集、整理、保管和提供利用各分管范围内的档案”[⑨]，由于馆藏档案量较大，科研力量不足，一般只能进行初步整理，“纯粹外文档案或专业知识特强的档案”，尚需“谋求社会力量的支援”，“更可以考虑向社会，如大学、科研院所寻求援助，招聘、借用一些高级专业人员进行”[⑩]，因而更难以进行深入的专业研究。高校具有比较强大的科研实力，且坚信“古来新学问起，大都由于新发见”[⑪]，渴望利用新材料，开辟新领域，创造新成果，故对珍贵的档案资料视若珍宝，非常愿意参与档案整理与研究工作。所以，在严格

---

① 参见冯尔康：《清史史料学》第四章《档案史料》，沈阳：沈阳出版社，2004年，第101—105页。

② 故宫博物院明清档案部编：《清代档案史料汇编》，北京：中华书局，1978年。故宫博物院明清档案部编：《义和团档案史料》，北京：中华书局，1978年。故宫博物院明清档案部编：《清末筹备立宪档案史料》，北京：中华书局，1979年。中国第一历史档案馆编：《辛亥革命前十年间民变档案史料》，北京：中华书局，1985年。中国第一历史档案馆编：《清政府镇压太平天国档案史料》，北京：光明日报出版社，1991年。中国第一历史档案馆编：《康熙朝汉文朱批奏折汇编》，北京：档案出版社，1984年。中国第一历史档案馆编：《康熙起居注》，北京：中华书局，1984年。秦国经：《清代官员履历档案全编》，上海：华东师范大学出版社，1997年。中国第一历史档案馆等编：《清代外务部中外关系档案史料丛编》，北京：中华书局，2004年。

③ 中国第二历史档案馆编：《五卅运动和省港罢工》，南京：江苏古籍出版社，1985年。中国第二历史档案馆等编：《西安事变档案史料选编》，北京：档案出版社，1986年。中国第二历史档案馆等编：《侵华日军南京大屠杀档案》，南京：江苏古籍出版社，1987年。中国第二历史档案馆编：《中华民国史档案史料汇编》，南京：江苏古籍出版社，1991—1998年。

④ 四川省档案馆编：《四川保路运动教案选编》，成都：四川人民出版社，1981年。四川省档案馆编：《四川教案与义和拳档案》，成都：四川人民出版社，1985年。四川省档案馆编：《近代康区档案资料选编》，成都：四川大学出版社，1990年。四川省档案馆编：《清代四川巴县衙门咸丰朝档案选编》，上海：上海古籍出版社，2011年。

⑤ 辽宁省档案馆编：《奉系军阀密电》，北京：中华书局，1984年。辽宁省档案馆编：《明代辽东档案汇编》，沈阳：辽沈书社，1985年。

⑥ 吉林省档案馆编：《清代吉林档案史料选编》，吉林省档案馆，1981年。

⑦ 内蒙古自治区档案馆编：《内蒙古自治运动联合会档案史料选编》，北京：档案出版社，1989年。

⑧ 天津市档案馆编：《袁世凯天津档案史料选编》，天津：天津古籍出版社，1990年。

⑨ 四川省档案局编印：《档案法学习资料》，1992年，第16页。

⑩ 陈晓敏：《对民国档案文件级整理工作的思索》，《山西档案》2006年第1期。

⑪ 王国维：《最近二三十年中中国新发见之学问》，《王国维文集》第四卷，北京：中国文史出版社，1997年，第33页。

遵守国家档案法律法规、切实保证档案实体安全和充分保障档案馆对档案管辖权的前提下，档案馆和高校就档案整理与研究展开一系列卓有成效的合作，如自贡市档案馆与北京经济学院、四川大学合作对自贡盐业档案的选编①，四川大学与四川省档案馆合作对清代巴县档案的整理与研究②，浙江大学与龙泉市档案馆合作对龙泉司法档案的整理③，中国人民大学与北京市档案馆合作对清代获鹿县档案的研究，四川大学与三台县档案馆、璧山县档案馆、南部县档案馆合作对各馆所藏民国档案的整理等。迄今，四川省南充市档案馆与西华师范大学进行《清代南部档案》的整理与研究堪称典范。

二、馆校合作下的南部档案整理与研究

《清代南部档案》（简称《南部档案》）共18000余卷，84000余件，是清代南部县衙行政活动的全方位记录，是清代政治、经济、军事、司法、外交、宗教、教育、科技、文化、卫生等在地方的缩影④。该档案按形成时的原始形态分类保存，吏、户、礼、兵、刑、工、盐七房档案完整⑤。与其他清代地方档案相比，该档案具有保存原始、时间跨度最长、数量大、文种齐全、内容广泛等特点⑥，极具档案学、历史学、政治学、经济学、社会学、艺术学、法学、文献学研究价值。该档案于2003年10月入选第二批《中国档案文献遗产名录》⑦，次年12月被列入国家清史纂修工程项目。由此，该档案的第四次整理启动。

由于《南部档案》存量大，发现时散乱混杂，且部分档案受潮发霉，粘连成结，字迹褪色，损毁严重，加之档案馆力量薄弱，日常行政事务繁杂，在缺乏项目支撑下，难以进行持久的人力、财力投入，故对《南部档案》的前三次整理⑧（第一次整理主要是装订成卷、编排卷号，第二次整理主要是成卷编目，第三次整理主要是按房排列，分盒存放，编写案卷目录），虽然取得了基础性的成效，但仍存在一些疏误和不足⑨。为了达到国家清史纂修工程项目要求，确保整理质量，南充市档案馆迫切需要引进强有力的战略合作者。同城的西华师范大学创建于1946年，现已发展成为四川省重点建设的具有鲜明教师教育特色的综合性师范大学。该校“立足四川、面向西部、辐射全国”，贯彻“铸魂励教、陶冶化育”办学理念，长期坚持服务社会、服务地方，且敏锐认识到该档案的重

① 自贡市档案馆、北京经济学院、四川大学合编：《自贡盐业契约档案选辑》，北京：中国社会科学出版社，1985年。

② 四川大学历史系、四川省档案馆主编：《清代乾嘉道巴县档案选编》，成都：四川大学出版社，1989年。

③ 浙江大学、龙泉市档案局编：《龙泉司法档案选编》第一辑，北京：中华书局，2012年。

④ 南充市档案局：《清代四川南部县衙门档案简介》，《四川档案》2008年第6期。

⑤ 王晓春：《清代四川南部县衙门档案》，《历史档案》2007年第1期。

⑥ 吴佩林：《州县档案之学术价值漫谈》，《光明日报》2010年4月13日。

⑦ 刘芸：《中国档案文献遗产名录》，《中国档案》2003年第12期。

⑧ 南部县档案科于1965年对《南部档案》进行了初步整理，南充市档案馆分别于1979年和1984—1986年对《南部档案》进行了两次整理。

⑨ 蔡东洲等著：《清代南部县衙档案研究》，北京：中华书局，2012年，第19—21页。

大价值，也愿意投入人力、物力和财力参与整理。所以，南充市档案馆与西华师范大学签订了南部档案整理与研究合作协议，双方建立联合工作小组，设置专门联络人员，实现“优强联合”，共同开发地方文化瑰宝——《南部档案》，力求将其打造为与巴县档案、徽州档案等齐名的学术资源精品。具体而言，在清史纂修工程项目的引导下，西华师范大学提供必要的人力、物力、财力，全方位配合南充市档案馆对《南部档案》进行科学规范整理，同时西华师范大学相关科研人员积极争取申报各级各类项目，从档案学、历史学、法学、文献学、宗教学等方面展开深度的专业研究。

此次档案整理主要包括固定档号、裱糊、文件级著录、缩微等项目。其中，固定档号和裱糊项目在西华师范大学提供智力支持下由南充市档案馆完成，缩微项目在具有专业设备的四川省档案馆进行。最繁杂且持续时间最长的档案文件级著录项目，则由西华师范大学按照协议提供专业人员实施。鉴于《南部档案》的稀缺性、重要性和安全性，南充市档案馆在西华师范大学的配合下，结合《南部档案》的实际，在清史纂修委员会档案组专家的指导下，根据国家档案局 1994 年批准的《明清档案著录细则》，制定了《南部档案》著录制度与细则，如《清代南部档案著录细则》《著录清代南部档案须知》等，并提供专门的档案著录工作室和标准的《清代南部档案著录标引工作单》（包括档号、缩微号、责任者、题名、文种、时间、分类号、附注等八项），安排专人提取和回收档案，同时对著录过程进行全方位管理。而西华师范大学则负责具体的文件级著录工作，如组建著录团队（由优秀的教师和研究生构成）、著录培训（包括著录安全、著录质量、著录单、著录方法与流程及档案学、清史、古代汉语等背景知识）、著录审查（包括自审、互审和主审三环节）等。

经过近十年的努力，南充市档案馆与西华师范大学合作对《南部档案》的整理与研究取得了丰硕的成果。整理方面，科学化固定档号，以科房为经，以朝年为纬，使档案排列准确有序，易于查阅；规范化裱糊，使档案整洁、清晰且尽量保持原貌，利于阅读；标准化著录，内容完整、准确揭示档案内容，语言符合时代特征，便于检索；电子化缩微，胶卷清晰，档案内容完整，实现了实体档案向数字档案的转化。因此，对《南部档案》的整理优秀通过清史纂修委员会档案组专家的验收。尤其要者，南充市档案馆与西华师范大学在档案著录基础上合编的《清代南部县衙档案目录》（全三册，共 500 万字）于 2009 年 12 月由中华书局出版，次年 12 月荣获四川省第十四次哲学社会科学优秀成果二等奖。研究方面，一是西华师范大学形成了蔡东洲、吴佩林、苟德仪、金生杨、左平、杨小平、吕兴邦、王雪梅、黎春林等 9 名核心成员的《南部档案》科研团体。该团队涵盖历史学、法学、宗教学、文献学、文字学等领域，其中博士 7 名，教授 7 名，副教授 2 名，还包括 70 余名硕士研究生。目前，该团队已发展成为国内较有影响的档案研究队伍。二是以《南部档案》为依托，与南充市档案馆密切合作，《南部档案》科研团体成功申报了一批各级各类科研项目。其中国家社科重大招标项目 1 项，国家社科西部项目、后期资助项目 10 余项，省部厅级项目 10 余项。三是《南部档案》科研团体出版和发表了一系列论著。《清代南部县衙档案研究》和《川东道台与地方政治》《清代县域民事纠纷与法律秩序考察》《清代基层组织与乡村社会管理》等著作先后在中华书局出版，另有数十篇论文在《历史研究》《法学研究》《清史研究》《史学月刊》《中国史研究》《史林》《历史档案》《光明日报》等核心刊物发表。此外，两部专著分别入选2011年、2012年《国家社科成果文库》，三项论著分别获得四川省哲学社会科学优秀成果奖二、三等奖。

三、结语

在当今“研必用档案”的学术语境下，对档案的整理与研究已蔚然成风。地方档案馆据其珍贵档案之优，高校携其科研实力之强，二者之间取长补短，密切合作，共同整理与研究档案。应该强调的是，馆校合作整理与研究档案的前提是档案珍贵且数量较大，同时确保档案的安全。在此背景下，南充市档案馆与西华师范大学合作进行的《南部档案》整理与研究取得了令人瞩目的成绩，成为馆校合作整理与研究档案路径上的翘楚，这必将大大引领和促进馆校合作下档案整理与研究事业的新发展。

特色文献的整理出版及其学术意义

——以广西师范大学出版社为个案

宾长初*

随着改革开放的深入以及学术研究的发展，特色文献资料的整理出版受到了图书馆界、学术界和出版界的重视。在图书馆、博物馆、档案馆工作人员乃至私人藏家以及学者、出版人的共同努力下，一大批特色文献被整理出版，使得藏之金匮的珍稀文献能够化身千百，嘉惠学人，促进了学术的发展。广西师范大学出版社有幸见证了这一学术盛事，并能够参与其中，倍感荣幸。广西师范大学出版社出版珍稀文献始于20世纪90年代。2002年成立社科图书出版中心文献编辑室，2009年成立文献图书出版分社，广西师范大学出版社的古籍文献类图书出版工作从此走上专业化发展道路。二十余年来，广西师范大学出版社努力从事海内外中文珍稀文献的抢救、发掘、整理与出版工作，共出版了300余个品种近4000册具有鲜明特色、史料价值高的各类珍稀文献图书，为文史相关学科领域的研究提供了大量的第一手珍贵史料。本文以广西师范大学出版社为个案，概述该社特色文献出版情况，分析其特色文献出版特点，从中归纳出特色文献整理出版的学术意义，以就教于出版社同行及学术界朋友。

一、广西师范大学出版社特色文献整理出版概况

广西师范大学出版社二十多年来，坚持“传承文明，开启民智”的出版理念，致力于传统文化资源的挖掘和特色文献的出版，推出了一大批具有极高史料价值的文献资料，内容涉及明清及民国档案资料、抗战相关文献、民间文书、少数民族古籍、海外华人华侨文献、海内外稀见中文善本古籍、近现代名人未刊稿、石刻碑铭文献等。概括起来，主要有以下几方面。

（一）海内外藏历史档案资料

历史档案是文史研究的第一手珍贵资料，具有无可替代的史料价值，但历史档案往往独此一份，一般收藏在各地档案馆，“养在深闺人未识”，普通学者难以利用，未能发挥其应有的作用。有鉴于此，广西师范大学出版社积极与国内外档案收藏机构协商谈判，先后与中国第一历史档案馆、中国第二历史档案馆、辽宁省档案馆、黑龙江省档案馆、

---

* 宾长初，广西师范大学出版社编审。

吉林省延吉档案馆、内蒙古土默特左旗档案馆等达成协议，出版了一批档案资料。其中，明清档案有：《中国明朝档案总汇》《乾隆朝军机处随手登记档》《珲春副都统衙门档》《雍正朝内阁六科史书》（吏科、户科）、《雍正朝汉文谕旨汇编》、乾隆朝至宣统朝《上谕档》《东北边疆档案选辑》《清代新疆档案选辑》《清代新疆满文档案汇编》《清代钦差驻库伦办事大臣衙门档案档册汇编》《土默特左旗档案馆藏土默特历史档案》以及清代乾隆帝、嘉庆帝、光绪帝、宣统帝《起居注》。民国档案有：《中国国民党中央执行委员会常务委员会会议录》《汪伪中央政治委员会暨最高国防会议会议录》《四联总处会议录》《国民政府立法院会议录》《行政院经济会议、国家总动员会议会议录》《全国经济委员会会议录》《中国近代生活档案》（东北卷一）、《满铁密档》系列（满铁机构、满铁与侵华日军、满铁与移民、满铁与劳工等）、《日本关东宪兵队报告集》（第一至四辑）、《东北日本移民档案》（吉林卷、黑龙江卷）、《辽宁省档案馆珍藏张学良档案》《准格尔旗扎萨克衙门档案基督宗教史料》等。此外，还与国外收藏机构合作，出版了海外收藏的与中国有关的档案资料，如《丁家立档案》《傅兰雅档案》《美国明尼苏达大学图书馆藏基督教男青年会档案：中国年度报告（1896—1949）》等，规模最大的是“美国政府解密档案（中国关系）”系列档案，包括《中美往来照会集（1846—1931）》《中国驻美国公使馆致美国国务院备忘录（1868—1906）》以及美国驻中国广州、杭州、南京、澳门、重庆、安东等领事馆领事报告。

（二）海内外藏稀见古籍

珍善本古籍尤其是孤本古籍一般收藏在规模较大的图书馆，有些珍善本古籍已经流散海外，国内图书馆缺藏，学者不能阅读使用。广西师范大学出版社积极与海内外公藏机构以及私人藏家联络，合作推出了一批国内图书馆藏量较少的稀见古籍。

在国内，广西师范大学出版社先后与北京师范大学图书馆、南开大学图书馆、贵州省博物馆、洱源县图书馆等公藏机构以及私人藏家梁基永先生、王树田先生合作，推出了《北京师范大学图书馆藏稀见清人别集丛刊》《北京师范大学图书馆藏明刻孤本秘笈丛刊》《南开大学图书馆藏稀见清人别集丛刊》《贵州省博物馆藏珍稀古籍汇刊》《洱源县图书馆藏古籍善本汇刊》等。值得一提的是，我们与广西桂学会合作，推出了《广西历代文献集成》共 23 种 123 册。此外，还出版了梁基永先生收藏并主编的《梁基永仪清室藏明清稿钞珍本丛刊》和王树田先生收藏并主编的《拥雪斋丛书》（1—3 辑）。

20 余年来，广西师范大学出版社先后与美国哈佛大学哈佛燕京图书馆、美国国会图书馆、美国斯坦福大学图书馆、美国耶鲁大学图书馆、美国俄亥俄州立大学东亚图书馆、加拿大多伦多大学东亚图书馆、英国国家图书馆、新加坡国立大学、新加坡南洋理工大学、法兰西学院汉学研究所，以及日本东京大学东洋文化研究所等数十家公私藏书机构达成合作，策划组织出版了《美国哈佛大学哈佛燕京图书馆藏中文善本汇刊》《美国哈佛大学哈佛燕京图书馆藏明清妇女著述汇刊》《美国哈佛大学哈佛燕京图书馆藏蒙文文献汇刊》《美国哈佛大学哈佛燕京图书馆藏稿钞校本汇刊》《美国哈佛大学哈佛燕京图书馆藏稀见类书汇刊》《美国哈佛大学哈佛燕京图书馆藏明清三本总集丛刊》《美国哈佛大学哈佛燕京图书馆藏明代善本别集丛刊》《美国哈佛大学哈佛燕京图书馆藏清代善本别集丛刊》《美国哈佛大学哈佛燕京图书馆藏丛部三本汇刊》《百苗图八种》《柏克莱加州大学东亚图书馆藏稿钞校本续编》《英国国家图书馆藏敦煌遗书》《日本所藏稀见中国戏曲文献丛刊》《日本东京大学东洋文化研究所双红堂文库藏稀见中国钞本曲本汇刊》《日本关西大学长泽规矩也文库藏稀见中国戏曲俗曲汇刊》等。

（三）民间珍稀文献

民间珍稀文献是文史研究珍贵的第一手资料，对其进行挖掘、整理、出版，对促进相关领域的学术研究，深入发掘中国传统历史文化，传承弘扬优秀传统文化具有重要意义。广西师范大学出版社在民间档案文书出版方面做了有益探索，推出了多种有影响力的成系列的出版品种。其中民间文书有《徽州文书》第1—6辑、《清水江文书》第1—3辑、《福建民间文书》《徽州合同文书汇编》邯郸学院藏太行山文书系列丛刊第一辑《十里店文书》《闽东家族文书》《万篆楼藏契》《赣南文书》《土默特文书》等；族谱有《闽台族谱汇刊》《思绥堂藏稀见名人家谱汇刊》1—5辑、《徽州谱牒》1—2辑；碑刻资料有《蔚县碑铭辑录》和《粤桂毗连地区传世碑铭汇集初编》。此外还有《潮汕侨批集成》1—3辑、《清至民国岭南杂字文献集刊》等。

（四）其他特色文献

广西师范大学出版社还出版了大量的调查报告、近现代名人未刊稿、域外汉籍、少数民族文献、华侨文献、西文文献等。其中，近现代名人未刊稿有《邹鲁未刊稿》《谢持日记未刊稿》《上海图书馆庋藏居正先生文献集录》《居正日记书信未刊稿》《胡汉民未刊往来函电稿》《美国哈佛大学哈佛燕京图书馆藏蒋廷黻资料》等。调查报告有《满铁调查报告》1—8辑、《中国边疆社会调查报告集成》等。在日本、韩国有不少本土作者以汉文书写的文献，我们择其与中国有密切关系者加以出版，如《日本明治时期汉语教科书汇刊》《韩国文集中的蒙元史料》《韩国文集中的明代史料》《韩国文集中的清代史料》《燕行录全编》1—4辑等。少数民族文献有《纳木依藏族帕孜文献》和《中国白族白文文献释读》等。华侨文献有《东南亚华侨口述历史丛编》《闽侨古今名贤事略选辑》等。西文文献有《美国哈佛大学图书馆藏未刊中国旧海关史料》《美国耶鲁大学图书馆藏卫三畏未刊往来书信集》《“中国研究”外文旧籍汇刊·中国记录》1—10辑等。其他还有《中华民国史史料外编·前日本末次研究所情报资料》《天津日本租界居留民团资料》《伪满洲国研究资料》等。

二、广西师范大学出版社特色文献整理出版的特点

经过二十多年的实践探索，广西师范大学出版社的特色文献图书出版，形成了以“珍稀文献”为主要出版方向，以全面收集保持资料完整性、适度整理提升资料使用便利

性、影印出版保证资料真实性为出版特色，学术与出版的良性互动的出版特点，受到出版界、图书馆界、学术界的高度关注，产生了良好的品牌效应。

（一）以“珍稀文献”为主要出版方向

典籍的整理出版固然是古籍出版的重要方面，但从学术的角度来看，“珍稀文献”的整理出版对学术研究向纵深发展具有重大价值。我们以珍稀文献资料为主要出版方向，主要基于两个维度考虑。“珍稀”即“珍贵、稀有”。“珍贵”主要是指文献的价值，凡是具有较高的版本价值、学术价值、艺术价值和文化传承价值的文献，不管是什么语种、什么题材（体裁）、什么载体，都在考虑出版的范围之内。“稀有”主要是指文献的收藏数量。比如，历史档案都是独此一份，分别收藏于国家各级档案馆、图书馆、博物馆，小部分藏于私人藏家，一般学者难得一见，更不用说利用了。有些民间文献也是唯一藏品，且作为文物进入到流通领域，随时都有可能遭到损坏；一些传世碑刻也因自然和人为因素的影响，风化、漫漶乃至损坏、遗失。所以，这些珍稀资料的出版不仅具有存史功能，且带有抢救性质。广西师范大学出版社把珍稀文献作为文献图书的出版方向，集中出版某一领域学者研究急需但平时难于访见的基础性文献资料，具体为上文提到的四类：海内外藏历史档案资料、海内外藏稀见古籍、民间珍稀文献和其他特色文献。历史档案资料和民间珍稀文献大都为独一无二的文献，稀见古籍选择的原则是国内公私馆藏不超过三家的、仅海外有藏国内无公私馆藏的古籍文献。事实证明，这一出版方向的确立，为出版社文献出版特色的形成奠定了基础，也得到了图书馆界和学界的肯定。图书馆作为珍稀文献的购买者，因其与其他产品没有重复而乐于购买。学者也因其珍稀而广泛使用。以《徽州文书》为例，该书从2003年出版第1辑，至今已出版6辑。《徽州文书》曾在国家图书馆2010年6月中文图书借阅排行榜名列第8位。2017年，《徽州文书》被列入《中国高被引图书年报》（2016版）“中国高被引图书各学科（图书档案学）TOP3名单（1949—2009年高被引图书）”。

（二）以全面收集保持资料完整性、适度整理提升资料使用便利性、影印出版保证资料真实性为出版特色

文史研究需要穷尽存世资料，方可得出符合历史实际的结论。因此，历史资料的整理者和出版者都应尽可能全面、系统地收集资料，以完整、系统、全面的资料付诸出版，一般不出版选本、节本。我们在策划明朝档案总汇这个选题时，把当时已经发现的明朝档案一网打尽。其他选题也是这样，比如碑刻资料，我们主张不以整理者、出版者的认识和好恶取舍资料。由于专业背景不同，或者学术偏好不同，编纂者、出版者不收录的资料，对其他学科的学者来说，可能是重要的资料。资料的重要性并不取决于整理者，而是取决于使用者。因此，在整理和出版时根据主观判断对其任意取舍，都会造成遗珠之憾。

特色文献呈现出多样性，其整理工作也各有侧重。稀见古籍类文献可以做解题等整理工作。民间文书则需要做编排、拟目等工作。当然，有些文献还可以做释录和考释。

不管采取哪种整理方式，都不能打乱资料的原生性状态。比如，档案资料要按照原卷宗整理出版，不做人为的分类。民间文书则遵循归户性原则，保留资料收藏的原始状态。又如碑刻资料，目前主要有三种编排方式：第一，按照时间顺序编排。第二，按照类别编排。依内容性质分类编排，在同类碑文中，再按年代顺序排列。第三，先按行政区划、再按时间编排。碑刻资料不管是按时间顺序还是类别编排，都会割裂碑刻资料的整体性，把同一区域甚至是同一场所的碑刻资料分割开来。比如，某一会馆的碑刻是一个资料群，各块碑刻之间有着内在的联系。如果按照时间顺序编排，这个资料群就会分散编排在不同的时间段里；如果按类编排，也会把这个资料群归属于不同的类别。因此，我们主张，碑刻资料的编排首先应该遵循属地性原则，按照一定范围的行政区划进行编排，其下以碑刻所在场所为最小单位，再按时间顺序排列，某行政区划的散件碑刻则可以按照时间顺序排列于该行政区划之下。对特色文献资料进行适度整理，有利于学者的使用，是整理者和出版者必须做的一项工作。

广西师范大学出版社特色文献出版大都采取影印的形式出版，这既有现实的需要，也有学术的考虑。从现实考虑，影印出版需要整理的时间短，很快就可以把珍稀资料出版，供学者使用。从学术方面考虑，影印整理成果能够较好地保存民间档案文书的本真性、原始性，整理中的人为失误少。同时，影印出版对某些学科有特殊意义，比如语言文字研究，影印整理方式保留了特色文献中的大量的俗写字等，为研究中国文字在不同地区的变体书写方面的特点与规则等，提供了大量难得的第一手资料。总之，影印整理方式能够相对较好地保存特色文献本身的固有内容和形式，避免了整理过程中人为造成的差错，其整理出版进度有明显优势。并且其不存在对于异体字、俗写字、别字的取舍方面的选择困难，对文献本身的书法、钤印、花押等形式方面的重要内容有直观的展示，加之其刊布出版的进度实际能够较好地满足推动学术发展对于新材料及时有效刊布的需求。当然，影印出版也有不足之处，如由于一些特色文献以手写与俗写为主，并且存在一些特殊的记数符号及具有地域特色的表达、用语等，在整理中不加录文和考释等，部分民间档案文书的内容在跨学科（社会史、经济史等之外的其他学科）学者们使用时势必存在一定的难度，在扩大特色文献的研究使用范围上具有一定的局限性。因此，我们的一些特色文献，也会把释录文作为附录收录。

（三）形成了学术与出版的良性互动

经过二十年的发展积累，广西师范大学出版社的文献图书正在形成以借助学者力量整理馆藏，以善本书志、提要等文史工具书为基础，以影印出版馆藏文献为配合，服务图书馆藏与开发建设、服务学者学术研究拓展，文献馆藏机构、学术群体、学者与出版社之间良性互动。

我们与海内外的文献馆藏机构、私人藏家保持密切的联系。以北美图书馆为例，我们通过走出去和请进来的方式，建立多方面联系。我们除了到各图书馆访书外，还每年派员参加北美东亚图书馆年会，与各会员单位沟通、交流；每年出版《天禄论丛——中国研究图书馆馆员学会学刊》，以该书为纽带加强与北美图书馆中国馆员的交流与合作。在十多年的来往中建立了密切的合作关系。广西师范大学出版社与哈佛大学哈佛燕京图书馆的合作堪称典范。在十多年的合作中，广西师范大学出版社共出版“哈佛燕京图书馆文献丛刊”“哈佛燕京图书馆学术丛刊”“哈佛燕京图书馆书目丛刊”三个系列。截至2018年底，共出版“哈佛燕京图书馆文献丛刊”18种742册、“哈佛燕京图书馆学术丛刊”3种17册、“哈佛燕京图书馆书目丛刊”5种19册。目前在编的还有168册，到2019年底，将出版三大系列图书共900多册。或许正因为如此，哈佛大学哈佛燕京图书馆馆长郑炯文先生曾在不同场合上说道：“广西师范大学出版社就是哈佛燕京图书馆的出版社。”郑馆长的这句话，是对我们双方良好合作的认可。

我们跟学界朋友也建立了良好的合作关系。他们或应出版社之邀，为文献图书查重、拟目、撰写题解等。这样的朋友较多，这里仅举几例。从2003年至今，我们一直与安徽大学刘伯山研究员保持密切的合作关系，先后推出了《徽州文书》1—6辑，后续工作还在有条不紊地推进，计划该项目将推出12辑共120册。今年，又合作出版了《徽州谱牒》1—2辑。其他项目也在谋划之中。复旦大学吴松弟教授是《美国哈佛大学图书馆藏未刊中国旧海关史料（1860—1949）》的主编，为该书的整理出版付出了大量的劳动。该书出版后，我们继续合作，不断挖掘海内外收藏的旧海关史料，不日将陆续出版。中山大学黄仕忠教授长期在日本收集珍稀戏曲文献，先后与我们合作出版了《明清孤本稀见戏曲汇刊》《日本所藏稀见中国戏曲文献丛刊》《日本东京大学东洋文化研究所双红堂文库藏稀见中国钞本曲本汇刊》《日本关西大学长泽规矩也文库藏稀见中国戏曲俗曲汇刊》等特色文献图书。双方合作还在继续，将会有更多的图书推出。此外，方广锠教授之于《英国国家图书馆藏敦煌遗书》的整理出版，李国庆教授之于《“中国研究”外文旧籍汇刊·中国记录》的整理出版……功莫大焉。与出版社合作的学界朋友还有很多，不一一列举。如果没有他们的支持和帮助，就不可能出版这么多的特色文献。

总之，广西师范大学出版社特色文献图书的出版是文献收藏机构及个人、学界朋友和出版社共同努力的结果。而这些图书的出版又反过来服务于图书馆和学术界，丰富了图书馆藏，促进了学术研究的深化。

三、特色文献整理出版的学术意义

广西师范大学出版社在特色文献出版方面做了一些力所能及的工作，其他兄弟出版社也出版了大量的特色文献图书。这些特色文献资料的出版，对学术研究具有重大的意义。

（一）促进了学术研究的深化与发展

傅斯年先生曾提出“历史学即史料学”的主张，认为“近代的历史学只是史料学，利用自然科学供给我们的一切工具，整理一切可逢着的史料。”在研究历史时，“一分材料出一分货，十分材料出十分货，没有材料便不出货”①。对傅先生的观点，学术界有不同看法，但其对新史料的重视以及将整理、研究史料视为一门科学即是值得肯定的。这一观点对我们认识新时期特色史料的学术价值有着借鉴意义。

首先，历史档案、稀见古籍、西文资料、民间文献……这些新史料的整理出版，对促进新学科的形成和发展具有重要作用。这里以徽学、吐鲁番学和敦煌学为例，讨论这几个学科的发展。一方面是向内发展，这主要是指敦煌学在国内的发展。敦煌史料长期收藏于海外公藏机构和私人藏家，国内学者不能利用其进行学术研究，故形成了“敦煌在中国，敦煌学在海外”的局面。随着英藏、俄藏、法藏敦煌文献的回流，在国内多家出版社出版，敦煌学研究在国内蓬勃发展，大有超越海外的势头。另一方面是向外发展，这主要是指徽学和吐鲁番学的向外拓展。随着徽州民间文献和吐鲁番文献的陆续出版，徽学、吐鲁番学研究的国际化日趋明显，日本、韩国以及欧美学者陆续加入到徽学、吐鲁番学研究，丰富了海外汉学的研究内容。

其次，特色新史料的整理出版催生了学术新观点、新认识、新结论。例如，土地制度的研究，过去以阶级斗争观点，批判封建地主对农民的剥削和压迫。随着大量的民间文书的出版，学者的研究逐步转移到对土地买卖、租佃、典押等经济行为上，并利用新资料对传统观点进行修正。这里以典当业为例，一般的观点认为它是高利贷，因其利息高而认为对人民剥削重，受到学者的否定。有学者以新史料为依据，运用量化分析，澄清了明清典当业研究的三个误区，认为“不能把‘典当利率’误认为‘典当资本利率’”，“不能把‘典当资本利率’误认为‘最高资本利率’”，“不能以现代‘低利贷’为由贬斥古代‘高利贷’”②。检视已经出版的民间文书，我们发现在归户性文书中，有一些文书延续时间较长，里面有某一块土地数百年的流转情况，对研究土地的买卖、继承以及土地价格的变动都有重要价值，对其细致研究或可得出新的认识和结论。

（二）推动了学术研究范式的转型

从史学研究的角度而言，宏大叙事与专门研究一直是学者追求的两个研究范式。所谓宏大叙事，学界的解读包括：有某种一贯的主题的叙事；一种完整的、全面的、十全十美的叙事；常常与意识形态和抽象概念联系在一起；与总体性、宏观理论、共识、普遍性、实证（证明合法性）具有部分相同的内涵；有时被人们称为“空洞的政治功能化”的宏大叙事；题材宏大的叙事。③ 新中国成立以来的中国古代史、中国近代史研究大都采取大而全的宏大叙事范式。这种研究对认识历史发展的规律性不无助益，但往往忽略区域发展的差异性和历史细节的把握。大量的特色文献的整理出版，为专门研究尤其是区域研究提供了可能。这种专门史、区域史研究尽管有“碎片化”的疑虑，但它却是重建

① 傅斯年：《历史语言研究所工作之旨趣》，傅斯年：《傅斯年谈教育》，沈阳：辽宁人民出版社，2015 年，第 140、146 页。

② 汪崇筼：《徽州典当业研究中可能存在的三个误区》，《安徽师范大学学报》（哲学社会科学版）2006 年第 2 期。

③ 程群：《宏大叙事的缺失与复归——当代美国史学的曲折反映》，《史学理论研究》2005 年第 1 期。

"宏大叙事"研究的基石。对博通研究十分重视的梁启超，也不否认专门研究的重要性。他指出："历史上各部分之真相未明，则全部分之真相亦终不得见。而欲明各部分之真相，非用分工的方法深入其中不可。此决非一般史学家所能办到，而必有待于各学之专门家分担责任。此吾对于专门史前途之希望也。专门史多数成立，则普遍史较易致力，斯固然矣。"① 史学界方兴未艾的专门史研究，得益于大量的新资料的出版。我们相信，更多的特色资料的整理出版也将促进专门史的深入研究，最终促进史学的综合研究。

（三）拓宽了学术研究的领域

历史研究的发展主要得力于新史料的发现、整理、出版和新方法的引入运用。特色史料的整理出版对拓宽学术研究领域起到了至关重要的作用。我们以民间文书的整理出版以及谱牒资料的整理出版为例，对其进行分析。从20世纪80年代开始，随着民间文书的整理出版，学术界利用契约文书深入地研究经济史、社会史、法制史、文字学、民俗学、文物学、档案学、文献学等诸多学科。民间文书在历史学领域主要被用于经济史、社会史和法制史的研究。就经济史而言，包括土地制度、土地交易方式、地价、土地经营规模、交易物、交易费用等。就社会史研究而言，主要是从契约交易所涉及的人物及其关系出发，结合社会结构，来分析当时的一些社会现象，例如交易双方的身份与地位、第三方参与者的作用以及宗族、社团、保甲等组织对于交易的参与，等等。法制史的重点研究对象是中国古代牵涉司法审判的契约问题。近年来伴随着"田野与文献"方法在史学领域的兴起，契约文书的研究在历史人类学、区域社会文化史等领域也有一些新的突破。② 而家谱的整理出版，也为学术研究提供了丰富的资料，对多学科研究具有重要的史料价值。梁启超认为，家谱是研究中国史的重要史料之一。对探讨族制组织法，各时代各地方婚姻平均年龄、平均寿数，父母两系遗传，男女两性比例，以及出生率与死亡率比较等无数问题，是不可多得的资料。③ 王鹤鸣则认为，家谱记载的内容十分广泛，"收藏宏富的族谱资料，对于广泛的社会历史研究，诸如历史学、经济学、社会学、民俗学、民族学、宗教学、人类学、人口学、教育学、伦理学、方志学、遗传学等等以及自然科学方面，的确是个巨大的文献宝库"④。其他特色文献的资料出版也有同样的功效，例如旧海关史料的整理出版，不仅为中国近代海关史、对外贸易史的研究提供最基本的史料，也为交通史、产业史、政治史、医学史、生态变迁史、区域社会史等研究提供珍贵的史料。

（四）实现了研究方法的突破

现代史学的研究方法大多从西方引入，如量化分析法、比较研究法等。近代以来，

① 梁启超编：《中国历史研究法》，北京：东方出版社，2012年，第40页。

② 仲伟民、王正华：《契约文书对中国历史研究的重要意义——从契约文书看中国文化的统一性与多样性》，《史学研究》2018年第5期。

③ 梁启超：《中国近三百年学术史》，上海：上海古籍出版社，2014年，第322页。

④ 王鹤鸣：《中国家谱通论》，上海：上海古籍出版社，2011年，第21页。

随着西学东渐的推进，现代史学研究方法不断被引入国内，并被运用于史学研究的各领域。但一些新方法如量化分析法、比较研究法的广泛运用则是在特色文献资料的大量整理出版之后。例如，严格意义上的量化分析必须在大量的科学统计数据被公布之后才能实现。最近二十多年，随着旧海关史料的整理出版，研究者获得了完整、系统、科学的统计数据，使得中国近代外贸史的量化分析成为可能，而事实上最近几年也出版了一批以量化分析为基础的高质量成果。又如比较研究，不管是横向比较还是纵向比较，都必须占有大量的第一手资料。徽州文书、清水江文书、太行山文书、山西文书、福建文书等的相继整理出版，为不同区域历史的纵向比较研究提供了广泛的可能性。而不同时期的特色文献的整理出版，为纵向研究提供了基础资料。比如，不同时期的土地买卖契约文书，为研究土地价格的变动提供了可靠资料；清代历朝粮价表更是清代各个时期粮价变动的真实数据。可见，史学方法的运用不是一个简单的移植过程，更是一个以新史料不断发掘、整理、出版为支撑的发展过程。

广西师范大学出版社的海外中国研究文献整理出版

鲁朝阳*

改革开放以来的近几十年中，中国历代传统典籍文献资料的整理出版受到学者们的高度关注，大型古籍资料丛编、古文今译项目、地方文献整理项目，以及对传统经典著作进行的注释、点校、汇校、汇刊等成果不断涌现。这些为数众多的出版成果，极大地满足了学者们对研究资料的需求。以笔者从事出版工作的视角观察，在这种历代传统典籍文献资料的整理出版繁荣中，有一特点尤其具有时代特色，即学者们在注重整理出版国内传世典籍文献资料的同时，也将远藏海外的与中国研究相关的文献资料纳入研究与整理出版的范围，积极通过不同形式将其引入国内，以与国内的相关研究资料在内容上形成互证、互补，并进而在这种资料更为全面的基础上，寻求建立更为立体和完整的研究理论与研究成果体系，学术研究也在这一过程中得以更为坚实和丰富。

海外与中国研究相关的文献资料，内容十分丰富，既有历史上因各种原因流失的中国传统典籍文献资料，更有近代以来外国来华人员如传教士、外交人员、旅行家、学者等的各种记录，以及部分外国在华机构形成的海量的各种档案文献。广西师范大学出版社（以下简称“广西师大社”）自 20 世纪 90 年代中期以来至今，持续投入了大量的时间和人力、物力，以影印出版、目录提要等形式，陆续将许多珍贵的中国研究相关文献资料引回国内，为国内学者的使用提供了便利。梳理并分析我社在这一过程中的相关出版成果及其特点，可以为学者使用这批资料提供一定的学术线索，也可以为今后进一步做好相关工作提供积极的参考。

一、广西师大社的海外中国研究相关文献资料出版概观

广西师大社的海外中国研究文献，在文献来源地域上，较为明显地表现出以北美的美国和加拿大、中国周边的日本、欧洲的英国为主要地区，而这些地区也是海外中国研究相关文献资料分布最为集中的地区。

截至 2019 年，在北美地区与广西师大社合作出版其馆藏中国研究相关资料的即有美国国会图书馆、哈佛大学图书馆、哈佛大学哈佛燕京图书馆、耶鲁大学图书馆、柏克莱

---

* 鲁朝阳，广西师范大学出版社珍稀文献编辑室主任。

加州大学东亚图书馆、斯坦福大学图书馆、俄亥俄州立大学图书馆、明尼苏达大学图书馆、匹兹堡大学东亚图书馆、欧伯林大学档案馆、美国爱默蕾大学图书馆、加拿大多伦多大学东亚图书馆等，北美地区设有专门的中国或东亚研究相关文献资料收藏图书馆的重要公私立大学机构基本都有所涉及。

在北美地区之外，于英国有英国国家图书馆，于日本有关西大学图书馆、日本东京大学东洋文化研究所，在新加坡有新加坡国立大学图书馆、南洋理工大学，等等。此外，海外还有众多图书馆与收藏机构以为广西师大社的出版选题提供底本，合作编辑出版《天禄论丛》系列论文辑刊等形式，在公布特色馆藏信息、揭示文献研究价值等方面为广西师大社的海外文献出版提供协助。

广西师大社与各不同国家和地区的文献资料收藏机构合作出版，注重分析其所藏资料的主要类型，并择其研究价值最高、学者最需要的部分优选出版对象。如广西师大社与北美地区图书馆机构的合作，最为注重推出的主要是中国研究相关文献资料中的传统典籍以及各式公私档案文献。其中较为重要的资料出版成果，有与美国哈佛大学哈佛燕京图书馆合作的“哈佛燕京图书馆文献丛刊”系列、“哈佛燕京图书馆学术丛刊”系列、“哈佛燕京图书馆书目丛刊”系列等出版品种，总计近 30 种逾千册出版成果。在与英国国家图书馆的合作中，即首先选择长期受到学者们高度关注的敦煌遗书。

二、广西师大社海外中国研究相关文献出版的主要类型

广西师大社在海外中国研究相关文献方面，主要从事影印、编目、论文集、学术著作方面的整理出版，在内容上较为注重国内稀见的珍善本古籍、档案、民间文书、版本目录学著作、学术专著等。

1. 以影印传统典籍珍善本为中心

在传统典籍的珍善本影印出版方面，可以“哈佛燕京图书馆文献丛刊”系列为例。该系列始自 2003 年影印出版《美国哈佛大学哈佛燕京图书馆藏中文善本汇刊》37 册（后获第十四届中国图书奖）。该书作为“哈佛燕京图书馆文献丛刊”系列第一种，共收录 67 种稀见的珍善本中国传统古籍，其中宋代珍本 3 种，元代 2 种，明代 62 种。涉及经传、音韵、宗谱、方志、兵法、中医、文学、佛教、戏曲等类稀见文献，隶属经史子集四部。每种书都附有著名版本目录学家如沈津先生等撰写的内容提要，介绍作者、内容、版本、源流，为读者提供丰富、准确的考证材料和线索，该丛刊在中国古籍版本研究和学术研究上均具有重要的价值。

“哈佛燕京图书馆文献丛刊”系列后续又有 2009 年 3 月出版《美国哈佛大学哈佛燕京图书馆藏明清妇女著述汇刊》5 册，2013 年 11 月出版《美国哈佛大学哈佛燕京图书馆藏宝卷汇刊》7 册，2015 年 3 月出版《美国哈佛大学哈佛燕京图书馆藏蒙文文献汇刊》68 册，2016 年 9 月出版《美国哈佛大学哈佛燕京图书馆藏稿钞校本汇刊》123 册，2017

年 6 月出版《美国哈佛大学哈佛燕京图书馆藏明代善本别集丛刊》40 册，2017 年 8 月出版《美国哈佛大学哈佛燕京图书馆藏稀见类书汇刊》46 册与《美国哈佛大学哈佛燕京图书馆藏清代善本别集丛刊》68 册，2017 年 10 月出版《美国哈佛大学哈佛燕京图书馆藏明清善本总集丛刊》139 册，2018 年 8 月出版《百苗图八种》2 册，2018 年 9 月出版《美国哈佛大学哈佛燕京图书馆藏丛部善本汇刊》100 册，2019 年 10 月出版《美国哈佛大学哈佛燕京图书馆藏子部善本文献丛刊》158 册，等等。该系列丛刊由我社出版的已有 20 余种近千册，将数百种国内稀见或缺藏的珍贵典籍文献以影印形式回流国内，供更多学者参考使用。

在哈佛燕京图书馆所藏相关中国研究文献资料之外，还有诸如《加州柏克莱大学东亚图书馆藏稿钞校本丛刊续编》，收录柏克莱加州大学东亚图书馆藏钞本、校本凡 31 种，该书参照《中国古籍善本书目》作为收录依据，按经、史、子、集四部顺序编排，于每种钞本、校本之前附有解题，对名钞本、校本之内容、体例、版本等详为介绍，学者使用极为便利。

除北美地区的相关馆藏外，日本所藏中国研究资料也是我社关注的重点。其中，以中山大学黄仕忠教授主持的日本所藏稀见戏曲文献系列极受学者欢迎，该系列中《日本所藏稀见中国戏曲文献丛刊》共出版两辑，重点收录明刊本和清抄本及部分民国刻本，所收诸书半数属无别本流传之孤本，其他亦为最早的传本及别种抄本。另有《日本东京大学东洋文化研究所双红堂文库藏稀见中国钞本曲本汇刊》，专事收录“双红堂文库”（长泽规矩也藏书）所藏传奇、昆曲、高腔、乱弹、皮黄、梆子、影戏、曲谱、鼓词、子弟书、莲花落、快书、石派书、岔曲、杂曲等的钞本曲册、戏曲绘本。《日本关西大学长泽规矩也文库藏稀见中国戏曲俗曲汇刊》，编选“双红堂文库”之外、长泽规矩也留存手边的杂剧、传奇、皮黄、高腔、戏曲、子弟书、鼓词、滩簧等，与“双红堂文库”的长泽藏书宜称合璧。中国晚清以来的近代学术兴起，在新学术体系的建立上，受日本学术风尚与学者的影响较大，而在这一时期的中日国际间的学术研究文献资料交流方面，一方面有许多中国学者尝试将日本有存而国内失传的文献回流故土，另一方面又有不少日本学者到中国有选择地进行新的文献资料的收集与购买。在这一过程中，以小说、戏曲等俗文学类资料的输出较具有时代特色，我社通过黄仕忠教授的努力，将相关的戏曲、小说等俗文学研究的基础文献等重新输入国内，以供学者研究使用，也可以视为推动相关学术进步的努力与尝试。

上述诸种珍善本与稀见本古籍文献的出版，使国内学者足不出国门，即可获取昔时难得一见的珍贵研究资料，对于相关研究课题的推进起到了积极的作用，也在出版过程中逐渐形成确立了我社珍稀影印文献的特色板块。

2. 官私档案类资料影印出版

自清代至民国时期，随着西方近代资本主义兴起引发的海外殖民扩张，大量的传教士、外交人员、旅行家、学者等，出于各种不同目的来到中国，留存下数量不等的各种公私档案资料、调查记录、旅行记、画册、学术著作等。除此之外，清末敦煌文书因外国学者的盗抢而流失国外，也向为中国学者所关注。这些资料虽远存海外，但与中国历史文化等的研究有着天然密切的关联，广西师大社也在这些资料的引入国内方面做了积极的努力。

其中如有 2015 年 6 月出版的《美国哈佛大学哈佛燕京图书馆藏蒋廷黻资料》24 册，收录了与蒋廷黻有关的中、英文函件数千件，包括各类文件、备忘录、剪报、照片、墨迹、日记、笔记、演说稿、访谈稿等的档案资料影印件。蒋廷黻生前以历史学家、爱国知识分子、外交家的多重身份为世人所知：作为历史学家，蒋廷黻主张兼重中外历史，兼采中外史学研究方法，治史颇有建树；作为一名爱国知识分子，他讲求经世致用，其治史的目的就是为了总结历史经验教训，以资借鉴，富强国家；作为一位政治人物，他亲身经历、参与了近、现代中国众多重大历史事件。其档案资料，所涉及的内容十分丰富，再加上其本人又有资料收集的习惯，故其档案资料并不限于与其本人相关的内容，更有围绕其经历的时代与关注的事件而聚集起的周边内容，对于研究民国以来蒋氏经历、关心、思考过的诸多历史事件、历史人物等，在一定程度上都具有广泛而重要的参考价值。

另如 2016 年 3 月出版的《美国哈佛大学哈佛燕京图书馆藏钢和泰未刊往来书信集》亦是重要的学术档案资料。钢和泰现下少有学者了解，但该批书信档案却是研究中国近代学术史极为重要的资料。钢和泰以佛学、藏学、梵文研究成就最大，约在 1917 年来到北京，直至去世。该书影印收录现藏哈佛燕京图书馆的钢和泰书信档案近 900 封，以及部分论文资料等，其书信档案涉及的个人、单位共计 160 余个，其中人物多为知名学者或文化界人士，如中国学者有：胡适、陈寅恪、赵元任、傅斯年等。外国学者和文化界人士有：司徒雷登、顾临、普意雅、艾锷风、福克司、安特生、斯文·赫定、伊凤阁、裴丽珠、叶理绥、James H. Woods 等。并有一些东方学、印度学、佛学、藏学、汉学、梵文等领域的著名人物。仅浏览其信件所涉人物名单，即足以知晓钢和泰在当时的学术交游之广和学术影响力范围。其信件的具体内容，更牵涉到诸多近代学术与历史、文化的重要事件，如袁同礼、马衡 1930 年 3 月 7 日写给钢和泰，钢和泰 1930 年 2 月 18 日写给 George Henry Chase 的书信，内容涉及钢和泰通过 James H. Woods 兄弟，从小洛克菲勒那里争取到一笔经费用于修复故宫中的喇嘛庙，此项捐赠还带动了相关的捐赠，为北平古建筑文物的保护做出了贡献。如无这些书信档案，则当时北平古建筑保护工作因何机缘得以推动仍将难考得其详。

晚清近代以来，中国海关长期被外人把持，并建立起了与国外基本同步的海关制度。中国海关总税务司下设造册处（后改称统计科），负责编印海关贸易报告、统计、文件、各式书籍等，形成了记录丰富、史料价值巨大的中国旧海关档案文献。我社在复旦大学吴松弟教授团队帮助下，全面整理影印出版了哈佛大学图书馆所藏未刊的该批中国旧海关档案资料。自 2014 年至 2016 年将为数超过 1000 卷的原始珍贵资料影印为 283 册，使其与国内缺存的旧海关档案相互配合，极大的便利了学者们利用这一历史研究的文献宝库。

除了哈佛大学所藏之外，还有与中国研究相关的档案资料如《美国明尼苏达大学图书馆藏基督教男青年会档案：中国年度报告（1896—1949）》《美国耶鲁大学图书馆藏卫三畏未刊往来书信集》《丁家立档案》、"美国政府解密档案·中国关系"系列等，皆是研究资料价值巨大的一手档案文献，值得学者们从各自的研究领域给予充分的关注。

3. 英国国家图书馆藏敦煌遗书

敦煌遗书，也称敦煌文献、敦煌文书、敦煌写本，是对1900年发现于敦煌莫高窟藏经洞中的一批抄本、书籍等文献的总称，其形成时间大概自2世纪至14世纪，总数约6万卷，其中佛经约占90%。敦煌遗书被发现后，除被当时的京师图书馆（今中国国家图书馆前身）收藏之外，也因被各国学者以不同目的盗买而分散到全世界，海外重要的敦煌遗书收藏机构有英国国家图书馆、大英博物馆、巴黎国立图书馆、俄罗斯科学院圣彼得堡东方研究所，日本及我国香港等地也有一定数量的收藏。

其中英国国家图书馆所藏，是斯坦因第二次、第三次中亚探险获得。斯坦因到敦煌时，藏经洞还没有遭受大规模的扰动，而斯坦因又是第一个大批得到敦煌遗书的外国人。所以，英国收藏的敦煌遗书，具有数量多、质量高、文献种类丰富等特点，不少遗书还附有当年斯坦因的原始现场记录，对研究藏经洞内敦煌遗书的原状、藏经洞敦煌遗书的性质具有特殊的价值。我社通过与方广锠、吴芳思两位教授合作，计划陆续影印出版英藏14000多号敦煌遗书，自2013年起至2017年已完成50卷出版工作，其后约有70卷的工作还在有序进行之中。受该书出版的影响和带动，一些私人藏家及收藏有小批量的敦煌遗书的机构也与我社有了接洽沟通，愿意通过影印出版的形式，将珍贵的资料化身千百，供更多学者使用。

4. 具有重要史料价值的普通西文古籍

中国晚清以来的近代史上，有许多外国传教士、外交人员、旅行家以及学者短暂或长期居留中国，有的少则半年、多则几十年，很多人甚至已经较深地融入了中国的政治、文化、教育、医疗、生活当中，他们以自己的经历与所见所感为基础，形成了为数众多的各式记录资料，并通过各种形式进行了正式出版。这些出版物，有探险家、画家和商人等的游记，有传教士的书简，也有军人和外交官的报告，或是学者的考察专著。这些资料难于判为档案及稀见文献，但因多是个人的观察与亲身经历，故而有区别于正式的档案文献的另一方面的真实性，同样值得学者们在研究中给予足够的重视。

我社与美国俄亥俄州立大学图书馆李国庆教授合作，自2009年3月开始，以每年一辑10种的进度，连续推出《"中国研究"外文旧籍汇刊·中国记录》丛书。该丛书以收录上述西文旧籍文献为主，至今已出版11辑110种重要资料，其中既有作者在中国的见闻杂记、在中国的旅行考察游记、对中国政治军事情形的分析、对中国礼仪风俗及百姓日常生活的描述，还有对中国在辛亥革命后日渐近代化的进程的展示，记述内容极为丰富，包括其眼中的中国的身体形象、社会整体、政治教育、宗教道德和文化艺术等方面，仅就中国社会生活史的研究而言即极具丰富的史料价值，在文化史、经济史等方面同样研究价值不菲。

三、广西师大社海外中国研究相关文献出版的特点

广西师大社的域外中国研究相关文献出版，具有自身的鲜明特色，我们将之概括为：以影印为主留存文献整体信息；以全面收录便利学者学术采择；以适度整理提高文献使用便利、提升资料利用价值；以版本目录学工具书揭示文献总体情况、提供更多研究线索。

1. 以影印为主留存文献整体信息

我社对海外中国研究相关文献的出版，主要以影印方式进行。采用该种方式出版海外中国研究相关文献，是基于学术利用与整理实际等的多方面综合考虑。就资料本身的整理而言，常规的外文汉译、古籍点校汇录、民间文献释录文字等，在整理与出版中都不可避免地要改变文献本身的格式性的物理性信息，如档案文献的特殊格式等，还会产生种种难以预估的讹误与疏漏，并且大量的文献在整理中所需时间、人力和物力成本方面也难以有持续而稳定的保证。影印出版，一方面可以保证较快的整理出版进度，使学者在尽可能短的时间内获取研究资料，还可以较好地保存文献本身的特殊信息，为学者提供最为本真的研究素材。

我社的文献类图书自 1990 年代中期起步以来，即坚持以影印为主的基本操作方式，迄今出版有 300 余种 4000 余册各式学术文献资料图书，为学者提供了大量珍贵的研究资料，深受学界重视。

2. 以全面收录便利学者学术采择

学者对研究资料的采择，基于不同的学术基础与学术方向，同样一份文献材料，不同领域与专业的学者，会分别提取到不同的文献信息。这一方面的特点，使得文献的整理出版，应该遵循求全求备的原则，而不宜在整理中依据整理者本人的认知与好恶有所取舍，或知其有而不作全面收集的尝试。如以我社所出版《美国哈佛大学图书馆藏未刊中国旧海关史料》为例，相关资料原本散藏于哈佛大学所属图书馆的不同分馆，在整理出版中吴松弟教授团队对哈佛大学各馆的同类资料进行了全面的查核，使得哈佛大学图书馆所藏相关资料无一遗漏地收录在该书中。该种全面收集的理念，也在根本上保证了海外所藏的中国旧海关史料，能够与国内现存的旧海关史料，基本配补完整，再现中国旧海关文献体系全部，避免因资料某一部分的缺失造成研究的缺憾。

3. 以适度整理提高文献使用便利、提升资料利用价值

我社的文献整理出版成果，一直较好地遵行了适度整理的原则，即在整理中，不对文献本身作过度加工、修饰、技术性处理，以学术性前言、整理说明、编辑说明、书志

式解题、文献内容索引等形式，提高文献使用的便利，提升资料利用价值。

如陈红民教授在整理《美国哈佛大学哈佛燕京图书馆藏蒋廷黻资料》中，撰写的前言近2万字，结合自己对档案的研究，对蒋氏的生平概要、学术与从政经历、档案资料入藏哈佛燕京图书馆的来龙去脉、档案资料的研究价值等做了全面扼要的说明，该前言即是一篇极为重要的蒋廷黻档案资料评述。我社的其他诸多档案资料类图书，亦基本都采用相似的出版形式，保持其原貌、提升其使用便利、扩充其利用价值。

4. 以版本目录学工具书揭示文献总体情况、提供更多研究线索

海外所藏中国研究相关文献资料为数甚巨，参考价值巨大，并且有相当数量的孤本、稀见本。但海外馆藏机构在整理力量方面，存在客观上的局限，部分馆藏机构甚至无专门的中文馆员或粗通中文的人员，这在客观上限制着中国研究相关文献资料的整理与整体上的揭示。在这种情况下，以版本目录学工具书的形式，揭示文献资料的整体情况，为学者提供更多的研究线索，不失为一种较为有效和可行的方式。

我社历年出版了多种海外所藏中国研究相关文献版本目录学著作，如有沈津先生主持的《美国哈佛大学哈佛燕京图书馆藏中文善本书志》《日本汉籍图录》、黄仕忠教授主编《新编子弟书总目》《日藏中国戏曲文献综录》、乔晓勤等主编《加拿大多伦多大学东亚图书馆藏中文古籍善本提要》、马月华著《美国斯坦福大学图书馆藏中文古籍善本书志》、王重民先生著《美国国会图书馆藏中文善本书录》、朱士嘉先生编《美国国会图书馆藏中国方志目录》、龙向洋主编《美国哈佛大学哈佛燕京图书馆藏民国时期图书总目》《美国哈佛大学哈佛燕京图书馆藏中国新方志目录》《美国哈佛大学哈佛燕京图书馆藏中文年鉴目录》，等等。这些版本目录学工具书的出版，使学者了解相应域外中国研究资料有了极富参考价值的学术线索，也成为广西师大社出版域外中国研究相关文献出版的一方面特色。

四、结语

海外的中国研究资料为数众多，分散在各公私收藏机构中。如就其资料数量而言，则以传统中文典籍文献，以及部分外国在华机构形成的各种档案文献资料两种类型资料为主。如就存藏地区分布方面，在北美以美国、加拿大为最受学者关注；在中国周边则以日本居多，同时朝鲜、韩国、越南、新加坡等历史上深受中国汉文化影响的地区亦有一定的藏量；在欧洲则以英国、法国、德国、荷兰、葡萄牙等在历史上因与中国有重要历史纠葛地区所藏最受学者关注。此外，如俄罗斯、蒙古等亦藏有数量较多的中国研究相关文献档案资料。澳大利亚亦有部分收藏，但学者所知与利用相对有限。此外，还会有相当数量的与中国研究相关的资料尚未为学者所知，有待更多收藏机构与学者对其进行相应的整理、揭示。

广西师大社在二十多年中，借由国内外诸多学者的支持与帮助，得以联合北美、日本、英国等的收藏机构，在整理出版海外藏中国研究相关文献方面取得了一些积极的进展，但这一工作我们认为还仅仅是起步，后续有更多的工作和领域需要去开拓和努力。如笔者近年持续关注的一些欧洲和北美地区的教会档案馆，已知有不少单个藏量即超过10万件的与中国相关的文献资料收藏，而这些资料有不少是晚清、民国时期，外来传教士在中国广大地区传教的真实记录，其中大量的记录会涉及中国历史、教育、医疗、文化等多方面的内容，值得学者们报以更多的学术关注。我们也希望在学者们的共同努力下，能有将其引回国内、便利更多学者使用的机缘。

公文纸本古籍纸背文献发掘的探索与实践

耿洪利*

自20世纪80年代以来，随着史学研究的不断深入，越来越多的各种史学资料开始进入学者研究范畴。然而，对于有限的史学资料来说，在研究不断深入的情况下，不少学者感叹可供史学研究的材料，特别是新的史学材料愈来愈匮乏。对此，业师孙继民先生在其《公文纸本：传世文献最后一座待开发的富矿》一文中曾指出："我们还有一笔非常丰厚却基本不为人所知而处于待开发状态的文化遗产和文献资源，这就是蕴藏于我国传世典籍文献中的公文纸本文献。"①

有关公文纸本的概念，在版本学界和目录学界已先有界定，业师孙先生在此基础上又对其进行了补充，"对'公文纸印本'概念的使用还需要有一个补充说明，即除了'公文纸印本'之外，还应该有'公文纸抄本'的概念，即古人利用公私废旧纸张背面抄写的古籍，公文纸抄本虽然极少，但毕竟存在（详下），应视为'公文纸本'之一类"②。然笔者偶见《〈文苑英华〉版本装帧拾遗》一文，文中提到"在参与点藏和鉴定沈阳师范大学图书馆馆藏古籍善本书时，发现其中的明隆庆元年（1567）刻，隆庆六年（1572）、万历六年（1578）、万历三十六年（1608）递修本《文苑英华》，具有鲜明的特色和重要的版本装帧价值……其重要发现是，这部《文苑英华》是利用明代万历年间，福建官府当时废弃的公文纸作书皮衬纸托裱印制而成的。"③ 随即，2015年6月，笔者随同业师孙继民先生赴沈阳进行了实地查阅，得以见到该书真相。类似的情况在重庆市图书馆藏《册府元龟》亦有体现，详见下文。故，孙师在公文纸本已有概念的基础上，又再加入"公文纸托裱本"这一特殊概念，即古人利用公私废旧纸张来托裱古籍，这种现象虽极少，然已然存在，亦应列入"公文纸本"中的一类。在此基础上，孙师的《古籍公文纸背文献学的内涵与外延》首次全面系统地论述了公文纸背古籍，即古籍纸背文献这一特殊典籍的深层含义，推动了该项工作的整理与研究。

---

* 作者简介：耿洪利，河北滦南人，河北师范大学历史文化学院博士研究生，主要研究方向为新出文献。

本文系2015年国家社科基金重大招标项目"上海图书馆藏明代古籍公文纸背文献整理与研究"（15ZDB035）阶段性成果之一。

① 孙继民、魏琳：《公文纸本：传世文献最后一座待开发的富矿》，《光明日报·史学理论版》2012年4月12日。

② 孙继民、魏琳：《公文纸本：传世文献最后一座待开发的富矿》，《光明日报·史学理论版》2012年4月12日。

③ 王曼茹、潘德利：《〈文苑英华〉版本装帧拾遗》，《河南图书馆学刊》2009年第2期。

一、公文纸本古籍文献的类型

前文谈及公文纸本的概念时，除了先前学界早已拟定的“公文纸印本”这一定义时，业师孙继民先生又增加了“公文纸抄本”这一类型，而由于笔者有曾见过封面封底用公文纸进行托裱的古籍文献，故在孙师基础上拟加“公文纸托裱本”这一概念。由此看来，公文纸本古籍文献可大致分为三类，即“公文纸印本”“公文纸抄本”和“公文纸托裱本”。

（一）公文纸印本

所谓公文纸印本，是指古时用废弃官私文书、账簿（极少数文书、账簿内容与古籍内容位于同一面）等纸背来刷印的书籍。公文纸印本是公文纸本古籍文献中最为常见也是目前发现的最多的类型，周广学先生曾在其《古代的公牍纸印书》[①] 一文列举了 16 种，日本学者竺沙雅章先生的《汉籍纸背文书研究》[②] 一文对我国大陆及台湾地区和日本在内的公文纸印本古籍统计为 35 种，而瞿冕良先生的《略论古籍善本的公文纸印、抄本》[③] 一文中罗列出各代公文纸印本共计 81 种。近年以来，业师孙继民先生致力于宋、元、明公文纸本古籍文献的整理与研究工作，据孙师不完全统计，包括藏地不明确的在内，公文纸印本古籍为 86 种之多。[④] 笔者根据查阅的《中国古籍善本总目》[⑤] 和《中国古籍总目》[⑥] 记载，同时结合国内外学者的相关论著统计，公文纸印本的古籍大致在 160 余种，其中明代公文纸印本古籍 130 余种，极具文献开发和整理研究价值。

（二）公文纸抄本

前文述及，所谓“公文纸抄本”就是古人利用公私废旧纸的背面抄写的古籍。这类公文纸本古籍存世较少，前文谈及的瞿冕良先生《略论古籍善本的公文纸印、抄本》[⑦] 一文中曾列有 15 种公文纸抄本古籍，沈津先生的《明代公文纸抄本二种》[⑧] 一文中重点介绍了《明文记类》和《观象玩占》这两个公文纸抄本。业师孙继民先生曾就公文纸本古籍流传和存佚做过专文论述，统计在内的公文纸抄本古籍亦为 15 种。一年多以来，由于笔者一直在进行公文纸本古籍文献的撰述，其间查阅了大量相关资料，根据笔者实际查阅所见，公文纸抄本的古籍共有 20 余种。在这 20 余种公文纸抄本的古籍中，明抄本有 13 种，宋本仅有 2 种。公文纸抄本的古籍虽不如印本之多，但其纸背所保留的原始公文

---

① 周广学：《古代的公牍纸印书》，《图书与情报》1991 年第 3 期。

② ［日］竺沙雅章：《汉籍纸背文书研究》，《东京大学文学部研究纪要》第 14 号，1973 年，第 8—10 页。

③ 瞿冕良：《略论古籍善本的公文纸印、抄本》，《山东图书馆季刊》1992 年第 2 期。

④ 孙继民：《近代以来公文纸本古籍的流传和存佚——兼议公文纸本原始文献与次生文献的价值比较》，《河北学刊》2015 年第 2 期。

⑤ 翁连溪撰：《中国古籍善本总目》，北京：北京华艺斋古籍印务有限责任公司，2005 年。

⑥ 中国古籍总目编纂委员会编：《中国古籍总目》，北京：中华书局，上海：上海古籍出版社，2012 年。

⑦ 瞿冕良：《略论古籍善本的公文纸印、抄本》，《山东图书馆季刊》1992 年第 2 期。

⑧ 沈津：《明代公文纸抄本二种》，沈津两文见《书林物语》，上海：上海辞书出版社，2011 年。

内容仍具有丰富的史料研究价值，目前哈佛大学燕京图书馆所藏明抄本的《明文记类》已有部分研究成果问世。

（三）公文纸托裱本

“公文纸托裱本”古籍因其稀见，目前学界尚未有统一的认识和定义，笔者所知所见总共不过7种，其中有1种于2008年被拍卖，具体下落不明。从目前所见到的几种来看，所谓的“公文纸托裱本”是指古时人们利用废弃的官、私公文作为书皮衬纸来托裱的古籍。需要说明的是，“公文纸托裱本”古籍不同于前文谈及的公文纸印、抄本古籍，托裱的古籍可能在时间上与公文纸所书时间相差更远，如清代的时候用明代的废弃公文来托裱印刷的书籍等。另外，用于托裱书皮的公文纸有多层托裱的情况，即书皮用多张公文纸层层托裱，同时也有多张残缺公文纸共同托裱的情况出现，较为明显的便是沈阳师范大学所藏《文苑英华》和重庆图书馆藏《册府元龟》，书皮均用明代废弃公文纸托裱，《文苑英华》封皮裱纸相对更为复杂，既有单张亦有多张多层托裱，同时还有多张残缺公文纸拼合托裱；且内容更为丰富，主要为万历年间福建各府县官府档册，反映的是明代官府的行政支出①，另有部分为“宪票”和各类“申文”。《册府元龟》裱纸均为明代诉讼文书，所涉多为民间民事纠纷，真实地反映了明代基层百姓的生活状态。

二、公文纸本古籍文献的特点

目前，国内各个学界对公文纸本古籍尚未形成统一的认识，特别是在图书馆、博物馆等各个收藏领域，这使得公文纸本古籍的收藏极不规范，同时缺乏系统性的数据库。仅笔者所了解的情况来看，大多数的图书馆界人士对公文纸本古籍并不了解，甚至表示不曾听闻，加上公文纸本古籍本身的一些特性，导致了公文纸本古籍文献的收藏呈现出隐蔽性、分散性和多样性的特点。

（一）隐蔽性

前文述及，目前图书馆界对公文纸本古籍仍缺乏足够的认识。因此，在著录馆藏古籍目录或建立数据库时，对本馆所藏的公文纸本古籍并未进行详细的录入和说明，大多仍旧简单著录为刻本、抄本等。这样，就公文纸本古籍这一特殊文献深藏于众多典籍当中，造成了对公文纸本古籍文献进行收集时的很大困难。另外，公文纸本古籍文献由于其本身具有一定的特殊性，如纸张较厚且纸背文字墨迹较浅，再加上某些公文书写字体较小，如不仔细翻阅很难发现纸背存有文字。再者，“公文纸托裱本”的古籍因其是用旧时公文纸对古籍进行托裱，纸张大小、文字多少等均不统一，且存在多层裱糊和多张拼合现象，很容易被忽略，仅认为是对现存古籍的一种保护，并无太大价值。除上述所言之外，还有更少见的一种是用公文纸加衬古籍，其目的也是保护古籍以免破坏受损，这

① 耿洪利：《古籍裱纸反映明代公务支出细节》，《中国社会科学报》2018年12月17日。

种情况的公文纸大多已经和原书用纸粘连一起，更难被世人发现。由于以上种种原因，导致了公文纸本古籍文献收集和发掘的很大困难，也使得其收藏呈现出隐蔽性的特点。

（二）收藏的分散性

公文纸本古籍除了上文提及的隐蔽性特点外，其另一特点便是分散性。由于公文纸本古籍多为不同时代、不同机构、不同人员，或印刻、或抄写、或托裱而为，使得公文纸本古籍文献散藏于国内各个图书馆、博物馆等处。同时，因这些古籍文献本身又可分为经、史、子、集四大类，导致散藏在国内外各个图书馆、博物馆等处的公文纸本古籍藏身于各类史书当中，如二十五史、各类政书、地方志、诗歌类编、杂记等。

另外，除上述提及的各图书馆、博物馆等处外，另有部分公文纸本古籍散藏于民间。笔者曾在国内各拍卖公司的古籍拍卖专场幸有所闻，如 2012 年北京德宝夏季拍卖会中，其一件拍品《通典》便是明嘉靖十七年（1538）方献夫刻嘉靖二十五年（1546）南京府衙公文纸印本；2015 年北京德宝拍卖公司秋季拍卖会中，其拍品《前汉书》残卷，便是明嘉靖最乐轩刻公文纸印本；2015 年天津国拍秋季古籍善本拍卖会中，其拍品中的《王氏存笥稿》为明嘉靖公文纸印本。

正是由于以上种种，使得现存的公文纸本古籍文献被淹没在浩如烟海的世界各地图书馆、博物馆等处的传世典籍当中，给学界人士的整理和研究增加了很大的困难。加之前文述及的馆藏界普遍缺乏对公文纸本古籍文献的认知，更是加重了学者在对其进行搜集、整理和研究时的不便，造成了公文纸本古籍文献虽存世于国内外馆藏，却鲜有人知，更少有整理和研究。

（三）多样性

所谓多样性，是指公文纸本古籍文献在版本上、语言上、内容上和书写形式上有着丰富的多样性。在版本形式上，除有前文述及的“公文纸印本”“公文纸抄本”“公文纸托裱本”，还有为数不多的“公文纸衬本”，即古人用公文纸加衬于书叶当中以保护书籍；在语言上，除了人们熟知常见的汉字版外，另有蒙古文出现，使得公文纸本古籍文献变得更加丰富；在内容上，从目前所知的公文纸本古籍文献来看，其纸背公文有鱼鳞图册、都察院宪票、各级官府公文等，内容极其丰富；在书写形式上，就笔者所见有小楷、行书、草书等。

丰富多样的公文纸本古籍文献，无疑极具开发和研究价值，对其进行深入发掘和整理势在必行。近几年，随着公文纸本古籍文献逐步进入学界视野，愈发受到广大学者的重视，已有多个相关课题成功立项国家社科基金，同时也相继有一批研究成果问世。

（四）真实性和唯一性

公文纸本古籍除了具有隐蔽性、分散性和多样性的特点外，还有一个更为重要的特征，即真实性和唯一性。公文纸本古籍是用废弃官私文书旧纸印刷、抄写、托裱的新编新著书籍，为避免纸张正反面内容相互干扰，造成阅读困难，原有的文书内容往往被封存在叶面内里（托裱的被粘在书皮之上），书籍一旦生成，原来的文书内容便被锁定，其再次转抄、转印以致发生改动的可能性极低，使得原有的公文内容基本保持原貌，其真实可靠程度要比一般的传世典籍文献更高。同时，公文纸本古籍纸背（或托裱的衬纸）原有的文献大多为当时现实生活中的实用文献，如政府公文、账簿册纸、公函启札等，往往只有一份，属于孤本，而正面印、抄本文献则可化身千万，往往流传存世的不只一本，因此公文纸本古籍文献具有极高的文献史料价值。

三、公文纸本古籍文献的收藏和分布概况

如前所述，公文纸本古籍文献具有分散性的特点，这种分散性的直接体现便是其收藏范围广泛，国内外均有收藏。从笔者所了解的情况来看，大部分的公文纸本古籍文献藏于我国大陆各省市及高校的图书馆和博物馆中，另有部分藏于台湾，除此之外，美国、日本等其他国家也有收藏。对公文纸本古籍文献的收藏分布情况进行研究，有利于对其进行深入的发掘、抢救、搜集与进一步的整理和研究。

（一）国内各地收藏情况

就目前学界所发现的公文纸本古籍文献藏地统计来看，国内各地区的收藏量占有绝对的有势，其中以北京、上海、江浙和台湾的收藏最为丰富和集中。因此，这些地方往往也是公文纸本古籍文献搜集与整理的重点地区，在研究领域同样如此，其典型案例便是2015年的“上海图书馆藏明代古籍公文纸背文献整理与研究”重大招标项目，引起了学术界广泛关注。

1. 北京

北京，由于其政治因素影响，在各个方面均占有一定优势，也就使得其成为公文纸本古籍文献收藏最丰富、最集中的地区。以国家图书馆为例，其馆藏的公文纸本古籍文献就有30种，如宋淳熙二年镇江府学刻公文纸印本的《新定三礼图》、宋刻宋元递修公文纸印本的《魏书》等，都是公文纸本古籍文献中的精品，业师孙继民先生、杜立晖先生等国内学者也开始着手对其进行有效的整理和研究。除国家图书馆外，北京大学图书馆、中国科学院图书馆、北京师范大学图书馆、北京市文物局等亦有少量收藏。据笔者有限统计，整个北京地区的公文纸本古籍文献藏书量多达44种，在时代上涵盖了宋、元、明、清四个朝代，其内容极为丰富。

2. 上海

除北京外，国内公文纸本古籍文献收藏的第二大地区便是上海。上海的公文纸本古籍收藏，在数量上仅次于北京，其中以上海图书馆为最。上海图书馆所藏的公文纸本古籍共有26种，时代上涵盖了元、明、清三个朝代，这部分的公文纸本古籍文献已由业师孙继民先生牵头，通过与上海图书馆合作的方式开始着手对其进行整理和研究，这也是学界仅有的最为集中、最为广泛的对公文纸本古籍进行整理与研究。另外，在上海博物馆和上海复旦大学图书馆分别藏有公文纸本古籍5种和2种，加之上海图书馆所藏，上

海地区的公文纸本古籍藏书量达到了33种。这些公文纸本古籍文献，除了业师孙继民先生所致力于研究的上海图书馆所藏之外，上海博物馆和复旦大学所藏尚待进行深入发掘。

3. 江浙

江浙地区自宋代以来便是我国最为富庶之地，也是文人骚客的聚居之地，这也使得这些地区得以保留诸多古时之物。江浙地区是国内除北京、上海之外公文纸本古籍文献收藏最多的地区。据笔者统计，仅江苏省所藏公文纸本古籍就有20种，其中南京图书馆藏有11种，另外9种分别藏于苏州大学图书馆、无锡市图书馆、南京大学图书馆、南京博物院、苏州市图书馆、苏州博物馆以及南通市图书馆等地；浙江省所藏略少，仅有6种，分藏于浙江省图书馆和宁波天一阁。江浙地区公文纸本古籍文献所藏总量为26种，仅次于上海地区。

目前，江浙地区所藏的这26种公文纸本古籍文献正逐步进入学界视野，其中宁波天一阁所藏《国朝诸臣奏议》已被宋坤立项为国家社科基金项目，同时也相继有了一些研究成果问世。如业师孙先生撰有《明代五城兵马司公文的发现及意义——明正德二年南京南城兵马指挥司呈文考释》①，陈瑞青先生的《略论明代卫所余丁的差役——以天一阁藏〈国朝诸臣奏议〉纸背文献为中心》②、《纸背文献提供南京仓场新史料》③。

4. 台湾

国内公文纸本古籍文献收藏数量较多、较为集中的除上所言及的北京、上海和江浙地区外，台湾地区所藏也十分丰富。台湾地区所藏公文纸本古籍文献多是当年国民党内战失败后，退守台湾时从大陆地区运走的古籍，其中很多是当年北平图书馆所藏之书。台湾地区所藏公文纸本古籍文献，据笔者有限统计，总共有14种，其中台北“中央图书馆”藏有11种，台北故宫博物院藏有3种，这些公文纸本古籍文献同样涵盖了宋、元、明三个朝代，特别是其元代公文纸本古籍，更具极高的史料文献价值。

5. 国内其他地区的收藏情况

国内公文纸本古籍的收藏，除上述所言四地区之外，在其他地区也或多或少的有所收藏。笔者通过对各类馆藏书目进行检索、翻阅，加上实地调研和网上搜寻，对国内其他地区的公文纸本古籍文献收藏情况进行了粗略的统计，大致数据结果如下：

辽宁省藏有5种，分藏于辽宁省图书馆、沈阳师范大学图书馆、沈阳市图书馆和大连市图书馆；山东省藏有4种，分藏于山东省图书馆、山东省博物馆和曲阜师范大学图书馆；河南省藏有4种，均藏于河南省图书馆；吉林省藏有2种，分藏于吉林省图书馆和吉林大学图书馆；重庆市和安徽省各藏有2种，分别藏于重庆市图书馆和安徽省博物馆。除此之外，四川、湖北、黑龙江各藏有1种。

---

① 孙继民，耿洪利：《明代五城兵马司公文的发现及意义——明正德二年南京南城兵马指挥司呈文考释》，《军事历史研究》2016年第1期。

② 陈瑞青：《论明代军户余丁在粮草运输和管理中的职能——以天一阁藏〈国朝诸臣奏议〉纸背文献为中心》，《军事历史研究》2016年第1期。

③ 宋坤：《纸背文献提供南京仓场新史料》，《中国社会科学报》2016年5月9日。

据此来看，这些散藏于国内其他地区的公文纸本古籍文献共有22种，这22种藏身于国内各地的公文纸本古籍中不乏十分珍贵的元代史料，其明代史料更为丰富，是亟待开发的文献史料富矿。

（二）国外收藏情况

国外公文纸本古籍文献收藏情况相对于国内并不丰富，据笔者统计，目前已知的国外藏有公文纸本古籍文献的国家仅有日本和美国。笔者统计日本共藏有公文纸本古籍6种，其中4种藏于东京静嘉堂文库，其余2种分藏于东京东洋文库和日本天理大学图书馆。这些藏身于日本的公文纸本古籍，涵盖了宋、元、明三代，具有丰富的史学价值，特别是元代公文更具开发价值。

美国的公文纸本古籍藏量不如日本之多，今藏有4种，其中3种藏于哈佛大学的燕京图书馆，另1种藏于美国芝加哥大学远东图书馆。美国藏有的这4种公文纸本古籍均为明代，其中哈佛大学燕京图书馆所藏《重刊并音连声韵学集成》已由山东大学的杜立晖申报为博士后科学基金项目，并且有了一些初期的研究成果，如《哈佛大学藏公文纸本〈重刊并音连声韵学集成〉等纸背明代文献初探》[①]。另外，哈佛大学燕京图书馆所藏的《明文记类》也有学界人士开始着手整理和研究，如河北省社会科学院的马春香，曾就《明文记类》纸背的《到任须知》进行过撰文论述[②]。

（三）收藏地不明的公文纸本古籍

目前，除上述所言藏地明确的167种藏地明确之外，尚有60余种藏地不明的公文纸本古籍文献。这60余种藏地不明的公文纸本古籍仅在学界人士的论著中有所涉及，但具体的藏地未知。如瞿冕良曾在其所编著的《中国古籍版刻辞典》中提到，“《疑狱集》十卷，明嘉靖刻本，用公文纸本”[③]。在《湖南近现代藏书家题跋选》第一册中提到，《谢叠山批点〈陆宣公奏议〉·郎晔注》十五卷，元公牍纸印本。[④]诸如这类的情况还有很多，均是在一些学者的论著中有所提及，然其现今的具体藏地却无从得知，这无疑是非常遗憾的。更为可惜的是，一些曾见于世的公文纸本古籍文献已毁，再也无法窥知其内容，如：（明）王鏊著《震泽纪闻》，嘉靖公牍纸所印。原邓之诚藏书，后赠予王君九，疑毁于火劫。[⑤]这些藏地不明或是久已失传的公文纸本古籍文献尚待更多的学界人士介入搜寻，在丰富公文纸本古籍文献的同时，也是对传世典籍文献的一大贡献。

综上所述，公文纸本古籍文献藏地较为分散，国内外均有收藏，对这些古籍纸背的公文内容进行整理和研究势在必行。特别是纸背所存的元代公文纸，由于元代史料存世较少，这些公文纸本古籍文献中的元代文献更应引起学界注意，对其进行整理和研究，

---

① 杜立晖：《哈佛大学藏公文纸本〈重刊并音连声韵学集成〉等纸背明代文献初探》，《宁夏社会科学》2015年第5期。

② 马春香：《〈明文记类〉纸背的〈到任须知〉》，《中国社会科学报》2016年5月9日。

③ 瞿冕良编著：《中国古籍版刻辞典》，苏州：苏州大学出版社，2009年，第329页。

④ 叶德辉等撰，湖南图书馆编：《湖南近现代藏书家题跋选》第1册，长沙：岳麓书社，2011年，第169页。

⑤ 邓之诚著，邓瑞整理：《邓之诚文史札记（下）》，南京：凤凰出版社，2012年，第1084页。

在丰富元代史料的同时，也为学界提供难能可贵的史学资料。然而，由于公文纸本古籍文献的藏地分散，对其进行整理和研究便首要面临一个搜集难的问题。因此要先对这些藏之于海内外的公文纸本古籍文献进行搜集，以便日后的整理和研究。

四、公文纸本古籍文献的搜集方法与实践

近几年，业师孙继民先生致力于宋、元、明公文纸本古籍文献的整理与研究工作，在学界引起了很大影响。笔者有幸在读研期间师从孙继民先生，参与孙师公文纸本古籍文献的搜集、整理和研究工作。在孙师的悉心指导下，笔者通过翻阅各类馆藏古籍书目、善本书目和阅读相关论著，并随同孙师亲赴全国各地进行实地调研，先后新发现了公文纸本古籍文献 60 余种。同时，在公文纸本古籍文献的搜集方面获得了一些珍贵的经验，也在日常的整理和写作当中，有了一些自己的心得和经验。笔者就自身经验，结合实际中的具体问题和方法来探讨在公文纸本古籍文献的收集和实践中的诸多问题。

（一）通过版本目录学

版本目录学是目前检索、搜集公文纸本古籍文献最为常用的方法，也是最直接、最便捷的方法。目前，国内各地均已陆续整理出版了各类馆藏的古籍书目、古籍善本书目以及珍贵古籍名录等。迄今为止，笔者先后翻阅了《中国善本书提要》[①]《中国古籍善本书目》[②]《中国古籍善本总目》《中国古籍总目》，其中《中国古籍善本书目》中统计在册的各类型公文纸本古籍共有 75 种[③]，而《中国古籍善本总目》仅著录有 17 种，《中国古籍总目》中著录的共有 54 种。另外，这三大书目中的公文纸本古籍著录有一些出入，如：明崇祯间刻公文纸本的《郭弘农集（郭景纯集）》二卷，在《中国古籍善本书目》中不见有载，而著录于《中国古籍总目》[④]；宋刻明初公文纸印本《忠文王纪事实录》五卷，在《中国古籍善本书目》和《中国古籍总目》中均不见有载，之前一直传闻藏于北京大学图书馆，而《中国古籍善本总目》明确著录其藏于国家图书馆[⑤]。除上述三大全国性古籍书目之外，笔者又陆续翻阅了《北京大学图书馆藏善本书录》[⑥]《北京师范大学图书馆古籍善本明确书目》《中国科学院图书馆藏中文古籍善本书目》《中国国家图书馆古籍珍品图录》和近几年各省所编录的珍贵古籍名录，由此发现的公文纸本古籍文献综合统计为 84 种，这 84 种当中有 9 张之前未见有学者提及。

近年以来，随着国家对传统文化的愈发重视，各类型的古籍随之受到了学界追捧，特别是近几年由文化部牵头推动的珍贵古籍名录普查行动，各级地方政府纷纷积极响应，

---

① 王重民撰：《中国善本书提要》，上海：上海古籍出版社，1983 年。

② 中国古籍善本书目编辑委员会编：《中国古籍善本书目》，上海：上海古籍出版社，1989 年。

③ 孙继民：《古籍公文纸背文献：中国古文书家族的新丁》，《原生态民族文化学刊》2015 年第 4 期。

④ 《中国古籍总目》，《集部》第一册，上海：上海古籍出版社，2012 年，第 31 页。

⑤ 《中国古籍善本总目》，《史部·传记类》，北京：线装书局，2005 年，第 399 页。

⑥ 赵斐云、王重民等编：《北京大学图书馆藏善本书录》，北京：北京大学图书馆，1948 年。

各省随着国家珍贵古籍名录的浪潮先后推出各自的若干批珍贵古籍名录。在全国范围内古籍普查热潮当中，有关各类古籍版本知识的推广和相关工作人员的培训，无疑为公文纸本古籍文献的搜集和进一步挖掘工作提供了很大方便，在相继推出的各珍贵古籍名录中或多或少均有所著录。因此，通过各个类型的古籍书目是搜集公文纸本古籍文献的首先策略，是搜集和发掘公文纸本古籍的第一步。

（二）赴全国各地进行实地访谈、调研

如前所述，翻阅各类古籍书目是搜集公文纸本古籍文献的优先策略。然而，由于目前图书馆界对公文纸本古籍的认识层次不够，很多著录的馆藏古籍书目并未对此作出相应的说明，这就需要有针对性地到各藏地进行实地调研。近几年，笔者有幸从业师孙继民先生实地调研了国内诸多省、市及多个高校图书馆、博物馆，通过与其工作人员进行交流、翻阅其馆藏书目和索书卡等，获得了有关公文纸本古籍文献的多种信息，发现了一些未曾见诸学界著录、统计在册的新公文纸本古籍。

亲赴各地进行实地的访谈、调研必然能够获得更多、更直观、更详细的相关信息，但在实践当中需要注意一些小的细节性问题。在实际的访谈和调研当中，首先要注意的便是在充分尊重对方的情况下详尽说明来意，便于工作者给予帮助。其次，不可否认，目前国内各个馆藏界工作人员对公文纸本古籍文献仍没有形成足够的认识，因此，在与各图书馆、博物馆工作人员进行交流和沟通时，要将公文纸本古籍文献的典型特征和主要价值进行重点说明，这样就便于进行下一步的古籍调研工作。第三，要注意在调研当中充分利用其馆藏的各种能够提供古籍版本信息的书目以及索书卡等，要将与工作人员的访谈沟通和实际的查阅相结合，不局限于从工作人员口中获得信息；同时要注意在方便的情况下留下联系方式，便于以后的进一步交流。

访谈和调研是一项较为繁琐的工作，既要细致入微的当面详尽解释、询问，又要不厌其烦地翻阅、查询馆藏的各类古籍书目和索书卡，同时还要注意尽量留下联系方式以期后续进一步的跟踪了解。如 2015 年 7 月，笔者随同孙师等前往哈尔滨考察，在哈尔滨市图书馆调研时，笔者与该馆古籍部一位林姓老师进行了详细的沟通交流，经过反复的说明得知，该馆藏的古籍中有一部情况类似，纸背疑似存有文字，格子纸。后经过进一步协商，林老师同意带我到书库查阅具体内容，遗憾的是当时古籍保管部主任不在，没有钥匙，无法进行具体查阅。最后，林老师答应在保管部主任上班后，她再进入书库进行查阅后告知与我。为便于联系，笔者留下了电话并加上了林老师 QQ。另外，笔者拍下了所要查阅的检索卡片，确定索要查阅的书为：（唐）杜佑撰《杜氏通典》，明刻本。回来后不久便接到林老师电话，据林老师实际查阅，该馆藏《杜氏通典》书高29 cm，宽17.3 cm，其纸背为紫红色格子纸，有白边，无公文内容，其中最后一册的整个版叶均为两部分拼接用纸，在拼接处存有残朱印，经林老师辨认为某县朱印，具体县名不知，且不只一县朱印，疑为嘉靖年间刻本。

调研当中，除上述情况之外，还有一种情况使得公文纸本古籍文献的搜集更为困难，即工作人员无法提供较为有效的相关信息，在这种情况下则需要翻阅该馆馆藏古籍书目和索书卡，特别是之前已经统计在册的公文纸本古籍，要进行重点的查验。这种重点的针对性查验，主要有两个看点：一是版本，看其是否注明公文纸本；二是在未注明公文纸本的情况下，看其古籍的印刷出版时间是否与之前统计在册的公文纸本古籍相同，若相同则可能是同一批次的公文纸本古籍，特别是同一种书的不同残存卷数，即可协调工作人员提书进行查验。如今年10月笔者随同孙师到山东师范大学开会，其间到山东省图书馆进行调研，在与该馆古籍部主任沟通交流后，并未得到有价值的信息。随后，笔者与一同去的孟月、田琳翻阅其馆内的索书卡柜，笔者发现了三种古籍注明为公文纸纸本。其中一种为《锦绣万花谷》，其索书卡正面信息显示“存前集三十五卷，续集四十卷，明嘉靖十四年徽藩崇古书院刻本”，背面注有“封面封底用万历五—六年还粮票据”。经过与主任协商对其进行了调阅，查得与索书卡信息基本一致，为万历年间的公文纸托裱，但笔者认为其并非还粮票据，疑为万历五、六年间巡按御史按察地方的照刷文卷。

（三）相关研究论著中的信息提炼

公文纸本古籍最早是在版本学界和目录学界提及，称为公文纸印本，也称公牍纸本、文牍纸本、官册纸本等。因此，在一些版本学和目录学的论著当中对公文纸本古籍有所提及，为对其进行搜集和整理提供了重要信息。其中较为典型的便是前文提及的周广学先生的《古代的公牍纸印书》、瞿冕良先生的《略论古籍善本的公文纸印本、抄本》、日本学者竺沙雅章先生的《汉籍纸背文书研究》、沈津先生《明代公文纸抄本二种》和《公文纸印本〈重刊并音连声韵学集成〉》，业师孙继民先生的《公文纸本：传世文献最后一座待开发的富矿》《近代以来公文纸本古籍的流传和存佚——兼议公文纸本原始文献与次生文献的价值比较》和《古籍公文纸背文献：中国古文书家族的新丁》。另外，笔者在其他论著中获得了一些之前未闻的新信息，如瞿冕良编著的《中国古籍版刻辞典》，书中提及“李崧祥，明正德间贵池人，字时望，号恭川。嘉靖十四年（1535）任浙江按察使时，刻印过晋和凝、和蒙《疑狱集》十卷，明嘉靖刻本，用公文纸本”①。遗憾的是，该种公文纸本古籍现藏地不明，无法窥其真相；张拱卿的《馆藏古籍善本版刻举隅》提及重庆图书馆所藏《册府元龟》时言，“书皮用嘉靖中荣河、夏县、蒲圻、临汾、长乐、安邑、盐池、平阳府等州府州县公牍纸裱褙而成”②，该书经重庆图书馆馆长人员证实，确有此书且裱纸为公文纸无疑；前文述及的《〈文苑英华〉版本装帧拾遗》③一文，则是提供了沈阳师大所藏公文纸托裱本的《文苑英华》。

相关研究论著中的信息提炼，除了翻阅一些明确的书籍、文章之外，还有一种更为便捷的方法，即网上检索。在信息技术发达的今天，很多东西都可以通过网络来获取。

---

① 瞿冕良编著：《中国古籍版刻辞典》，苏州：苏州大学出版社，2009年，第329页。

② 张拱卿：《馆藏古籍善本版刻举隅》，载于重庆市图书馆编：《重庆市图书馆建馆四十周年纪念文集》，重庆市图书馆，1987年，第43页。

③ 王曼茹，潘德利：《〈文苑英华〉版本装帧拾遗》，《河南图书馆学刊》2009年第2期。

笔者在日常的公文纸本古籍文献搜集、整理当中，通过网上检索关键词的方法发现了诸多新的尚未统计在册的公文纸本古籍。通过网上检索关键词来搜集公文纸本古籍文献，目前据笔者实践而言读秀是比较准确、方便快捷的主要网站。在读秀网站进行公文纸本关键词的检索，可以直接检索诸如“公文纸”“公文纸本”“公文纸印本”“公牍纸”等，经此类关键词检索能够搜寻到涵盖这些关键词的大部分论著。笔者据此方法检索到的公文纸本古籍文献有几十种，如有钱伤辑《城守筹略》五卷，崇祯刻本，用县署公文纸印刷；[①]（宋）朱申撰，（明）顾梧芳校正《春秋左传详节句解》十五卷，四册，明刻本，该书封面、封底用纸，均以隆庆六年察院宪票装裱（宪票主要内容：为广积贮，以杜吏弊，以裨国计事，对大梁道仪封县呈报人犯处理意见）；[②]《谢叠山批点〈陆宣公奏议〉·郎晔注》十五卷，元公牍纸印本。[③]

（四）关注各拍卖公司古籍拍卖

众所周知，除了公立性图书馆、博物馆、档案馆外，民间尚有大量的古籍文献，其中不乏珍本、善本，而部分民间文献则随着各拍卖公司的古籍拍卖走近世人。因此，搜集公文纸本古籍文献，除了上述所言方法之外，还有一点需要注意的是各拍卖公司的古籍拍卖。据笔者所知，每年的春、秋二季各主要拍卖公司都会推出自己的古籍拍卖专场，在众多的拍品当中就可能会存在公文纸本古籍。通过关注一些主要拍卖公司的古籍拍卖专场，如嘉德、雅昌、德宝等，可获得一些相关的信息。笔者通过网上搜寻获得了不少有关公文纸本古籍文献的资料，如2004年北京瀚海春季古籍拍卖专场，其拍品《吕氏家塾读书记》为明嘉靖十年傅凤翔刻本，明公文纸印本；2008年中国嘉德春季拍卖会古籍善本专场，其中的拍品《王谏议集》，为明崇祯间娄东张氏刻汉魏六朝百三家集公文纸印本。笔者实践中曾遵师嘱有幸参加了北京德宝拍卖公司的2015年北京秋季拍卖会古籍善本专场，其拍品《前汉书》残卷，共计17叶，为明嘉靖最乐轩刻公文纸印本，最后以5000元的起拍价成交。

古籍善本拍卖中的公文纸本古籍远不止上述所及，仅2015年除笔者所见外就还有一种，即天津国拍2015秋季古籍善本拍卖会专场中，其拍品《王氏存笥稿》便是明嘉靖公文纸印本。随着民间文献的大量被发掘，越来越多的古籍逐渐走进人们的视野，公文纸本古籍文献随之而出，使得学界得以窥知其一二。虽然由于种种因素使得我们无从得知这些公文纸本古籍拍出后藏于何人何地，但至少能够为学界提供更多的重要信息，丰富了公文纸本古籍文献的数量和种类。笔者有理由相信，随着公文纸本古籍文献整理与研究的兴起，这些被拍卖的公文纸本古籍势必会重新回到学界，得以整理和研究。

① 中国科学院自然科学史研究所，中国科学院传统工艺与文物科技研究中心编：《鉴古证今传统工艺与科技考古文萃》，合肥：安徽科学技术出版社，2014年，第505页。

② 宫晓卫主编：《藏书家》第18辑，济南：齐鲁书社，2014年，第92页。

③ 叶德辉等撰，湖南图书馆编：《湖南近现代藏书家题跋选》第一册，长沙：岳麓书社，2011年，第169页。

五、结语

搜集、挖掘和整理公文纸本古籍文献，能够为学界提供更多的传世典籍中所未载的新的史学资料。目前，据笔者参与整理情况所知，这些公文纸本古籍文献在时间上涵盖了宋、元、明、清四个朝代，在内容上涉及政治、经济、军事、文化等多个领域，“是我国传世典籍中一座极具珍贵价值，富于开发远景而又亟待开掘的文献资源富矿”[①]。近几年，越来越多的新史料被发掘和开发，使得学界感到很难再有新的大规模史学资料显现，而公文纸本古籍文献无疑为学界打开了一个新的学术整理研究领域。现有的传世典籍多为中央或是地方高层的史学资料，极少涉及古代基层领域，公文纸本文献作为基层公文文书无疑弥补了这一点。因此，搜集、发掘公文纸本古籍文献，能够进一步充实现有的传世典籍文献体系，完善我国传世典籍藏书的完整性、系统性，同时也为进一步整理和研究公文纸本古籍文献提供极有价值的文献宝库。公文纸本古籍文献的发掘，是一项极为复杂、繁琐的系统工程，需要学术界内外诸方面的众多关注，更需要大量的资金和人力投入。笔者在此呼吁，各版本学界、目录学界以及各文博馆界人士，关注公文纸本古籍文献，同时给予学界人士研究一定的方便，进一步丰富我国传统文化当中的重要载体——传世古籍。

① 孙继民：《古籍公文纸背文献：中国古文书家族的新丁》，《原生态民族文化学刊》2015年第4期。

宋代敦煌官府孔目官的文书职能探析

——以节度孔目官杨洞芊写本档案为中心

王使臻*

一、孔目官的起源发展与节度孔目官杨洞芊写本档案

1. 孔目官的起源及其在晚唐五代宋初的发展

孔目官始见于唐代，无论中央官府，还是地方官府内均有设置。唐代自开元、天宝以后，在节度使（或观察使）府内普遍设孔目司或孔目院，有多位孔目官或孔目吏，掌管军府内文书、狱讼、账目、财税、差科等职责。前期的孔目官为低级幕僚，地位仅仅在文书典史之上，后期的孔目官逐渐成为使府内的重要幕职，史称“唐藩镇吏职，使院有孔目官，军府事无细大皆经其手，言一孔一目，无不综理也”①，胡三省解释孔目官为“孔目官，衙前吏职也，唐世始有此名，言凡使司之事，一孔一目皆须经由其手也”②。文献记载比较清晰地说明了孔目官职能的演进，是地方官府内的较重要职官。

在晚唐五代地方藩镇使衙中，孔目官随着节度使体制的发展，在政治、经济和军事上的职能逐渐增强，由藩镇低级僚属过渡到高级僚属的行列。孔目官成为重要的文职属吏，既负责文书表章的起草、接发、读示，又掌管场务、冶铸，乃至经营商贸、督征两税等，往往成为节度使的心腹，地位逐渐提升，甚至节度使在外时，由孔目监管军镇。其位高权重，因此五代时期由孔目官升至高官者较多。正史典籍中只记孔目官名目及其基本职掌，出土墓志资料中仅具孔目官名称而详墓主生平事迹，由于具体档案材料的缺乏，孔目官在藩镇节度使体制下掌管军事、财赋等重要政务、执掌重要簿书文移的文书行政细节不能确知。

关于孔目官的设置及其职能，在敦煌吐鲁番及一些西域出土的唐代中后期的文书中亦有所反映，敦煌文献中有一批数量较多但十分零乱的与孔目官相关的文书、簿籍、账目等社会经济资料，甚至有一些是孔目官本人所书写、编集、整理的官府内档案史料或

* 作者简介：王使臻，博士，西华师范大学历史文化学院副教授。

基金项目：西华师范大学地方档案与文献研究中心重点项目“敦煌所出五代宋初孔目官档案整理”(DAWXB1904)。

① （宋）司马光著，（元）胡三省音注：《资治通鉴》卷二二八“德宗建中四年十月辛亥条”，北京：中华书局，2011年，第16册，第7476页。

② （宋）司马光著，（元）胡三省音注：《资治通鉴》卷二一六“玄宗天宝十载二月条”，北京：中华书局，2011年，第15册，第7024页。

是其他资料，如写经、邈真赞等等。这批写本文书主要集中在五代宋初这一时期内，正是孔目官地位上升时期，记录了唐后期、五代、宋初敦煌地方官府内的军事、财务、会计、支给的较详细信息。虽然资料相对分散，但是经过全面整理以后，可以把孔目官在地方行政中的具体角色及其细节展现到人们面前；通过敦煌地方官府的个案，去认识五代宋初以来中原地区的藩镇使府内的政务运行及权力运作，提供了材料细节，弥补了正史史料中有关五代藩镇使衙孔目官职能逐渐增强、由藩镇低级僚属过渡到高级僚属的重要历史转变过程的细节信息。

2. 节度孔目官杨洞芉写本档案整理

本文以敦煌文献里的五代宋初孔目官为研究对象，将分散在数万件敦煌文献里的归义军节度使府内的孔目官所用写本档案进行汇编整理，这些文书档案涉及账簿、军籍、牒、帖、表、状等官府公文档案，也涉及孔目官个人所创作的诗文、邈真赞、抄写佛经、世俗实用文书等内容，既反映了五代宋初敦煌地方官府内的政务运行、财政管理的细节，也反映了孔目官这一官府属吏群体个人的生活，是研究五代宋初敦煌地方政治、经济、社会生活史的第一手史料。但是，如何去整理这批孔目官的写本却面临一个难题：绝大多数敦煌写本或者没有题记，或者不著书写人姓名，无法确切地知道每一件敦煌写本的书写者是谁。如何解决这一敦煌写本研究中的难题呢？在现实的条件下，只能有一种较为可行的方法：利用已知去探寻未知。即利用敦煌写本中有明确署名或者题记的已知写本，限定在某一个时间范围内去比对零散的、数量众多的敦煌写本，找到那些书写笔迹有类似特征的写本群，从中判断这些书写笔迹相似的写本之间是否存在着密切的联系。

敦煌文书中明确署名为孔目官杨洞芉书写的档案文书为 P. 3721 和 S. 5693，这两件文书作为杨洞芉写本的标准本。P. 3721 正面由 4 张大小不相同的纸粘连而成，每纸高约 30 厘米，第一张纸长 35.5 厘米，第二张纸长 41.5 厘米，第三张纸长 31.7 厘米，第四张纸撕裂后残缺剩余 12.2 厘米①，粘贴时倒着粘连于第三张后，目的使纸缝平整粘连（见图 1 所示）。

四张纸从右往左的粘连顺序是：980 年三月→980 年正月→979 年十一月→某年。表明书写时间越晚的纸张反而最先被粘连，因此推断第 4 张纸上的书信草稿可能写于 979 年之前。结合其他敦煌文献，可以把这个某年的范围大体推断出来，即在曹延禄正式延召杨洞芉为节度孔目官的 976 年七月之后至 979 年十一月之间。因为与在此之前的曹延恭时期由孔目官书写的回向疏等字体对比，杨洞芉在曹延恭时期可能还未出任节度孔目官，还不是节度使的心腹。另外从书信的内容来看，“（前缺）可容身官路，生生愿报于钧慈。若是许履公庭，日日力酬于台造。今乃警惶聚集，悚慄交驰，投诚而莫知所裁，跼脊而伏增战汗。不任感激之至”，显然系杨洞芉被任命为亲近的孔目官之后写给节度使的感谢信，确证前述判断不误。

① 数据来源于：Catalogue des manuscrits Pelliot chinois 3501－3650，见 IDP 网站。参见：http：//idp. bl. uk/database/oo _ scroll _ h. a4d? uid＝3131182829；recnum＝61125；index＝4

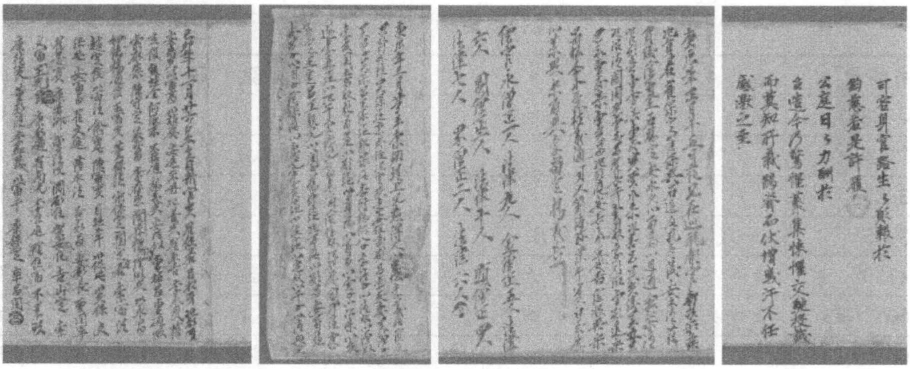

图1　P.3721正面四张纸的粘连成卷情况

杨洞芊利用这个粘连纸张卷子的背面于980年三月之后的某年起草撰写《瓜沙两郡史事编年并序》的草稿，草稿中多有所修改。其在序文中说：

> 洞芊偶有小疾，在于假中，未遂枉候于衙庭，闲闷尤多于铺席。况且瓜、沙两郡，早曾陷没蕃戎，古事年华，并乃无人记忆。今洞芊搜寻诸家记事文字及《敦煌录》一两卷，并勘会帝代年号，巡排六十甲子，自已（以）前逐年有甚事件，并一一抄录。若或年内无事，此策子上亦空三行，虑恐已后别有文字出来，贵要添记。况此虽是少事，亦乃记忆易凭。若或在意披寻，军中壮后生之志，杖于结角，村内开老人之心。不说别郡诸州，唯论瓜、沙两郡，若有事件，记忆不得者，不用问老人，但仰开读此书，便知一一［仔］细也。
>
> 节度孔目官兼御史中丞杨洞芊上①

S.5693文书则是经折装的小册子，高23.5厘米，长9.5厘米，书写内容是《瓜沙两郡史事编年并序》，但与P.3721《瓜沙两郡史事编年并序》比较起来，书写更为工整，显然系后者的正式誊清稿。惜已残缺不全，仅保存6叶。

我们从杨洞芊写本中明确署名为“归义军节度押衙、知孔目官兼御史中丞”及前述P.3721写本的书写年代中，知道他主要生活在敦煌曹氏归义军节度使曹延禄统治敦煌时期（约976—1002）。在这近30年内，他作为节度孔目官，在敦煌文献里肯定还留有其写本档案。所以从节度孔目官杨洞芊的标准写本P.3721和S.5693出发，笔者通过对杨洞芊标准书迹写本与其他杨洞芊书写特征明显的写本进行书法比对，搜集文书断限时间限定在976—1002年这近30年时间内，共计搜寻到28个卷号、51件孔目官杨洞芊所写的写本②，杨洞芊任敦煌归义军使府节度孔目官时所留档案文书如下表1所示。

① 唐耕耦、陆宏基编：《敦煌社会经济文献真迹释录》，第1辑，北京：书目文献出版社，1986年，第80页。

② 笔者目前的整理仅仅是一个粗略的前期工作，相信随着整理工作的深入，对所有敦煌文书的比对完成后，仍然会有较乐观的大量发现。

表 1　节度孔目官杨洞芊写本一览表

文书编号	年代	文书内容	文书性质
S. 528	974—975 年	纳赠历	稿本
P. 3827	976 年	曹延禄奏状	稿本
P. 3827V	976 年	使牒	草稿
P. 3835V	戊寅（978 年）五月	使帖	稿本
Дх1362	太平兴国三年（978）六月	敬写大宝积经一部	原件
P. 3660V（1）	太平兴国四年（979）四月	牒	稿本
P. 3660V（2）		观察孔目官汜某状别纸	抄件
P. 2761		发愿文	草稿
P. 2761V（1）		长阿含经	抄件
P. 2761V（2）		诗作	
P. 2761V（3）	己卯年（979）四月	牧羊人人王阿朵状判凭	原件
Дх1359＋Дх3114	己卯年（979）六月	牧羊人康某状及判凭	原件
P. 2985		发愿文	稿本
P. 2985V（1）	己卯年（979）四月	牧羊人人王阿朵状判凭	原件
P. 2985V（2）	开宝五年十二月（973）	丁守勋状	原件
P. 2985V（3）		屋舍地基会计	草稿
P. 2985V（4）		残发愿文	稿本
P. 2985V（5）		军将轮翻帖	原件
P. 3438V	辛巳年（981）三月	封缄	原件
P. 3721		瓜沙两郡史事编年并序	稿本
P. 3721V（1）	庚辰年（980）三月	平康乡堤上见点人名单	原件
P. 3721V（2）	庚辰年（980）正月	见在巡礼都官僧官名单	原件
P. 3721V（3）	己卯年（979）十一月	冬至自料官员名单	原件
P. 3721V（4）		状稿	稿本
S. 5693		瓜沙两郡史事编年并序	誊清稿
S. 1398	某年（981?）	衙内支酒历	原件
P. 4525（4）	癸未年（983）八月	兑纸名目	稿本
P. 4525（7）		放妻书	抄件
P. 4525（7）V	辛巳年（981）八月	都头吕富定状稿	
P. 4525（8）		田地统计簿	稿本
P. 4525（9）V	己卯年（979）四月	致蕃官首领委曲	草稿
P. 4525（10）	辛巳年（981）	付酒历	原件
P. 4525（11）	庚辰年（980）九月	算会群牧	稿本
P. 4525（11）	壬午年（982）	社条	稿本
P. 4525（12）	癸未年（983）	养女契约	
IOL. C. 107	甲申年（984）六月	牧羊人牧群点检历	稿本
S. 5945	丁亥年（987）四月	显德寺仓借麦历	原件
S. 4453	淳化二年（991）十月	使帖	稿本

文书编号	年代	文书内容	文书性质
S.4700	甲午年（994）五月	阴家小娘子荣亲客目	稿本
P.3290	至道二年（995）三月	使牒	稿本
P.3290V	至道元年（994）	受田簿	稿本
P.3440	丙申年（996）三月	纳贺天子物色历	稿本
S.6998A		群牧马驼羊算会历	稿本
S.6998B	丙申年（996）正月	知马官阴章儿状及判凭	原件
S.6998C	丙申年（996）	判凭	原件
P.3942		名单	稿本
S.526	某年润五月	阴氏夫人致某和尚书状	稿本
Дx1438		莲台寺律僧应保状	
Дx1376		莲台寺律僧应保状	
S.2472		屋舍账目支出会计	稿本
P.3400		付笔名单	稿本
IOL.C.99		报恩寺写般若经付纸历	稿本

二、孔目官杨洞芊写本档案反映的文书职守

以前述表1中28个卷号、51件孔目官杨洞芊写本为研究对象，结合史传、金石、出土文献里对孔目官文书职守的记载，笔者探讨宋代敦煌地方官府内孔目官职守如下。

1. 起草各体公文

宋初敦煌归义军使府内的孔目官要为使主起草各种公文。常见的公文有上给中央朝廷的表、奏状、授予使府内军将的使牒、下达行政命令的使帖等公文书，均需要孔目官熟练地起草。如P.3827《曹延禄奏状》是曹延禄于976年以后代理归义军节度留后时上给宋朝的《奏状》：

> 权归义军节度兵马留后、金紫光禄大夫、检校司空兼御史大夫、上柱国、谯郡开国男食邑三百户臣曹延禄
>
> 当道，去开宝七年六月六日，臣父薨亡。臣兄瓜州防御使、金紫光禄大夫、检校司徒兼御史大夫、上柱国、谯县开国男、食邑三百户延恭充归义军节度兵马留后。寻使差臣权知瓜州军州事，充归义军节度副使。至（后缺）[①]

奏状内容虽然不完整，但从残存文字内容仍然可以推测出这是宋开宝七年（974）六月六日曹延禄父归义军节度使曹元忠去世后，宋朝先以曹延恭充归义军兵马节度留后、曹延禄为归义军节度副使，残缺的文字内容大约是在曹延恭于976年去世后曹延禄以权归义

① 王使臻：《敦煌所出唐宋书牍整理与研究》，成都：西南交通大学出版社，2016年，第136页。

军节度兵马留后使的身份，向宋朝报告并请求正式授予节度使的奏状。这件奏状与P. 3660V《宋太平兴国三年（978）年六月曹延禄申状》属于同一时期，但都已残缺不全。奏状是上给中书门下的，与申状的格式明显有不同。申状是向直接管辖的上级官府申报某事时皆可用之。其格式特点是，首用“×××状上”，尾用“谨录状上”“牒件状如前，谨牒”等程式用语。由杨洞芊亲笔书写的奏状与申状的格式不同上，表明作为起草文书的孔目官能熟练应对各种程式不同的上报公文的书写。

杨洞芊作为节度孔目官起草的公文书中最多的是使牒。使牒属于唐五代宋时期的牒下型公文，主要功能用于藩镇节度使辟署使府僚佐时使用。唐后期五代宋初时期，地方藩镇节度使仅仅有权授予差遣性质的使府幕职，而散官、检校官、兼官、试官等加官的授予，仍需要通过向中央奏报后授予[①]。从杨洞芊于976年之后起草的使牒P. 3827V《某年使牒》、P. 3290《宋至道二年（995）三月使牒》来看，其主要内容均是授予归义军使府内的某个幕职的，主要最常见的幕职是节度押衙。如P. 3290《宋至道二年（995）三月使牒》所示：

> 前子弟银青光禄大夫检校太子宾客索定迁
>
> 右改补充节度押衙
>
> 牒奉　处分。前件官门风清雅，望族宗高，久著雄毫，侣占子疾。况某天生英哲，廪娄性猡，阵上播生而尽命，为国防虞而守隘。吾睹察斯，特荐班荣，更若所效，勋转加千两袂疾（级）。件补如前，牒举者，故牒。至道二年三月日。[②]

索定迁之前的幕职为归义军衙前子弟，现在则升迁至节度押衙，虽然在五代宋初敦煌使府内节度押衙已经阶官化了，但仍然属于节度使府内的较重要幕职，可以兼任其他地方官府内的职官，成为节度使的心腹而予以重用。

比使牒低一级、但更灵活的公文是使帖。帖文的格式，在开头一般有“帖”字，以“发文单位（或个人）＋帖＋受文人”的形式出现。结尾一般是“（年）月日帖”。宋代帖式在《庆元条法事类》卷16《文书门·文书式》中有记载，前言“帖某人”，正文后为“年月日帖”，下一行为“具官书字”，是发帖者的亲自押署。敦煌文书中杨洞芊起草的帖文格式完全符合《庆元条法事类》卷十六《文书门·文书式》中的记载，主要有P. 3835V《戊寅年（978）五月使帖》、S. 4453《宋淳化二年（991）十月使帖》，内容是对下属军将的一些特别的指示与命令。唐前期的帖文，无论是吐鲁番、敦煌、新疆出土

① 冯培红先生通过对敦煌所出十几件归义军授官牒中被授官人原职官与新授职的比较后发现，藩镇长官所辟署的僚佐迁转后的新职只是幕职，所带的散官、检校官等加官并未发生变动。参冯培红：《归义军官吏的选任与迁转——唐五代藩镇选官制度之个案》，香港大学饶宗颐学术馆，2011年，第43页。

② 王使臻：《敦煌所出唐宋书牍整理与研究》，成都：西南交通大学出版社，2016年，第154页。

的，多是都督府、折冲府等“军府”所下，多与征发物资、牲畜、人力等相关[①]。五代宋初敦煌归义军使府内下达的帖文如S. 4453（1）《宋淳化二年（991）归义军节度使帖》，是归义军节度使曹延禄下达给寿昌都头张萨罗赞、副使翟哈丹等的帖文，对沙州派往寿昌县的车牛、军将的食物供给标准做出了具体的指示，可知处理的属于使府内与物资、人员相关的事务。

使帖寿昌都头张萨罗赞、副使翟哈丹等

右奉　处分：今者官中车牛载白柽去，令都知将头随车防援。急疾到县日，准旧看侍，设乐支供粮料。其都知安永成一人准亲事例，给料看侍。又车牛□料并庄客亦依旧例偏支兵马羊一口、酒一瓮，面五升，仍仰准此指挥者。淳化三年十月八日帖[②]

值得注意的是，以上孔目官杨洞芊所起草的状、牒、帖等使府公文，在敦煌文书中保存得并不完整，有的没有钤盖公文印章，有的虽然钤盖了使府印章，却都不是公文原件或者是留存于使府内的公文档案。因为这些公文均是杨洞芊私人所用，有些是草稿，有些则是因为某种原因而被废弃了的，比如因公文文字上出现错误而被废弃的公文稿。

2. 勾检公文文字稽失

检查、校对起草后、发布前的公文有无文字上、格式上的错误，是使府孔目官的基本职责。出土碑刻材料显示，孔目官的这一职责在唐代孔目官出现前就已经存在。1997年在河南偃师首阳山出土《唐工部尚书郭虚己墓志》由朝议郎、行殿中侍御史颜真卿撰文并书，孔目官校对志文：剑南节度孔目官、征仕郎、行太仆寺典厩署丞张庭询检校[③]。这是墓志中出现的孔目官核查、校对墓志文字的职责的重要材料。刘涛先生认为孔目官或孔目吏检核、校对文书的职能渊源有自，如东汉《华山庙碑》所见“书佐郭香察书”，察书之察即是对文书文字或书写的校对与纠正。因此汉碑的“察书”和唐墓志中的“检校”文字，名异而实同[④]，是书令史等从事文书工作的人员对重要文书进行核查、校对职责的表现。《汉律》中对公文书写有严格要求，并配备专业人员“书有不正辄举劾之”，负责对文书字体或书写的稽核职责，一般多由书令史、书佐等低下级官吏完成。唐开元五年（717）集贤殿（后改称翰林学士院）始置孔目官时，孔目官的基本职责即为校对公文书文字正误，管理文书档案。这一职责由唐代延续到了宋。宋洪迈《容斋随笔》中称：（宋代）翰林学士苑有孔目吏，必据案细读，疑误辄告[⑤]。“疑误辄告”，正是校对文字正

① ［日］荒川正勤：《唐代中央アジアにおける帖式文书の性格をめぐつて》，土肥义和编：《敦煌·吐鲁番出土汉文文书の新研究》，东洋文库，2009年。

② 王使臻：《敦煌所出唐宋书牍整理与研究》，成都：西南交通大学出版社，2016年，第205页。

③ 薛海洋、陈辉编：《郭虚己墓志》，郑州：河南美术出版社，2007年。

④ 刘涛：《“检校”与“察书”》，《读书》2017年第1期，第168页。

⑤ （明）洪迈：《容斋随笔》卷十五《京师老吏》，北京：中华书局，2005年，第202页。

误以及勾检公文书其他疑问的说明。

孔目官杨洞芊写本中即有数件孔目官对使府公文文字、行文进行勾检的文书被废弃。如 P. 3835V《戊寅年（978）归义军节度留后使曹延禄帖》，每行 11—12 字。此帖从纸中间被人为断裂为两片且有前后移位[①]，中间缺一行，大约是一个字的空白（见图 2）。

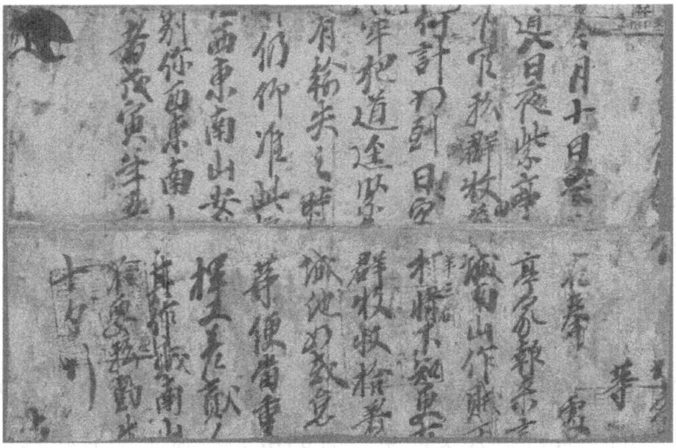

图 2　P. 3835V 归义军节度使帖

值得注意的是在帖文第五行文字"官私群牧内□□打将羊三群，不知更有何计"一句中，在行间另笔添加了"内""羊三群"四个小字。这些添加的文字，便是由孔目官杨洞芊在校对、核检节度留后使帖文时，发现原撰写公文时有所疏失，致使公文文意不通顺，因此予以添加改正。

3. 受付文书、开拆公文及保管档案

节度孔目官除了亲自起草、稽核公文之外，将使府内公文下达、给付于藩镇下辖境内人员之外，使府外文书的接受、开拆、保管，也是孔目官的日常基本职责。经手文案，管理收发，勾稽和核查，是孔目官在使府内的基本工作。孔目官具体处理哪一种文案？从新疆库车所出、辽宁博物馆所藏《唐建中五年孔目司文书》[②] 来看，孔目官所下多为帖文，以帖文征匠人织春布壹百尺，而免去了淘拓、助屯、差科等其他庸役。《八琼室金石补正》卷八十《乾亭寺钟款》题名中有"读示孔目官钟全交""表奏孔目官费沆"[③]。《唐韦君靖碑》中刻有厅头开拆书状孔目官、书状孔目官、开拆孔目官等名目[④]，证实晚唐五代地方藩镇内有主管使府外书状文书开拆、读示的孔目官。但金石资料太简略，使人并不清楚孔目官是如何开拆书状并保管为档案的。但敦煌文书 P. 3438V《沙州官告国信判

① 具体复原参见王使臻：《敦煌遗书中的唐宋尺牍研究》，兰州：甘肃文化出版社，2017 年，第 88 页。

② 王珍仁：《对旅顺博物馆藏〈唐建中五年孔目司公牍〉的再研究》，《敦煌学辑刊》1998 年第 1 期。冻国栋：《旅顺博物馆藏唐建中五年（784）〈孔目司帖〉管见》，《魏晋南北朝隋唐史资料》，1996 年。

③ 资料来源可参阅：李锦绣《隋唐审计史略》，北京：昆仑出版社，2009 年。（清）陆增祥：《八琼室金石补正》卷八十《乾亭寺钟款》，北京：文物出版社，1985 年。

④ 李文才、祁强：《〈唐韦君靖碑研究〉——兼论晚唐藩镇幕职的阶官化》，《中华历史与传统文化研究论丛》，2016 年。

官将仕郎试大理评事王鼎启状》档案案卷却向我们展示了节度孔目官杨洞芊接受使府外书状、开拆并粘连为使府档案保管的过程，非常有价值。

P. 3438V《沙州官告国信判官王鼎上太保启状》一共有四件文书、四张纸，第一件前部略有缺损，后三件保存完好。每件文书、每张纸之间互相粘连，粘连的纸缝清晰可辨，但从文书书写时间上推断，并非是按照时间顺序粘连的，写于十二月四日的这件文书被粘连于十二月六日的文书中间。因此，原来的这四件文书肯定都是各自独立的，每张纸上书写一件文书，并且每件文书都应该有独立的封皮纸（即类似今日的信封），分别于不同的时间送达的。但是现在各自独立的四张纸、四件文书被粘连在了一起，则是某个人出于某种特殊的目的而将它们粘连到了一起。根据四件启状的书写特征，我们判断它们肯定是书札原件，且是经过了传递之后的实用书札，是某年十二月四日和十二月六日从中原朝廷前来到沙州（今甘肃敦煌）授予敦煌地方长官官告、国信的使臣王鼎上给敦煌的某位“太保”的。这四件启状在送达这位太保之后，首先被孔目官开拆，并作为特殊的、重要的历史档案，孔目官精心地将四件启文粘连成一个长卷保护、封存起来，并在案卷背面起首处题署“辛巳年三月封”（见图 3）。且在此封缄文字下方有一处长方形的油墨沾染痕迹，还有一方不明显的方形印章，推测应该是封缄档案时所钤盖的印章。非常幸运的是，P. 3438V《沙州官告国信判官王鼎上太保启状》四件中某一件启状的封皮纸在其他敦煌文献中也被发现了，它就是被保存于中国国家图书馆所藏敦煌遗书中、编号为 BD09522V 的封皮纸。笔者对 BD09522V 封皮纸进行了封缄复原，复原后的封题写作“沙州官告国信判官将仕郎试大理评事王鼎状谨封”（见图 4），无论发信人的官衔、姓名，还是书法笔迹，BD09522V 和 P. 3438V 二者均高度符合，都是由同一人（王鼎）所写。

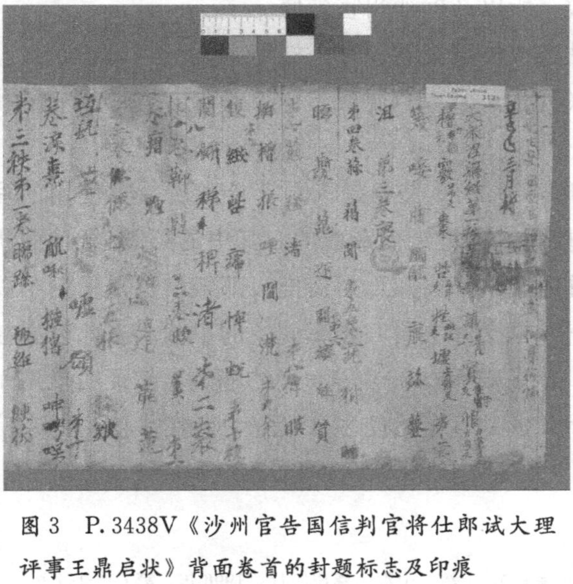

图 3　P. 3438V《沙州官告国信判官将仕郎试大理评事王鼎启状》背面卷首的封题标志及印痕

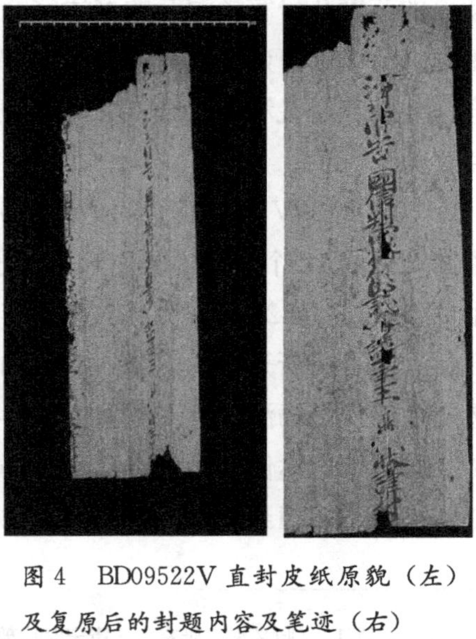

图 4　BD09522V 直封皮纸原貌（左）及复原后的封题内容及笔迹（右）

以上文书书写特征证实 BD09522V 直封皮纸正是 P. 3438V 四件启状中的某一件启状

的封皮纸，二者原本是一套，后来却被某个人（考证见下文）分隔开来，将四件启状粘贴为档案长卷保存，封皮纸却被废弃，又被重新利用，在其背面抄写了《礼记》的目录。从前文所述，我们可以推断这件档案案卷正面启状的书写时间——某年的十二月，应当是背面封题标志“辛巳年三月封”之前的“庚辰年十二月”。通过唐宋时期敦煌地方史的历史常识，我们可以基本判断出背面题署的“辛巳年三月”有可能是宋太平兴国六年（981）、五代后梁龙德元年（921）、唐咸通二年（861）中的某一年。根据荣新江先生对敦煌归义军历任节度使称号年代的研究成果①，只有宋太平兴国五年（980）归义军节度使曹延禄获得宋太宗制授归义军节度使时，可以有“太保”称号，与史实最为相符②。

综观整个案卷的内外部写本特征，我们可以得到以下三点重要认识：第一，四件书札之间互相粘连，纸缝清晰可辨，可以从书写时间上推断，原本四件书札都是各自独立的，是后人出于某种特殊的目的将它们粘连到了一起。第二，作为特殊的、重要的历史文书，此案卷曾被敦煌地方官府精心地将四件书札粘连成一个长卷子保护起来，且在背面卷首处题署“辛巳年三月封”和盖印章封缄，表明这个卷子应当是敦煌地方政府内封存的重要的历史档案。第三，由于保存于官府中的档案都有一定的时间期限，当档案过了一定的保存期限之后，这个档案案卷后来被敦煌地方官府废弃了。但是由于当时纸张较缺，废弃的档案作为废纸其背面的空白处被重新书写使用。这个人用废纸的背面来抄写《大般涅槃经》中的难字音义，并用其中的一件书状的封皮纸的背面抄写《礼记》目录。比对这个人的书法，与976之后任职于归义军使府的节度孔目官杨洞芊的书法完全一致，所以开拆沙州官告使王鼎上给太保曹延禄的书状，并将它们粘连成档案案卷保存，档案失效废弃后又利用其纸背书写佛经及《礼记》目录（见图5）的人，均是时任节度孔目官的杨洞芊。

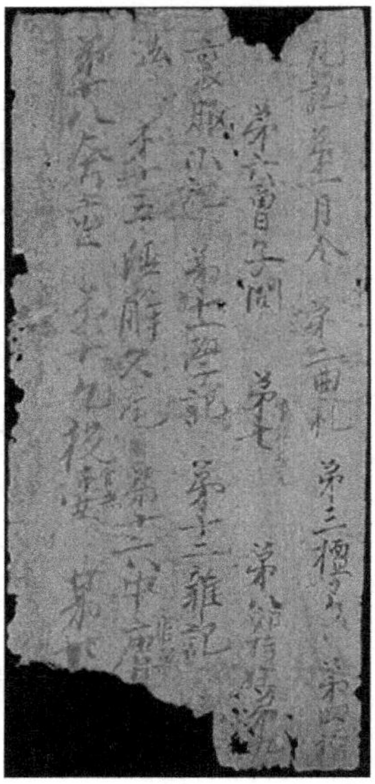

图5　BD09522V封皮纸上的孔目官杨洞芊书法

与P.3438V案卷相似的开拆文书情形，P.4525长卷是杨洞芊个人所收集使用的写本，共分为18个部分，是用八个卷子接裱成一大方纸而形成的。其中的第12纸背面所书的P.4525（12）V《太平兴国某年十月内亲从都头知瓜州衙推义郎牒》也是杨洞芊以孔目官的身份所开拆的内亲从都头知瓜州衙推义郎上给归义军使主的申状。当此公文被废弃后，便由杨洞芊拿来利用背面纸张草拟癸未年（983）养女契约稿。显然证明从瓜州传来的申状送达使府后却由孔目官杨洞芊开拆并宣读给使主曹延禄，确实是使主的亲信心腹人员才能担当此责。

① 荣新江：《归义军史研究——唐宋时代敦煌历史考索》，上海：上海古籍出版社，1996年，第60—147页。

② 参阅（清）徐松辑：《宋会要辑稿·蕃夷五·瓜沙二州》，北京：中华书局，1957年，第8册，第7767页上。荣新江：《归义军史研究——唐宋时代敦煌历史考索》，上海：上海古籍出版社，1996年，第125页。

4. 掌监印

李锦绣先生发现在敦煌吐鲁番及一些西域出土的唐代中后期官文书中孔目官有掌管印历、勘印、省署抄目等事①。五代迄宋代，敦煌使府内孔目官的一个重要职责是管理节度使的官印，并在公文上监印，因此，孔目官留存有押署公文的留底档案的可能性，正好可以解释：为何在五代宋初的某些敦煌公文里，盖有印章，但又不是公文原件的疑惑。因为这些公文非常可能是孔目官进行勾检、校对文书失误的底案，而原件文书已经重新誊写后被发出了。所以，在孔目官手里可以留存有被废弃的留有勾检痕迹的、被修改的公文。如前述 P. 3835V《戊寅年（978）归义军节度留后使曹延禄帖》，戊寅年为宋太平兴国三年（978）。此件帖文上所钤“归义军节度观察留后”印，首见于后晋开运三年（946）铸赐给归义军节度使曹元忠的官印，主要在曹元忠时期首次出现，并被曹延禄初上台时沿用。如按常理推测，此帖文很可能是公文原件，但收件人在紫亭镇（在沙州西南）、发件人在沙州、出土地点在沙州的地域关系证实它又不可能是原件。仔细观察原帖文，在第五行行间添加了“内”“羊三百”等文字，显然是孔目官在帖文草拟好后审查时亲笔添加的文字。为保证公文的权威性，必须要重新书写后发出。故这件已经押署了印章的帖文被废弃后，被作为档案保存。类似的还有 S. 4453《宋淳化二年（991）归义军节度使曹延禄帖寿昌都头张萨罗赞、副使翟哈丹等》，此件上有三枚“归义军节度使之印”，在帖文第 8 行“酒一瓮”上有一个孔目官所书的点检符号“ㄱ”。帖文的收件人在寿昌，发件人在沙州，所以不可能是经过了传递的帖文原件，虽然有钤盖有官印，但只能是因某种原因被废弃的草稿，或是存档的公文。以上两件公文的存在，证实归义军节度使曹延禄所使用的二方官印“归义军节度观察留后印”和“归义军节度使之印”（见图 6）均保存在杨洞芊的手上，或由杨洞芊负责在公文上钤盖印章。如果节度孔目官不是节度使心腹，怎么会掌管或监督公文上用印？

图 6　杨洞芊起草公文上的印章“归义军节度使之印”

孔目官还掌有节度使的私人印鉴，用于经济簿帐文书上，以防查验与核对。杨洞芊就掌握有节度使曹延禄私人所使用的一枚“曹”字私人印章。印章较小，呈圆形或椭圆

① 李锦绣：《隋唐审计史略》，北京：昆仑出版社，2009 年。

形，阴文，为简化的“曹”字。P. 2985V、P. 2761V《己卯年(979)四月牧羊人王阿朵状》上的“曹”字印都钤在曹延禄的亲笔判文之后，但极小，印文不清晰，不容易被发现。印文的作用当是起防止人为在后添加文字的作用。P. 2985V 还在第 1 行“白母羊壹口”的“壹口”上有长官亲笔点检“┐”符号。Дх1359＋Дх3114《己卯年（979）六月牧羊人康定奴状》上第 2 行“母羊壹口”在“壹口”上有“┐”符号，且在旁边写有一“生”字，表示母羊是活的而不是死的，并在“生”字后钤“曹”字印，以防涂改或添加文字。这枚“曹”字印一直被杨洞芊继续使用到甲申年（984）、丁亥年（987）、丙申年（996），钤盖在由孔目官杨洞芊所起草的归义军牧群、牧羊人算会籍账及支给判凭文书上①，其钤盖的位置一般在文书末尾（见图 7）。

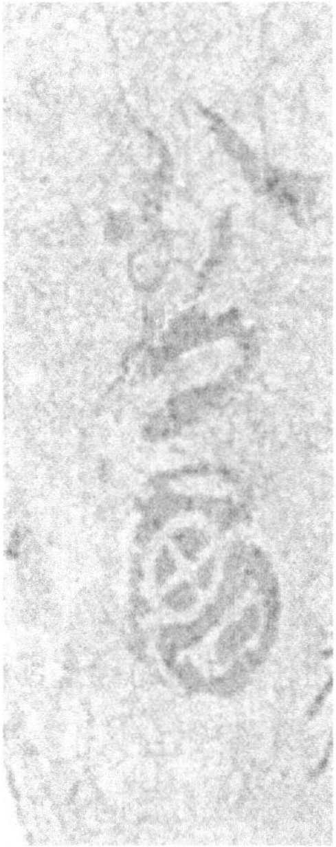

图 7　杨洞芊撰写官府牧群算会文书上的“曹”字私印

以上敦煌文书反映出，无论是节度使的官印还是私印，在一定的时期内，均由孔目官杨洞芊保管并监督使用，杨洞芊确实是节度使曹延禄非常信任的僚属。

三、余论

面对总数已达 6 万件的敦煌文书，从中发现并比对出近 30 年内（976—1002）归义军节度孔目官杨洞芊所书写的写本，笔者常有望洋之叹。同时，由于敦煌写本文书绝大多数没有题记与署名，仅从书法角度去做大量未署名的写本比对也存在着较大的误判可能性，尽管杨洞芊明确署名的写本是有那样的鲜明特征！因此，本文依据距离敦煌藏经洞封闭时间（一般认为封闭于公元 1002 年左右）愈近的一段时间内敦煌文书的数量应该愈多的经验出发，迫不得已将所比对的敦煌文书限定在 976—1002 年这近 30 年的时间内，先从有明确题记与署名的文书核对，然后扩大到没有题记的文书。截至目前已经搜寻到 28 个卷号、51 件孔目官杨洞芊所写的写本，这批写本档案成为本文进行研究的一个小小基础。面对内容杂乱的这批写本，如何整理又成为一个难题。幸运的是，51 件写本中大多数有时间题记，或者能够较准确地推断出写本的书写时间，从而为本文以时间为顺序进行编年整理成为可能，为探讨这批写本背后的人——孔目官杨洞芊个人及其家族、社会关系之上的宋代敦煌地方社会生活提供了基本条件。

为化繁为简，笔者以时间为顺序、以写本内容出发，首先探讨宋初敦煌地方官府孔目官的基本职守问题，于是将写本内容细分为公文书类、经济类、账簿类、名单类、私人书信类、社会应用文书类、诗文类、佛经发愿文类等八个小类，试图从文书的具体内

① 分别见于印度事务部图书馆所藏敦煌文献 IOL. C. 107 及英藏敦煌文献 S. 5945、S. 6998BC 经济类文书中。

容去分析它们所承担的社会职能。由于篇幅限制，本文仅以公文书类为对象，尝试着细致地分析它们，粗略地总结出孔目官杨洞芊主要有起草公文、勾检公文文字稽失、受付文书、开拆公文及保管档案、掌监印等文书工作职守。孔目官取代了晚唐藩镇幕府内的掌书记起草文书的职能，从而由幕府内的低下级僚佐演变成节度使主的重要心腹属吏。由于研究材料的相对不足，本文的总结相当粗陋，也没有涉及文书职守之外的其他工作职守与社会生活实践，以及职守之间的相关联系，尤其对写本档案所反映的孔目官个人的社会关系网络与敦煌地方社会生活之间的关联，也没有进行解读，它们将是笔者下一步深入研究的对象与内容。

从包世臣“书三案始末”透视嘉道时期的司法危机

林　乾*

“书三案始末”来源于包世臣的《齐民四术》之刑一下①，是嘉道之交的三个大案：

第一案：江苏铜山段李氏命案，未能平反。时间嘉庆二十一年至道光元年。

第二案：山东泰安徐文诰盗案，得到平反。时间嘉庆二十一年至二十四年。

第三案：浙江归安陆名扬漕案，未能平反。时间嘉道之交。

陆名扬案，笔者已写有专文。此处仅就江苏铜山段李氏案，进行解读。

选取三案的意义。第一，前两案都是包世臣作为“总理”，参预处理的大案。包世臣本人在“书三案始末”称：“岳松庭承宣山东，诚述堂提刑江苏，皆延予为总理。”胡韫玉所著《清包慎伯先生世臣年谱》，道光元年记：先生四十七岁，是岁，先生就江苏提刑诚公之聘。② 包世臣详细记述了三案的原委、始末，特别是影响大案公正审理的“人事”因素。这是其他材料所不经见的。

第二，现存清代档案等文献，对三大案均有详尽记述，构成官方的“表达”，可以与“总理”此案的包世臣的个人记述，形成互证关系。从而为还原大案的基本事实，特别是法律事实，提供另一个“版本”。

第三，包世臣在担任“总理”期间，明确提出他办案坚守的底线：即不能超过“七分不公道”：“初予皆与之约曰：‘贱子才力，但能办七分不公道事，过此不敢闻命。’然在松庭所，庶几践言，佐述堂阑入八九者矣。”述堂，即江苏按察使诚端。他为此辞去幕职。

第四，是段李氏的背景。李氏是雍正时期模范三总督之一的李卫的直系后人，李卫的曾孙女。而段家是铜山有名的富户，开杂货店生理。

第五，通过包世臣对大案多不能公正审理的分析，透视嘉道时期司法危机的深层制度性原因。

---

* 作者简介：林乾，中国政法大学教授，博士生导师。

① 李星点校：《包世臣全集》，合肥：黄山书社，1997 年，第 386—401 页。

② 胡韫玉：《清包慎伯先生世臣年谱》，台北：台湾商务印书馆，1986 年，第 39 页。

一、包世臣“书三案始末”所记段李氏案

以下是包世臣所记述的江苏铜山段李氏案始末。

嘉庆二十一年闰六月初一日，江苏铜山县新集民段继干门首，有男尸浮出池面。初三日，知县杨秉临诣验，尸身溃烂，照例以无凭相验，殓埋立案。新集距县城六十里，当月十九日晨，县差张源持朱签，率白役数名，拘段继干并其男邻张起入城。始知十八日，有原充本县刑书之叶秉忠具呈，称前六月三十日，遣其子叶孝思往段继干家讨账，至今未归。闻段继干门首有溺毙男尸，是否即系孝思，乞与查究。

知县用非刑熬审段继干、张起两昼夜，两人坚不承。知县差张源到狱中，讽段继干输白金二千两，再加五百两以了衙门，则事可已。段继干不允。次日又刑讯，昏厥再四。段继干长子拦徐州道严烺舆论冤，发县收管。段继干妻李氏，李卫之曾孙女，遣母家侄京控。段继干、张起随后死于狱。知县惧怕。刑名幕友张某议以车戽（灌田吸水器）池水，以验行迹。七月二十八日，得茧绸裤一条、白布单袜一双。叶认是儿子叶孝思之物，当场具领，次日击鼓呈单袜内有原书一封，系竹纸叠封，骑封写信面。知县坐大堂，面众用火炙干拆封，略曰：前账已结清，尾欠说明不论，无奈歇业之后，愚父子形同乞丐，数次承兄台帮助，今遣儿子造府，不敢再提前账，求兄台做好事，只当帮衬。外附原账一纸。知县当堂用印粘卷。

不久，巡抚胡克家奉旨亲讯。饬按察使六百里飞提人证、卷宗。文到而段继干之子毙于押所，其妻奔入城，缢死。有子周岁，无乳哭号两昼夜而死。案件到省，拖延半载。按察使出缺，协办大学士江督以试用道署理臬司。署臬需次时，秉临以乡谊有所资助。问官承指，坐继干父子赖欠行凶，张起扶同隐饰，自伏天诛，应毋庸议。李氏痛夫情切，原情勿论。而秉临密行厚贿，并告以张源拟抵。李氏素不识字，既画允服，署臬乃勘转。适抚部病故，江苏布政使坐升巡抚，当入都（请训），上命阁督兼抚部事。阁督故倚信署臬，又值岁暮，不暇亲讯，依详奏结。

次年春，张源坐轿过李氏门詈辱之，李氏知被诳，携幼子入都，捧赃出首，呈出贿和银十锭、期票二千两、田契四百亩。奉旨交新抚复审。叶秉忠在抚部堂供认：报县原呈，乃县署刑名幕友张姓所做，张源转授投递。其袜内书信，乃继干死后，张源引到署内密室，杨知县手写信稿，命其照誊。新抚欲自下而上，添委开复知县周以勋，随同苏州府讯详。

总督在苏州大阅，周以勋迎于浒关，告知接审段继干案：“叶姓呈出袜内原书，并未拆封，是其子孝思尚未入段继干之门。”阁督称此案他例应回避，命严审实情。时江苏最优缺宝山县缺出，先以安徽布政使韩克均之兄句容知县韩慧均调任。原任徐州道单沄自本籍迎总督于镇江，遂改用其侄单鹏图，命单沄具稿。及总督闻周以勋言段李氏案情，乃于校阅苏标折内，附奏以周以勋补宝山知县。折回，周以勋欲辞去委派审理段李氏案

而赴宝山知县新任。新抚不允，周以勋使人讽知县杨秉临讦以勋曲徇原告得脱。二十三年春，新抚以李氏收赎例复奏结案。

道光元年二月，包世臣随江苏按察使诚端就任，取道铜山，道路言段李氏之冤甚悉。阅卷得始末。月余，新巡抚（魏元煜）赴任，告居停曰："今早接京信，段李氏又携子行乞至提督府喊冤矣。此案初起时，吾陈臬浙江，深知其沉冤，到时须吾子悉心为之平反。"居停答以"途中闻人言啧啧，月前阅核原卷，信为谬诞"。及李氏递到，抚部言："细思段李氏，恐意在诈财。"居停笑曰："段继干若非富子，则不涉此祸，今既人亡家破，即诈财岂偿本耶?"抚部自后遂不提段案。七月二十六，巡抚以监临出省考试，密嘱苏州府额腾伊告居停，催委员速讯，照原案议结。揭晓回辕，便须复奏。予久闻抚部意移，居停渐亦不能力争，遂托故辞馆。临别，居停求言，予曰："但愿阁下得调他省，不结段李氏案而已。"居停旋调陕西，接任者如督抚指议结。阁督复专奏段李氏刁健，当以永远监禁。

以上是包世臣所记案情全过程。

据包世臣所记，这是典型的借尸图赖案件，段继干、邻右张起、段继干长子（段招群）一家三口，涉及五命冤死。其间有两次平反机缘，但最终仍判段李氏刁健充徒。

检索《清代职官年表》，段李氏案自案发到最后审结的五年间，两江总督一直由孙玉庭担任，即包世臣文中的"阁督"。江苏巡抚历经三人：案发时为胡克家，他拖延半年之久，嘉庆二十一年四月由皖抚改调，九月病故出缺，江苏巡抚由江苏布政使陈桂生迁任，此即包世臣文中的"坐迁""新抚"因新任巡抚照例进京请训，嘉庆帝命两江总督孙玉庭兼署巡抚事。遂有孙玉庭的第一份审拟判决。段李氏第二次京控，陈桂生请训后赴任，又有其以巡抚上奏的第二份审拟判决。嘉庆二十五年十一月，道光帝即位后，陈桂生内调回京，江苏巡抚由广东布政使魏元煜迁调。段李氏第三次京控，案交孙玉庭、魏元煜审理，孙玉庭以其为原审官员，奏请回避，遂有魏元煜单衔所奏的第三次审拟判决，魏元煜也是包世臣文中最后主导以原案结案者。《年表》对署理巡抚失记。

此间按察使先后由五人担任。案发时为伊什札布素（年表为伊什札木素），嘉庆二十二年十月，升任江苏布政使，江苏臬司由福建按察使觉罗麟祥接任，麟祥到任前，两江总督孙玉庭奏请由试用道唐仲冕署理。嘉庆二十五年六月，麟祥升任湖北布政使，苏臬由左江道明安泰升任。道光元年二月，诚端任职江苏按察使，八月与陕西臬司陈廷桂互调。年表没有著录，但实际对段李氏案审理，起到关键作用的，就是署臬司唐仲冕，时间是嘉庆二十三年六月，他是湖南善化人，据前引包世臣所记，作为同属湖广人的铜山知县杨秉临，在"署臬需次时"，资助了唐仲冕，而唐仲冕又深得总督孙玉庭的器重。而唐仲冕收了铜山知县杨秉临这位乡谊的钱，由他直接审理的段李氏案，结果可以想见。

二、档案文献呈现的官方三次判决

档案中保存多件审理段李氏案的卷证材料，仅审拟判决就有三份。而之所以出现三次拟判，是由于段李氏携子段学礼的三次京控。三次拟判，都由巡抚上奏，这也符合人命案件的一事一奏审理程序。后第二次拟判，主要就段李氏京控的事项做出回应，同时坚持了孙玉庭的原审意见。

铜山是冲、繁、难三兼要缺，此地濒临黄河，与山东滕县，安徽宿州毗邻，“民俗强悍健讼，案牍繁多，素称难治之区”，嘉庆二十年十月，经两江总督百龄、江苏巡抚张师诚联衔奏请，署桃源县知县杨秉临调任。依据档案，杨秉临是湖北汉阳县人，举人大挑一等，到江苏以知县用。嘉庆十五年署桃源县事。①

周以勋曾任丹徒县令，是曾任江苏巡抚张师诚的胞兄张彤的儿女姻亲，谙练检验之法。也深得孙玉庭的赏识。段李氏第一次京控后，他被委派审理此案。包世臣所记，孙玉庭让周以勋出任江苏最优缺宝山知县，周以勋遂用计辞去审案之职事，而就宝山知县任。这是否是孙玉庭有意所为，包世臣所记没有明确。

档案所见第一份拟判，是嘉庆二十三年正月初八日，由两江总督兼署江苏巡抚孙玉庭上奏的。据此，段李氏此次京控是在步军统领衙门。按照奏交案的处理方式，嘉庆帝命交江苏巡抚胡克家亲提人证、卷宗审理。胡克家出缺后，孙玉庭兼署巡抚，到苏州后，实际由署按察使唐仲冕审理。

段继干的富有，在第一次拟判的档案中显现：段继干一向在杨庄集开设义成号杂货店，与在县城开张协茂、双盛号杂货店的叶秉忠，往来交易。结欠叶秉忠货钱一百四十千有零，叶秉忠亏本歇业后，派子叶孝思两次往索，段继干还钱五千文。嘉庆二十一年六月三十日，又遣子往讨，次日晚抵达。段继干以账已还清，叶孝思斥骂，段继干殴打，叶孝思跌落沟内被溺而死。闰六月初六日，地邻张起见沟内浮尸，往投地保，捞取放置滩上，赴县具报。尸体因无人看管，手足被犬残食。知县杨秉临诣验，以尸身腐烂，即在沟内捞起衣袜，并在袜内检出布巾包裹书信一封，烘干拆阅，有“叶协茂、双盛呈段义成号”字样，并欠账一纸。叶秉忠因其子日久不回，去段继干家问询，段继干称叶孝思不曾到其家。叶秉忠回途中遇见有人称，听闻其子叶孝思去段继干家讨要。遂控县，开出叶孝思身穿衣色，与沟内起获相同。知县杨秉临饬差拘拿段继干、张起到县。段继干不承。张起称段继干家雇工董四向他告知，叶孝思到过段继干家。提讯董四，供出殴打前情。并称工人徐伶一同见证。段继干坚不承认，并在堂上撒泼，致伤右额角，并伤右脚踝臀。旋即病故。段李氏以夫死非命赴前督臣御门具控。张起在监患病而死。杨秉临验明叶孝思骸骨系受伤落水身死。段李氏以董四、徐伶听诱妄供，致段继干非刑而死，赴步军统领御门具控。经孙玉庭审理，县役张全等否认非刑。段李氏照申诉不实律杖一百，纳赎。嘉庆帝朱批：刑部知道。②

段李氏携子段学礼第二次京控，仍是步军统领御门，京控内容又有其长子段招群被

① 百龄、张帅诚：《奏请以杨秉临调补铜山县知县事》，嘉庆二十年十月十四日，中国第一历史档案馆朱批奏折。

② 孙玉庭：《奏为遵旨审明江苏民妇段李氏京控伊夫等在押身死案按律定拟事》，嘉庆二十三年正月初八日，第一历史档案馆朱批奏折，档号：04—01—01—0579—038。

押身死，尸身并非叶秉忠之子叶孝思，因有人在案发后曾见过叶孝思，并知县家人出赔和银以了事等情。段李氏第二次京控，嘉庆帝奏交刑部查明。嘉庆帝以刑部所讯与孙玉庭原审不同，命将段李氏解往江苏，交巡抚陈桂生审理。陈桂生接案后，委候补知县周以勋等解勘。巡抚陈桂生于嘉庆二十四年五月二十二日上奏，是为段李氏案的第二次审理。①

此次陈桂生上奏，与孙玉庭所奏的关键不同，是杨秉临诣验后，饬差雇夫捞出衣袜等件，于十八日缴县。时间与前次是同一天不同，而与包世臣所记时间完全吻合。故此，陈桂生奏称："原案未将捞获衣物日期声叙，系属疏漏。"关于段李氏京控称，案发后叶孝思有人见过一节，经委员周以勋等查，在临近地方，未能查出叶孝思踪迹，"核之原案，尸身确系叶孝思无疑"。因周以勋赴宝山县任，由署苏州知府卞斌等接审。随即由按察使觉罗麟祥复审定拟。关于捧赃出首一节，审系段李氏在苏州期间，向夫堂弟段敦伦所借。并因段敦伦是沟主，惧怕牵累，因而帮助，将荒地四顷并钱六十余千送给段李氏。全案的结论是："非叶秉忠借端诬告，该县亦无非刑毙命，致死灭口情事，确核情罪，悉与原奏吻合，并无冤抑。"段李氏不肯画供，按众证明白，即同狱成之例，杖一百，徒三年。照律收赎。嘉庆帝朱批：刑部知道。

据陈桂生上奏，第二次拟判的关键点，包括周以勋赴宝山知县任，与包世臣所记吻合。

段李氏第三次京控，命交孙玉庭、魏元煜审理。道光元年六月十五日，两江总督孙玉庭片奏《为江苏铜山县民妇段李氏控其夫被诬押毙命等情一案移咨巡抚魏元煜解苏审办事》，据此，获知段李氏三次京控的具体时间。② 第一次是嘉庆二十二年。案交胡克家审讯，未结时孙玉庭兼巡抚印奏拟。二十三年，段李氏赴京翻控，经前巡抚陈桂生讯属虚诬，于二十四年五月议拟奏结在案。事隔二年，该氏今又赴京具控，情殊刁健，因其系原审之员，奏请回避。

道光二年二月二十七日，江苏巡抚魏元煜《奏为遵旨审明铜山县民妇段李氏同子京控该县押毙人命案控例定拟事》是段李氏案的最后拟判。③ 此次委派苏州知府额腾伊等审理。"正在复讯间，叶秉忠在店病故"，江苏按察使陈廷桂等审讯，就伊子段学礼现供定谳，段李氏应发边远充军，按刑部通行及钦奉谕旨，不准收赎，照例实发驻防为奴。朱批，刑部具奏。

值得注意的是，诚端任江苏按察使审理之事，完全没有体现。

---

① 陈桂生：《奏为遵旨审明民妇段李氏呈控其夫被诬刑毙致子灭口等情一案按律定拟事》，嘉庆二十四年五月二十二日，第一历史档案馆朱批奏折，档号：04－01－01－0589－001。

② 孙玉庭：《为江苏铜山县民妇段李氏控其夫被诬押毙命等情一案移咨巡抚魏元煜解苏审办事》，道光元年六月十五日，中国第一历史档案馆朱批奏片，档号：04－01－01－0620－006。

③ 魏元煜：《奏为遵旨审明铜山县民妇段李氏同子京控该县押毙人命案控例定拟事》，道光二年二月二十七日，中国第一历史档案馆朱批奏折，档号：04－01－01－0632－022。

三、段李氏《呈状》的文本价值

清代京控皆有呈状，且奏交案件，呈状附奏文呈递，因此可以断定，皇帝是看呈状的。至少理论上如此。段李氏三次京控，都在步军统领御门，档案未见其三次呈状。但道光元年最后一次京控，步军统领英和等向道光帝具奏，引述呈状详细，且铺陈前后京控情节。因此能够整体反应段李氏呈状的基本内容。[①] 段李氏供，我系江苏徐州府铜山县人，年53岁，在本县杨庄集居住。我男人段继干曾开过杂货铺。嘉庆二十一年闰六月内，街坊张泳华水坑内曾淹死一无名男子，杨知县因无尸亲，并未认真验明，令即掩埋，后有曾充书吏的叶秉忠，捏说我男人欠他钱一百余串，张泳华坑内淹死的人，疑是他儿子叶孝思，牵连我男人在县控告，杨知县将我男人并近邻张启传去，非刑拷问，上美人桩七次，衙役马元等向我男人索诈不遂，唆使董恕勾串我家工人董四，引诱我家使唤幼童徐伶供说，叶孝思是我男人和我儿子打死的。杨知县到我家查找凶器，拿去铁钩一个，串嘱董四等捏说，铁钩是眼见谋害凶器，我叫长子段招群赴县代质，衙役等不许段招群再与我男人见面，后我婆婆赴府呈诉，并未提审，致我男人并张启先后被押身死。捏详张启因疮病故，本县捏详我男人因病身死。二十二年三月，我带同表侄杨九远，来京呈告。奏交江苏巡抚胡大人审办。不想杨知县因故入人命，恐讯出段招群实情，至是年五月内，段招群在班房押毙。我赴巡抚前控告后，我儿媳郑氏痛夫病故，并我未及周岁的孙子也死了。胡大人屡派委员审办，总未定案。新任陈大人委派震泽县张知县、元和县李知县会审，董四供说衙役向他勾串实情，县役张全应认非刑情弊后，陈大人进京，杨知县舞弊，叫家人田三出大钱五百吊，给我夫堂兄段秀奇等，向我说，杨知县应给我银二千两，叫我不要追究，我不肯后，我夫堂弟段敦伦向我说，杨知县同衙役等俱已问罪，叫我不必追究，我依允。后来我见杨知县回任，衙役马元等仍然当差，董四等俱已释放，我才知段敦伦是谎言，段敦伦恐我不依，写给我薄地四顷，作大钱一千三百二十吊字样，叫我不要再告，我假意应允。二十三年五月，我带次子段学礼控告，蒙交刑部，解回本省，巡抚转委候补周知县，讯出非刑押毙我男人、儿子等款实情，详明巡抚，陈大人当堂谕令我不能翻案。又转委候补叶知县，元和县王知县会审，说我虚诬，叫我侄儿李即山，外甥陈廷宝向我说，许给我银八千两，叫我具结完案，我不肯。二十四年四月，王知县将段学礼掌责跪链，看押班房，逼勒我儿子同董四具结释放。我在省守候至去年十一月，未蒙委员审办，我带同段学礼赴京喊冤。

段学礼所供，与伊母所供相同。道光元年四月二十日。

如果将段李氏呈状的主要诉求进行梳理，与包世臣所记，完全吻合。这使得官方的判决，与事实真相相去甚远，甚至完全相反。

---

① 英和等：《奏为讯问江苏铜山县民妇李氏呈控该县非刑伊夫押死邻佑告官复将伊子押毙等一案事》，道光元年四月二十日，录副奏折。

四、嘉道司法危机的呈现

吴荣光于道光元年至三年，先后任闽、浙按察使，他向包世臣询问是否有“七分不公道”之事，得到包世臣肯定答复后，吴曰：“不公道至七分，甚矣，吾子得毋愤激而发此谈乎？”包世臣回答称，自己不是愤激，而是调和：“案至两司，则承审官已为被告，故本案之曲直与有司之平枉，以十分为率，官民各居其半，其在官之五分，难以言公道矣。”这就是说身份地位不对等，原告上控兼有对州县官断决不公的意含，包世臣提出，上下之间官官相护，使审案变成了较量势力，而上级官员层层相护致冤案更冤，民怨沸腾。之所以上下相护，在于不可长“讦上”民风的所谓理由，因此越上告越得不到伸冤，怨气也越大，最后铤而走险。

当吴棣华反问包世臣：“世间竟无不公道在七分以内之事乎？”包世臣终于说出这样的事实：“州县受理，稍持公道，虽使至八九分可也，至两司则格碍多矣。然不曰三分公道，而曰七分不公道者，为不公道之取数已赢，不敢更以公道自居，故变其词，使居上游者知所儆惧也。贱子所经民与官讼之案，数十百起，诬枉在民者，不过三五事耳。受理之初，解结梳根，务求得实，官吏栗栗惴恐，问官亦为之咋舌，相结肆谤讟。然其卒也，未尝办一参案，而绝无酿成巨狱者，以不欲郁民故也。近世以郁民而成巨狱者，如安徽之寿州案，江苏之丹徒案，浙江之德清案，皆仰烦圣虑，星使交驰，问官道府以下联袂赴戍，而剖别本案曲直，诚未能得十分之三，阁下所悉也。有一案，参一官，则一省之可居官者或寡矣。结正其本案，而通融其因缘牵掣者，七分不公道，不亦可乎？”棣华十分肯定，称善者久之。但包世臣认为他的“七分不公道”提法只可用之于控讦之案，至于官吏自为骫法，就不要有所顾忌，不能包容，否则就是同流合污。他说：“铜山诣验，照例敛埋，初心固无他也。吏诱于外，友耸于中，凡此皆有司自为骫法，不关讦上。而上游不举其职，动引投鼠忌器以为说，罪坐所由，恐苍苍者未必同此梦梦也。”

清末司法变革对州县行政的影响

——以巴县为例

梁 勇*

近年来，学术界对近代我国司法行政机构的建立过程及其影响展开了诸多有意义的讨论。① 我们亦注意到，清末州县司法行政机构的建立过程，同时也是传统州县行政体制发生变革的过程。进一步说，随着“民刑两分”，衙门吏役只“承差”而不再“办案”，对以办案陋规为主要经费来源的衙门吏役带来极大的冲击。本文主要以藏于四川省档案馆的清代巴县档案为分析史料，对清末重庆审判、检察厅的建立过程进行实态考察，并对审判、检察厅成立后的巴县行政机构的变革进行讨论，特别是对衙门吏役的影响进行分析。

一、重庆两级审判、检察厅的建立

对于清末州县司法变革的原因，学界已有诸多讨论。② 其实，我们也应注意到，从州县官员的角度来说，咸同以后特别是清末新政以后越来越多的地方行政事务，已经让州县官员力不从心，此时继续让“各厅州县兼理刑名词讼，不特用非所长，抑亦日不暇给”③。换言之，繁忙的行政与司法事务，是清末州县司法行政机构建立的内在原因之一。在州县审判厅、检察厅未成立之前，州县官员依照延请候补官员担任保甲、厘金等公局

* 作者简介：梁勇，厦门大学人文学院历史系教授，国家社科基金重大招标项目主持人，研究方向为明清社会经济史。

基金来源：国家社科基金重大招标项目“‘湖广填四川’移民墓葬碑刻数据库建设及其乡村社会研究”（批准号：17ZDA188）。

① 学界对清末各地的审判厅和检察厅的建立过程和意义进行了讨论，如蔡永明对天津审判厅的创办过程、存在的问题和积极影响进行了分析［蔡永明：《论清末的地方审判机构改革——以天津审判厅为中心的考察》《河南大学学报》（社会科学版）2018年5月］；谢蔚对清末云南审判厅和检察厅开办的过程进行了详细的阐述［《试析清末云南审判厅和检察厅的开办》，《西南民族大学学报》（人文社科版）2014年第11期］；俞江对清末奉天各级审判厅的创办过程进行了考证，认为新设立的审判厅并未得到行政机构的尊重，旧的财政体系已无法支持审判厅的正常运转（《清末奉天各级审判厅考论》，《华东政法学院学报》2006年第1期）。刘伟对清末各省审判厅设置的全貌及州县官的审判权进行了讨论（刘伟：《清季州县改制与地方社会》，北京：北京师范大学出版社，2019年，第235—256页）。

② 如刘伟认为晚清司法变革有两个主要方面的原因：一方面，随着“就地正法”权的下放，州县官的司法权有所扩展；而随着教案的增多，处理民教冲突和审理关涉教民的诉讼案件，成为州县官治安和司法权限中的重要内容。另一方面，以停止刑讯和监狱改良为主要内容“恤刑狱”司法改革“引发了州县官的司法审判方式和监狱管理制度的一系列变化”（刘伟：《清季州县改制与地方社会》，北京：北京师范大学出版社2019年，第184—234页）。

③ 《清末筹备立宪档案史料》下册，北京：中华书局，1979年，第761页。

委员的成例[①]，聘请熟悉审判事务的候补官员来帮理词讼或处理新政事务，以期减轻工作压力，特别是像巴县这样的开埠县份尤其如此。

虽然现在还很难确认巴县从何时开始聘请候补官员帮理词讼，但巴县档案保存了大量光绪朝后期至宣统朝巴县知县聘请候补官员担任该县帮审委员的材料。试举几例。光绪二十九年（1903），时任巴县知县延请试用知县周士杰帮理词讼；光绪三十二年（1906），巴县知县霍勤炜在给四川总督的请示中，希望有人来协助他清理词讼，征收烟税及办理新政。[②] 宣统元年（1909）九月，巴县新任县令周庆壬以“巴县地方冲要，讼狱繁多”为由，请求川东道札委候补县丞陶家奇帮审词讼，得到批准。[③] 宣统二年（1910）八月，署巴县知县廷继禀请委派费融为帮审词讼委员。从光绪二十八年（1902）巴县衙门出款清册来看，帮审委员一年的薪水、慰问礼金达到年银1400两。[④]

有的知县甚至请两名候补官员来帮助其办理新政事务。光绪三十四年（1908），署巴县知县沈克刚四川总督的禀文中说，“卑县地方冲要，讼狱繁多，恳恩札委补用知县唐绍皋就近帮审词讼”。这一要求得到时任四川总督的批准，他在批文回复道：“来牍已悉，该县为通商巨埠，交涉尤繁，词讼尤多，自应请员帮审案件以资臂助。”[⑤] 也在这一年，沈克刚还上书请求任命试用府经历蒋澍办理该县的新政事务及文牍事务，“所有一切文牍，非得谙练之员不足以资襄理，兹查有留渝差遣就职试用府经历蒋澍，堪以委办文牍及新政事务”。[⑥]

针对越来越多的州县请求任命候补官员帮助其处理司法行政事务或者其他新政事务的现象，四川总督锡良在一份回复华阳县请求委派词讼委员的批文中说：“请委员帮审之员，几已视同例差，其声名较远、资望较深者或不愿为；而为者又或不能勤事，难免贻误，于听讼之道无裨。川省讼事滋繁，必知民间疾苦情伪之员乃克胜任，果其听断勤能，本督堂自必优加奖拔。”[⑦] 可以看出，锡良对委任候补官员帮理词讼的做法是持保留意见的，一是认为词讼帮理等委员越来越成为一种“例差”，解决候补官员“就业”的一种渠道；二是担心所请之员并非擅长处理词讼这样的复杂事务，反而“于听讼之道无裨”。因此，委任专业的司法审判、检察事务的官员到各州县任职，进而在州县层面推行司法与

---

① 对清末候补官员与州县公局委员之间的关系，笔者在《清末州县委员与官僚行政——以巴县为例》（《社会科学研究》2020年第6期）中有详细的论述。

② 6—6—229“巴县知县霍勤炜禀请檄委孔庆崧等帮审词讼帮办收发烟税保甲新政等情卷”。（此后凡是这种格式的注，均出自清代巴县档案，该档案现藏于四川省档案馆。按照四川省档案馆对巴县档案的整理归类，第一个6为巴县档案的代码，第二个6为光绪朝的代码，其他朝代，如顺治、康熙、雍正、乾隆朝编为1，嘉庆朝为2，道光朝为3，咸丰朝为4，5为同治朝。第三个数据是具体的案卷号，如147号就是咸丰朝的147卷。第四个数据是案卷里面的页码号，此数据为档案工作人员自编的，有些卷宗较少的，工作人员就未编页码。笔者在引用过程中针对此一部分，也未具体写出页码，但这并不影响有兴趣的读者日后据此查阅原始档案。）

③ 6—7—71“巴县知县周庆壬禀巴县地方冲要讼狱繁多恳请札委候补县丞陶家奇帮审词讼卷”。

④ 6—6—5122“巴县奉札整顿吏治酌改公费查造各官出人款项悉数列册报请核示等情卷”。

⑤ 6—6—234“巴县知县沈克刚禀恳札委补用知县唐绍皋帮审词讼一案”。

⑥ 6—6—235“巴县知县沈克刚禀请檄委试用府经历蒋办理文牍新政事件一案”。

⑦ 《四川官报》“公牍：督宪批华阳县请委帮审禀”，光绪三十一年30期，第25页。

行政的分立，成为这一时期新政必须推动的重要事务。

根据光绪三十四年（1908）八月宪政编查馆、资政院拟定的《逐年筹备事宜清单》，各省省城及商埠等处应于宣统二年（1910）内成立各级审判厅，宣统三年（1911）各府厅州县成立各级审判厅，宣统五年筹办乡镇初级审判厅。① 按照这一时间表，宣统元年（1909）四月，四川成立审判厅筹备处，委任臬司江毓昌为总办，补用知府杨嘉绅为会办，下设编制、审查、文牍、庶务四科，办公地址在成都臬署东花厅。四川总督赵尔巽向清廷详细报告了四川高等审判厅、省城及重庆审判厅及各县初级审判厅的筹备情形：

> 今拟先设四川高等审判厅一厅，管辖全省民刑上控事件，内设民刑二科，科各二庭，皆用合议制。每庭设推事三员，共民刑推事十二员。下设典簿一员、主簿三员、录事六员，而以厅丞一员为之长。其省城附郭之成都、华阳二县及重庆商埠所在之巴县，拟各设审判厅一厅，各辖其县之重大民刑诉讼，内设民刑二庭，每庭亦设推事三员，共民刑推事六员。下设典簿一员、主簿三员、录事四员，而以推事长一员为之长。各厅并附置看守所一区，以看守长一人主之，以为拘留及安置候保各项人之地……其初级审判厅一时尚难多设，暂拟就成、华、巴县城治各设初级审判厅一厅，管辖其辖内之轻易民刑诉讼，内设推事二员，书记生二员，分掌审判、录供等事。再以推及各乡，以期普及。至与各级审判厅相配置者，在高等检察厅则设检察长一员、检察官四员、录事二员。在成、华、巴县地方检察厅则各设检察长一员、检察官二员、录事二员。其各初级检察厅但设检察官及书记生各一员，已足济事。②

从这个方案来看，此时四川审判厅、检察厅的设置还处于初始阶段，仅在省城两个县及巴县设置了审判厅及初级审判厅，其余府州县均未设置。同年（1909）五月，四川审判厅筹备处发布《筹备审判厅意见书》详细规定各级审判厅、检察厅与行政机关的权限。③

经过近一年半时间的筹备，宣统二年（1910）十一月初一，四川高级审判厅、四川高级检察厅选址成都府通判署原址开办。四川高级审判厅厅长由雅州知府武守瀛调任，高级检察厅检察长为候补道陶思曾。成都府地方及成都、华阳两县初等审判、检察厅亦于同日成立。

四川地方当局认为“巴县商埠，应设各级审判及检察厅，并因□□一带，距省过远，应在重庆添设高等审判分厅”。宣统元年（1909）十一月，札委史悠彦来渝城和重庆地方官员商办审判、检察两厅的开办事宜。按照法部《各省呈商埠各级审判厅筹办事宜》第

① 《清末筹备立宪档案史料》上册，第63—65页。

② 《政治官报》“折奏类·四川总督赵尔巽奏筹办省城及重庆商埠各级审判厅情形折”，宣统元年第676期，第27—31页。

③ “筹办审判厅意见书”（宣统元年五月二十一日），《四川档案史料》1984年第1期，第59—60页。

二款的相关条文，“建设法庭及办公处所自以从新建筑为合宜，如才力实有不给，尽可就各□□废公局处所酌量修改，但不得与现在之各行政官署混合，以清界限”，“审判厅基址深约四十丈，横约三十丈”。重庆为山城，地势不平，经多次选址、丈量后，选址于渝城较场口一废弃的军营，新修了重庆地方审判厅。[①]

宣统二年（1910）十二月初一日，四川提法使江廉访来重庆宣布成立重庆府地方审判厅、重庆府地方检察厅，巴县初级审判厅、巴县初级检察厅，并颁发木质关防。具体人事安排如下，重庆府地方审判厅厅长兼庭长罗玉鉴、庭长徐琮、检察厅长周芹荪、刑科推事杨承宪、吴善宝，民科推事张骥江、江鸿勋，检察官许铨、叶青冬，学习推事倪文炳、胡嘉洲、王之杰、陈朝楷、李光诚、马德骧、蔡先庚、植璧，学习检察官李鹏、亢廷轸、张瀛洲、贾光荣。巴县初级审判推事长尹全镇，推事刘恒锴，学习推事蔡培基、萧代河，学习检察官黄天庆。[②]

随着四川各级司法审判厅、检察厅成立，各级行政机构开始进行司法行政事权划分。按照总督赵尔丰的批示：事关逮捕、递解均属司法巡警应属之责任，应归检察厅；催收地丁津捐粮差，归行政。但这些公务没有案费津贴，需要成立相应的税收机构来筹办。[③]重庆地方审判厅成立后，遂开始与巴县衙门进行民刑案件的交接工作。下引材料为巴县官员向四川提法使江廉访的请示内容，引文正文为请示民刑案件的分类办法，括号内的内容为江廉访的批示。

一　审判成立之后，凡巴县已讯未结、已准未讯各案，是否均归审判厅传讯？（奉批云应由审判厅另行起诉。）

一　巴县向有分驻白市驿木洞丞检，均在乡场，一切酗酒赌博是否解归审判厅办理？（奉批云应交乡镇巡警查讯明白交检察厅。）

一　巴县典史向支公费呈戳，以后是否照支？（奉批云典史仍令经理审判厅看守所，酌给薪水，俟本司回省后再行核定一律章程饬知遵守可也。）

一　巴县内外监及待质所拘留人犯是否仍照前办理？（奉批云一律解交审判厅。）

一　关乎行政之控案是否仍交巴县办理？（奉批云行政机关非司法所能干预，小事应由府县起诉，重要事件应禀督宪交会议厅核议）。[④]

从上述要点可以看出，重庆地方审判厅成立后，地方上的各类民刑案件均由审判厅负责办理，但行政类案件不在审判厅办理范围之内，在监嫌犯的管理工作也转由审判厅负责。

重庆地方审判厅成立后，向巴县要了一些资料，如“区域如何划分，各乡场镇距离

① 6—7—1745“巴县筹备修建高等审判分厅”。

② 《广益丛报》上编，政事门，纪闻，中国部，四川，审判厅之人员，宣统二年第225期，第14页。

③ 6—7—1764“议会详禀司法独立后行政司法权限文”。

④ 《广益丛报》上编，政事门，纪闻，中国部，四川，审判厅之人员，宣统二年第225期，第14页。

县治若干里暨监正乡保人等”的信息。[①] 宣统三年（1911）三月，巴县初级审判厅也向巴县要了所有未结各案的卷宗材料，如何陈氏具控董吉昌一案。[②] 重庆地方检察厅也向巴县正堂要了自光绪三十四年（1908）以来部分民刑案件的卷宗，如民妇许刘氏具控李炳南一案的资料[③]。

四川各级审判厅、检察厅筹办及成立后，需款甚巨，经费由总督统筹解决。[④] 宣统元年（1909）九月十八日，四川总督赵尔巽在的一份札文中提到重庆审判厅经费的筹集办法，“现因省城筹建高等及始级审判厅，需款浩繁，故提词讼半费以供省城审判厅之用。重庆商埠，照章应设审判厅，令将重庆府属之词讼半费，就近解归关道库汇收拨补，毋庸解省以省周折……自九月初一日起，将此项一半状费、案费以及四百两以上每百两提成之二两，暨罚款之五成”作为审判厅的运行费用。[⑤] 换言之，重庆两级审判厅的运行经费来自于此前衙门吏役办案时收取的讼费，并没有注入新的经费。

二、巴县行政办事处与差遣队的创建

重庆府地方审判厅、地方检察厅，巴县初级审判厅、初级检察厅成立后，“从前之混合办理者，今则权限已分”，且以原来的讼费为运行经费。这带来一个极大的问题，“旧有房书差勇，无资补助，纷纷解散，势所必然”，无疑对地方行政事务的开展带来了极大的挑战。[⑥]

宣统三年（1911）三月，巴县县令给四川总督的禀状中详细介绍了审判厅、检察厅成立后对巴县行政事务的冲击，“伏查巴县，为附郭首邑，水陆交冲，大小九十余场，纵横二百余里，地属商埠，中外杂居，政务纷纭，素称繁剧。自去冬审判厅开庭以后，民事、刑事悉归该厅主持，且地方自治成立，各谋固有权利，考刻下形势、规模，非复昔日”，“至于地方公款，如地丁、津捐、杂税均属维正之供，其余肉厘、油捐、矿务、铁路经费及各类局所经费，均有专任之员。凡有拖欠，胥由县中饬催。向来巴邑书差之多，甲于通省。盖缘人稠地广，公事纷繁，有非多人不能分布。该书差别无进款，专赖讼费津贴。去腊停理词讼，各图谋食离所，纷纷辞退，衙署为之一空，款项无人催收，公件之多停搁，加以地面不靖，抢劫频仍，事后既少破获，匪类愈肆行无忌，而民间以官长既无刑责送厅又甚轻减，愚民无所畏惮”[⑦]。简而言之，州县行政、司法分离后，衙门中

① 6—7—1775“重庆地方审判厅请巴县移送各场程途及里总监正名单”。

② 6—7—1778“巴县初级审判厅移取巴县前审理未结各案”。

③ 6—6—1785“重庆地方审判厅移取巴县前审理未结各案”。

④ 俞江在对清末奉天审判厅的研究中，也认为各级开办审检厅，开办经费只能依赖省级财政（见氏著《清末奉天各级审判厅考论》，《华东政法学院学报》2006年第1期）。

⑤ 6—7—1774“重庆府转札巴县划拨论公费供重庆审判经费及巴县申解词讼半费案”。

⑥ “巴县正堂阮为举办新政需款维持致县参议会照会”（宣统三年正月廿三日），《四川档案史料》1984年第1期，第51页。

⑦ 6—7—58“巴县禀知县筹办巴县行政办事处设立差遣队酌拟试办简章恳查立案卷”。

的书差失去了既有的“讼费津贴”，也就是各类办案陋规，纷纷离职，这导致衙门公务无人承办，地方各类案件频发，地方治理难度加大。

巴县县令阮开铨打算借鉴省城华阳县的经验，设立行政办事处与差遣队，“于职分内应行事项，设一行政公所，分科办事。其司书长、司书生各任，即以各房吏书选充。另立差遣队名目，以为催科巡查获送，及传送文告，催收各界款目之用”①。

按照阮县令的方案，县署添设总务科，设科长一人，科员一人，总括行政内一切事项，“收发文牍均暂以署幕兼任，不另支薪”。同时，改吏房为考绩股，刑房为调查股，承发房为承启股，户房为田赋科，礼房为学务自治科，兵房为警务科，工房为实业科。②《巴县行政办事处及差遣队简章》亦对巴县行政办事处六科的人员构成进行了说明，具体为：

一、总务科，设科长一人，科员一人，司书长三名，司书生六名。

二、田赋科，设科员一人，司书长一名，司书生三名。

三、学务科，设科员一人，司书长一名，司书生三名。

四、自治科，设科员一人，司书长一名，司书生三名。

五、警务科，设科员一人，司书长一名，司书生二名。

六、实业科，设科长一人，司书长一名，司书生四名。

该章程同时规定：凡科长科员均以县幕分任，不必另付薪资，司书长每月洋银8元，司书生每月洋银6元。这表明清政府试图以西方公务员体制为方向建立定额化的薪资体系，与此前的以陋规为主要生活来源的衙门书吏有极大的不同。

科长科员等于幕职应用，由县令自行延请。司书长、司书生二项，“即就各房吏书中考验充当”。科员从现在的各房书吏中“考选明白公事，文理稍通者为司书”，即通过考试的方式从原来的书吏中选拔各科司书长、司书生。③ 宣统三年（1911）二月初九，巴县县令发布了招考行政办事处司书长、司书生的牌示。

> 照得司法、行政，现已区分。县中专司行政事宜，除词讼外，一切仍悉其旧。惟内无津补，亦觉苦人所难。昨拟设一行政办事处，分科任事，以符名实。酌拟薪资，俾供应用。现在经费一项，已据参事会议有端倪，自应将现有经书、清书，逐一考验，分别去留，内中除典吏仍旧供役，概不与考，亦不津贴。并仓、盐各房，向无词讼者，照旧办公外，其余各房经书、清书，定于本月十二日在于二堂出题考试，分别弃取。仍斟酌情形，应并者外，其取列有名者，仍分等次，易为司书长、司书生名色，即于十五日起照付薪资，按日到处，分科办事。至于一切细则，俟拟定后，再行宣布。合行牌示吏、户、礼、兵、刑、工、承发七房经书、清书等一体

① 6—7—58“巴县禀知县筹办巴县行政办事处设立差遣队酌拟试办简章恳查立案卷”。

② “巴县正堂阮为县署各房调整示”（宣统三年二月十五日），《四川档案史料》1984年第1期，第53页。

③ 6—7—58“巴县禀知县筹办巴县行政办事处设立差遣队酌拟试办简章恳查立案卷”。

知悉，届日辰刻，务须齐集大堂，听候按名查点，给卷考试。切勿迟延自误。须至牌示者。

牌悬大堂晓谕。勿损。[①]

从该份招考公示可以看出，原来有承办案件的各房，因司法、行政两分，与“词讼”有关的津贴，都已经没有了，因此相关各房书吏受到较大的影响；而只有“承差”工作的各房还是按照原来的工作模式进行。重要的是，现在的司书生或司书长，其薪资主要来自参事会的拨款，而失去了此前的各类办案津贴。这对书差来说，面临着一个重要的选择。

与此同时，该方案亦对差役的选用进行了改革。《差遣队章程》的缘起说明了设立差遣队的原因，“差遣队之设，因县中衙役裁汰，应公无人物，另设此队，专办行政上一切公事”。差遣队原设180名，因经费所限，减至120名，具体来说，即巴县乡村三里各30名，两河各设15名，“凡各里差役应办之事，一律统归差遣队承办”，差遣队人数远低于原来的差役人数。差遣队的编制仿军队编制，“各里各为一队，各队分为三棚，设队长一名，什长三名，正队二十六名”。差遣队队员的选用原则上以土著粮民、素无不良嗜好、勤慎耐劳者充任，同时为了适应办差事务的延续，“凡旧日差役有能符合选格者仍一律考验补入”，优先录取衙门原有的差役，“以后遇有额出，随时验补”。为了鼓舞士气，以壮观瞻，差遣队队员甚至制备了专门的号衣，“系用青布红袖订载巴县差遣队字样，凡某队某棚号数一一订于号衣，以备稽查。如有退伍及革换者，均应追缴”。同时，加强了对差遣队成员的日常管理，队员必须每天在差房值日办公，“不许擅自外出，仍由县随时按名查点”。[②]

差遣队“专属催科而设”，其职责包括“护送洋人来往，卸挑铜铅，催收各公款项，递送文告，均归差遣队办理”，相较于变革之前的衙门差役，差遣队的职责不包括押解嫌犯、递送传票等可能带来陋规收入的事项。按照该章程，差遣队同样给予定额薪资，具体来说，队长每月薪资六千，什长四千，各区队长三千六百文。

此次改革，清政府的意图是将行政办事处定位为行政枢纽，“与政界、学界、警界、自治、实业各项息息相关”，每月逢五日举行会议，邀请各界绅员与会，“研究一切公务”。

在本轮改革中，巴县行政办事处和差遣队的运行经费来自于肉厘加派，“每支加钱一百文，专作此项经费”。由于此前巴县的肉厘加派已经达到了每只猪四百文，阮县令拿不准要不要再进行肉厘加派以筹集经费，曾行文巴县参议会咨询意见，得到巴县议事会的

① “巴县正堂阮为设立行政办事处招考司书长、司书生牌示”（宣统三年二月初九日），《四川档案史料》1984年第1期，第52页。

② 6—7—58“巴县禀知县筹办巴县行政办事处设立差遣队酌拟试办简章恳查立案卷”。

认可。[①] 全年约有经费钱五千余串，合银元三万元上下。巴县地方当局还对行政办事处和差遣队的支出进行了预估，大致年需工资二万二千元，约有剩余八千元，遂打算以两千为教练所经费，其余六千作为服装制备经费。

巴县的行政改革方案得到了重庆府和四川总督的认可。重庆府知府在批示称："据禀该县设立行政办事处，分科办事并设差遣队以为催科护解递送文件之用，所拟简章尚妥协，即在新政肉厘内酌提钱五十文以充经费，自系可行。"川东道、四川巡警道、四川劝业道、四川提法使、四川布政使的批示也表示认可。宣统三年四月二十日，四川总督的批复："查该县所呈试办简章，尚属妥协，所议分拨加抽肉厘，就禀定作为各项新政费用项下，每只提钱五十文拨作行政办事处经费，亦属可行。自应准予立案照办。"

宣统三年（1911）四月二十五日，巴县县令阮开铨上报了改革后的巴县行政机构组织情况[②]：

> 一 总务科，内分三股。吏房改设考绩股，有典吏一员，司书长一员，司书生一员；刑房改设调查股，典吏一员，司书长一员，司书生三员；承发房改设承发股，典吏一员，司书长一员，司书生两员。
>
> 一 田赋科，户房改设。典吏三员，司书长一员，司书生三员。
>
> 一 学务自治科，礼房改设。典吏两员，司书长两员，司书生五员。
>
> 一 警务科，兵房改设。典吏一员，司书长一员，司书生两员。
>
> 一 实业科，工房改设。典吏一员。司书长一员。司书生四员。
>
> 未动的有仓房，典吏一员，经书两员。
>
> 盐房，典吏一员，经书两员。
>
> 柬房，柬书三员。

从正式的公布方案与一个月前拟定的方案进行对比来看，差别不是很大。原来学务和自治分设两科改为合并为一科。新公布方案中，明确了司书长与司书生的月薪，分别为银元八元和六元，半月领薪一次。

行政办事处与差遣队成立后，面临着一个问题，如何协调与审判厅和检察厅的工作。宣统三年（1911）七月二十七日深夜，巴县智里三甲新丰场发生命案，该场民众陈兴顺被贼余二娃[③]执刀杀死。该场调查员王竹安获知此事后，赴巴县地方检察厅"以截报刀毙报案"。地方检察厅厅长同尸亲一起进行了尸体的查验。两个月后，巴县差遣队在合州将嫌犯抓获，移交巴县地方检察厅。从这起命案的办理过程可以看出，检察厅的职责是负

① "巴县正堂阮为举办新政需款维持致县参议会照会"（宣统三年正月廿三日），《四川档案史料》1984年第1期，第51页。

② 6—7—92"巴县知县阮开铨备文将九房典吏及禀设行政办事处考取之司书长司书生人等造册移交卷"。

③ 6—7—1880"巴县新丰场调查员王竹安等具禀报陈兴顺被贼余二娃砍死案及重庆检察厅签缉查卷"。

责案件的查验，差遣队负责对嫌犯进行逮捕，审判厅的职责虽材料没有提及，应该是对嫌犯进行司法宣判。可以说，在宣统三年（1911），巴县实现了司法与行政工作的分离。

三、司法行政变革对吏役的影响

既有的研究表明，由于州县吏役人数众多，办案过程中骚扰民众、收受陋规，整个清中后期，裁革吏役的呼声不绝。[①] 清末四川张姓按察使在一份公文中说，“本司访闻各厅州县，散差白役实繁，有徒多者数至一二千，至少者亦四五百，率皆衙役族戚……伏思州县额设壮快，例只数十余名，即云传案、催粮、缉盗、解犯、差遣不敷，亦何至招纳千数百人，不农不士，非兵非勇，任其自行觅食，为害闾阎”，要求各州县“将散差白役认真裁革，或酌留一半，或只留三分之一，即将革役姓名揭示通衢”[②]。但因缺乏能够代替吏役在衙门中所起作用的新生职业群体，历次裁革的呼声基本上都没有产生实际的效果，各地的吏役数量在有识之士的裁撤声中，反而越来越多。

宣统二年（1910）的司法行政变革从制度上消除了衙门吏役人数长期大量存在的土壤。前已谈及，重庆两级审判厅、检察厅成立后，对原来收入主要靠办理案件收取各类书差案钱和词状费的兵房、工房、刑房、户房、吏房等房的房科书吏造成极大的冲击。重庆两级审判厅、检察厅刚一成立，便在吏役群体引起极大反响，巴县各房书吏、差役纷纷上书，表达了他们的担忧与不满。

宣统二年（1910）十一月二十七日，巴县吏、礼房经书杨敬尊等人在给县令的禀文中称：

> 情书房公繁人伙，经书约计二十余人，各项文件差务，每多缺人办理。所有伙食、纸张、灯油等项，每月约需钱五十钏之谱，全赖准理案件、专收单结钱文，以供支应，此外毫无额款。众书亦赖办案录供，略取笔资，以作津贴。现在审判厅甫届开庭，一切词讼均归审判庭管理，书房入款从此断绝。不惟众书，生计维艰，即办公口食、纸张等项亦无所出。至书房之最繁者，莫若自治、学务两项。如镇乡会一律成立之时，必须十人办理，其余寻常各项公件，亦需数人料理。现考赴审判厅者，书房已去六人，下余虽有十余人，或年老、或多病、或不能任事。当此衣食维艰之际，均各有去志，另寻生业。书等视此情形，不得不屡析陈明，恳恩作主，可否筹给经费，酌量留人办公。

---

① 周保明对清代州县吏役的人数问题有较为详细的讨论（周保明：《清代地方吏役制度研究》，上海：上海世纪出版集团，2009 年，第 201—223 页），李荣忠曾专文讨论了清代巴县的衙门吏役的员额、收入与社会影响（李荣忠：《清代巴县衙门书吏与差役》，《历史档案》1989 年第 1 期）。

② 钟庆熙辑：《四川通饬章程》，收录于沈云龙主编：《近代中国史料丛刊》续编，第 48 辑，台北：文海出版社 1977 年，第 29—33 页。

宣统二年（1910）十二月初一，兵房经书张秉权、李瑞卿等在恳状中亦称：

> 情书等在房办公毫不敢懈。至书房承办原案驿站、夫马、司兵、水手各役工食，及新政之巡警肉厘，现各营补兵申报各要公，均无帮款补助。惟靠夫马船案件以作书房办公之需，况书房前有夫马武场，后有三河船捐、肉厘、各帮款办公，尚有八九人。迨上年肉厘改归经征，三河船捐警察提办，惟望案件，因此房中伙食难支，以致各寻生计，似此办公仅书四人各案稍可津贴。今又添筹乡镇巡警公件，更加冗繁，书等实难兼顾。现在审判开庭，民刑划分，书等办公伙食、纸笔文简杂费、各款每月所需十余钏，毫无帮助，如仍挪垫，无案津贴，如均另寻生计。致使公悬贻误谁归？若不禀请酌给，谁能枵腹从事！只得叩恳仁恩做主赏准，每月或在乡镇巡警项下提拨帮贴，或将征局移送办成银拨给书等，或在肉厘各款内酌筹，或由另款开支，以济书等办公伙食津贴、纸笔文简杂费。①

同日，工房书吏卢鹏霖、吏房书吏吴钟沛等人亦向巴县县令提交了类似内容的禀文，此不一一引述。

同样，巴县三里差役也纷纷给县令上书，表达审判厅、检察厅成立后对他们工作、生活所造成的影响。宣统二年（1910）十一月二十日，巴县三里六班领役彭荣、罗杨等人在给巴县的“恳状”中谈及了差役裁撤对他们生活的影响，“役等三里粮班，设历既久，原为催收条粮，承办差务、抬垫游粮，甚有垫至数十年之久。每年每轮垫至数百金之多，并垫上班应差伙食。屈计每轮领总散役数十人，皆赖办案一端，以为资助。半作役众衣食，半认差务。凡在辕办公之役，并未学习别业，又无资本开贸，皆有父母妻子靠活。今突改变新章，莫知原委，假使案件尽裁，不但役众衣食无依，即差务百余件亦无款支持。一旦有误，咎有谁归。役等承充班首，视此人心惶惶之际，碍难统率，以归画一”②。

从上述衙门吏役的禀文中，我们发现，州县司法行政机构的成立，对原来的衙门吏役办差体制造成了极大的冲击。首先，司法行政两分后，衙门吏役只能承差而不能办案，吏役不能够通过办案而获得陋规，加之清州县政府仅有极少的以“存留”名义留下的办公经费，完全无法进行正常的衙门行政运作，这导致承办差务缺少经费来源，吏役大量离职，影响差务的承办和地方治安的稳定。宣统二年（1910），据巴县差遣队队长高荣升报告，由于巴县东水坊原来的三十余名总役、散役被全部遣散，导致维持地方治安力量减少，该坊“常遭贼窃”。③ 对留下来办公的书役来说，亦缺少办公经费，其日常的办公活动也受到影响。宣统三年（1911）五月，巴县衙门警务科司书长邹纯武等人称，他的

① 6—7—1169“吏书吴钟沛等禀请筹给书房经费酌量留人办公卷”。

② 6—7—1169“吏书吴钟沛等禀请筹给书房经费酌量留人办公卷”。

③ 6—7—502“差遣队什长高荣升掌控散差孙贵不遵裁撤估踞滋事卷”。

办公用房二间因年久朽坏，被雨淋坏了，需要翻修，需银十余两，但因为“去年因司法划分行政事件，毫无津贴”，现在只有希望县令能从其他的罚没款中拨款来培修。① 巴县地方政府为此也多方筹集各房承差经费，如县令阮开铨准许在乡镇巡警费中酌拨一定经费补贴兵房承差的费用。

其次，对大部分吏役来说，司法行政机构的建立将严重影响到他们个人的生活，部分吏役甚至因此失业。州县司法行政机构建立过程中，清政府通过考试、培训等方式从原来的吏役群体中挑选了部分吏役到审判厅、检察厅甚至警队工作，如引文中杨敬尊就说他所在的房有6人考进了审判厅，但对大部分吏役来说，由于年老、知识的欠缺，让他们缺乏在新的司法行政机构或衙门中工作的能力，而不得不失业，甚至危害社会。巴县东水坊原有总散役三十余人，宣统二年全部裁汰，散差孙贵因此失业且“素不安分”，便利用此前曾经充当过散差、熟悉该坊各公馆的情况，“私窃（该坊）同庆公所永兴馆牙筷赌具”，亦时常冒充差遣队队员到府庙文昌会征收戏捐钱，后因案发被巴县差遣队缉获。②

四、结论

建立“民刑两分”、司法与行政分立的州县管理体制，是清末进行州县行政变革的目标。由于这一改革措施采取的是自上而下的方式进行，州县行政日常事务的具体执行人员——吏役群体被动地参与到了这一历史进程。从巴县档案的记载来看，数以千计的吏役明显地表现出不适应感。这种不适应感表现在两个方面。首先，清末州县司法行政建立后，衙门吏役的职责从以前的“承差”“办案”变成了只“承差”而未有案件可办，当然也失去了众所周知的各种衙门陋规，以至于吏役纷纷离职。但各类差务还要有人做，四川总督在一份批示中称，“行政上之催科等事，缮办差遣，自必需人”，所以书役“未能全撤，固当先时筹议通则，以便暂行”③。但如何来解决这一矛盾，直至清亡，仍未提出解决的方案。对在衙门承差的司书生、司书长、差遣队队员来说，如何来解决司法机构分立后他们的办公及薪资问题，川省并没有统一的计划，曾有地方官员提出增加肉厘来支付书役的工食，没有得到总督的响应。④

其次，各级审判厅、检察厅建立后，对具体负责案件办理的人员提出了更高的要求。宣统二年（1910），四川省城审判厅成立，对外公开招收司法巡警300名，在对外招收的公告中，明确规定“曾充营勇练丁差役及犯笞杖以上之刑者，概不与选，以示限制”⑤；同时，相较于原来的衙役，审检两厅的工作人员必须得了解法律、自治、法政等相关学

① 6—7—189“巴县衙门警务科司书邹纯武等禀培修书房银两开支清单恳察核报销文”。

② 6—7—502“差遣队什长高荣升掌控散差孙贵不遵裁撤估踞滋事卷”。

③ 《四川官报》“公牍：督宪批成都华阳县禀审判厅成立各项办法文”，1910年第27期，第59—60页。

④ 《四川官报》“公牍：督宪批成都华阳县禀审判厅成立各项办法文”，1910年第27期，第59—60页。

⑤ 《四川官报》新闻：本省近事《招选司法巡警》，1910年第16期，第63页。

科的知识，这对大多数未上过新式学堂的吏役来说，是难以完成的任务。部分州县官员为了弥补吏役相关知识的不足，甚至为其开办培训班。如宣统元年（1909），江津县县令捐资设立书吏自治研究所，研究自治“以期共涉教化，同归于善”，拟定地方自治研究所大纲十四条，包括对衙役进行每周十四个小时的业务培训，以伦理与法政为主要的培训课程，讲解大清律例在内的各国法律，考核结果为优秀者提升其职务，“如在房原系小书即提作经书，如系经书即提作典吏”①。江津县地方当局希望通过培训，让更多的吏役能够适应新形势下的衙门业务，减轻新政带来的冲击，同时也为新的行政与司法机构培育更多的人才。

总而言之，清末州县司法行政变革有其内在的需求，即是越来越忙碌的包括司法审判在内的新政事务让州县行政官员无暇办理，而诟病已久的吏役问题也是司法变革的一大动力。与办理警政、兴办实业不同，建立新的司法行政机构在一定意义上打破一些特定的人群的饭碗，不可避免地会引起原来的州县衙门体制内人员的骚动。这导致司法变革对社会的冲击更加猛烈。

① 《广益丛报》上编，政事门，纪闻，中国部，四川，书吏自治研究所开办，宣统元年第195期，第10—11页。

私利与公利：近代重庆的华洋“版权”诉讼案浅析

惠 科*

长江上游的重庆虽地处西部内陆腹地，却拥有着独特的地理优势，依托便利的交通，商业贸易得到繁荣，尤其是跨区域间的商贸发展迅速。作为打开西部的钥匙，沟通东西部的经贸发展的中继站，到了近代，西方列强通过不平等条约把重庆增开为通商口岸，当地风气逐渐开通。加上清末革新潮流的刺激，新知的传播，人才的培植成为地方社会变革的重要内容。一时间，承载西学、新知的图书成为市场的极大需求。由于此时专门的著作权保护法还没形成，国人的版权意识淡薄，翻印、盗卖的现象频繁，因而时常引起华洋间的版权纠葛。①

文章不揣鄙陋，拟利用“巴县档案”，考察20世纪初重庆城发生的一起牵动中外多方势力的华洋“版权”诉讼案件。试图通过对文本的深入考察，理性分析案件的发生、涉案双方的责任、案件的审判方式，以及介入案件的多方力量的态度问题，也注意观察案件审断受到影响的原因所在。尽管本案在中国近代史上算不上什么大事件，但自有其特殊的意涵。希冀借多元的考察，管窥近代中国地方司法实践的演变，不仅是西方列强直接干预的结果，同时也深受国家现代化目标追求的影响。

一、版权问题及纠纷案的发生

随着印刷术的日臻完善，书籍印刷、出版事业得到蓬勃发展。有关书籍的版权问题也随之而来。中国对版权的认知由来已久，清人叶德辉在《书林清话》中曾谈道：“书籍翻版，宋以来即有禁例。”②《宋会要》中明确记载了官府禁止翻刻的书目。对于令行不止

* 作者简介：惠科，博士，四川外国语大学马克思主义学院讲师。

① 涉及晚清中外版权问题的研究可参见，杨鸿雁：《清末民初知识产权司法保护个案考察》，《天津法学》2016年03期；蔡晓荣：《西商东渐与晚清法律变革：以华洋商事诉讼为线索》，《上海交通大学学报》（哲学社会科学版）2009年05期；冯秋季：《日中版权同盟论争与近代中外版权条约话语》，《河南师范大学学报》（哲学社会科学版）2011年03期；王黎明：《晚清中外首次知识产权谈判研究》，苏州大学2008年博士学位论文；黄明涛：《从中日译书纷争看晚清中国的版权保护》，《陕西理工大学学报》（社会科学版）2017年03期；刘颖慧：《揭秘晚清出版界最早的版权诉讼》，《今传媒》2012年05期；冯秋季：《理与势：晚清版权保护政策的两难选择》，《河南社会科学》2009年05期。

② 叶德辉：《书林清话》，北京：中华书局，1999年，第36页。

的行径，朝廷规定了惩处措施："本朝会要、国史、实录不得雕印。违者徒二年，告者赏缗钱十万。"① 故而，至迟宋朝，私自翻刻书籍有了明文的禁令。目前学界的研究也多认同中国在宋代有了明确的版权意识。② 然而，可叹的是，宋至清几百年间，中国的版权意识却并未在制度层面上有所何实质性突破。正如时人所评："今观中国之士终身著述而书无资刊印，即数世不出。苟出矣，而坊间翻板同时发卖。殚力于己，而授利于人……每见书肆所卖之书，其首叶间有'翻刻必究'字样，而从未闻以翻刻书籍肇成讼祸者。岂本有例禁，而后世虚应故事，遂不之论耶?"③ 虽有"例禁"，却不起作用，翻刻之风仍旧盛行，著书之人深受其害，以致有"从未闻以翻刻书籍肇成讼祸者"的事件发生。反观西人的版权制度，18 世纪已确立、生效。版权保护首先在英国取得实质性进展。1695 年开始，英国的书商们连年向国会提交版权保护方案的提案，于 1710 年通过了世界上第一部现代意义的版权法——《鼓励知识法》（亦称《安妮女王法》）④，从而确立了出版者的版权不受侵犯。⑤ 之后，欧洲各国纷纷确立了类似的版权法律。

清末西力东渐，重庆开埠后，英国、法国、美国、日本等资本主义国家除了利用枪炮、商贸掠夺中国西部的土地、矿产，控制西部经济外，为了从精神上麻痹百姓，广泛开展宗教活动，外国教堂遍布全川。19 世纪中叶，巴黎外方传教会专门在重庆设立了川东教区，负责川东 36 县的传教活动。⑥ 出于实现"中华归主"的目的，各种形式的传教活动在渝城迅速开展，比如设立学校、医院、孤儿院等。很快传教士们认识到文字工作是无可替代的，美国传教士林乐知曾说："介绍西学，决难囿于讲坛，徒恃口舌，必须利用文字，凭借印刷，方能广布深入，传之久远。"⑦ 因此，创办书局，办理报刊，成为西方教会在中国致力的一项重要内容。随着重庆地位日益提升，1899 年，华西教会决定在重庆设立华西圣教书局，同时创办刊物——《华西教会新闻》，计划以重庆为基点，开展辐射整个中国西部的文字工作。由于中西各国在版权意识等方面的差距，华洋间围绕书籍出版、售卖问题发生了不少龃龉，构成近代中国司法诉讼现象的一个重要方面。

1903 年 11 月 13 日，华西圣教书局派人到重庆的三家书铺购买了由上海广学会出版的《泰西新史》和《时事新论》书各三套。第二天，厢坊的捕差来到三家书铺要求书商交出翻刻书籍的板片，称广学会的书籍有版权保护，禁止翻刻。书商们纷纷表示无板可

---

① 刘琳、刁忠民等校点：《宋会要辑稿》第 14 册《刑法二》，上海：上海古籍出版社，2014 年，第 8304 页。

② 李明山：《20 世纪初中国版权问题论争》，《近代史研究》1999 年第 1 期；邓建鹏：《宋代的版权问题——兼评郑成思与安守廉之争》，《环球法律评论》2005 年第 1 期；袁逸：《中国古代版权史考略》，《法学杂志》1985 年第 3 期，这些研究均秉持这一观点。

③ 《皇朝经世文统编》第 6 卷，文教部 6《译文·论著书》，光绪辛丑年上海实善斋石印版。

④ 针对此法也存在很多争议、质疑的声音，具体可参见 John Feather. Publishing，Piracy and Politics—An Historical Study of Copyright In Britain. london：Mansell Publishing Limited，1994. p. 64。但无论如何，它从法律层面确立了作者的主体地位是值得肯定的。

⑤ 肖东发、于文主编：《中外出版史》，北京：中国人民大学出版社，2010 年，第 222—223 页。

⑥ 周勇：《重庆开埠史》，重庆：重庆出版社，1997 年，第 65 页。

⑦ 顾卫民：《基督教与近代中国社会》，上海：上海人民出版社，1996 年，第 221 页。

交。双方解决未果，事情很快闹到了公堂。①

11月16日，书商们被传唤到巴县衙门。他们向知县禀告，称：“首等书铺，或有板自刊，或有客商贩兑各铺售卖”，“今年日本照会道宪示禁地理课一书不准翻刻，首帮凛遵未违”，“新史及各种名目甚多，首等未奉示禁，愚昧无知”。强调《泰西新史》和《时事新论》是从别的地方贩来的，不是自己翻刻，所以无板可交，并非有意违抗。

刚赴任巴县县令的傅松龄对此做出的判决主要内容是：强调“泰西各国所出各种书籍禁止翻刻，曾经迭次示禁”，表明了政府对此类问题的态度。针对本案而言，傅知县敏锐地意识到，尽管书商否认有翻刻行为，承认是从其他地方买来贩卖。但是，从何处贩卖？为何贩卖？语焉不详，没办法进一步察核。加上涉案的广学会或者华西圣教书局此时对案件并未投以过多“关注”，也就随之搁置，不了了之了。直到1905年，傅知县骤然收到来自川东道宪台的札文，案件才重新开始进入审理的程序。

二、多方势力介入下的案件审理与裁断

搁置一年有余的案件在外国领事官的作用下，突然变成了一场案情特殊的、跨地域的华洋诉讼案件。具体情况是，1905年7月，上海广学会向英国驻成都的总领事葛福禀称，发现重庆有翻刻广学会书籍的书铺，要求严加追求，维护利权。兹列广学会禀文如下：

> 忆自□瞬将两载，翻刊本会之书者，日甚一日，或私改书名缩小抽印，或独抒己见，妄为增削，且若辈意在敛钱，错谬在处在所不计。其贻误后辈，实非浅鲜。至翻印书籍，例所严禁。本会之所以迟迟不发者，职事冗不暇之故。近者各属友人纷纷函致本会，谓翻印广学会之书不乏人。若本会再不设法阻止，后此其何以堪。闻重庆府内状元桥街有擅将本会出版之《时事新论》《泰西新史揽要》翻刊，并在该铺购有此二书作证，且刻该书封面刊有“上海广学会铸版”等字，现在尚存敝处。查西例所载，凡著有新（著），非但不准他人翻印，且不许他国人民翻印。曩者本会在上海设立时，曾经立案保护所有版权，乃该堂竟敢违妄翻，故步其后尘者，所在皆是，以致本会各属代派纷纷将书退交本会，据云本会之书是处均有，似不必令其代派等语。禀请追究，不宁本会之名誉扫地，即生涯亦有不堪设想者，务乞代为严究，以保本会之名誉而维利权。②

之所以长段引用这段原文，主要是其可以反映出案件再次进入司法实践的原因以及相当程度上窥见广学会的态度。分析下来，这段话包括以下几方面的重要信息：第一，

① 四川省档案馆藏：《清代巴县衙门档案》，6—6—2144。

② 四川省档案馆藏：《清代巴县衙门档案》，6—6—2144。

一年多前的案件之所以再次引发外国人的关注，源于有人将此事件告知了广学会，且将在重庆购买的两本书《时事新论》《泰西新史揽要》一并交给广学会作为证据。结合前文，我们可以断定是华西圣教书局的人员是消息的传递者。第二，广学会援引西方相关法律，强调版权问题，以维护自身的利权。第三，为了进一步争取自己的利权，广学会指出即便在中国，设会之时就经立案保护保护版权，严禁翻刻出版的任何书籍。第四，关于这次维权的华洋诉讼案，上海的广学会并不派人到重庆来处理，把处理权全权委托给英国领事，也就意味着公堂上不会出现广学会的身影。

广学会是近代中国一个著名的西方出版机构。1887 年由英、美籍的传教士在上海设立，以出版书籍和期刊为主。光绪二十二年（1896），他们就曾借助领事的权威，要求保护该局所出书籍的版权。最终转呈上海道台在《万国公报》上刊布告示，俾使周知：

> 钦命二品顶戴江南分巡苏松太兵备道兼办机器制造局刘为出示谕禁事：本年十二月十八日接美总领事佑来函："据本国林教士禀，《中东战纪本末》暨《文学兴国策》计订十本，倩图书集成局刊印行世，曾登告白，无论何人，不得翻印，如违禀究。兹尚有《中东战纪本末》续编两本（续编改作四卷），一并行世。近闻有书贾翻刻，冀图渔利，请饬查示禁等由到道。除函复并分行外，合行出示谕禁，为此示仰书贾坊铺人等，一体知悉。"……自示之后，切勿再将前书出售，致干究罚。切切。特示。①

本案中葛领事收到广学会的禀告后，照会了四川总督锡良，一方面，要求出示禁令，杜绝此类事件的发生。另一方面，札饬巴县政府传唤涉案书商到公堂"彻底查究"，以此警示广学会所出书籍禁止翻印。锡总督查核处理后，即对巴县知县下达公文，要求"该县即便速传书铺主查禁，一面出示晓谕各铺户遵照，仍将办理缘由报查"。

1905 年 8 月 2 日，傅知县派差役陈海、吴芳传唤涉案的书商到案，"以凭察讯"。

8 月 6 日，渝城书帮的傅善成、值年蒲闳肆等人来到衙门"甘结"，以求销案。在递交衙门的呈文中他们做出保证："嗣若查有翻刻此板，首等家即书肆中有翻刻此板者，首等均干咎戾……中间不虚，甘结是实。"为了进一步消减紧张关系，书帮首士在"具恳状"中强调，城内书坊从来不敢翻印新著，这次发现的两本西人书籍，经管事刘玉成查实并非翻印，也没有翻板可交。为了避免祸端，书铺剩余的相关书籍都已经焚毁，以此恪遵衙门的命令。②

随着近代工商业得到的发展，重庆城各种同业行会不断涌现，比如书坊贸易，出现了书帮一类的工商业行会团体，在垄断贸易、维护行业利益方面发挥重要作用。行会成

① 《严禁翻印新书籍告示》（光绪二十二年十二月二十四日示），《万国公报》1897 年第 97 期，第 65—66 页。

② 四川省档案馆藏：《清代巴县衙门档案》，6—6—1344。

员如果有涉嫌作奸犯科之事，被提讯到官府，书帮其他成员往往会采取各种办法奔走营救。[①] 本案中有明显的体现。

在书帮的呈文中，我们发现他们试图通过强调未直接翻印西书这一事实来摆脱衙门对涉案书商的惩处。至于盗卖西人书籍这一情况并不做任何说明，似乎被告也就不用负任何法律责任。单凭书帮的说辞是不足以来对案件做出裁断的，更何况此案涉及洋人。

8月7日，涉案的黄某，也就是贩卖《泰西新史揽要》《时事新论》的书商到公堂接受审讯。在向官府的陈情状词中，强调的重点同样在“未翻板”和“已经焚毁”上。黄某的状词还清楚说明了书铺的日常经营，西人书籍的来源以及在重庆城的售卖情形等信息。现将陈情状词内容详列如下：

> 职员开贸书坊，原来在各处打兑发售，不得擅翻板片。至《泰西新史》及《时事新论》二书，是光绪二十九年职在湖南省兑来之书并得。傅善成堂各家都有，不特职员一家才卖。嗣因圣教书局说是职员翻刻，饬交板片，曾经书帮值年首人禀请，出示奉批遵守，未敢发卖，并经该局管事刘玉成查明，职员实未翻板。职员亦凭玉成及帮众将二书焚毁，过后并无此书，何得再卖？今沐签传职员来案，只求作主。[②]

总结起来，这份状词表明他遵守书业向规，从不“擅翻板片”，从事的是“打兑发售”的经营，事实上这种转手往来的生意增加了风险产生的几率。至于《新史》和《新论》是从“湖南省兑来之书”，经他人证实没有翻刻的行为。至于售卖行为，城内其他书铺也有售，只是未被发现，未牵扯到诉讼。结合黄某的供词，再回看傅善成等书帮其他人员的行为，我们发现他们提供的“帮助”，实际包含了自保的意图。书帮借由“黄某一案”，利用行会的力量，通过和衙门的“沟通”，减少衙门对此类案件的注意，以此规避因无外国人允许售卖洋人书籍的法律惩处。针对黄某的供词以及书帮们的请求，县衙门很快做出了判决意见。

判决书引起了我们的一个注意，即出现了政府与行业团体的一种互动、合作关系。通过厘清案情，衙门断定黄某尽管没有翻刻西书，但是存在售卖行为，对于正常的市场秩序是有损害的，当然也增加了政府的“负担”，作为责任方理应受到惩处。至于如何责罚？并非由衙门援引律例实行，而是将惩处权交由书帮的董事。书帮示罚后，衙门再出示禁令，以为配合，从而来禁止此类行为的发生。

书帮被赋予惩处权后，对黄某处以罚银30两的责罚。此时的中国并未形成与版权保护相关的法令，书帮作出的罚银方式，当是遵照时下的“书业向规”进行的。相比之下，对于市场交易的种种情形，商人是更熟悉的。衙门采纳了书帮建议的责罚方式，8月20日，知县傅松龄致函英国驻重庆领事罗三乐，告知案件的原委以及审断的结果：

---

① 陈宝良：《中国的社与会》（增订本），北京：中国人民大学出版社，2011年，第237页。

② 四川省档案馆藏：《清代巴县衙门档案》，6—6—1344。

据供称光绪二十九年曾经贩卖过《时事新论》《泰西新史揽要》两书，后闻禁卖，当时已将所剩两书焚毁，未敢再卖，实无翻刻情事等语。敝县覆查该书铺先年贩售《新论》《新史》两书属实，嗣闻禁卖，已经焚毁，确无翻刻情事。此等著作新书自应禁止翻刻，以保利权。须由敝县再行示禁。

惟于二十九年曾经卖过《新论》《新史》，究属不合，拟断罚出银圆三十元，作为敝县劝工局寒衣之用，以示儆戒。特先函达，即希赐复。

并颂日祉

名另具

三十一年八月廿日

县正堂傅[①]

衙门移文一再陈述书商不存在翻刻事实的行为，有为被告减轻罪责的嫌疑。通过侧重强调“无翻刻”行为，试图摆脱外国人关注的“西例所载，凡著有新著，非但不准他人翻印，且不许他国人民翻印”的叙事。实际上，在未经他人允许的情况下，贩卖盗版书籍也是必须要负法律责任的。而此时的中国并未制定、形成有关著作版权保护的专门法令，这就为地方官灵活的审断方式提供了可能。另外，在档案中，我们没有发现英国领事或者广学会对巴县衙门最终的审判结果提出异议，或者因不满而再次致函要求重新审理的资料。结合后文的分析，基本可以断定，英国人接受了这个裁断结果。嗣后，重庆知府转发了川东道对渝城商民发布的禁令告示：

查广学会既有版权，各书铺自不得将该会所著之书翻刻，应由各该道出示晓谕，所属书贾人等一体知悉。嗣后切勿翻刊该会曾经立案自撰、自译书籍，致违禁例，而干查究。除分行外，合亟札饬，札到该道即便遵照，毋违。此札。等因。奉此，合行出示谕禁。为此札仰府属商贾人等一体遵照，嗣后毋得擅将光学会自撰、自译各项书籍违禁翻刊，缩小抽印，致干查究，毋违特示。

右谕通知。[②]

“通知”用一种常见的叙述方式，警告国人翻刊外国人的出版作品是违背禁令的，要求恪守本分，以免招致祸端。

9月1日，县衙接到重庆府发来的札文，饬“再撰拟告示，札发谕禁”，“将告示转发各属，照缮多张，分发城乡市镇张贴晓谕”。接着，在9月3日，县衙又接到川东道的札文，责令“该县仍随时查禁各书坊，不得再有翻印广学会书籍情事，饬各详办理”。9

① 四川省档案馆藏：《清代巴县衙门档案》，6—6—2144。

② 四川省档案馆藏：《清代巴县衙门档案》，6—6—2144。

月7日，傅知县向宪台详禀了衙门在城乡市镇各地遍贴晓谕，“一体周知”的活动。张贴的告示覆盖了重庆绝大部分区：老鼓楼、太平门、东水门、朝天门、通远门等共17处；西城里处所的姚公场、白市驿、曾家场、虎溪场、土主场等12处；怀石里处所的接龙场、陈家场、木洞场等12处；居义里处所的迎龙场、界石场等12处。此外，告示中开列了一个禁止翻刊的外国人著作的书单，集中在英日两国。

推演至此，这件看似简单、责任明晰的诉讼案件，不论从案件发展、审理方式，还是裁断结果，各方态度来看，都表现得不简单和普通，出现了诸多令人意想不到，或者说情理之外的现象。首先，原告广学会在没弄清状况的前提下——是否真实存在翻印行为——就轻启讼端，涉及司法中的诬告行为，地方司法机构对此并未追究其责任。其次，治罪权不在司法机构手中，而是转移到了同业行会。是衙门转嫁责任？抑或是一种策略性选择？第三，从处罚的结果来看，原告广学会的损失没有得到赔偿，出现迎合地方利益而牺牲洋人私权的现象，洋人并未也对此提出异议或不满。诸多的不合理、不寻常现象出现在此案中，如何理解？又作何诠释？笔者认为把它放在近代中国这个大变局、大变革的历史脉络中加以考察、分析，或可窥见一二。

三、“实业救国”与“传播西学”话语影响下的地方司法实践

清王朝后期进行了一系列的革旧图新运动，尤其是开展的“新政”，试图匡大厦之将倾。这些图新活动涉及社会各个方面，对当时的中国社会发展、变迁产生了一定的积极效应。思考这些活动的意义实际并不限于一隅，各个领域的图新都是相互浸染的，就本文考察的地方司法问题来看，实则深受实业运动和兴学活动的影响。

（一）“实业救国”思潮影响下商业组织的司法介入

甲午一役，中国战败于蕞尔小国日本，空前的民族危机笼罩华夏。如何振衰起弊？除了继续加强军事建设外，更多有识之士意识到积贫积弱才是导致中国战败、落后的重要因素，疾呼重视经济的发展，“国非富不强，富非实业不张”①。同时强调改善政商关系，消弭官商间的隔膜，“官商一气，力顾利权”②。面对内忧外患的困局以及朝野上下发展实业的一致呼吁，清廷改变经济政策，采取发展工商业的措施，尤其重视民间工商业的发展。在王朝统治的最后十年，推行了各方面改革的“新政”，以此推进资本主义制度的建立，巩固王朝的统治。在经济方面，发布上谕称：“通商惠工，为古今经国之要政。自积习相沿，视工商为末务，国计民生，日益贫弱，未始不因乎此，亟应变通尽利，加意讲求”③，目的在于改变重农抑商政策，鼓励发展民族工商业。在国家推行重商政策，

① 江苏古籍出版社等编：《张謇全集》第3卷，南京：江苏古籍出版社，1994年，第761页。

② 上海市工商业联合会、复旦大学历史系编：《上海总商会组织史资料汇编》上，上海：上海古籍出版社，2004年，第37页。

③ 朱寿朋编：《光绪朝东华录》，北京：中华书局，1958年，总5013页。

鼓励、保护民间商业的发展浪潮中，形成了一股发展工商、实业救国的思潮。

历史的吊诡之处就在于，重庆城上演的这一起版权纠纷案始于光绪二十九年，公历1903年，这一年清政府刚成立了负责统一管理全国农工商路矿事务的中央机构——商部。“其地位列在各部之前，仅次于外务部。”① 商部成立后，一系列重商、奖商的政策、措施纷纷出台。比如，制定、颁布《奖励公司章程》《商人通例》《公司律》《奖给商勋章程》《华商办理实业爵赏章程》《改订奖励华商章程》等各种单行商事法规。② 以及影响深远的《钦定大清商律》，足见清政府对发展工商实业的重视。这些经济法规的制定、实施，对近代中国工商业的发展无疑有着重要的促进作用。同时，倡导成立级别不等的商人组织，推动工商业的发展，比如各省的商务局、地方的商会。1904年颁布实行的《商会简明章程》规定，“保护商业，开通商情为一定之宗旨”，“凡属商务繁富之区，不论系会垣，系城埠，宜设立商务总会。而于商务稍次之地，设立分会，仍就省分隶于商务总会。如直隶之天津、山东之烟台、江苏之上海、湖北之汉口、四川之重庆、广东之广州、福建之厦门，均作为应设总会之处”③。

1904年10月，在地方政府和各商帮的合力下，富商大贾为主体的重庆总商会正式成立。④ 在国家“重商”“保富”浪潮的影响下，短途与长途、国内与国际间的商贸活动频繁开展，各种商事纠纷、摩擦也因之不断衍生，作为西部贸易重镇的重庆尤甚。重庆总商会成立后，逐渐完善组织构架，扩大商会功能。其中，参照《商会简明章程》条款中“凡华商遇有纠葛，可赴商会告知，总理定期邀集各董，秉公理论，即的行剖断”⑤，制定了保护本地商人的章程，成立商事公断处，参与地方商业纠纷问题的调处。⑥

我们看到在档案中渝城的书帮负责人直接介入案件的审理，向衙门提供判决意见，且衙门以此作为断案的法律依据的现象，应该是书帮承袭了“总商会”有权处理商业纠纷的职能。其重要意义就在能更多地维护本地商人的权益。案例中折射出了商业行会保护本地商人的积极态度，即便华商理亏，也尽力周旋，减轻处罚力度，对洋人的合法权益造成了冲击。当然，这也从侧面反映了近代商业组织力量的壮大，具有相当的独立性，代表民间社会给政府施加不小的影响，传统的政商关系发生着变化，昭示着民间社会力量的成长。

简言之，渝城书帮介入华洋诉讼案件，直接参预地方司法实践，表面上看是不同寻常的行为，实则是受到近代中国的“实业救国”浪潮影响的结果。在整个社会“厚商力”“重商战”的氛围下，商人的地位不断拔高、权力得以扩张，政商关系不断改善。因此，商帮与地方政府打交道，在司法活动中的要求表达是合情合理的，作为代表商人利益的

① 朱英：《晚清经济政策与改革措施》，武汉：华中师范大学出版社，1996年，第261页。
② 章颖：《中国法制史》，北京：中国经济出版社，2007年，第234页。
③ 《奏定商会简明章程》，《东方杂志·商务》第1期，光绪三十年正月二十五日，第204页。
④ 周勇主编：《重庆通史》第1册，重庆：重庆出版社，2014年，第458页。
⑤ 《奏定商会简明章程》，《东方杂志·商务》第1期，光绪三十年正月二十五日。
⑥ 周勇主编：《重庆通史》第1册，重庆：重庆出版社，2014年，第458页。

社会组织，沟通政商关系是国家赋予他们的职责。官府在其中自然也扮演着较好的配合角色，一方面是呼应国家的经济政策，另一方面是出于地方秩序维护的角度思考，这两点都需要地方商人的支持。可以说近代国家对商业的高度重视，导致政府对商人的态度更为模糊，民间社会力量的成长得到了较大的空间，行政力量与民间社会的互动变得更复杂了。最后，官商在地方诉讼中的这种合作与角力的审理形式，构成了重庆城解决中外商事纠纷案的独特方式之一。近代中国，翻刊、售卖西书不仅关系经济或法律问题，这一现象更是传播新学、启迪民智、寻求真理的中国文化变革的重要影射。

（二）“传播西学，启迪民智”浪潮下的纠纷审理

清末中国历千年未有之奇变，迭遭内忧外患，国势陵夷。如何力挽狂澜？除了政治、军事、经济层面的变革外，革新传统文化、造就新式人才不啻为国家现代化进程中的重要之举。所谓的新式人才是指“接受过近代教育的知识分子，或者具有近代知识结构和新的思想观念，从事一定的近代文化活动的脑力劳动者”①。传统的知识体系无法培植出“以济时艰”的新式人才，因此不得不诉诸海外，引进西学，创办新式学堂。

中国近代的文化教育事业始于19世纪60年代的洋务运动，经过戊戌维新的发展，到清末“新政”达到高峰，进入“学战”时代，“求才”成为新政的首要事务。四川近代教育从1902年倡始，到1903年开办。到1910年，全省各类新式学校达到11387所。②值得注意的是，创设新式学堂，传播新知，启迪民智，前提是要引进新知。作为承载新知的各类西学书籍，包括教科书，在新式学堂不断涌现的情况下，需求成为十分急迫的问题。有学者统计在晚清中国，西书出版机构有100多家。③早期以外国机构为主，比如本案的原告广学会的宗旨就是编译出版书刊，介绍西方文化。据不完全统计，从1887年到1900年，广学会共计出版书籍176种；到1911年，共出版461种，非宗教类书籍约有238种，占总数的51.63%。其中，最著名的就属《泰西新史揽要》和《中东战纪本末》。④以《泰西新史揽要》为例，内容上着重叙述欧洲各国在19世纪的社会文明发展进程，“以西方各国的近代化改革为例，说明强盛之道并非与生俱来，而在于弃旧图新、勇于变革”⑤。在当时的中国十分畅销，在杭州同时能找到6种不同的盗印版本。据统计，可能有100万册盗印本在全国流传。⑥维新人士梁任公就赞赏该书“述百年以来，欧美各国变法自强之迹，西史中最佳之书”⑦。在“中体西用”思想观念的指导下，创办起来的近代中国第一所官办新式学堂——京师同文馆，甚至将此书作为历史课本使用。⑧

当西书成为满足国内兴学以及启迪民智的一项现代化事业后，国内文化市场明显会

① 郑师渠编：《中国文化通史·晚清卷》，北京：北京师范大学出版社，2009年，第16页。
② 王笛：《清末“新政”与四川近代教育的兴起》，《四川大学学报》（哲学社会科学版）1985年第2期，第100页。
③ 熊月之：《西学东渐与晚清社会》，上海：上海人民出版社，1994年，第475页。
④ 熊月之：《西学东渐与晚清社会》，上海：上海人民出版社，1994年，第553—554页。
⑤ ［英］麦肯齐著，李提摩太、蔡尔康译：《泰西新史揽要》，上海：上海书店出版社，2002年，第1页。
⑥ ［加］许美德等著，朱维铮等译：《中外比较教育史》，上海：上海人民出版社，1990年，第62页。
⑦ 梁启超著，夏晓虹辑：《饮冰室合集》集外文下，北京：北京大学出版社，2005年，第1164页。
⑧ 李孝迁：《西方史学在中国的传播（1882—1949）》，上海：华东师范大学出版社，2007年，第3页。

得到繁荣，更多人会投身西书的出版、售卖行业，但是也逐渐产生较大的负面效应。对于那些畅销的西书，书贾们翻印、盗卖窃利之举日益频繁。“盗版书”之所以猖獗，原因无外乎两者，一是价格问题，一是文化供求问题。这两个问题在清末重庆都存在。

渝城正蒙社、中西书屋、广益书局等书铺的负责人在呈递给道台的禀文中强调：“现新学孔亟，教科书内地纂辑无几，专恃石铅印售，不惟价昂且难普给”，为了启迪民智，避免纠纷，希望道台“照会各领事，后有禁翻之书，请先照会恩辕”，同时要明确版权保护的年限问题。至于简蒙类书籍，“未经照会有案，且坊刻在数年数月前者，应请从宽免究，藉示体恤”，因为对“实行教育有裨”。[①] 细究书商们的禀请，具有很强的技巧性，他们从“教育”“国家”“民智”的角度出发，比较隐晦地论说了翻印西书，特别是启蒙类教科书的现实性和合理性，以此避开法律问题的探讨。

简单来讲，此时对版权问题的思考，更多是从国家政治的角度，而不是法律的视野。这样的认识，不能简单地将其归结为书商逃避法律惩处而玩弄的伎俩，联系的时代背景，发现这一时期发生了美日等国要求中国加入版权同盟的事件。在清廷对此事议论纷腾，多持以反对意见。作为学管大臣的张百熙极力反对，表示：“现在中国振兴教育，研究学问，势必广译东西书，方足以开民智……今日中国，学堂甫立，才有萌芽，无端一线生机，又被遏绝……论各国之有版权会，原系公例，但今日施之中国，殊属无谓。使我国多译数种西书，将来风气大开，则中外各种商务自当日进，西书亦立见畅行”，因此强调“不立版权，其益更大”[②]。一句话，加入版权同盟滞碍社会发展，从公利角度来讲万不可行。

总之，西书在华的翻译、翻印、售卖，从客观上讲，有利于知识和技术的传播、扩张，如果确定版权问题，形成知识的垄断，那么将直接影响近代西学引进的力度，对“新政”的实施造成阻碍。可以大胆推测，作为政策的实际执行者州县官员深知其中的利害关系，所以我们看到此案的审理知县对被告书商的态度十分“宽容”，甚至说有些偏袒。处罚力度也很小，文书中皆称“略罚”“薄罚”。至于原因，一方面，当然是有传统的商业习惯和司法审判风格影响了巴县衙门办理此案的方式；另一方面，则是出于对“现代化国家”这个目标的追求，要将朝廷的各项“新政”在地方落实，尤其是“人才”问题。责罚过重，势必会影响到地方新学的发展，风气的开通。从地方官来讲，直接关系到地方治理的政绩考核问题。

（三）避免纠纷演变为中外冲突是中外双方的共同选择

重庆书商黄某私自翻刊广学会的书籍售卖一事，实际上，远在上海的广学会仅是从他处听来的消息，在未经核实的前提下贸然提出呈控，后来经证实并不存在翻刻行为。审视广学会的行为，有涉及诬告罪的嫌疑。档案中并未反映出巴县衙门有过追究广学会司法责任的痕迹，反倒是高效率地展开了对涉案书商的审讯。这主要是由于涉外案件，

---

① 四川省档案馆藏：《清代巴县衙门档案》，6—6—2445。

② 苑书义等主编：《张之洞全集·电牍》第11册，石家庄：河北人民出版社，1998年，第8943页。

不同于民间的户婚田土一类的州县常见纷争，稍有不慎就会由司法问题演变为国家间交涉问题，作为最基层的官员无法承担如此责任。主持清末法制改革的伍廷芳对此问题有过很好的论述：

> 中国华洋诉讼案，日益繁多。外人以我审判与彼不同，时存歧视。商民又不谙外国法制，往往疑为偏袒，积不能平。每因寻常争讼细故，酿成交涉问题。比年以来，更仆难数。①

另外，对华洋诉讼深有体会的姚之鹤在其编写的《华洋诉讼案例回潮》中也强调：“勿混华洋诉讼为交涉，诉讼为两国国民相互之事，而交涉为两国政府交涉之事”②。

故而作为案件审理、裁决的地方官来讲，面对朝廷和洋人的双重压力，巴县衙门按照英国领事的要求，提讯并处分了渝城书商，同时将审理过程及处分结果以致函的方式告知领事，咨询其意见。这样的行为对华人权益而言，存在更大受损的潜在威胁。试想外国领事如若对最后的裁决不满意，也就意味着案件的重判，意味着进一步牺牲华人利益换取外国人的认可，以求销案。相关的现象，在清末中国不是特例。

其次，从英国方面来看，本案启人疑窦之处在于英国领事对于审断结果没有提出任何异议和驳诘。法理上讲，广学会的合法权益的确遭受到了侵蚀，黄见轩理应赔偿一定的损失，因为他存在盗买广学会书籍的行为。案件的走向却是，被告尽管接受罚银的责罚，但是银两不用于补偿广学会，而是投入到地方的实业事业中。面对看似英国胜诉，实则牺牲英国人利益的结局，英领事不继续追究，采取默认的态度。考察英国领事的异常态度，文章认为，与领事站在英国国家利益的角度处理这起纠纷相关，其出发点是防止华洋纠纷演变为中外武力冲突，进而威胁到英国在重庆的商业利益。众所周知，近代重庆的华洋冲突，特别是教案问题，以案件高发，后果严重，影响深远为特征，数次惊动中央朝廷。③ 既是对清政府统治秩序的挑战，也是外国政府不愿看到的。

所以，就本案而言，相较广学会的利益，整个大英帝国在华的权益才是英国领事必须要考量的重要问题。因此，案件中体现出了英国当局对地方司法环境的妥协态度，实则是为了缓和中外矛盾，减少摩擦，从而更好地对华展开经济侵略活动。质言之，中英双方对案件的审理及最终审断结果的承认与采纳，看似存在诸多不合理之处，实则是双方为了避免可能出现的中外冲突，尽力规避更大风险所做出的共同选择或者说相互的妥协。

综合论之，文章从档案文本出发，通过细致的个案考察，理解近代重庆城华洋诉讼案件的司法实践问题的一个重要面相。案件所呈现出的复杂性以及审断方式的特殊性等

---

① 丁贤俊、喻作凤编：《伍廷芳集》（上），北京：中华书局，1993年，第279页。

② 姚之鹤编：《华洋诉讼例案汇编》上册，上海：商务印书馆，1915年，第9页。

③ 相关研究可参见：李重华：《冲突在此放大：川东教案——重庆教案》，南开大学2011年博士学位论文；陈银崑：《清季民教冲突的量化分析（1860—1899）》，台北：台湾商务印书馆，1991年。

问题，分析发现与近代中国“变局”的时代特征密切关联。透过这起所谓的华洋版权纠纷案的检视，发现背后反映出的是国家政治、经济、文化、外交与地方法律运作演变的复杂互动。这也强调，地方城市产生的各类事件、现象，其意义并不完全限于城市内部，作为国家治理的重要一环，其“一举一动”是与整个政局变化密切联系的，所以对此类问题的关注，应该置于国家的宏达叙述脉络中，突破区域性的意义。准此，在史学研究中，个案的探索并非总是落入碎片化陷阱的担忧，只要把握住时代背景，怀抱宏大的研究视野，进行多维度的阐释，同样能发现深刻的历史内涵，且可以细化历史研究，既见树叶，又见森林。这应该是个案研究对整体史学发展最大的贡献，希冀本文的考查，能提供进一步的有益的参酌与思考。

“档案中的虚构”：清末吐鲁番厅乡约的微观考察

张连银*

近年来，史学界对明清乡约的研究逐渐由南方转向北方，明清乃至近代边疆民族地区乡约的地方化成为乡约研究的热点，尤其是新疆乡约的研究颇受学者关注②。本文基于近年新出版的档案资料，借用美国历史学家娜塔莉·泽蒙·戴维斯的著作名，对光绪、宣统年间社会、制度转型下的吐鲁番乡约群体进行考察，以期深化对新疆乡约的研究③。

一、光绪、宣统年间吐鲁番厅的乡约群体

光绪三年（1877），吐鲁番抚民府谕放乡约，重构当地基层组织。光绪八年，新疆巡抚刘锦棠奏请将南疆各地伯克改为乡约，乡约制度从城关渐次向乡村推行④。光绪十、十一年，吐鲁番厅 70 余名乡约已散布于吐鲁番厅的近 21 处农庄⑤、7 座城堡、46 座村落⑥。光绪十四年，镇迪道饬令各属将各乡庄专管水利的伯克头目改为总、散水利乡约，再加上伯克头目私放乡约，吐鲁番乡约等头目设置过滥，“经管地方事件之玉子巴什、温巴什，而又分设乡约，甚至一乡而有数乡约、数玉子巴什”⑦。此后，乡约的调整与保甲制度的推行交织进行，乡约人数逐减。鲁克沁、连木沁、汉墩、洋海、吐峪沟、三堡、胜金、木头沟原有乡约 9 名，光绪二十五年，“以上各台总共乡约兼甲长三名”⑧。光绪三

* 作者简介：张连银，博士，西北师范大学历史文化学院教授。

② 相关研究有［日］片冈一忠：《清朝新疆统治研究》，东京：雄山阁，1991 年；段自成：《清末民初新疆乡约的特点》，《清史研究》2004 年第 4 期；曹尚厅、查向军：《吐鲁番直隶厅运作史勾略》，《新疆大学学报》2005 年第 5 期；赵丽君：《清代新疆乡约制度研究三题》，《新疆师范大学学报》2006 年第 4 期；何荣：《试论杨增新时期新疆乡约的特点》，《新疆大学学报》2008 年第 3 期；王启明：《晚清新疆吐鲁番社会史研究——以地方首领和官办教育为中心》，博士论文，南京大学 2014 年；赵丽君、黄林辉：《从教化职能向政治职能的转变——以清至民国前期的新疆乡约为例》，《新疆地方志》2018 年第 1 期。

③ 娜塔莉·泽蒙·戴维斯：《档案中的虚构：16 世纪法国的赦罪故事及故事的讲述者》，北京：北京大学出版社，2015 年。

④ 中国边疆史地研究中心，新疆维吾尔自治区档案局合编：《清代新疆档案资料选辑》，第十一册，桂林：广西师范大学出版社，2012 年，第 250 页。

⑤ 《清德宗实录》卷二三八，光绪十三年正月辛亥，北京：中华书局，1986 年。

⑥ 村庄的数量来自绘于光绪六年至十二年间的《清朝吐鲁番坎儿井分布图》。

⑦ 《清代新疆档案资料选辑》，第二册，第 240 页。

⑧ 《清代新疆档案资料选辑》，第十六册，440—448 页。

十三年、三十四年，吐鲁番厅乡约分别为 19、22 名。宣统年间，吐鲁番厅乡约人数不足 20 名。据档案中残存的乡约姓名统计，光绪、宣统年间，吐鲁番厅乡约超过千人次。

表 1　吐鲁番厅部分乡约任职期限表

乡约姓名	任职时间	任职区域	离任时间	任期（年）
赵联芳	—	老城	不详	22
何元	—	新城	不详	16
马兴魁	光绪七年	新城	宣统二年	30
张居福	光绪十年	胜金	—	24
艾拉尔	光绪二十三年	牙木什	宣统三年	15
宴国龙	光绪二十年	老城南关	宣统三年	18
高文魁	光绪五年（以前）	—	—	18
杨荣	—	—	—	15
韩智	光绪九年	托克逊	二十六年	18
邓宝东	光绪五年	老城	光绪二十八年	24
裴自英	光绪三年	—	光绪二十年	17
买买铁里	—	胜金	—	10

注：表中的乡约任期来源于《清代新疆档案资料选辑》。

据日野强 1907 年对迪化府乡约的观察，“其任期，农官（总乡约）为三年，乡约为一年，但根据其治绩而有长短”[①]。吐鲁番厅乡约的任期往往是因地、因人而异。无论是任期长短，乡约因下列原因退出：

（一）乡约因患病、养亲、搬家、任满等原因主动请辞。为了获准，乡约请辞时，常另举他人接充。乡约辞职须经吐鲁番厅允准，否则只能继续充任。乡约马太和因家贫请辞，托克逊县“唯饬托局向委员酌给食粮少许，以敷口食，所请告假不准”[②]。杨树颜以胞兄有疾，回家探亲为由请辞，吐鲁番厅以办事勤慎婉拒。[③]

（二）乡约在任上因苛派、办公不力、私派差事，一经讯明即遭斥革。乡约在任上遭到讦告，为了息讼，也会遭斥革。

（三）乡约无法履职，主动或被动假退。乡约怕沙尔以侍奉父母，经理田地为由告假，吐鲁番厅“准予告假”[④]。铁木尔充乡约仅一年，即遭艾拉尔等人禀控，“伊等旋即迫令乡约请假”[⑤]。

（四）乡约长时间外出不归，或因病身故，只能更换，如辟展三工乡约艾德八亥赴哈密数月未归，吐鲁番厅只能更换乡约。[⑥]

乡约的退出机制加速了乡约群体的更替，年替代率约 20%～40%左右。虽然乡约更

① ［日］日野强著，华立译：《伊犁纪行》，哈尔滨：黑龙江教育出版社，2005 年，第 422 页。
② 《清代新疆档案资料选辑》，第二十五册，第 130 页。
③ 《清代新疆档案资料选辑》，第三册，第 160 页。
④ 《清代新疆档案资料选辑》，第八十八册，第 210 页。
⑤ 《清代新疆档案资料选辑》，第六册，第 89 页。
⑥ 《清代新疆档案资料选辑》，第九册，第 406 页。

迭迅速，但吐鲁番厅仍出现了乡约长期任职的现象。表1是部分任期10年以上的乡约。乡约长时间任职，取决于乡约的品行、乡庄的大小、各方势力的博弈、吐鲁番厅的态度等因素，例如艾拉尔在乡约任上多次遭到讦告，禀控者也承认："因牙木什乡约哎拉尔充约至今，已有数年，始则办公两无亏损。"① 此外，艾拉尔能够长期任职也离不开其亲友的支持，艾拉尔死后，其亲友又荐举其子铁以甫拟充乡约。②

二、乡约正面形象的虚构

除伯克头目改放乡约，吐鲁番厅大部分乡约由地方保举。吐鲁番厅饬令地方举荐乡约，当地官吏、郡王、头目、民众均可举荐乡约。被举荐者呈递甘结，经吐鲁番厅验看后发布牌示、谕文，被举荐者正式充任乡约。民众若不满被举荐者或在任乡约，均可向吐鲁番厅禀请更换。“而新疆较内地不同，五方杂处，汉回互居，词讼冗繁，是非纷萦。凡为乡约者必须公平正直、老成谙练之人。”③ 镇迪道、吐鲁番厅亦反复要求地方保举“公正、老成之人”充任乡约。为了符合官方的选任条件，保状从人品、办事能力、家庭出身、语言能力等方面塑造乡约候选人的正面形象，保状尤其强调品行、办事能力。对于当地土著，“通晓汉语”则是其优势。光绪末年，“家道殷实”出现在保状中。保状很少考虑候选人的年龄，大量老人被举荐为乡约，这导致年老多病、死亡成为乡约更替的重要原因。

被举荐者为了充任乡约，无一例外地通过甘结树立正面形象。“无徇私得贿”“不敢苛索民财”成为被举荐者甘结中的必备词。例如，艾力宜札充任伊拉里乡约时做出甘结："凡地方应办公务及每岁承催额粮等项事宜，小的秉公办理，断不敢苛索民财。一切差事，毋论贫富，按户均摊，不敢稍有偏私。"④ 控禀也是塑造乡约候选人形象的手段，大量控禀在贬低竞争对手的同时，对自己举荐的乡约候选人不吝赞誉之词。

档案中围绕乡约的选任、斥革，形成了大量的保状、甘结、禀文。保状、甘结，尤其是围绕乡约争夺所写的控禀，逻辑严密，用典恰当，遵循避讳等公文写作规范。部分保状、甘结、控禀尚保留改动的痕迹。保状、甘结、控禀主要出自代书之手。“查代书之设原以代无知愚民书写呈词……书写呈词一纸，贫穷者笔费银二、三钱，殷实者四、五钱，在多不准过五钱。”⑤ 由于呈词书写是有偿服务。经当事人转述，代书撰写的保状、甘结、禀文都是极力褒扬候选人，夸大候选人的品行、能力。保状、甘结、控禀在法律效力上对各方都具有约束力，但鲜有当事人因保状、控禀不实而受到惩处。这就使得当事人、代书在书写保状、甘结、禀文时随意夸大、歪曲、虚构了诸多内容。以王全兴为

① 《清代新疆档案资料选辑》，第二十三册，第397、399页。
② 《清代新疆档案资料选辑》，第六册，第90页。
③ 《清代新疆档案资料选辑》，第五十三册，第242页。
④ 《清代新疆档案资料选辑》，第十五册，第368页。
⑤ 《清代新疆档案资料选辑》，第一册，第90—91页。

例，光绪九年，乡约王全兴因贪污更夫工食银遭巡检王道昌禀控。同时，商首、乡约、商民十余人联名禀控王全兴：

> 查难约王全兴原系刁民，未充乡约之先，刁巧百出，恃强放刁，重利盘剥，讹诈愚民，无所不作。既当乡约之后，骄横愈盛，最可恶者挟嫌妄禀以泄私忿，冒借官粮以放私债，借公苛派以肥私囊，恃势恶估以欺乡民，错诸枉直以压市衢，兄弟朋恶以凌孤弱，目无法纪以忤官长，心无忌惮以触农商。①

王全兴因贪污遭吐鲁番厅笞责、管押后被保释②。光绪十一年、十九年，乡约王全兴又因诱骗银两、抗债不还遭到堂讯。王全兴如禀文所述劣迹斑斑，且多次陷入债务纠纷，他很难符合乡约的选任条件，但他却能多次通过吐鲁番厅的验看充任乡约。显然，王全兴的保状不实。保状不实是普遍现象。不仅保状，围绕乡约任职形成的大量禀文也充斥着虚构的内容。例如乡约的任期，档案中吐峪沟乡约他立甫③、牙木什乡约艾拉尔的任期均说法不一④。最为典型的莫过于关于伊拉里乡约的任期。罗天福称："窃查伊拉里乡约按年更换。"⑤ 李福魁称："窃因本庄乡约向来按户轮流充当一年，历经二十余载。"⑥ 黄兴元称："窃查伊拉里按户轮流充当乡约……每户充办三年一轮，历年已久。"⑦ 艾力宜札充任伊拉里乡约则长达八年之久。

乡约的辞职禀文也充斥着虚构。光绪八年，新城乡约高文魁被斥革，厅监督"碍难准其复充"⑧。光绪十六年，复充乡约的高文魁以年近七旬，行步艰难为由请辞，"据该约禀称年老告归等情，自应准如所请"⑨。高文魁却第三次充乡约直至光绪二十一年才被斥革。⑩ 显然，高文魁虚构了辞职的原因。

吐鲁番厅通过保状、甘结、当堂验看甄别乡约候选人。保状、甘结、验看仅是任命乡约的程序。实际上，厅监督更换频繁，村庄距离厅治辽远，繁杂的地方事务导致当堂验看仅停留在公文程式上。任命乡约的牌示、谕文中关于候选人品行的内容多照抄于保状。与乡约品行相比，吐鲁番厅更关注的是税收和地方治安，举荐乡约的保状屡受对手质疑，而吐鲁番厅无力，也不会过度关注保状、甘结、辞职禀文的真实性。官方治理的目标、困境为乡约形象的虚构提供了可能。而民众为了自己的利益诉求，在保状、甘结、

---

① 《清代新疆档案资料选辑》，第五十三册，第 239、242 页。
② 《清代新疆档案资料选辑》，第五十三册，第 318 页
③ 《清代新疆档案资料选辑》，第四十七册，第 404、407；第四十八册，第 74 页。
④ 《清代新疆档案资料选辑》，第二十一册，第 389 页；第二十五册，第 290 页。
⑤ 《清代新疆档案资料选辑》，第十二册，第 152 页。
⑥ 《清代新疆档案资料选辑》，第十八册，第 100 页。
⑦ 《清代新疆档案资料选辑》，第十六册，第 4 页。
⑧ 《清代新疆档案资料选辑》，第九册，第 33 页。
⑨ 《清代新疆档案资料选辑》，第三册，第 77 页。
⑩ 《清代新疆档案资料选辑》，第八十三册，303 页。

禀文中虚构了有利于自身的内容。

三、乡约履职与贪虐形象的形成

在乡约的任职过程中，保状、甘结构建起来的正面形象荡然无存，贪虐成为所有乡约的共同特征。

（一）乡约苛派与贪虐形象

清末新疆部分乡约贪虐属实。光绪三年，秋望河、辟展二工、三工、苏把什等地的乡约就已贪占钱粮。[①] 新疆南路伯克头目改任乡约后，"凡遇地方事件往往借端摊派，苛索舞弄弊端"[②]。光绪十一年，全面推行乡约制度后，"惟近闻各属伯克虽裁而改为乡约、头人，虽不能如前此之肆无忌惮，亦不无渐萌故智"[③]。苛派是乡约贪腐的方式之一。"查此间弊政以苛派为最重，往往官需一鸡一羊，乡约派至数十鸡，数十羊不等。"[④] 斯尔海浦、二堡、三堡、托克逊、吐峪沟、新城、胜金、伊拉里等村均出现乡约借苛派贪腐，贪腐的财物有粮食、干果、衣物、牲畜、银钱无所不包，银钱从十余两到几千两不等。光绪十二年，你牙孜在乡约任上通过私卖官地、案件审理、摊派、勒索获银约 340 两。[⑤] 光绪三十年，乡约艾里宜札摊派 1300 余两，此外还有 181 石粮食、衣服、帽等物品。[⑥] 光绪十五年，胜金大尔瓜、乡约浮收钱物甚至导致胜金民户逃亡大半[⑦]。关于乡约的苛派，镇迪道描述道：

> 乡约、保长有听断、笞押之权，故能借公肥私，依势苛民，只须充役数年，家有巨万。每乡约家有多尔瓜百余人……居家则一呼百应，出外则前呼后拥，乘肥马，衣轻裘，替顶戴，太阿倒持，越俎代治也。窃查所需各物例，官价不过虚有其名，实其价一一派之民间……事不派、物不派一分，乡约传之保长则百分矣，保长传之村长则二百分矣。[⑧]

上述对乡约借机苛派的描述形象又夸张。在以乡约为被告的控禀中充斥着大量描述乡约负面形象的词语。新疆乡约贪腐形象的生成基于部分乡约的贪腐行为，其形象显然不是"借公肥私"或"苛派"所能概括的，但"借公肥私""苛派"却成了清末新疆乡约的特征。清末以来，无论是刘锦棠、袁大化、民国首任新疆省长杨增新等封疆大吏，还

① 《清代新疆档案资料选辑》，第六册，第 364 页。
② 《清代新疆档案资料选辑》，第四十一册，第 418 页
③ 《清代新疆档案资料选辑》，第一册，第 417 页。
④ 《清代新疆档案资料选辑》，第二十四册，第 411 页。
⑤ 《清代新疆档案资料选辑》，第十册，第 438 页。
⑥ 《清代新疆档案资料选辑》，第四册，第 348 页；第三十二册，第 431 页。
⑦ 《清代新疆档案资料选辑》，第五十七册，第 292 页。
⑧ 《清代新疆档案资料选辑》，第二十五册，第 154 页。

是近年关于新疆乡约的研究成果都论及新疆乡约的苛派、贪腐。

（二）多方博弈与乡约形象的丑化

保状、甘结只是乡约选任的程序。大村庄的乡约选任还是要依靠激烈的争斗来解决。伯克制度的影响、头目数量锐减、富户纳贿充选、官方干预使得大村庄的乡约之争在光绪末年更加复杂、激烈。在乡约的任免过程中，官方、地方势力之间博弈明显。首先是地方势力在利益驱使下为争夺乡约的博弈不断，各方在争充乡约的过程中都不遗余力地构陷对手。

> 查南疆自裁阿奇木伯克后该（改）设乡约，民间视充约长直无异乎仕宦之荣……一充头目则族党、戚友均免差徭。利之所在，人争赴之。彼稍为狡黠之徒，夫孰不见猎而心喜，以故彼方充当，此又欲以更代，互相排挤，互相攻讦。时而联名控告，时而联名荐举，此倡彼和，动辄数十百人，贸贸无知，诚理喻势禁而俱有所不可。①

二堡是吐鲁番厅乡约之争最激烈的乡庄。二堡曾有托乎的与色买提的乡约之争、五受尔与宜札尔的乡约之争。最激烈、持续时间最长的莫过于宜札尔与色的牙士的乡约之争。光绪三十一年冬，色的牙士及其支持者禀控乡约宜札尔（你札尔）偷卖公地，苛派肥己。双方在吐鲁番厅的诉讼持续到次年闰四月。宜札尔称："小目在城皆住数月之久，不但耽误农事，而伙食川费已用多金，此案尚了结。"② 次年，买铁仁木、尕以提、宜札尔等人先后充任二堡乡约。光绪三十四年四月，乡约宜札尔等人向吐鲁番厅禀控庄头色的牙士藉公苛派。③ 色的牙士则辩称宜札尔挟嫌报复。④ 七月，已革庄头色的牙士及支持者禀控宜札尔擅卖官地，苛派殃民，宜札尔辩称色的牙士挟嫌报复，吐鲁番厅并案审理⑤。禀控者多次遭重责都无法息讼后，十月，乡约宜札尔被革退⑥。此后，宣统元年到宣统三年，阿子提、忙力克、色的牙士、色都拉在乡约任上均遭禀控被斥革。二堡乡约之争激烈程度可见一斑。除二堡外，吐峪沟、牙木什等村的乡约之争亦为激烈、持续时间长。牙木什艾拉尔家族与富户铁木尔的乡约之争从光绪二十年一直持续到宣统三年。

其次，地方势力间的博弈还表现在制度转型中伯克头目与乡约之间的冲突。在冲突中，乡约形象亦遭丑化。以托克逊为例，光绪二十三年，四苏目哈因苛派改任厅署通事，另放乡约四名管理户民。此后，哈得尔与乡约之间的争斗剧烈，四名乡约被描述为借公

---

① 《清代新疆档案资料选辑》，第三十二册，第 192 页。
② 《清代新疆档案资料选辑》，第二十册，第 157、167、170、218 页。
③ 《清代新疆档案资料选辑》，第七十册，第 55 页、56 页。
④ 《清代新疆档案资料选辑》，第七十四册，104、105 页。
⑤ 《清代新疆档案资料选辑》，第二十一册，第 355、356、368 页。
⑥ 《清代新疆档案资料选辑》，第五册，147 页。

肥己之徒，"无用庸人""闾阎之害"①。

在乡约的选任过程中，吐鲁番厅与地方亦博弈不断。在乡约的争夺战中，吐鲁番不仅调停争端，还最终决定乡约的人选，甚至受贿派充乡约，"访闻不肖地方官凡点乡约不□地方户民□□，竟敢受贿派充，该乡约以贿充役"②。吐鲁番厅任免乡约亦受到地方势力的制约。艾拉尔反对铁木尔充乡约，吐鲁番厅只能"当抽签始放胡而板接充"③。乡约被斥革原则上不能复充。这一惯例亦因各方博弈、吐鲁番厅监督的更迭被打破。乡约宜札尔、高文魁、色的牙士、王全兴、阿瓦米思林虽多次被斥革却屡屡复充。光绪三十一年，南关乡约寇得桢遭假退，南关户民赴厅衙禀请寇得桢复充。吐鲁番厅"此风断不可开，寇得桢着于三日内将罚款缴出，即行革退，永不叙用，不准后充乡约"，最后，吐鲁番厅"准其暂行经理乡约事务"④。

吐鲁番厅乡约之争形成了固定的套路。在乡约保举阶段，地方势力往往互控对手品行恶劣，保状造假。乡约在任上不断遭到对手的禀控，苛派殃民成为罪状，通过虚构罪证丑化对手是常用的手段。例如，二堡色的牙士等人讦告宜札尔借捐修鼓楼名义摊派肥己，吐鲁番厅批示："前据乡约送来鼓楼捐项银四十两余，徐徐收齐补交，是乡约尚未肥己，汝等何得联名妄控。"⑤在相互构陷下，乡约的形象被丑化，形成了与保状、甘结截然相反的形象。例如，牙木什村的铁木尔被描述为"霸浇公水""诈欺众户""武断乡曲""劣迹甚多"的"刁徒"。梅利克禀控头、二、三乡约铁木尔、艾肯木、托合的买提侵吞公款，户民则称："该乡约等自接管充当乡约以来至今四年之久，尚称妥协，尽善尽美。并无在外苛派户民，勒索民粮情事。"⑥附城总乡约阿瓦米思林、裴自英莫不如此。

（三）乡约履职与其负面形象的生成

光绪四年，吐鲁番厅即开始向户民征收赋役，加征摊派，尤其是摊派数额甚巨。例如，光绪七年，辟展二、三工，树柏沟等地被摊派支应车辆等项差务银1400两⑦。新疆建省后，新饷式微，地方不仅要提高财政自给率，还要筹办新海防经费。税收、摊派是弥补地方财政不足最有效的途径。吐鲁番厅不断增加的税收、摊派导致民众负担加剧。"辟展四十户户民言说租种官地数年，缴纳租粮甚重，委实无力完粮，又头目摊派我们支应杂差，实在苦累，无力支付。"⑧汉墩农民买提克然、阿木提八亥的遭遇颇为典型：

光绪十九年，小的父亲故后所遗留坎井一道，坎地六石二斗，均有执照、红契

① 《清代新疆档案资料选辑》，第三册，第440页。
② 《清代新疆档案资料选辑》，第八十二，第58页。
③ 《清代新疆档案资料选辑》，第七十三册，第167－168页。
④ 《清代新疆档案资料选辑》，第四册，第443—444页。
⑤ 《清代新疆档案资料选辑》，第二十一册，第368页。
⑥ 《清代新疆档案资料选辑》，第七十三册，第160页
⑦ 《清代新疆档案资料选辑》，第一册，第168页。
⑧ 《清代新疆档案资料选辑》，第八册，73页。

可凭。因子女颇多，合居不便，兄弟相商，按股扒分，各自管业。忽于本年正月间，县主差传小的到案，勒令税契……勒罚银二百二两外，索红契银四十九两六钱，又书役索银三十三两八钱，总共勒索银二百八十七两四钱……县主不念民艰，反复饬该处乡约催比，小的在补缴银四十两等语。[①]

光绪三十一年，鄯善县令因征粮过程中不断加征耗粮，倒卖坎儿井、棉花渔利，滥发印票、摊派差事遭到吐鲁番厅申斥，尤其是夏、秋粮耗粮加征，“闻此两项有数千金出息，耗粮收数照定章加倍，每京石收粮五六两不等”[②]。申斥收效甚微。宣统元年，鄯善县因“官差苛烦，民力难支”，遭到鲁克沁民众禀控。吐鲁番厅命新任县令裁革从前摊派陋规。[③] 乡约负有征收额粮之责，乡约在催征赋税时背上“催比”“勒派”的恶名。鄯善县令称：

每亩收课银二钱五分，系指上地而言，又有加收库平耗美一钱五分。自设县以来，历任征收每上地一亩合之正耗以及加平申水共征湘平红钱银四钱一二分。该民但知额征之数，不计耗美加平申水等项，遂不知乡约系包收包纳，遂以为二钱五分之外皆系乡约勒索，未免矫诬。[④]

此外，地方推行新式教育、兴办实业、基层政务运行、基础设施兴建都需要经费，摊派、私卖公地是解决经费短缺最直接、最有效的方式。总乡约阿瓦米思林“筹办大河沿渠水，工力浩繁，无款开支，不得不筹集于富户之家”[⑤]。二堡的宜札尔、阿子提、忙尼克均在乡约任上通过卖地、摊派来筹措经费。色的牙士多次禀控宜扎尔勒派，自己任乡约后亦通过卖地、摊派筹款[⑥]。乡约遭遇摊派时并非完全站在官府立场。光绪七年，台车局乡约紫牙五东向各庄摊派经费，遭到部分乡约抵制后，吐鲁番厅“准饬汉回乡约会同催收”，但“维有鲁克沁回民乡约，洋海回民乡约小的屡催不理”[⑦]。

由于缺少薪酬，养廉地被侵夺，部分乡约履职过程中免不了苛派、贪腐。其不当行为被民众、竞争对手、不法之徒夸大、歪曲。例如，光绪三十二年十月，吐峪沟户民越级向伊犁将军长庚禀控乡约他立甫借公摊派数额甚巨，鄯善县包庇他立甫。吐鲁番厅多次严札鄯善县斥革他立甫，追夺赃款[⑧]。次年三月，吐峪沟户民将此案禀控到新疆巡抚衙门。布、按二司讯饬吐鲁番厅、鄯善县、新城巡检确查此案。这场持续半年、成本高昂

① 《清代新疆档案资料选辑》，第五册，第 207 页。
② 《清代新疆档案资料选辑》，第四册，第 364 页。
③ 《清代新疆档案资料选辑》，第五册，第 272 页。
④ 《清代新疆档案资料选辑》，第四十八册，第 101—102 页。
⑤ 《清代新疆档案资料选辑》，第二十三册，第 375、381 页。
⑥ 《清代新疆档案资料选辑》，第二十三册，第 378 页。
⑦ 《清代新疆档案资料选辑》，第八册，第 227、340 页。
⑧ 《清代新疆档案资料选辑》，第四十七册，第 404、407、413、416 页。

的诉讼案结局颇具戏剧性：吐峪沟户民所禀内容属挟嫌诬告，“变卖葡萄园地二处共价银三百九十五两，惟价银尚多五十两，契据漏载，实系该约乾没”①。

虽然吐鲁番厅强调“乡约贤否自有定评，不得以爱憎为是非”②。而妄控乡约的案件层出不穷。乡约遭妄控原因复杂。例如，光绪十年，克然兄弟呈控乡约张居福拖欠工钱。经大尔瓜查明，克然在张居福家傭工期间多支工钱，由于张居福追债在急，“克然耸听谤语，以不给身工各情潜控宪辕”③。光绪七年，皮行头马金鹏欲强娶马赵氏为妻，在调解过程中，裴自英被马金鹏殴伤，裴自英却将沙尚义列为被告④。光绪十年，乡约沙尚义等人遭到禀控，几乎同时，沙尚义等禀控乡约裴自英借公需索，经吐鲁番厅访查：“其余沙尚义所禀各情均系挟嫌捏词并无其事。”⑤ 从三个案件中，隐约反映出沙尚义与裴自英之间的恩怨。光绪二十年，马永魁呈控乡约裴自英“（光绪七年），霸占其妻，又将小的儿子黑虎谋死，又夺其媳配以伊子成婚”⑥。经吐鲁番厅调集大量人员复查此案，由于原告马永魁所控不实，吐鲁番厅尚未审讯，马永魁早已飙逃⑦。

吐鲁番厅在处理妄控乡约的案件中缺乏有力的惩治手段，导致禀控乡约的案件大多和息了事，妄告者鲜遭惩处，加剧了乡约被妄告的风险。牙木什村的推尔当“往往妄诈，前后八九任，计捏过十余次，屡经含糊了事”⑧。光绪二十四年，鲁克沁、三堡、二堡、吐峪沟、连木沁、汉墩、辟展、胜金、秋望克、木头沟 11 名大尔瓜联名具禀：

> 皆因近时人心叵测，每以睚眦小怨动辄宰羊煮成一锅抓饭，将地棍、土豪聚结成群，或三十人，或五十人窃名来案捏词，或将大尔瓜或将乡约任意妄控，如蒙谕饬查办尽属于子虚，追原其故或系殷实之家想当头目，或因些小微嫌意图报复，似此人心叵测公事难办……何得动辄聚众妄禀，甚至窃名诬控，但蒙谕饬查办竟无其事，自知理亏和息了案，屡屡邀恩免究。⑨

复杂的利益辖轇导致乡约等头目在任上不断遭到禀控，处境艰难。部分妄控情节虚构，大大丑化了乡约的形象。因此，保状、甘结中的乡约正面形象并没有维持太久，候选人充任乡约后，正面形象荡然无存，乡约的不当行为成为丑化乡约形象的基础。“苛派”“侵吞民财”“仗势讹诈”“谋财害命”“聚众赌博”“偷卖官地”“强霸买卖”“霸占妻女”……各种负面形象的词语不断出现在禀文中。其负面形象反过来影响了政务推行，

① 《清代新疆档案资料选辑》，第四十八册，第 74、79、101、102、114 页。
② 《清代新疆档案资料选辑》，第二十一册，第 128 页。
③ 《清代新疆档案资料选辑》，第十册，第 5 页。
④ 关于此案件见：《清代新疆档案资料选辑》第五十二册，第 311—312、332、370、372、386—388 页。
⑤ 《清代新疆档案资料选辑》，第一册，第 365 页。
⑥ 《清代新疆档案资料选辑》，第三十册，第 271 页。
⑦ 《清代新疆档案资料选辑》，第三十册，第 280 页。
⑧ 《清代新疆档案资料选辑》，第二十五册，第 290 页。
⑨ 《清代新疆档案资料选辑》，第七十四册，第 50 页。

加剧了乡约与民众的冲突。

四、官怒民怨下的乡约

清末，重构地方社会秩序，强化对基层的控制使得乡约全面介入地方基层事务。乡约在履职过程中无暇经营生产，经费的缺乏导致乡约在任上垫资办公，部分乡约因公致贫。乡约艾拉尔“亏累外债一千余金”，不得不将祖产变卖抵债而致贫①。宜札尔亦称任上亏欠甚多，“众户承认公账银一千零一十四两八钱五分，又有一千余两众户未认”②。乡约土而底“自行捐资办公三年以来赔累不堪”③。头乡约黑五尔“现约亏债颇多，顾其公不能顾其私”④。胜金工乡约由奴思“负欠外债五百余金”⑤。乡约履职处境艰难，“所以应乡约是极苦之事，众人纷纷逃避”⑥。柳树泉、葡萄沟、辟展、伊拉里、宁夏工、树柏沟、木头沟、沙河子等小村庄，无人愿意充任乡约，不得不轮流充任，大量乡约以各种虚构的理由辞职或无故离职。吊诡的是一些大村庄的乡约却争夺激烈。

镇迪道、吐鲁番厅不断强化对乡约的管理，严禁乡约苛派、纳贿，甚至提前预防乡约苛派，例如，光绪七年，吐属更换民户门牌，吐鲁番厅多次特谕老、新城乡约散发门牌时，每户“只准收纸笔工费银一钱”⑦。监督曾炳煌严禁署内人员与差役、乡约交往，“署中所用食物各件悉照市价格购买，由账房开给现钱，不准乡约苛派民间一物”⑧。大部分乡约来自农户、商户，在日常生活中亦避免不了赌钱、抗粮、斗殴等违法行为。吐鲁番厅对乡约的违法活动严惩不贷，乡约张居福被禀控后，“蒙堂讯将民责斥一千，复罚银六十两”⑨。张居福后又因赌博被罚银二十两⑩。洋海、三堡、胜金、木头沟乡约曾被各罚银二十两。⑪ 面对乡约的贪腐，斥革、追赃是吐鲁番厅一贯的处理手段。严惩乡约违法的同时，光绪二十四年，吐鲁番厅将当地诽谤乡约的土豪、地棍、土痞严拿到案，从重惩处⑫。光绪二十七年，为了推动新式教育，改变基层政治生态，巡抚衙门通饬南疆各府、厅、州、县，鼓励义塾精通汉语的少数民族青年充任乡约。⑬

① 《清代新疆档案资料选辑》，第二十一册，第389页
② 《清代新疆档案资料选辑》，第二十四册，第239页。
③ 《清代新疆档案资料选辑》，第二册，第341页。
④ 《清代新疆档案资料选辑》，第五册，第200页
⑤ 《清代新疆档案资料选辑》，第七十九册，第167页。
⑥ 刘铮云：《档案中的历史——清代政治与社会》，北京：北京师范大学出版社，2017年，第110页。
⑦ 《清代新疆档案资料选辑》，第八册，第270页。
⑧ 《清代新疆档案资料选辑》，第二十四册，第411页。
⑨ 《清代新疆档案资料选辑》，第五十四册，第233页
⑩ 《清代新疆档案资料选辑》，第十二册，第64页。
⑪ 《清代新疆档案资料选辑》，第二十册，第188—189页、第300页。
⑫ 《清代新疆档案资料选辑》，第六十四册，第138页。
⑬ 《清代新疆档案资料选辑》，第三十二册，第192页。

五、结语

吐鲁番部分乡约贪腐属实。同内地相比，清末吐鲁番厅的乡约制度在选任、任期、形象上存在着诸多相似、吊诡、矛盾的现象。新疆在确立州县制，重构社会秩序，财政转型的过程中，乡约履行并分担了县级行政在基层社会的部分职权，加剧了乡约与民众冲突的风险，再加上各方利益博弈，乡约的贪腐形象在宏观的视角下被夸大。清末以来，鲜有研究成果关注新疆乡约的生存、施政环境，忽略了乡约在强化基层社会控制，解决财政困境时的努力与贡献。部分乡约的贪腐遮蔽了对这一群体的认识。"若遂官欲必招民怨，果遂民情又恐官怒"① 是清末新疆乡约境遇的真实反映。

① 《清代新疆档案资料选辑》，第二十三册，第 378 页。

叠合抑或并行：堤垸水利行政与乡保行政之关系

——以民国晚期湖北省松滋县为考察中心

吕兴邦*

在水利社会史勃兴①的背景下，近年来学界对宋元以来于江汉平原地区发展有关键作用的垸的研究日益走出以往单纯的经济史、环境破坏史范围②，逐渐将“社会”本身总体性的构造史纳入核心视野，其中尤以鲁西奇、周荣、徐斌等学者的研究为代表。这些成果或从复原最基本的地理状貌演化入手，进而延伸到人群、村庄的聚合、水利社会形成的详细过程，并以赋役的征收、里甲的编排、地方武装力量的建立等为纽带，探讨国家与地域社会的关联及其界限③；或突破陆地视角，以河湖最初的“水面”形态为出发点，探讨水域社会的形成流变④，为更全面地观测地域社会提供了反向通道。但这些成果在时段上基本集中于明清时期，对于民国以来的相关问题讨论偏少。另外，可能由于所获史料多来源于信息密度稍小的地方志、少量的民间文献以及田野调查⑤，导致对垸区社会更精细动态内部结构的考察仍显薄弱。本文即欲以此为径，借助系统的松滋县民国档案，⑥

---

* 作者简介：吕兴邦（1982—），男，湖北枝江人，西华师范大学历史文化学院讲师，历史学博士，硕士生导师。主要从事水利社会史、社会经济史等方面的研究。

① 具体可参见钱杭：《共同体理论下的湘湖水利集团——兼论库域型水利社会》，《中国社会科学》2008 年第 2 期；王铭铭：《水利社会史的类型》，《读书》2004 年第 11 期；石锋：《“水利”的社会文化关联——学术史检阅》，《贵州大学学报》（社科版）2005 年第 3 期；廖艳彬：《20 年来国内明清水利社会史研究回顾》，《华北水利水电学院学报》（社科版）2008 年第 1 期；张爱华：《“进村找庙”之外：水利社会史的勃兴》，《史林》2008 年第 5 期；晏雪平：《二十世纪八十年代以来中国水利史研究综述》，《农业考古》2009 年第 1 期；张俊峰：《水利社会的类型：明清以来洪洞水利与乡村社会变迁》，北京大学出版社，2012 年，等等。

② 相关成果综述可参见拙文《江汉平原的堤垸水利与基层社会（1942—1949）——以湖北省松滋县三合垸为中心》，《古今农业》2011 年第 1 期。

③ 参见鲁西奇：《长江中游的人地关系与地域社会》，厦门：厦门大学出版社，2016 年版。该书是作者对明清长江中游地区社会历史十数年研究的结晶，构建了一套研究该地域的总体框架，是现阶段领域内的集大成之作。另可见周荣：《垸：明清两湖平原社会变迁的核心要素》，《光明日报》2013 年 11 月 06 日第 11 版。

④ 参见徐斌：《明清两湖水域产权形态的变迁》，《中国经济史研究》2017 年第 2 期；《以水为本位：对“土地史观”的反思与“新水域史”的提出》，《武汉大学学报》（人文科学版）2017 年第 1 期；《明清河泊所赤历册研究——以湖北地区为中心》，《中国农史》2011 年第 2 期。

⑤ 因为处于水土与人群的多重“流动”过程中，即便有丰富的明清时期的垸图作为参照并进行频繁的田野考察，若非极为熟悉区域历史情形的本地人，有时可能只能看到“垸”最近的样貌——很多具体而微的变化存世时空窗口有限（若无系统档册备查，基本会很快被湮没）。

⑥ 据统计，该县所藏民国档案数量为 9841 卷（册），是目前湖北省县级档案馆同类藏量居于前列者。参见石山：《湖北省档案志（1949－2000）》第 116 页，武汉：湖北人民出版社，2011 年。

尝试对民国晚期垸区乡保行政与水利行政的具体动态关系进行解剖，从而丰富对地域社会多重面相的认知。

一、乡界与垸界："上明""永丰"编划纠纷

1946年3月，出于便利行政的需要，松滋县①参议会选员成立编划委员会，拟定将原有的三十三个乡重划为二十个乡（镇）。在最初的草案中，规划将朱市（原乡名，乡公所位于朱家埠，该埠为培兴垸北堤全县重要的市镇之一）、培义、松天、夹江、桃南五乡重新划分为三个乡，以桃南乡五保纳入朱市乡原来的区域为一新乡，更名为上明乡。就桃南乡一部约十一保纳入培义乡原有区域为一新乡，更名为天永乡（后改为"永丰乡"）。夹江、松天乡并为一乡，更名为太平乡。② 在此片区域"五乡并三乡"的具体实行过程中，均未遇到太多阻碍，唯独上明与永丰两乡因朱市以南三个行政保份的归属问题产生了重大纠纷（如图1右中部的三角形区域）。

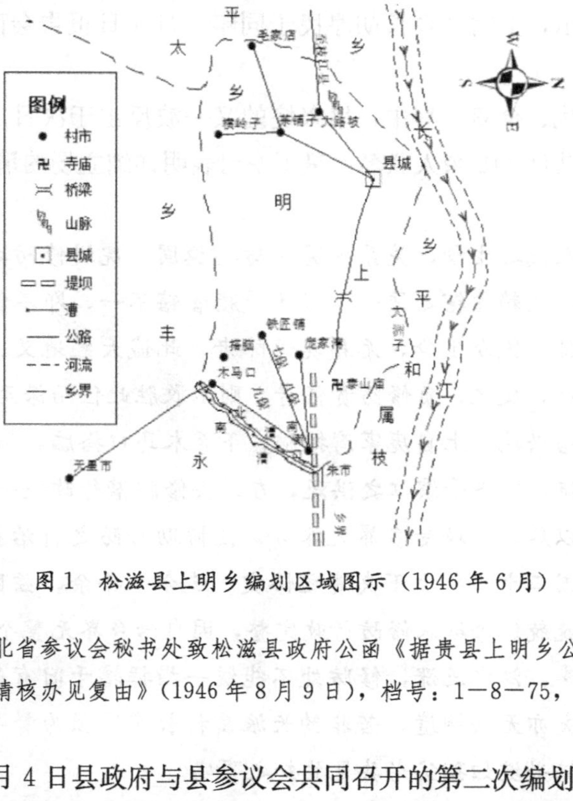

图1　松滋县上明乡编划区域图示（1946年6月）

资料来源：根据湖北省参议会秘书处致松滋县政府公函《据贵县上明乡公民董元伯等详呈编乡经过及划界不公各情形函请核办见复由》（1946年8月9日），档号：1—8—75，第71页绘制，松滋市档案馆藏。

依照1946年1月4日县政府与县参议会共同召开的第二次编划会议决议，分乡的具体方案为"从木马口西北横堤搭脑西上，至桃南乡所属北部之大罗家茶铺子。迤北编入

① 对该县的简介可参考拙文《江汉平原的堤垸水利与基层社会（1942—1949）——以湖北省松滋县三合垸为中心》，《古今农业》2011年第1期。

② 《松滋县政府调整乡镇区划草案》，原档案无具体时间，据推估应在1945年末至1946年年初之间，档号：赵甲—422，第133页，松滋市档案馆藏。以下若不特别说明，皆为该馆所藏民国档案，简写为"松民档"。

上明乡，迤南划归永丰”。[①] 这一划分方案刚好将从地理形势上属于培兴垸的庞家湾地带划归到了上明乡，激起了永丰乡内培兴垸的强烈反对。培兴垸垸绅熊怀民、邓仲权为代表的9人联名上呈县府，要求改变原定规划。县长朱英培觉得不无道理，于是在该呈文之后“尾批”，将“1. 庞家湾搭脑至朱家埠南街木马口以西三角地段两保由上明并入永丰。2. 旧桃南横岭子路东二保由永丰划归上明”。[②] 这一有“互移”保份意味的裁决被反馈至上明乡时，后者表示坚决反对。乡民连夜会商，于第三天呈文表示对县府的出尔反尔及其与参议会的自我矛盾表示愤慨：“尾批之决定，则为侮辱议会，藐视政府之措置。盖编划原案为县参议会之编委会依据各种合法合理条件议决之结果，而编委会之编划全权又系钧府所赋，故谋获解决，无从遵循。”[③] 县长可能被这种直接的责问触怒，将该案悬置了一个多星期。上明乡再上呈文，提出庞家湾附近的两保与上明乡公所距离远较旧桃南乡横岭子路东西两保为近，且后两保离永丰乡公所距离亦近。意图以乡公所行政的便利性来对抗培兴垸谋求水利行政统一的依据。由于县政府对该地地势熟悉程度有限，只得饬令两乡乡长召开乡民代表会及地方绅士会商办理。争执已久的双方代表可能只是在应付县长这次的批示，上明乡乡长胡厚民于同年3月4日报告会商情况，称两派各执己见，互不退让。

在日趋激烈的争执、会商过程中，培兴垸的又一波反击于次日成文。以修防主任杨西伯为首的全垸绅民共计118余人联名上呈了一封表明详细立场的请愿书：

> 一、查低乡人民之生命，关系垸堤修防之稳固；垸堤修防之稳固，系于指挥之便利；指挥便利，尤赖管辖之统一。假使堤塍管辖不一，即不能受一方面如意之指挥，将见溃淹无日，民众生命，无赖其保障者。此诚天经地义、不可借任何之事由而能反对之至理也，反之，负修防责任者，则不敢胜此任而保无恙也。
>
> 二、复查我培兴垸，上自庞家湾搭脑，下至木马口搭脑，形如悬胆，势极险危。上临黑石溪之疾流，中下受滨江之洪泛，在过去修防偕行政统一时，无不共庆安全。洎民国二十三年以后，垸境受乡界之派分，使协助修防之自治机关，责任不专，彼此推诿，致有民国二十四年上下夹溃之惨灾。迄今十年余，兹民气尚未复原。覆亡殷鉴，靡不日夜兢兢。每欲求修防行政完整，因自治乡界无整个变更，固无可如何。去岁三十四年夏季，江水泛涨，修防处不能统一指挥辖于旧有朱市乡之区域，土费既无法收集，民夫亦无法调遣，若非钧长派岳科长实地强为督导，已复蹈二十四年之覆辙矣。此为培兴垸妇孺父老共见共知之事实。

---

① 松滋县永丰乡乡民代表大会给松滋县府的呈文《为请令饬永丰乡长接收桃南原第三四五六七八等保并令上明太平两乡知照由》(1946年4月9日)，松民档1—8—75，第20页。

② 培兴垸公民熊怀民等9人联名给松滋县县长朱英培的呈文《为编划乡界培兴垸须求完整特再呈请鉴核恳予更正实施以洽民意由》(1946年2月6日)，松民档1—8—75，第1页。

③ 上明乡公民刘天佑等13人联名给松滋县县长的呈文《为再吁请鉴核俯准收回成命维持编划原案以利政务推展而顺舆情由》(1946年2月8日)，松民档1—8—75，第2页。

三、此次政府编乡，仍将培兴垸划归共管，垸民等鉴于前车之当戒，始一再呈请钧长将庞家湾上搭脑之共管两保划归统一。蒙钧长不遗刍荛，俯如所请，实施在案，实为顾全民众生命，保持天然形势，且将划归永丰乡之桃南保份补给上明，更属平允。垸民等无任馨香顶祝。现上明乡一二巨绅各储私见，希望垸堤屡溃淤积私人低田，顽持无理之争执，企图推翻原案，故意破坏修防。似此情形，不惟不尊重政府命令，而且使培兴垸两万余之垸民，永作泽国之餐矣。此心此为，是培兴垸垸民无一而能忍缄默者！窃维钧长秦镜高悬，爱民如赤，或不致为少数人所蛊惑，而弃两万余垸民之请求。若其不然，则请将培兴垸之修防与夫垸民之生命财产全部责成于争执人，并请伊等明白接收[受]，作安全之保证，否则培兴垸修防完整不容任何之派分。情不获已，特为钧长请愿，不胜迫切待命之至！①

培兴垸所持的理由仍然与以前无异，即力求保持修防完整，以便获指挥之便利。声称者举出事实，1935 年垸堤的溃决与前一年培兴垸所在区域被朱市乡与上明乡派分直接相关，并进一步举出 1945 年防洪期间需要县府派人“督导”才能指挥的例子来反证“修防完整”的必要性，还认为上明乡意图将庞家湾共管两保维持现状的目的在于某些人希望溃堤后能淤高其低田。以全垸的赋命存亡来表明立场，县府也无法回绝。尽管县编划委员会主任与县长实则一身二任，对手上明乡则在此时还是走通了另一条申诉渠道。县参议会下属的编划委员会在 1946 年 3 月 15 日召开的第三次编划会议中维持了“原判”，宣布取消县府的“尾批”。1946 年 3 月 27 日，这一决定被县府分别通电至上明、永丰两乡。② 早在第三次编划会议开完第三天，培兴垸修防处对维持原决议的判定向县长表示了强烈抗议，并用略带“威胁”的口吻表示已越级向中央省府分别呈文以辩其辜。县政府对此也别无办法，只得采取拖延战术。县府秘书方文权于同年 3 月 21 日在该呈文后批示了一段不痛不痒的文字：“既据分电中央省府，仰即静候层峰核示可也。”③ 两乡纠纷的第一局以上明乡胜利而告终。

争端暂时定案后，第三次编划会议的决议在两个乡中渐次被实施。但从永丰乡公所的角度来看，此刻其对庞家湾地区的保份归属问题还并未表现出如培兴垸修防处那样的关注热情。该乡乡民代表大会似乎更多时候对同时编划的另外一乡——太平乡占有过多面积耿耿于怀。当第三次编划会议决定原属旧桃南乡第六七两保和原决议（第一次编划会议）中旧桃南乡北部的“横岭子迤东两保”均归永丰乡时，该乡公所的喜悦之情溢于言表，立即“督饬各保甲漏液查填详实户口清册，汇送永丰乡公所接收，听候一体编

① 培兴垸垸民杨西伯等 118 余人给松滋县县长的请愿书（1946 年 3 月 5 日），松民档 1—8—75，第 6—10 页。

② 松滋县县长朱英培给上明、永丰两乡乡长的代电《为抄录编委会第三次会议第一号原原决议案电仰遵照由》（1946 年 3 月 27 日），松民档 1—8—75，第 15 页。

③ 松滋县培兴垸修防处给县政府的代电（1946 年 3 月 17 日），松民档 1—8—75，第 18—19 页。

组"[①]。在等待中央、省府以及专署的裁决过程中，纠纷中失利的培兴垸部分士绅极力使出各种手腕来阻碍上明乡公所对原属旧朱市乡八九两保的接管工作，其中尤以第九保爆出的接管纠纷为烈。据该保原保长袁万廷称，在乡界重新划定（应为县长朱英培尾批两乡互移保份之后）后，为免引火烧身，遂召集该保保民会议请求辞职，并选定继任者为杜辉三，通过争夺保份的该保乡民代表王寿廷、曾利南函请永丰乡公所予以派令确认。趁移交尚未进行，得知消息且有第三次编划会议决议在手的上明乡乡长胡厚民又随即委派袁万廷为该乡新第十三保保长，袁当即表示拒绝。后上明乡派人在袁不知情的情况下骗得其妻子盗盖私章，袁立即将发生情况申告继任保长杜辉三及乡民代表会曾利南等人，并欲向县府呈报。1946 年 4 月 11 日清晨，上明乡公所突然派警长庞新陔率带枪兵多人将袁万廷"逮捕"关至黑屋，中途遇见垸绅陈树林求情释放亦未允准。由上明乡副乡长罗世英下令让乡公所干事于杰民（实为账房师爷）拟具控告乡民代表曾利南阻滞该保政令的证明，威逼袁签押，袁无法，只得满足其要求。[②] 感觉事情重大，袁万廷事后迅速向县府做了报告，并移请县司法处进行民事诉讼立案。

在拿到了不利于曾利南的文字"证据"后，上明乡乡长随即以传唤问话的名义派副乡长罗世英于 4 月 16 日傍晚率领乡警多人将曾利南逮捕，"所行半里之程，猝由后方赶来二十余人，为首者邓仲权陈树林等，不容理论即将曾利南劫夺而去。其余多人并将警等揪住，以至横 [浑] 身军服被其扯破，手令一纸，亦被搜去"。在众多同情者的武力压服和声讨下，曾利南于乱中脱身。[③] 关于曾如何脱身的另一个版本出自他自己向县警察局长穆天镜的报告，主要差异在于不承认有邓仲权、陈树林等二十余人追来相救并殴辱乡警的情节，表示当时脱逃和撕毁上明乡乡长的手令纯由自己造成。[④] 次日深夜，上明乡副乡长罗世英去而复返，带领枪兵十三人（其中有手枪一把）及乡丁八人到其家中继续搜捕曾利南，一至门外即"鸣枪三声"，耀武扬威。可能事先得到风声，曾当时并不在家，"乃将家人（曾妻）毒殴，家什打碎，并翻箱倒箧，大肆搜索……行同土匪"。其时正好在曾家的原朱市乡第九保新甲长李家义被认为是同伙，也遭到枪托加嘴巴式的殴辱。枪声惊动了驻扎在朱家埠的县警察分局，"朱市警察所疑系地匪，由其所长亲自带兵查悉，始不准放枪"[⑤]，上明乡的人马才悻悻而去。为在官司中获得更多"证据"，上明乡还派人于 4 月 18 日将曾在曾利南家被殴打的第六甲甲长李家义胁迫至袁万廷家，蒙着照写由其随带的于

① 永丰乡乡长代表大会主席袁白圭给松滋县长兼编划会主任委员朱英培的呈文《为请令饬永丰乡长接收桃南原第三四五六七八等保并令上明太平两乡知照由》（1946 年 4 月 9 日），松民档 1—8—75，第 21 页。

② 永丰乡第十七保民袁万廷给松滋县县长朱英培的呈文《为盗用印章□□特向司法处告□□特向钧府缴纳上明乡领发图记由》（1946 年 4 月 15 日），松民档 1—8—75，第 23—24 页。

③ 上明乡公所给松滋县府的代电《为曾利南等争乡失败故意捣乱谨将处理经过情形电请鉴核恳祈迅予缉拿严办以儆刁玩由》（1946 年 4 月 18 日），松民档 1—8—75，第 30 页。

④ 松滋县警察局局长穆天镜给松滋县长的代电《为将遵查上明乡公所与曾利南发生纠纷一案详情电复核办由》（1946 年 5 月 19 日），松民档 1—8—75，第 35—36 页。

⑤ 松滋县参议会给松滋县政府的公函《为据永丰乡代表会电以上明乡副乡长罗世英私擅逮捕该会代表曾利南毒欧家人碎毁家什等情函转查照希即严办见复由》（1946 年 5 月 5 日），松民档 1—8—75，第 38 页。

司爷所代立的文稿，妄图假其手诬陷曾利南。[①] 至此，双方的直接矛盾日趋激烈。

县政府在派出警察局长穆天镜实地勘验该案后，也无法找出解决办法。双方的呈文、代电交加下，县政府只得再次启动更高级别的实地勘界程序。1946 年 6 月 17 日，新任县长罗道学[②]亲自到场，两乡乡长及负责该区编划的县编划委员会第一编划小组委员杨凤翱、刘福田（县参议员）、邓斗辰、刘昌墀（县参议员）、熊映辰、史新伯（县副议长）会同地方士绅数十人，浩浩荡荡，齐聚庞家湾地方会勘地界。借助县府的权威，朱县长暂时抛出了两乡同意的方案："划定自朱市上街下堤处起至铁匠铺大桥止，路以上属上明乡，路以下属永丰乡。桥以西属上明乡，桥以东属永丰乡。再自桥南经里田湖心直达培兴垸下搭脑为该两乡乡界，至保界划□线之，须代表仍遵发令办理，余照旧编划方案，概不更动。"[③] 这一规划方案其实就是把第三次编划会议中原属朱市乡的第"八九保及第七保半数划为永丰"乡。[④] 除了留下第七保半保与上明乡外，又回到了上明乡此前所争的原点。

眼见局势向己方倾斜，曾利南主动撤销了对上明乡乡长的民事控告，腾身静观其变。上明乡士绅刘福田、董元伯等 32 人于 1946 年 6 月 22 日再次呈请县参议会，表达对县长罗道学裁定的不满。在聚讼几个月后，罗道学的批示很有伸缩性："为划清治安权责，避免导致纠纷，不得不有一时权变之处置，至究应如何划判，应候贵会第三次大会（此处第三次会议有别于 1946 年 3 月 15 日的县编划会议，当为县参议会的第三次全会）重行审议等。"[⑤] 将皮球又踢回给县参议会，再度采取拖延战术的县府其实也在焦急等待上级的裁定。7 月 18 日，县府终于收到第七区专署 7 月 13 日发出的代电。除了将上明乡 6 月 22 日呈请裁决区划不公的内容复述了一遍外，专署也表示"不明真相"，只得采取骑墙态度，要求"该县长会同参议会，查照原案，秉公办理，报核为要"[⑥]。早于专署代电一日发出的湖北省政府训令也于 8 月 5 日到县，又一个模棱两可的裁决诞生了。当然相较专署，省府的措辞更严厉些："请速饬松滋县政府撤销情面，划定界线，另予公允编划，以抒民困。"[⑦] 并不是撤销原案，只是撤销"情面"，且另予"公允"编划，还是将这件扯皮的事情交还给县府处理。最后到达的是名义上为全省最高权力机关——省参议会的公

① 松滋县培兴垸独木桥农民李家钰［义］给县长朱英培的呈文《为上明乡副乡长罗世英威胁勒据陷害本保民人曾利南一案禀恳依法公判追缴勒据予以注销而保良善田》（1946 年 4 月 18 日），松民档 1－8－75，第 33 页。

② 上明永丰为争界打官司最激烈的时候，原县长朱英培去职，继任者为罗道学。因新旧交接，原定 1946 年 5 月 30 日进行的会勘乡界被推迟至当年 6 月 17 日。

③ 松滋县县长罗道学给上明、太平、永丰、青云四乡乡长的代电《为上明永丰两乡乡界业经会同勘定仰遵照知照查编具报由》（1946 年 6 月 25 日），松民档 1－8－75，第 48 页。

④ 上明乡公民董元伯等 32 人联名给松滋县县长罗道学的呈文《为不明划界情形请予指示俾便转告民众由》，1946 年 6 月 25 日县府收到该文，松民档 1－8－75，第 49－50 页。

⑤ 松滋县参议会议长胡人佛、副议长史纪铭给松滋县县长罗道学的公函《为据上明乡呈以划界不符编案请转县府保持原有区域以昭信覆等情函转照办理见复由》（1946 年 7 月 6 日），松民档 1－8－75，第 54 页。

⑥ 湖北省第七区行政督察专员兼保安司令公署给松滋县县长罗道学的代电《据报该县上明乡划界偏袒情形祈饬县仍照原议实施一案电仰遵办具报由》（1946 年 7 月 13 日发出），松民档 1－8－75，第 59 页。

⑦ 湖北省政府给松滋县县长罗道学训令（1946 年 7 月 12 日发出），松民档 1－8－75，第 66 页。

函，相较专署与省政府则更没有明确意见，只以平常的公文口吻“希（贵府）查照办理，见复为荷”[①]。县长罗道学给予三个上级部门的回复都差不多，即将“希望”抑或“皮球”再次推给县参议会，“俟县参议会第三次大会提出审议，再作最后决定”[②]。由于相关档案到此戛然而止，我们无法得见该案最后结果。但从各级政府间的推诿及地方势力的强横来看，最终可能趋于不了了之。

仔细推敲这场持续半年多的划界纠纷，其间的动力源在于朱市乡的邓仲权、陈树林、曾利南等豪绅的鼓动，其中尤以该市镇的首富、于朱市商业利益及培兴垸的土地利益多有所涉的邓仲权为首。此处我们无从悬揣将庞家湾所在的两个保份划归上明乡究竟会给这些地方社会的有力者带来多少损失，但其间的利害关系肯定是真实存在的。几乎在同一时期内，介于县北滨江的新沙镇与江亭乡之间的旧新温乡的第一保同样遇到了归属不明的问题。按原定编划方案，需要将该保八甲中的下五甲半划归商业性的新沙镇，剩下的上二甲半归于江亭乡。“该保居民占百分之九十为佃耕农，自耕农不过十户”，下五甲半的民众对于若归属新沙镇后可能受到的排挤和不公对待惴惴不安，于是联名呈请县长朱英培维持原保份不变。[③] 因为按人头或地亩的摊派在民国末年多如牛毛，以佃农和自耕农为主的保份若划入市镇，肯定会均摊到更多的负担，可见实际利益的损益是保份归属的重要推动力。以此对比，曾利南等人所争的要求将庞家湾地区的保份划入永丰乡的企图，实则是看到了该乡 21 保被增至 24 保后远多于上明乡 13 保的潜在负担减少的好处，所谓“维持修防指挥统一”纯属一巧妙借口。这一点在上明乡给第七区专署的呈文中被揭示无遗：

> 该乡所借保持培兴垸完整者，殊为大谬理论。今就本县而言，大同垸居于松江二县之界，在松滋即有四乡，在内两益垸久为枝松两县所辖。三县、全美等垸，乃于江公松之地。与类似者，实有不胜枚举之慨。盖以堤政属修防乃水利工程，乡政属保甲，乃行政范围，两有若风马牛不相及之判别。该乡无理起衅，不待攻而自被[破]矣。且本乡之前身为朱市乡，原为十五保，今仅增一保，而为十六保。该乡为二十一保，若听争之点终被割据，则本乡仅十三保，该乡一跃而为二十四保。扩大乡镇，原为减轻人民负担。同为大中华国人民，剥此肥彼，于心何忍，出尔反尔，法纪荡然。二十世纪为人民世纪，应同尽其义务，而共享其权益。似此主权所有，妄被割据，议会定案失效，民治精神何存！公民等为发挥其各个责任观念计，誓必

① 湖北省参议会秘书处给松滋县政府的公函《据贵县上明乡公民董元伯等详呈编乡经过及划界不公各情形函请核办见复由》（1946 年 8 月 9 日发出），松民档 1—8—75，第 68 页。

② 松滋县县长罗道学给湖北省政府主席万耀煌的代电《为电复办理本县上明与永丰两乡划界纠纷一案情形请鉴核由》（1946 年 8 月 18 日），松民档 1—8—75，第 67 页。

③ 旧新温乡下五甲公民张宽甫等 13 人联名给松滋县县长朱英培的呈文《为申明本保不能划分情形恳祈鉴核按照改编原案施行以符功令而利保政由》（1946 年 4 月 23 日），松民档 1—2—506，第 124—125 页。

坚从原议，以证民主之永生。[①]

上明乡的批驳显得理由充分，且举出了全县很多民垸与乡镇范围并不重合的例子，乃至于一垸数县、数乡或者一乡数垸在在皆有。培兴垸修防处此前有关该垸被两乡派分导致水灾的例子实则也没有多大说服力。因为派分时期他们实际上接受了既定事实并维持了水利的正常运作，所以“无可如何”。1935 年和 1945 年的正反两个例子也为借口。是年“百年罕见大灾，七月四日，狂雨倾盆，四日未已，外江内河，同时泛涨……”[②] 受灾范围很大，并非培兴垸一隅。

从这一持续达半年以上、双方争夺不止的划界案中，我们可以看出，垸的范围与乡镇的范围重合与否并不直接导致水利运作与基层行政的冲突。地理结构对垸区社会行政的区划在某种时空下拥有很强的型构作用，但随着生产力及外界力量的影响，垸区行政边界的分划可以逐步逃脱这种限制。与位于松滋河（西支）东岸，与培兴垸隔岸相望的三合垸在历次区划调整时其独立性一直得到承认[③]的“幸运”相比，培兴垸代表了另一种类型：即当行政无法满足垸区因水利原因而生的“完整”要求时，基于地理形势的不可更改，垸在组织修防事务的过程中，虽然会花费更多的成本去协调各种关系，但最终仍然能保持其完整的水利功能。

我们也发现在这些大垸之内的子垸界限其实与行政保的界限重合颇多，至少其重合的几率要远大于乡镇与大垸的重合度。如 1944 年 8 月间的镇天乡在尚未编划时期，其中一小垸对应一保的就有：天德垸——三保；连保垸——四保；聚宝垸——七保。一小垸对应两保者：保兴垸——一、六保；永保垸——八、九保；天星垸——二、五保。一小垸对应多保者为：同兴垸——十至十四保；同泰垸——十五至二十保。其中十六保还跨同兴与同泰两小垸。[④] 很多大垸中如三合垸[⑤]中的情况也多有与此类似者。出现这种情况的原因可能在于合垸的历史进程中，规模相对较小的原始小垸——保（村）的对应关系被很好地保留下来，而合垸后形成的大垸则与乡镇的范围并不一定对应。这种情况也许是上文中上明乡的呈文中认为“盖以堤政属修防乃水利工程，乡政属保甲，乃行政范围，两有若风马牛不相及之判别”的重要原因。

---

① 松滋县上明乡公民董元伯等三十人给湖北省第七区行政督察专员兼保安司令公署的呈文《为详陈本县编乡经过及划界偏袒情形公恳核准迅予饬县仍照原案实施以符原议而昭平允由》（1946 年 6 月 28 日），松民档 1—8—75，第 60—61 页。

② 八宝公社水利志编写组：《八宝区水利志》（内部材料），约 1983 年印刷，未编页码，松滋市水利局藏。

③ 参见湖北省松滋县志编纂委员会编：《松滋县志》，内部发行，1986 年版，第 52—53 页。另见民国《松滋县志》卷首所附地图，1937 年初版，1982 年内部翻印。

④ 松滋县镇天乡公所给县长朱英培的呈文《为遵电绘制详图三份赍请鉴核汇转由》（1944 年 9 月 7 日），松民档 1—3—157，第 28 页。

⑤ 松滋县永安乡公所给县长朱英培的呈文《为呈送乡图一份祈核备由》（1946 年 3 月 21 日），松民档 1—8—67，第 7 页。

二、乡保组织对水利事务的协助

虽然在行政区划上，垸与乡保之间的关联不甚明显。但在具体的水利事务中，后者常常给予前者诸多协助。最典型的就是防汛时乡保与堤保之间的合作，不过这种合作制度来源于县、省级政府的行政预设。一般而言，防汛办法的制定是层层推衍的，如1947年，松滋县政府根据江汉工程局的指导意见制订了该年的民堤防汛办法①分饬全县各垸，然后各垸根据具体情况再次细化防汛操作办法。除开技术性的内容外，可能出于汛期征集全垸（乡镇）劳力的需要，各级防汛办法中都强调乡保与修防处的合作。其中堤保的编制与人员也与行政保相并行，如永安乡中的九个行政保属于三合垸，而该垸的堤保也是九个。在具体的防汛组织中，一般“修防主任为总队长，乡长为副总队长；堤董为支队长，警卫股主任为支队附；堤保为分队长，保长为分队附；堤甲为班长，甲长为副班长”②。行政乡保主要担任副职，负责发动民众上堤。上堤的民夫、哨丁及班长一般酌情给予不等的土方作为报酬或奖励，乡保人员则为无偿协助。

乡保组织与修防处在防汛事务上的制度关联使得修防会议上往往有乡保人员出席。三合垸所属的观禹乡（其时还未重新划乡，后改为永安乡）的湖南华容籍乡长许亚平就经常列席该垸修防会议，其继任马化龙也是如此。在1945年九月的“数十年以来未有之大水”，堤有溃决之虞时期，许乡长与三合垸修防主任王述明齐心协力，“大量发动全垸民夫上堤守护，规定某一行政保份，每日发动民夫五十名。按保甲分配，守护堤段。职等率员警示，不分昼夜，轮流巡视，并函咨垸内富有水利士绅，上堤指导，随即各地绅亦很热心策动，亲至视勘”③，最后终于战胜了洪水。行政乡保与三合垸修防处的良好协作关系是该垸数十年来较少溃决的重要原因之一，这一“成果”后常常为垸绅们所提及。

由于1945年许亚平乡长所带领的全体乡保人员参与抗洪有功，江水退落后，三合垸修防处特别向县府提请对其予以传令嘉奖：

> 一、查此次秋洪狂涨，为百年来所仅见。本垸堤身过长，各段先后发现险情甚多，尤其复兴垸脑之漏洞，牟家岗一带之崩矬，更为危急。幸本乡乡长许亚平、副乡长马化龙、乡队附向国茂等事前率带全体员警上堤协助防护，并一面严令各保甲星夜动员民夫，分段抢救，转危为安，一周之内未遗余力。今则堤固水落，民庆平康。要非该乡长等身先民众，何有今日。
>
> 二、除将该乡等抢险勤劳向本垸民大会宣扬外，理合另将协助抢险经过情形呈

① 县长刘琦给各修防处、有堤各乡公所的代电《令仰遵照本府三十六年度民堤防汛办法组织防汛队并仰将办理情形具报由》(1948年6月28日发出)，松民档赵乙—177，第101页。

② 《松滋县永和垸民堤防汛组织办法》(1945年6月20日制定)，松民档赵乙—186，第66—67页。

③ 松滋县观虞乡公所、三合垸民堤修防处合署报告《为报告水势泛涨暨防泛抢险各情请鉴核备查由》(1945年9月6日)，松民档赵乙—117，第20页。

请钧长鉴核，恳准传令嘉奖，以彰劳绩。

右呈

松滋县朱县长

主任王述明

垸民代表唐永昶、邹云陔、周华春、庹理章、熊芰舫、刘性之（私章）[①]

松滋垸绅一般对外省籍的乡官持不合作态度，此次以王述明、唐永昶为首的七人联名请奖，确属为乡长诚意所感。及至该年11月这位行伍出身的许乡长即将调离回乡，三合垸修防处专门开会欢送，另“赠旅费十万元，欢宴费五万元。复以乡公所全体警士抢险最力等，赠犒劳费一万元，以彰劳绩”[②]。水利组织与行政组织的密切关系在此得到很好展现。

在修防处一年一度的征收土方、土费过程中，有时遇到人手不够或者垸民反抗时，乡保组织也充当协助者。不过这种事务一般由修防处移函乡公所派令携带武器的乡警下乡完成。1945年岁末三合垸的一次堤务会议讨论中，修防处工作人员提出“开征日久，各粮户应缴寥寥。迄至现日止，征收成分仅达十分之三，而各债权人索债取款，络绎不绝。应如何设法救济”的问题，与会的新任乡长马化龙马上同意“乡公所协助严催，一面布告限期缴齐”[③]。此处无法知悉乡公所派出的催缴警察是否沾染了惯常的敲诈勒索恶习，但从乡警一度热衷于下乡催缴堤费的情况看，恐怕也难免俗。

当垸的规模较小时，由于修防处人员有限，一些临时性的征收事宜也常常由修防处委托乡保人员负责。1944年祈福垸就在堤务会议中决定该年征收由各行政保长代为照亩征收。在由各保长转交给修防处的过程中，新虞乡第二十七保保长伍建青将额数九千元的整闸经费私吞六千六百五十元，后被修防处主任伍直卿报县府查处。[④] 类似的情形各垸皆有发生。

民国末年，抓壮丁、修路等政府的各种临时性劳役日多，上级相关的命令通常由乡保组织具体执行。但垸中的修防同时需要足够的劳力，这往往与乡公所造成冲突。1947年三月，正当祈福垸修防处决定开展春修时，往日承担主要任务的明道乡第十六保保民均已被乡公所迭次饬令编组为军队运米。为完成各自的“紧迫任务”，修防处与乡公所两方主事者均不退让，只得寻求县府裁定。两边均是急务，县府也害怕担责，只在修防处

① 松滋县三合垸民堤修防处给县长朱英培的呈文《为本乡乡长许亚平及全体员警抢险勤劳恳准传令嘉奖以昭激劝而利来兹由》（1945年9月15日），松民档赵乙－318，第117页。

② 松滋县三合垸民堤修防处给县长朱英培的呈文《为呈报赠送许乡长亚平旅费慰劳乡公所全体乡警情形乞鉴核由》（1945年11月12日），松民档4－1－87，第80页。

③ 《松滋县三合垸民堤修防处会议记录》（1945年11月10日上午十时），松民档4－1－87，第81页。

④ 祈福垸修防主任伍直卿给县长朱英培的呈文《为新虞乡第二十七保长伍建青代收祈福垸整闸经费九千元抗不缴纳企图鲸吞殊属不合公恳追缴以支归垫由》（1944年10月3日），松民档4－1－93，第132页。

主任伍箴辅的呈文后批下希望能“两相顾及”的模糊断语。[1] 1949年3月，类似的情形德胜垸也遇到过。当春修开工后，垸属的青云乡第七保民众都上堤辛勤修筑垸堤，岂知中途保长又接到上峰命令，需抽调“千余人”抢修公路，刻不容缓。考虑到德胜垸民少堤多，修防处只得呈请县府希图挽救。县府此次倒还“公道”，批示照顾德胜垸的实际情况，部分减免了所属行政保“抢修公路”的劳役。[2] 从上诉诸多事例来看，乡保组织在更多情形下，是县政府命令在基层社会的执行人。而受县府督察的民垸修防处则在水利事务的具体实施中拥有更大的自决权，只有垸与乡保需要协调时，县府就居间促成或给予裁定。

三、结语

水利兴废对垸的存续有关键意义。源于民众自发、逐渐被各级官方纳受的修防体制在很大程度上拥有自主性。换言之，政府对垸（尤其是处于最底层级的小垸、子垸）的水利行政关注不多。另一方面，国家向垸区的渗入则是以保甲制度的建立、完善为线索。水利行政与乡保行政在形式上是并行的。但透过本文详细剖析的民国晚期松滋县上明、永丰乡界变更导致保份互移纠纷来看，这两种类型的“行政”内部，利益错综复杂。因为垸本身的开发过程与拥有大量土地和商业利益的强宗大族关系密切，一旦遇到外界压力，他们的“权势”更多时候可以以“水利”的面相被凸显出来，而官方更多时候对基层信息掌控有限，代表其利益的乡保系统就只能仰赖于水利行政架构来达到自己的目标。当然，两者“叠合”应对共同的洪水压力也是一种常态。

值得提及的是，中华人民共和国成立以后，垸区社会中水利行政系统的影响逐渐式微，而代表官方的乡村治理结构日益强势，最终水利运作变成了乡村管理的一个日常部分。但乡村财政一遇到困境，“水利”仍然是最有可能被表达成一个提高税率的由头。这一变迁及其背后蕴藏的机制转换与历史连续性，笔者将另文专讨。

① 松滋县祈福垸修防处给县长罗道学呈文《为奉令春修之际忽遇夫差阻碍吁请鉴核另饬明道乡公所暂缓祈福垸一六保夫役俾利堤塍由》（1947年3月25日），松民档4—1—93，第68页。

② 德胜垸修防处给县长王开荣的呈文《为垸民担负夫役实难兼任电恳鉴核准予令饬青云乡公所对于抢修公路民夫减免以舒民力而免贻误堤政由》（1949年3月16日），松民档2—1—99，第74页。

论《南部档案》中的土地量词与人地矛盾

苟德仪*

众所周知，量词既是汉藏语系的重要特征，也是语言学研究的重要问题。量词最基本的功能就是增强语言表达的准确性、丰富性、形象性，正如《汉语量词词典》所指出的："汉语量词，特别是现代汉语量词是极其丰富、发达的。普遍使用量词，以增强语言表义的准确性、丰富性、形象性，是汉语区别于其他语言的一个显著特点。"① 从清末马建忠的《马氏文通》诞生以来，学者对量词的研究已经取得丰硕的研究成果，解决了很多重要学术问题。②

目前学界针对不同地区的契约文书、徽州文书等研究素材，对土地量词进行了探讨，厘清了不少学术问题。③ 这对丰富历史学、语言学、汉语史、汉语与方言等的研究具有重要价值。我们在整理清代《南部档案》时，发现大量的土地量词无法释读，相关研究也无法解决问题，比如坵，在《徽州文书》中大量出现，有学者认为坵是指成块的水田，也可以指一块田里的庄稼，所指具有模糊性，它跟亩之间如何换算不得而知。④ 在《清水江文书》中，坵也是很常见的土地量词，有学者认为一坵约等于666.67平方米，而且将坵与贵州独特的地理环境及苗侗的生产生活实践活动相联系，认为这是苗侗民族对自然环境和社会生活体验认知的结果。⑤ 坵也是清代南部县出现频率非常高的土地量词，究竟何为坵？坵如果说是苗侗等族的独特用语，为何在其他地方依然普遍使用？南部县的

---

* 作者简介：苟德仪，西华师范大学历史文化学院教授，地方档案与文献研究中心副主任，主要从事中国近现代史的教学与研究。本文的写作，研究生朱思鱼作了不少基础性工作，特致谢忱。

基金项目：四川省哲学社会科学规划项目"清代南部县衙工房与工房档案"（SC18B123）、国家社科基金项目"清代州县房科与地方行政"（20XZS018）。

① 刘子平编著：《汉语量词大词典》，上海：上海辞书出版社，2013年，第1页。

② 在此仅列举代表性成果如黎锦熙：《论现代汉语中的量词》，北京：商务印书馆，1978年；刘世儒：《魏晋南北朝量词研究》，北京：中华书局，1965年；胡附：《数词和量词》，上海：上海教育出版社，1984年；何杰：《现代汉语量词研究》，北京：民族出版社，2000年；何杰：《量词一点通》，北京：北京语言大学出版社，2003年；陈颖：《苏轼作品量词研究》，成都：巴蜀书社，2003年；金桂桃：《宋元明清动量词研究》，武汉：武汉大学出版社，2007年；叶桂郴：《明代汉语量词研究》，长沙：岳麓书社，2008年；陈小明：《粤方言量词研究》，沈阳：辽宁大学出版社，2010年；惠红军：《汉语量词研究》，成都：西南交通大学出版社，2011年；刘朝华：《布依语汉语名量词对比研究》，昆明：云南人民出版社，2014年；游黎：《唐五代量词研究》，成都：四川大学出版社，2018年。

③ 代表性论著如韦岩实：《乾嘉时期〈徽州文书〉量词研究》，广西师大硕士论文，2013年；黄天艺：《福建民间契约文书名量词研究》，湘潭大学硕士学位论文，2016年；李燕娟等：《清水江文书中单位量词语义的体验认知基础分析》，《重庆与世界》2014年第2期；黑学静：《认知语言学视角下古代契约文书土地形状量词研究》，《北方民族大学学报》2015年第4期。

④ 韦岩实：《乾嘉时期〈徽州文书〉量词研究》，广西师大硕士论文，2013年，第28页。

⑤ 李燕娟等：《清水江文书中单位量词语义的体验认知基础分析》，《重庆与世界》2014年第2期。

土地量词与其他地方相比，有何特色？南部县的官民为何要使用不同的土地量词？这些能折射出什么问题？诸如此类的问题，还需要基于可靠资料的实证研究才能得到解决。

基于此，我们拟对《南部档案》中的土地量词进行概述，并在此基础上对部分量词进行解读，并由此对该县的人地矛盾问题进行分析，希望这不仅对相关历史的研究有裨益，还可以丰富汉语史和语言学的素材，供学界同仁参考指正。

一、《南部档案》中的土地量词概述

通过我们初步研究，《南部档案》中的土地量词很多，涵义也很复杂。这些土地量词散见于官府公文、民间契约文书（作为诉讼证据保存在档案中）和大量诉讼文书中。光绪三十四年（1908），四川总督札委峨眉县知县萧茂芬前往南部县会同查明该县种烟地亩及出数、销数。同年五月，峨眉县知县萧茂芬与南部县知县史久龙向四川总督、四川通省警察总局禀报说："合境计种地七百三十亩，共出土二万四百两，概系种户自吸，不但并无外销，即官膏总店需土熬膏，现在无从收买。"[①] 各保正向县衙禀报和具结时，常用"亩"作单位。[②] 这就出现了一个比较奇怪的现象，我们发现凡是涉及向上级报告田地资料时或者说是官方文书中，南部县常用的是亩、顷、厘等单位，而在民间基本是采用"坵、圵、约、股、段"等量词。这种巨大的反差给我们留下了深刻的印象，但造成这种巨大反差的原因是什么呢？

我们先来看一个诉讼案例。道光十二年（1832）六月二十三日，南部县民马调云、马步云等具告状称，在积下乡二甲五华山有他们祖坟一处，其始祖马孔章、马心仁承粮注册四维熟地，乾隆年间佃与马廷选、马先荣等栖耕，看守坟茔。去年正月，马廷选等将其坟茔树株偷卖与吴子来。他等将马廷选控案，知县断令马廷选等搬移还业，他们再将田地另佃任仕春耕种。不料马廷选等违断霸踞，去年十月二十一日胆将仕春播种麦粮翻耕。二十六日，他们再将马廷选等控案。腊月初六日，知县审理后断令马廷选于道光十二年三月内即行搬移。可是马廷选违断不遵，竟然"将伊霸种来脉熟地一段摸当与马先荣耕种，当价钱七千，马升云、马如林等可质"[③]。马调云还说，他们的"祭扫莲池田一坵"，被马成等人摸卖与周彤为业，获钱七十千。马祥德将坟茔拜台下熟地"一段当与马祥文耕种，获钱六千"。知县受理该案后，批示："仰词证查楚复。"[④] 六月二十七日和十月十八日，县衙两次票仰书吏前去协同词证仁仕春等确查马调云等所控是否属实，刻即查明秉公禀复。[⑤] 十月二十六日，马调云等再次到案具告，他们始祖乃两房分支，有马廷选、马先荣等住居城近马家河老业，他等住居新镇坝庄业。马廷选等老业有祖茔二处，

① 《南部档案》Q1－18－791。

② 《南部档案》Q1－18－789。

③ 《南部档案》Q1－4－79。

④ 《南部档案》Q1－4－79。

⑤ 《南部档案》Q1－4－79。

"四围熟地多端，外有拜台地一段，桂花树地一段，碾房地一坪，莲池田一坵，以作祭坟田地"。他等新镇坝有新坟山一处，四围止有禁地。今年八月，他们所招佃户任仕春看守新镇坝坟山，与马廷选等无干，可恶马廷选等于十月二十二日至新镇坝将其佃户任仕春所种麦粮翻耕一空，又率众估争他等新镇坝坟山。另有马廷选等熟地一坪，摸当与马先荣耕种，不知获价若干。更可恨的是，马祥文同伊子马人贵开挖坟前禁地，拆毁拜台。知县批示称："候唤查讯。"[①] 十一月初二日和十三日，县衙两次派差传唤此案内相关人证到案候讯。十一月初八日，词证任仕春等禀复说，他们奉批邀集马廷选和马调云等集理，无奈马廷选等各住居窎远，尚未拢场理息。随后知县换届，马调云再次呈禀，知县再次批示要求词证处理。他们奉批再次邀集两造人证集理，据马调云说，伊等与马廷选原有公共五华山坟茔一处，有公共田一坵，被马廷选出卖，并糟践祖茔禁地。而马廷选所供情形与此不同，双方各执一词，碍难理息。知县认为应该"唤讯察夺"。十二月初，县衙开单审理了此案。据双方供词可见，马调云与马廷选同始祖，两房分支，田地、山坡早分，老业有祖坟二处，周围有拜台禁地。新镇坝葬有祖坟二处，止有禁地。马廷选等不知何时将老业祖坟拜台禁地开垦耕种，于是兴讼。经审理，知县断令马廷选等将拜台垒砌如固，禁地除留，埋石定界，并饬令马廷选等搬移外处居住。由于马廷选等抗不搬家，故翌年三月，县衙再次开单复讯，知县令马廷选搬移居住，并断令坟前拜台禁地，凭中清理埋除。[②] 这是一个典型的田土纠纷案，案情较简单，就是马廷选将公共祖茔的拜台禁地开垦来耕种，引起了另一支的不满，于是兴讼。我们感兴趣的不仅是这个案情，还有案件中涉及的土地量词。在此案中，反复出现了"坵""段""坪"等，究竟是什么意思呢？

除了坵、段、坪等土地量词外，档案中还常用"圤""股""约""增""节""幅""块""分""条""层""台""垣""塆"等20余种表示土地大小的单位。我们依次举例如下。光绪二十五年（1899），西路永丰乡的董应金具诉状称，他务农本朴，去年十月曾凭中"接买王姓柴坡一圤，买价钱三十五千"[③]。这里提及柴坡一圤，买价是35千文。光绪三十三年（1907），县民何现章在告状中提及"抽民田地一股作关，书约数年无异。今烔章听信烟友刀皮江立刚主唆，骗称伊子未说回备，图搕心切，胆于四月十一纠众执持刀枪，将民产谷十七背大田一坵霸栽秧苗，畏凶惧阻，投鸣族保理遣无息"[④]。这里同时提及"股""坵"。光绪二十一年（1895），县民向朝富与向元明因田地兴讼，向朝富在其供词里称"这财豪向元明前买小的胞叔向元杰数约田地，均系匿税贻粮，后又当小的业产五约耕栽，发积巨富，不加不买，害及小的空完丁粮累债"[⑤]。这里使用了"数约""五约"等量词。道光时期，杜洪信、杜洪善等在出卖田地、山林竹木等文约中，频繁使用

① 《南部档案》Q1—4—79。
② 《南部档案》Q1—4—79。
③ 《南部档案》Q1—14—735。
④ 《南部档案》Q1—18—407。
⑤ 《南部档案》Q1—12—808。

“旱田一垢”“熟地贰坪”“熟地一溜”“田地一分”“沱地一段”“田地一段”“菜园一幅”“旱田两节”“熟地一台”“熟地一垣”等表述。[①] 在咸丰时的一些当约中，还有“二层”“一块”“二条”等用于指称土地的大小。[②] 甚至有契约用“柴坡一塆”的字样。[③] 在大量契约文书中，类似的表述非常普遍，稍作统计可知清代南部县田地丈量的单位应该在十种以上。这些量词的释读，关系到对土地纠纷、契约文书等的研究，进而关系到清代南部县相关经济问题的研究。

这些量词中，比如块、条、坪、塆、段、分等，相对简单。《说文》释“块”为墣。本义是土块。后来演变为成疙瘩或成团儿的东西。既是名词，又是量词，用于块状、片状的东西。[④] 在四川农村，现在普遍还在用“块”来指称田地。再如“条”一般指细长或长条形的东西。[⑤] 据研究，条在南北朝已是一个比较成熟的量词，在当时可以用于称量某些“条状物”和某些“抽象事物”，但唐五代“条”量“抽象事物”的用法与南北朝相比没有明显变化，而量“条状物”的用法在唐五代则得到非常大的发展。在敦煌契约文书中，已经出现了“院落地一条”的用法。[⑥] 南部县民所谓“地一条”“地二条”就是指条状（细长）的土地。坪的含义也很简单，《说文解字篆韵谱》将坪解释为：“坪，地平。”[⑦]《正字通》也称：“坪，蒲明切，音平。地平处。”即平坦的土地为坪。在南部县所谓“地一坪”就是指一块较为平坦的土地。塆常用作地名，也是南部县常见的土地量词，有时也作形容词。在四川，以“塆”为地名的情况很常见。南部县也不例外，如契约中有“水井塆”“石板塆”“于树塆”等地名。[⑧] 塆作为田地量词的情况曾在乾隆三十九年(1774）的一份契约中出现，吴明彩将田土出卖与何可才等管业，“至于田垢以下沟大方田，下仑起连侧小干田在内，至花古田直至住宅止，左右三塆田地在内，毕宅田大小共九垢在内，自卖之后恁意何可才、何可重弟兄子孙阳修阴葬”[⑨]。咸丰年间的一份契约称，杨天珍“自愿承买杨敏秀名下尧塆田地柴坡一塆”。[⑩] 在另外的契约文书中，还常提及“凡塆田”“丙塆田”“大塆田”等。[⑪] 很显然，这里的塆是作为形容词。《当代汉语词典》将塆解释为：“山沟里的小块平地，多用于地名。”[⑫] 而《现代汉语大词典》将塆解释为：“山沟；山坳。也指山村。”[⑬] 因此，《南部档案》中的“塆”应该就是山沟、山坳、山村、

---

① 《南部档案》Q1—5—139。

② 《南部档案》Q1—5—122。

③ 《南部档案》Q1—8—438。

④ 详见傅永和等：《汉子演变文化源流》(上)，广州：广东教育出版社，2012年，第450—451页。

⑤ 刘子平：《汉语量词大词典》，上海：上海辞书出版社，2013年，第213页。

⑥ 游黎：《唐五代量词研究》，成都：四川大学出版社，2018年，第35页。

⑦ 《说文解字篆韵谱》卷四，清文渊阁四库全书本。

⑧ 《南部档案》Q1—6—215、Q1—6—195、Q1—6—201。

⑨ 《南部档案》Q1—2—60。

⑩ 《南部档案》Q1—8—438。

⑪ 《南部档案》Q1—6—215。

⑫ 莫衡等主编：《当代汉语词典》，上海：上海辞书出版社，2001年。

⑬ 阮智富、郭忠新编著：《现代汉语大词典》上册，上海：上海辞书出版社，2009年，第749页。

山沟里的小块平地之义。段又是何义呢？“段，椎物也，丁乱切。故为会意碫。”[①] 意思是捶打、击打物体。《重修广韵》中将其解释为：“段，分段也。”[②] 南部县民所称的“熟地一段”应该指的是一份田地被分为两截后，其中一份即称为一段。我们再来看分字，多与田地连用。分是会意字，原义是以刀分物之意。《说文解字》解释为“别也。从八；从刀，刀以分别物也”。所以有分开、区分、分配、节气、分数、成分等含义。[③] 所以南部县民所谓“田地一分”更多应该指“一份”之意。

总之，《南部档案》中的土地量词的种类是比较多的，内涵也是比较丰富的，这不仅反映出档案本身的复杂性，而且体现了档案制作者复杂的情感、心态，还有聪明的智慧。

二、部分土地量词释义

上面只是把简单的土地量词进行了解释，还有很多是比较复杂的量词，下面根据相关文献，略作考证如下：

(一) 坵

在《南部档案》中，坵是应用得比较多的量词，特别是契约文书中，凡是涉及田土的地方几乎都使用坵字，有时表示土地的大小，更多与“田”连用（契约中常称“田坵地土”）。比如咸丰三年（1853）九月，张朋远“因窘迫无钱支用，愿将受分制业，坐落桃子树地一坵”，凭中说合出卖与张志和父子名下世代管业耕种。[④] 不过称土地多少坵的情况不多见，而称田为几坵的情况较常见。如档案中常出现“公共田一坵”“莲池田一坵”“水田一坵”“田三坵，地一块”“大田一坵”“义学田一坵”“滥田一坵”“小湾田一坵”“大新田一坵”“干田一坵”等表述。[⑤]

究竟何为坵？按照《现代汉语词典》的解释，坵是丘的异体字。丘有四层含义，第一种是“小土山；土堆”之义；第二种是“浮厝”之义；第三种是“量词，水田分隔成大小不同的块，一块叫一丘”，在这种含义上丘即坵（坵为丘之异体字）；第四种含义为“姓”。[⑥]《说文解字》中无“坵”字，但有“丘”字，释义为“土之高也，非人所为也”，又说“四方高，中央下”。[⑦] 在《辞海》中，“丘”共有七种含义，如小土山、墓、废墟、大、空、姓，而与本文主旨相关的是第四种“古代划分田地、区域的单位”。这在《周礼·地官·小司徒》中就有记载：“九夫为井，四井为邑，四邑为丘。”《孟子·尽心下》

---

① 段玉裁：《说文解字注》卷九篇下，清嘉庆二十年经韵楼刻本。

② 陈彭年：《重修广韵》卷四，《四部丛刊》景宋本。

③ 张章主编：《说文解字》（上），北京：中国华侨出版社，2012年，第78页。

④ 《南部档案》Q1—6—195。

⑤ 分别参见《南部档案》Q1—4—79、Q1—18—513、Q1—18—153、Q1—8—158等。

⑥ 《现代汉语词典》，北京：商务印书馆，1992年，第939页。

⑦ 许慎：《说文解字》，北京：中华书局影印本，2001年，第169页。

曰："是故得乎丘民而为天子。"在《国语》中也有丘的记载。后来人注释说"十六井为丘"[①]。从字面意义理解，"水田分隔成大小不同的块，一块叫一坵"[②]。《中国历代国家管理辞典》引《汉书·刑法志》说，地方1里为井，故4井为邑，4邑为丘，丘，16井也。有戎马一匹，牛3头。《晋书·地理志》又说，乃经土地而井牧其田野，9夫为井，4井为邑，4邑为丘，4丘为甸，4甸为县，4县为都。故该书解释"丘"说："土地的计量单位。16平方里为1丘。系地方基层组织名。"[③]《古汉语小字典》中对丘的解释基本接近《辞源》，其第四种含义也是"古代田地的区划"，该书引《周礼·小司徒》的"四邑为丘"之说，并引郑玄注："方四里。"[④] 通过这些解释可知，丘的个别意义等同坵，这时坵即丘的异体字。坵作为一个量词比较常见，在古代就是划分田地和区域的单位，古代四邑为丘，一丘即十六井，有的说是16平方里为一丘，有的说是方4里。

清代的文献记载说："又挖毁一埂变二坵为一坵。"[⑤] 或曰"二坵，若系一坵，何埂可挖？既已有埂，二坵何疑？"[⑥] 可以看出，坵与田埂有很大关系，特别是在中国南方，很多地方的水田四周都有田埂，方便行走和蓄水之用。田埂一般高于水田，正符合《说文解字》中"四方高，中央下"之义。因此，坵（丘）通常可以看作是一块或是一份小水田。那么，这一坵到底有多大呢？或者说，清代南部县的坵与《周礼》《汉书》等所言之"丘"是一样的吗？文献还记载说："平田亩虽多而坵数少，山田亩虽少而坵多。"[⑦] 这说明坵的形成受制于地形，土地的平坦、崎岖是影响坵的重要因素。

就南部县而言，山川纵横，地势总体上是西北高，东南低，地貌以丘陵、山地为主，而且山多田少，土地比较贫瘠是其重要特征，这很容易形成"四方高"而中间低的一块一块的梯田，这可能是南部县民常将"坵"与田连用的主要原因。当然《南部档案》中的坵，与《周礼》《孟子》等文献中的坵是不同的，更多是模糊的概念。我们先证之文约，这是南部县民邓家保、邓家通兄弟二人分家时书写的，非常有意思。

第一件内容如下：

书立分管文约人邓家通弟兄二人，所分祖父蓬、南二县房屋几（基）地田坵块，山林竹木，牛兰（栏）猪圈。弟兄凭族邓家通所拈地字号，蓬州房子一间，哀（挨）王姓水田一坵六拾丈零二尺，止口塆旱田一坵叁拾丈零六尺。南邑鲜家沟三各古田十四丈，尧塆茗地二坪，子口塆茗地一小股。蓬邑祠堂后茗地一股，菜园贰股。凭族亲弟兄邓家通各管各业，并无横乳。今恐人心不古，故立分管文约为据。

---

① 《辞源》，北京：商务印书馆，1998年，第81页。
② 吴光华主编：《汉字英释大辞典》，上海：上海交通大学出版社，2002。第780页。
③ 王俊良：《中国历代国家管理辞典》，长春：吉林人民出版社，2002年，第1754页。
④ 许惟贤：《古汉语小字典》，上海：上海辞书出版社，2000年，第13页。
⑤ 徐士林撰：《徐雨峰中丞勘语》卷二，清光绪圣译楼从书本。
⑥ 徐士林：《徐雨峰中丞勘语》卷二，清光绪圣译楼从书本。
⑦ 刘锦藻：《清续文献通考》卷一，民国景十通本。

邓家美

族亲中证邓世贤

邓世卯

邓世雄

张丕宿

李春昊笔

同治八年八月廿六日书立分管文约人邓家保、邓家通弟兄二人是实①

第二件内容如下：

书立分管文约人邓家保弟兄二人，所分祖父移（遗）业，逢（蓬）南二县房屋，几（基）地田坵地块，山林竹木。弟兄凭族亲议定天字号，邓家保南邑鲜家沟房子一间，哀（挨）正堂屋叫各喃菜园一股，梨子塆菜园一股，半边田下半坵四拾八丈二尺，塆田叁拾八丈四尺，叫各塆旱田贰拾四丈三尺，大土里苕地一小股，马家莲（连）界苕地一股，狗古宕苕地三坪。弟兄当凭家族祝神拈坵，各管各业。今恐人心不古，故立分管为据。

邓家美

邓世雄

族亲中证邓世贤

张丕宿

邓世卯

代笔李春昊

同治捌年八月廿六日书立分管［文］约人邓家保、邓家通弟兄二人是实

这两件文约，分属于邓家通、邓家保弟兄二人分执。文约内容是关于分家的。邓家通的祖父在南部县、蓬州（今蓬安县）遗留下了房屋、田土、山林等产业，在族亲的见证下，经过“祝神拈坵”（类似抓阄）的方式，邓家通拈到“地字号”，涉及的产业就是蓬州境内的房子、水田、旱地；南部县鲜家沟的古田、苕地；蓬州祠堂后的苕地、菜园。这些皆归邓家通管业。而邓家保拈到“天字号”，涉及的产业有南部县鲜家沟的房子、菜园、田土、苕地等，这些归邓家保管业。很有意思的是，在分家时，文约中特别注明了田地的大小。比如邓家通的文约中就提到“王姓水田一坵六拾丈零二尺，止口塆旱田一坵叁拾丈零六尺”，而邓家保的文约提及“半边田下半坵四拾八丈二尺，塆田叁拾八丈四尺，叫各塆旱田贰拾四丈三尺”等。这里明确说“半坵”为 48 丈 2 尺，“一坵”既是 60 丈 2 尺，又是 30 丈 6 尺。很显然，这里的一坵就是一块之意，坵之大小不等。

---

① 《南部档案》Q1—6—555。

在《南部档案》中还有其他例证，比如“登瀛家内即兑切戚沈成德田一坵，出当路隔十余里之大硚场刘万全名下，获价银二十两”[①]。再如“情李天培以水田一坵出当与民李茂林，议当价钱三十二串”[②]。一坵既可当银 20 两，也可以当钱 32 串。二者都发生在光绪年间的南部县，同样的“一坵”为何价钱却相差甚远？我们认为这里虽言“一坵”，但实际面积大小应该不同是价格差距的主要原因。

在其他地区的实例中也可以得到佐证。比如《长沙府志》记载说：“道林寺前田三十亩，九十坵……西林寺前田三十亩，一百八十五坵。”[③] 可知坵乃是大小不同的碎小田地。坵在徽州地区也普遍使用。据研究，坵在乾嘉时期的徽州文书中，出现了 179 次。有学者推测，坵（丘）作为亩制量词，可能是取“区”一片之意，又指出坵所指具有模糊性，它跟亩之间的划算关系不得而知。[④] 在民国时期湖北松滋县的档案中也有坵的记载，民国二十六年（1937）二月的一件“招种凭照”就提到“今有佃户李成贵凭保人张全记稞到本会县有教育公产高田一分，计田贰拾捌亩”，共“廿三坵”[⑤]。很显然，这里的每坵是 1.2 亩左右。

总之，通过上述考察可知，丘的个别意义等同坵，这时坵即丘的异体字。坵作为一个量词比较常见，在古代就是划分田地和区域的单位，古代四邑为丘，一丘即十六井，有的说是 16 平方里为一丘，有的说是方 4 里。不过《南部档案》所见之坵并非此义。而是一个比较模糊的概念，就南部县而言，山川纵横，属于丘陵地貌，以山地为主，山多田少，这很容易形成“四方高”而中间低的一块一块的梯田，这是南部县民常将“坵”与田连用的主要原因。从这个意义上讲，这里的坵更接近丘的原始意义。同时我们也看到，坵是全国很多地区都普遍使用的土地量词，并非如有的学者所言是贵州苗侗民族所独有。坵显示的是一个较为立体的形象，并无固定的大小。

（二）圤

接下来我们考察“圤”的含义。我们先看《南部档案》中是如何使用“圤”字的。乾隆四十七年（1782）七月的一则文约中，毕国镒同子把田地卖尽，但是坡地无人承买，于是兴讼。经知县审讯，饬令卖与何可重同侄何天德名下耕种管业，当日议定“与买主接连地三圤，价艮（银）一拾四两整。一手现交，领明无欠”[⑥]。文约末尾将三圤地的位置、界畔作了详细界定“坐落庙子嘴地一圤，右齐固秀连界，直上山顶；前、后、左边俱与买主连界。下嘴小地一圤，周围与买主连界。房对门小地一块，上齐固秀连界，下齐买主田边连界，并三处界畔注明，中间并无混乱”[⑦]。很显然，这里的表述从“三圤”

① 《南部档案》Q1—16—292。
② 《南部档案》Q1—16—309。
③ 《长沙府岳麓志》卷三，清康熙二十六年镜水堂刻后印本。
④ 韦岩实：《乾嘉时期〈徽州文书〉量词研究》，广西师范大学硕士论文，2013 年，第 27—28 页。
⑤ 《松滋民国档案》赵乙—180，第 170 页。感谢西华师大吕兴邦博士提供此条材料。
⑥ 《南部档案》Q1—2—60。
⑦ 《南部档案》Q1—2—60。

变为两圤一块，则圤即块之义。同治九年（1870）八月的一则文约也提及“宅右屋基一圤，埋石为界。马房直下干田一圤，粪房在内”[①]。光绪二十五年四月，董应金具告状说：“民务农本朴，在去十月民凭中接买王姓柴坡一圤，买价钱三十五千。”[②] 这里提及柴坡一圤，价钱35千文。通过这些史料可以看到，圤常与坡地、干田、屋基、窝地等连用，且圤即是块之义。既然如此，为何不直接用块，而又大量使用“圤”呢？这确实是一个需要回答的问题。

《说文解字》中无圤，但有墣，释为“块也。从土菐声”[③]。据《汉字标准字典》的解释：“圤与墣同，土块。”[④] 而《上海闲话》中认为圤是方言量词。又作“墣”。音读如扑。多用于指泥土等半湿块状中的数量，义近“堆”。如“伊拿一圤烂泥朝我掼过来”，“狗在田里出了一圤屙”。段玉裁《说文解字注》：“匹角切。《吴语》：‘涓人畴枕王以墣。’《淮南》书曰：‘土之胜水也，非以一墣塞江。’”今沪语中泥土量词仍读如“圤”，但有音无字；而大便量词多转读并写作“泡”，如“一泡屙”[⑤]。从这些文献的记载可见，圤即是墣，是块的意思。圤还是上海方言，多指泥土等半湿块状中的数量。

在《南部档案》中，块、圤通常同时出现在一件契约中的现象，在《广西府志》中也可以找到证据。[⑥] 这说明圤和块虽然大体意义相同，但还是有细微的区别。正如《广顺州志》载：“圤，读为绺言甽亩之斜侧者也。”[⑦]《续黔书》中说：“田之侧斜者谓之一圤。”[⑧] 据此可知，块是趋向于方正的田地，圤是偏斜的田地。

（三）约

“约”主要在《南部档案》的诉讼文书中出现，一般多与田地、业产等连用。如光绪二十四年（1898），杨宗焜具禀称：“因民堂叔杨芝璠不惟不矜孤恤寡，反欺民幼母孀，顿起奸心，骗民故父该债由伊堆算，谋买民六约田地，共价千余串。”[⑨] 宣化乡四甲民向朝富也供称：“这财豪向元明前买小的胞叔向元杰数约田地，均系匿税贻粮，后又当小的业产五约耕栽，发积巨富。”[⑩] 这里提及“六约”“数约”“五约”等，到底是什么意思呢？

我们爬梳了相关工具书、地方志等文献，“约”在古代有多种含义：捆缚、约束、盟约、条约、绳子、堤坝、基层组织的称谓等。《古汉语常用词词典》引《说文·糸部》称：“约，缠束也。从糸，勺声。”本义为捆缚，引申出限制约束、盟约条约、约定约会

---

① 《南部档案》Q1—6—215。
② 《南部档案》Q1—14—735。
③ 《说文解字》，北京：中华书局影印本，2001年，第286页。
④ 许嘉璐：《汉字标准字典》，沈阳：辽宁大学出版社，2001年，第93页。
⑤ 薛理勇：《上海闲话》，上海：上海社会科学院出版社，2000年，第323页。
⑥ 详见乾隆《广西府志》卷十四，清乾隆刊本。
⑦ 道光《广顺州志》卷十二，清道光二十七年刻本。
⑧ 嘉庆《续黔书》卷五，清嘉庆刻本。
⑨ 《南部档案》Q1—14—210。
⑩ 《南部档案》Q1—12—808。

等含义。[①]《古代汉语词典》中引《左传·哀公十一年》：“人寻约。”[②] 此处的“约”为绳索之义。《汉语大词典》引《宋史·河渠志一》：“请如宋昌言策，于二股之西置上约，擗水令东。”这里的约指防水、拦水的堤坝。[③] 而《丹徒县志》云：“印玉圭一约，长一尺五寸，广四寸，厚一寸。”[④] 这里的约类似于个。据《徽州府志》记载：“一约会依原编保甲，城市取坊里相近者为一约，乡村或一图或一族为一约，其村小人少附大村，族小人少附大族合为一约，各类编一册听约正约束。”[⑤] 而《湖广总志》称：“每十甲为一保，就中立一人以经之名曰保长，文于十保为一约，就中择年高有德都名曰约长。”[⑥] 显然，这里的“约”是一个基层组织的称谓，即所谓的乡约。关于乡约之概念与类型，学界已有详论。[⑦] 明清时期的乡约是地方绅士、街邻等推举，经官府验明认充并发给执照认可的，在地方事务中有部分自治权的官方控制下的基层劝化约束组织。不过到清季，乡约的内涵发生了深刻变化，故“乡约组织的负责人，原来一般称为约正或约长等，现在就叫乡约。‘乡约’这个词有了两个意思，一是指这种制度，一是指担任这个职务的人”[⑧]。清季四川南部县这样定义：“乡者，相也；约者，束也。乡相而约束，劝化愚顽也。”[⑨] 可见，乡约中的“约”确实有约束之义，当然在部分地区，“约”有相对大小的地域范围，比如徽州地区的乡村，一图或者一族为一约，而村小人少的附属于大村，族小人少的附属于大族合为一约。

这些含义与南部县民口中用以计量田地的“约”是一样的吗？通过梳理南部县相关诉讼案件，我们发现约与坵有时可以互换，同样的一块地，在涉讼双方口中有的用“柴坡一坵”，有的用“田地一约”。而在有的案件中，约又与台、坵等同义。[⑩] 因此，我们根据大量案件判断，《南部档案》中的“约”很可能是契约、文约的简称，所谓“一约”“数约”很可能是指一份或数份契约（文约）对应的田地或产业。

（四）塯

在《南部档案》中，塯并不是一个常用的土地量词，使用频率较低，多与地连用。道光二十六年（1846），杜洪信、杜洪善等，因负债无措，愿将先父所治遗业，凭中出卖与胡大学名下子孙世代永远管业，他们在文约中写道：“坝下河口接连旱田式坵，熟地一塯，上齐宋姓堰沟直下河心抵界，下齐河心为界，左与宋姓旱田抵界。”[⑪] 咸丰十年，王

① 谷衍奎编：《汉字源流字典》，北京：华夏出版社，2003年，第239页。

② 祝鸿熹主编：《古代汉语词典》，成都：四川辞书出版社，2000年，第748页。

③ 《汉语大词典》卷九，上海：上海辞书出版社，2007年，第720页。

④ 《丹徒县志》卷五十九，清光绪五年刊本。

⑤ 《徽州府志》卷二，明嘉靖四十五年刊本。

⑥ 《湖广总志》卷二十九，明万历十九年刻本。

⑦ 董建辉：《“乡约”不等于“乡规民约”》，《厦门大学学报》2006年2期。

⑧ 牛铭实：《中国历代乡约》，北京：中国社会出版社，2005年，第61页。

⑨ 《南部档案》Q1—12—820。类似表述，还可以参见《南部档案》Q1—13—998、Q1—14—915、Q1—15—588、Q1—12—869。

⑩ 《南部档案》Q1—14—735，《南部档案》Q1—15—176。

⑪ 《南部档案》Q1—5—139。

宗礼弟兄因膝下无嗣，将祖宗遗留业产出卖与女婿杨开春名下耕栽管业，当时签订的文约中提到："及至菜园圳山子地壹增，上与宗强连界，下与国栋连，左与宗顺连界、宗强连界。至对河坡壹圤，上与宗贤连界，下与维贤连界，左右俱与宗政连界。"① 在这两件文约中，提及"熟地一增""菜园圳山子地壹增"，这里的"增"究竟为何义？

翻检相关文献，增一般解释为瓦器，通"溜"。如《重修广韵》认为："增，瓦饭器也。"② 而《集韵》称："增，瓦器，尧舜饭土增。通作溜。"③《仓颉篇》引《说文》称："溜，谓水垂下也。"④ 而有的文献称："溜，流水也。水从屋上流下也。"⑤ 也就是说，溜是用于形容水从屋脊分流而下情形的字。可以引申为："溜，屋水流也。故屋水所注之处亦谓之溜。"⑥ 由此可知，增通溜，主要指瓦器和屋水流。

南部县民用"增"来指称"坝下河口""菜园圳山子"附近的田地就容易理解了，这些田地所处位置都是山川河口，其地形或身处山林，地形崎岖，土地顺山而下，呈条状，股状，即可称之为一增；或身处江河岸边，地形平缓，引水灌溉，注水所入之地亦称增。

（五）垣

垣在《南部档案》中出现的次数并不多，多与地连用。如咸丰年间，杜洪善等因负债无措，自行请中将已受分项，出卖他人为业，在杜洪善等的卖业文约中提道："接连旱田五坵，下面熟地壹垣，上齐马姓坟脚抵界。"⑦

《释名疏证》解释"垣"称："援也。人所依阻以为援卫也。"⑧ 认为垣乃是人们用于援护、保护自身的事物。其后衍生为"垣，墙也"⑨。而《方言笺疏》一书中引《释文》马融注：墙卑曰垣，高曰墉。称墙壁卑隘谓之垣。⑩ 即较为低矮的城墙称为垣。《新编古汉语常用字字典》中解释垣为矮墙、城市、粮仓、官署、官员等多种含义，皆与田地没有太大关系。在《汉字源流字典》中引《说文·土部》："垣，墙也。从土，亘声。"可见垣的本义为围墙。而从字源上分析，垣乃是会意兼形声字。古文左从土，右像回环形，会围墙之意。篆文文字化，从土，从亘（洄水），会环绕的围墙之意。亘也兼表声。隶变后楷书写作垣。⑪ 可见垣从字源上来说是形容用土将某种事物围起来的样子。

南部县受地形影响，县民在山地开山造田，为防止水土流失和山体崩塌，在山坡之上用土将田地围造起来，形成低矮的土埂，形似城墙，故用垣。所谓"熟地一垣"可能

① 《南部档案》Q1—5—138。
② 陈彭年：《重修广韵》卷四，《四部丛刊》景宋本。
③ 丁度：《集韵》卷八，清文渊阁四库全书本。
④ 《仓颉篇》卷下，清《岱南阁丛书》本。
⑤ 王先谦：《释名疏证补》卷一，清光绪二十二年刊本。
⑥ 王引之：《经义述闻》卷十，清道光刻本。
⑦ 《南部档案》Q1—5—139。
⑧ 毕沅：《释名疏证》卷五，清《经训堂丛书》本。
⑨ 无名氏：《新增词林要韵》卷一，清嘉庆《宛委别藏》本。
⑩ 钱绎：《方言笺疏》卷一，清光绪刻民国补刻本。
⑪ 谷衍奎编：《汉字源流字典》，北京：华夏出版社，2003年，第423页。

就是周围有墙（或者用栅栏围起来）的熟地一块之义。

（六）台

台在《南部档案》中也是一个土地量词，多与熟地连用。咸丰十年（1860），在刘文本等将业土出卖的文约提及："宅后坟坪熟地一段，山顶直下熟地一连肆台。"① 光绪六年（1880），在张廷才佃熟地给李竹亭的文约中提到："今佃到李竹亭名下灶房侧边熟地五台，上齐大路，下齐河心。"② 这里的四台、五台又是什么意思呢？"台"字在《古代汉语词典》一书中被解释为：土筑的高台；古代中央政府官署名，多指御史台；奴隶的一个等级；星名，即三台等。③《重修广韵》释"台"为："土高四方曰台。"④《经典释文》云："土高曰台。"⑤ 更进一步而言，《比雅》解释为："积土曰台。"⑥ 可见，台是"土高四方"之义。在《南部档案》中，县民所谓的熟地四台就是指这四块土比周围高，这些熟地经过长久耕种，土地肥沃，高出周围许多，故曰台。

（七）层

层在《南部档案》中也是一个较为常见的土地量词，多与地连用，称"地一层""地二层"。如咸丰八年（1858），王有元因需钱使用，将田地卖与王在富名下管业，卖契中道："愿将受分前头窝地二层，梁地坡地一段，长坪头地一块，旧房林地一段"⑦。光绪时，敬怌寿离祖宅遥远，耕种不便，遂将其业产永兑与敬杨氏耕种，其文约写道："直上又达大石嘴地一层，上齐岩，下齐仑。"⑧ 这两件文约中有二层、一层之说。何谓层？《集韵》释"层，徂棱切。《说文》重屋也"⑨。将层解释为重叠的房屋。《韵略易通》云："层，重级。"⑩ 在《比雅》中释"层，重累也。级，阶次也"⑪。说明重累叠加的事物即可称之为层。有文献称"凡物一层为一重"⑫。

我们证之档案原文，在道光五年（1825）有敬文瑞、敬文珩、敬文现、敬文瑄、敬文域五兄弟五人立分家文约。在析产时多次使用诸如"对门顶上地一层、坎下地一层""齐岭那面塆地下一层""那面塆地上一层与克盛连界"等语。⑬ 其中"顶上、坎下、地下、地上"便是形容上下层累堆叠的田地形状，是层的本义重屋在田地上的衍生用法，符合其重累叠加的含义。在光绪末年的一份文约中提及："道光十九年，买梁大年水井塆

① 《南部档案》Q1—8—164。

② 《南部档案》Q1—8—252。

③ 祝鸿熹主编：《古代汉语词典》，成都：四川辞书出版社，2000年，第237—238页。

④ 陈彭年：《重修广韵》卷一，《四部丛刊》景宋本。

⑤ 陆德明：《经典释文》卷五，清《抱经堂丛书》本。

⑥ 洪亮吉：《比雅》卷八，清《粤雅堂丛书》本。

⑦ 《南部档案》Q1—5—275。

⑧ 《南部档案》Q1—8—999。

⑨ 《集韵》卷四，清文渊阁四库全书本。

⑩ 兰茂：《韵略易通》上卷，明万历三十七年吴允中刻本。

⑪ 洪亮吉：《比雅》卷二，清《粤雅堂丛书》本。

⑫ 章太炎：《新方言》卷二，民国浙江图书馆刻《章氏丛书》本。

⑬ 《南部档案》Q1—4—174。

上、下地二层，价一百一十四千文，载粮一升五合。”① 此文约所称“上、下地二层”正符合上下重叠之象。

这种状况也是由于南部县的地形地貌所决定的，为了开拓更多的生产空间，南部县的先民们往往选择在小山丘上围造梯田，环绕山腰用田埂层累地营造一层层的田地，这种形状正与层之含义相同。因此，所谓地一层即表示多重梯田中的其中一层田地。

（八）节

节作为量词，多与田连用，如称“旱田贰节”。咸丰十年（1860），杜洪善等因负债深沉，束手无措，父子商议自行请凭中证将田地、房屋、基址等出卖与胡周氏母子永远管业，立有甘心永远出卖文约一纸为据。文约中写道：“屋当门水田壹圵，石科田壹圵，地壹段，上齐岩仑为界，下齐买主左右接连。马姓坟嘴左面旱田贰节，接连下面旱田壹圵，上齐坟脚为界，左面冯姓为界。”② 这里提及“旱田贰节”是何意？

节最开始是指竹节，由于竹节带有“环节、固定”等含义，所以引申含义很多。在《增修互注礼部韵略》中将节解释为：“节，子结切，竹约；又符节所以示信也；又操也；止也；制也；捡也；验也；阻也；又卦名。”③ 认为节本义为竹节，引申为符节、操行、制止、制度、节俭等含义。《五音集韵》中称：“节，一云分段支节之义；又时节；谥法好廉自克曰节。”④ 认为只要是有分段支节模样的都称为节，或是指时节、谥法等。《正字通》引何楷云：“以竹篛之，匀有分限曰节。”⑤ 也是指均匀分段即为节。

由此可知，“旱田贰节”中的节当取分段支节之义，即段连绵的田地中，因确立地界和引水灌溉的需要，人为用田埂划分出一段段的小节土地，即称为“旱田贰节”。

（九）幅

在《南部档案》中，幅也是常见的土地量词。⑥ 光绪九年（1883），陈文藻、陈文仕因父母年老，立出养膳田地文约称：“经凭家族人等陈绍华所抽文香间树木水田一圵（此业已卖与陈张氏管业），旧屋基地半幅，瓦房半间，菜园半幅。又抽文仕张家沟滥田一圵，旧屋基地半幅，瓦房半间，菜园半幅。”⑦ 以此作赡养父母之费用。同年，陈绍华之子陈文藻、陈文仕感情不和，弟兄二人请凭家族，自愿出分逐神拈圵，均分已业，立有家族分关文约写道：“旧屋基地右面哀陈文俸，左面哀（挨）陈绍贤，中间熟地一幅。”⑧ 这两份文约中提及“基地半幅”“菜园半幅”“熟地一幅”，诸如此类的表述，在契约文书

---

① 《南部档案》Q1—18—1071。

② 《南部档案》Q1—5—139。

③ 毛晃、毛居正：《增修互注礼部韵略》卷五，清文渊阁四库全书本。

④ 韩道昭：《五音集韵》卷十四，清文渊阁四库全书本。

⑤ 张自烈：《正字通》卷八，清康熙二十四年清畏堂刻本。

⑥ 据研究，在徽州文书中，幅也常用作量词，而且一般在契尾中出现，与本文所言的“幅”作土地量词似乎有不同。参见韦岩实：《乾嘉时期〈徽州文书〉量词研究》，广西师范大学硕士论文，2013年，第49页。

⑦ 《南部档案》Q1—8—798。

⑧ 《南部档案》Q1—8—798。

中还有不少。《正字通》称："帛体曰幅。"[①]《说文解字注》却说："幅，布帛广也。"[②] 即布帛的宽度称为幅。《经义述闻》曰："光与广通，皆充廓之义，方言曰幅。"[③] 说明在某些方言中但凡宽阔之物都称幅。《释名疏证补》云："幅，所以自逼束。"[④] 将幅解释为自我约束之意。

由此可见，与本文主旨相关的释义当取幅的宽阔之意，由于幅多与布帛，书画连用，称一幅帛或是一幅画。当用在土地上时，即描述那些长而阔的田地、菜园、基地等，而房屋基地一般都较为方正宽阔，正和幅之本义。

（十）股

股在《南部档案》中应用广泛，出现次数较多，多与田、地等字连用，通常称"田一股""地一股"等。如道光时傅永凤立当地文约称："将对门塝，当塝地一股当到刘音明名下耕种。"[⑤] 道光二十三年（1843），徐廷栋、徐廷粱等因需银使用，将各分己业托中出卖与褚俊昭名下管业，立文约写道："铁匠冷清田一股，上齐廷相田为界，下齐义美田为界，左与显耀田连界，右与卖主田为界。"[⑥] 股的含义指大腿。《释名疏证补》写道："胫本曰股。"[⑦] 胫是小腿，所谓胫之本就是大腿。《汉字源流字典》中也引《说文·肉部》称："股，髀也。从肉，殳声。"本义为大腿，是身体的一部分，故又引申指事物的一部分，如股票、股长、股东等都因此而名。又因为大腿的重要性，所以可用于"股肱"，比喻得力可靠的臣子或是辅助之义。此外，股还可以作量词，指长条状的事物，称一股泉、一股绳等。[⑧] 因此，当股用于田地上时，便是指在一堆紧密排列的田地中的一份长条状的田地，而这份田地便称为"一股"。

综上所述，以上诸量词，均没有具体大小，但表示出各自不同的形状，有条状、块状、节状、段状等多种。这可以称为清代农村土地量词中的常见种类——形状量词。形状量词本身是没有具体面积大小，其存在的意义是"在不能确定土地大小的情况下，最好的办法是通过田地形状表现其大小"。[⑨] 同时还可增加语义的准确性和形象性，以确保在土地交易过程中获得标的物较为准确的信息，避免产生困扰与纠纷。

---

① 《正字通》卷三，清康熙二十四年清畏堂刻本。

② 段玉裁：《说文解字注》卷七篇下，清嘉庆二十年经韵楼刻本。

③ 王引之：《经义述闻》卷三，清道光刻本。

④ 王先谦：《释名疏证补》卷五，清光绪二十二年刊本。

⑤ 《南部档案》Q1—4—325。

⑥ 《南部档案》Q1—4—191。

⑦ 王先谦：《释名疏证补》卷二，清光绪二十二年刊本。

⑧ 谷衍奎编：《汉字源流字典》，北京：华夏出版社，2003年，第379页。

⑨ 黑学静：《认知语言学视角下古代契约文书土地形状量词研究》，《北方民族大学学报》（哲学社会科学版），2015年第4期。

三、清代南部县的人地矛盾

很显然，《南部档案》中大量的诉讼案件为我们了解清代南部县的土地量词提供了凭据，但我们不禁要问，为何在清代南部县会有如此多的土地纠纷案件？我们认为主要根源在于南部县的人地矛盾。这种矛盾体现在清代《南部档案》中就是土地纠纷多，虽迄今尚无人精确统计田地纠纷的数量，不过一些零星的研究揭示出，田地纠纷在整个《南部档案》中比例甚高。申艳茗的研究表明，就工房的档案来看，仅土地及房屋基地纠纷案就有426个，占据了工房诉讼案件（2391个）的18%，这还不包括坟产纠纷中涉及的土地纠纷。租佃田土、买卖田土、越界争土、霸耕田土、越占基地都是土地纠纷出现的重要原因，其中田土租佃和越界争土出现频率较高。[①] 罗林军研究显示，乾隆朝有13个民事纠纷案，其中土地纠纷就有10个案例，道光朝有207个民事纠纷案，其中土地纠纷有87个，光绪十三年有181个民事纠纷案，其中土地纠纷就有94个，这个比例非常高。[②]

造成这个现象的原因可能很多，但根本上是由于人口与耕地之间的矛盾造成的。因此，有必要考察一下南部县人口与耕地的情况。从明朝中后期始，四川境内就战乱不断，著名的有蓝廷瑞、蔡伯贯、奢崇明、李自成、张献忠等起义以及吴三桂叛乱，造成了清初四川户口数量大幅下降。从明朝的300多万人，下降到50万人左右，成为四川人口史上最低谷。[③] 南部县也不能幸免，据《南部县乡土志》记载，该县从正德四年（1509）开始直到清初，陆续经历过刘烈、蓝廷瑞、张献忠等民变，南部县城也曾失守，知县郑梦眉自缢而死，举家殉难。[④] 嘉靖《保宁府志》载，当时南部县有户1108，内民户458，军户273，杂役户377，口15448。[⑤] 经过这场大浩劫，南部县的人口遭受重创，史料记载说："汉户遭明季献贼之乱，土著几无孑遗。"[⑥]

从《南部县乡土志》记载的情况看，外省移民多是从顺治、康熙时期迁入南部县。我们统计了该县的28个大姓，除陈氏、鲜于氏、蒲氏、马氏、雍氏、任氏、何氏7个大姓是明代旧族，其余都是从楚、赣等省迁入。《南部县志》称，明末清初，南部战乱频仍，土著几无孑遗。清康熙年间，自湖、广、闽、赣、陕、粤等省来县入籍者遍布全县。

---

① 申艳茗：《清代南部县衙工房档案研究》，西华师范大学硕士论文，2016年。

② 罗林军：《清代四川南部县田地纠纷案件研究及现代启示》，西华师范大学硕士论文，2018年。

③ 参见李世平：《四川人口史》，成都：四川大学出版社，1987年，第146—155页。

④ 王道履：《南部县乡土志》之《兵事录》（不分卷），光绪三十二年抄本。

⑤ 嘉靖《保宁府志》卷五《食货志》。按：据李世平教授的研究，四川省在明代的历年户口统计数字中，户数不可靠，无论户数的净增率、增长率和户数与人口数的比例，都是不合理的。相对的，人口数的净增率和增长率则是比较合理的。因此，南部县户数、口数是否可信，也是值得怀疑的。不过目前尚难找到相关数据进行比较，姑存备查。参见李世平：《四川人口史》，第137—146页。

⑥ 王道履：《南部县乡土志》之《人类》（不分卷），光绪三十二年抄本。

至乾、嘉间，各客籍居民先后建立起各自的会馆，供奉原籍信奉的神祇，每年定期同乡聚会。[①] 吴佩林通过田野考察，发现至今南部县民间尚存部分宗支碑，涉及李氏、谢氏、杨氏、杜氏、贾氏、向氏、宋氏、范氏、罗氏、王氏、严氏、赵氏、何氏等，并对立碑时间、保存的位置、保管人等信息都作了详细记载。通过这些碑，大致可以辨析这些姓氏的源流。[②]

移民的迁入，使南部县人口迅速增长。雍正六年（1728）奉行清查，保宁府所属州县33181户，其中南部县共18521户，男39599丁，女34586口，共74185丁口。[③] 嘉庆时，南部县原额增添共29644户，男61558丁，女58773口，合计120331丁口。[④] 咸丰元年（1851），知县朱凤枟清查，该县人口为271207丁口。[⑤] 光绪末，据该县散赈清册，分本境为五路，东路计102保，共男111452丁，女98440口。南路计72保，共男68040丁，女53524口。西路94保，共男68812丁，女59288口。北路计58保，共男67540丁，女55482口。中路附城22保，共男18420丁，女13891口。五路通共614889丁口。[⑥] 宣统三年（1911），南部县申送川省巡警道的调查表中，载有该县当时的人口数为男346331，女268781，合计615112人。[⑦] 这与施居父整理的《宣统年间四川一百四十四厅州县第一次户口调查统计表》中数据相同。该资料提及南部县有143798户，男346331，女268781，合计恰好615112人。[⑧]

清代南部县属于传统农业社会，土地是最基本的生产资料。嘉庆《四川通志》载，南部县“旧管”上、中、下田地615330亩。[⑨] 南部县的耕地面积在道光《保宁府志》、同治增修《南部县志》等书中并无变化。换句话说，嘉庆以后新增的田地并未进行丈量登记。[⑩] 到宣统年间，南部县向布政使司申赍的《地理报告表式》显示，该县有水田二千四百四十顷十四亩二分一厘，旱地三千七百一十三顷一十六亩，均已开垦。官产、无公产六十亩，民产六千一百五十二顷七十亩二分一厘。土壤则分上、中、下三等，森林、山泽等约占百分之三十，斥卤约占地百分之五。[⑪] 也就是说，根据田地性质分，清末南部县

---

① 《南部县志》，成都：四川人民出版社，1994年，第728页。

② 吴佩林：《清代县域民事纠纷与法律秩序考察》，北京：中华书局，2013年，第74页。

③ 道光《南部县志》卷七《食货·户口》，道光二十九年刻本。按《南部县乡土志》之《人类》记载称：“雍正八年奉谕清查府属九州县共仅三万三千一百八十一户。”这里当为雍正六年之误。

④ 黎学锦等：《保宁府志》卷二十二《食货志六·户口》，道光元年刻本。另见嘉庆《四川通志》卷六十五《食货·户口》，嘉庆二十五年刻本。又见鲁子健：《清代四川财政史料》（上），成都：四川省社会科学院出版社，1984年，第740页。

⑤ 同治增修《南部县志》卷七《食货·户口》，成都：巴蜀书社，2014年。

⑥ 王道履：《南部县乡土志》，光绪三十二年抄本。

⑦ 《南部档案》Q1—22—557。

⑧ 施居父：《四川人口数字研究之新资料》，《民间意识》（续36号）1935年第13、14期（按：应为两期合刊，原文是“第13·14期”）。

⑨ 《四川通志》卷六十三《食货志》，嘉庆二十五年刻本；道光《保宁府志》卷十八《食货志》，道光元年刻本。

⑩ 从王笛的研究看，整个川省都是这样的情况。参见王笛：《清代四川人口、耕地及粮食问题》（下），《四川大学学报》1989年第4期。

⑪ 《南部档案》Q1—21—207。

的耕地包括水田、旱地合计615330亩余，若依据田地的归属分为官产、无公产、民产（类似于现在所谓的国家所有、集体所有、私人所有）合起来是615330余亩。这恰好是嘉庆以来长期被官方所采用的数据。

随着人口的快速增长，引起了一系列的社会问题。而耕地面积与人口之间的比例失衡就是其中之一。嘉庆时南部县有人口12余万，耕地面积61万亩以上，人均5亩左右。晚清时南部县有61万多人，耕地面积仍是61万多亩，平均每人1亩多。王笛研究后认为，清代川省粮食亩产由118斤提高到215斤左右，但人均耕地面积也由10余亩减少到2亩余。清前期川省的粮食足够川省食用且大量出口，清后期由于人口剧增而难温饱，因而四川已出现了人口压力问题。[①] 南部县与整个四川的情况差不多，虽然清末粮食产量提高不少，但人口增长过快，清末人均耕地面积只有1亩多，如果按照亩产215斤计算，每人的口粮每年只有200多斤。故《南部县乡土志》修撰者对该县人口增长可能带来的困境表示了担忧："惟地瘠民贫，仅恃蚕桑、井灶为生计，乃丝既收成不旺，井亦年久水枯，兼口岸被夺，课厘日增，炭贵米昂，所在盐场皆有岌岌不可终日之势，将来日形倒塌，公私交困，各厂佣民不下十数余万，亦将无从觅食，此于生齿盛衰聚散之故，皆有切相关系者，不得不预筹补苴之术也。"[②] 可以说，所谓"地瘠民贫""炭贵米昂"已形象描绘了晚清南部县民间实态，正是人地矛盾的体现。因此《南部档案》中土地纠纷这一现象背后的根源就是人地矛盾。

四、土地量词引发的思考

南部县的土地量词折射出了什么？这也是我们一直思考的问题。学者杨燕娟等通过对其他地方的土地量词进行考察后认为，坵、块、幅等量词是苗族、侗族世界经验的组成部分，是其身体、大脑和世界体验互动的结果，也是苗侗民族对客观世界独特的识解方式的反映，这些量词反映的是苗侗民族的独特文化——原生态文化。[③] 黑学静也从认知语言学的视角，对契约文书中出现的部分量词进行过考察。[④] 从认知语言学的角度为我们理解南部县的土地量词提供了一些新思路，不过由于他们没有爬梳其他地方的档案、契约等文献，所以结论仍有局限。通过研究我们发现，块、坵、幅等量词并非《清水江文书》中独有的，也并非苗侗等民族独特的，而是反复出现在《南部档案》《徽州文书》等资料中，至少证明这些量词在清代很多地区普遍存在。这可能与这些地区的地形、地貌，造成田地的分块多似梯田状有关。

就《南部档案》中这些土地量词而言，所指本身并没有具体大小，难以确定土地具

① 参见王笛：《清代四川人口、耕地及粮食问题》（下），《四川大学学报》1989年第4期。

② 王道履：《南部县乡土志》之《人类》，光绪三十二年抄本。

③ 李燕娟等：《清水江文书中单位量词语义的体验认知基础分析》，《重庆与世界》2014年第2期。

④ 黑学静：《认知语言学视角下古代契约文书土地形状量词研究》，《北方民族大学学报》（哲学社会科学版），2015年第4期。

体面积。问题在于，南部县民为何要采用如此数目繁多却又缺乏精确度量的土地量词呢？这些量词与其他地方相比较，又有什么独特之处呢？为何在官方文书中，又常以“亩”“顷”等单位呢？作为外地人的县官是如何在二者之间进行换算的呢？这些问题确实是待解之谜。我们还是要回到《南部档案》中去寻求答案。

我们先看一件契约文书，这件文书主要内容是南部县中元会在咸丰八年（1858）因涉及官司需要用钱，于是将道光时期所买之地卖与李在乾名下管业，卖价 340 两。原文如下：

> 立写永远杜卖田地文契人中元会首事陈元朝、许助邦、严多宽、王文盛、许来仪、李祚祥、赖世煌、许助全等。情会内构讼需钱使用，甘将道光十五年所买买主蠡子垭落沟水田玖坵，旱田肆坵，角地壹段，上齐李玉林抵界，左右下面均与李春耀抵界。盘龙驿场后水田叁坵，坐落罗祖庙门口贰坵，上与己名下水井抵界，下齐陈天佑抵界，左齐己名下大路墙垣抵界，右齐李玉梁抵界。内壹坵，上齐何姓抵界，下齐李姓抵界，左齐何姓水沟抵界，右齐李姓抵界。当日凭中一并出卖与李在乾名下赎买，子孙永远管业。彼即三面议定时值买价银叁百肆拾两整，画字杜患一并在内，其银一手现交。在会人等凭中领明，随土载粮叁升贰合，其有四至界畔踏明无紊。自卖之后，恁意买主永远耕种。会内已至未至人等不得借端称说，倘有另生枝节，有首事等一面承耽。此系二比心甘意悦，特立永远杜卖文契，付与买主为管业之据。
>
> 张怀辙
>
> 杨廷宝
>
> 赖前哲
>
> 中人　杨师溥　共证
>
> 李东奎
>
> 张怀铬代笔
>
> 咸丰八年十一月二十九日立杜卖文契人赖世煌、陈元朝、许助邦、严多宽、王文盛、许来仪、李祚祥、许助全是实

此件契约中主要使用了“坵”“段”，在量田的时候用的坵，量地时用的段。主要目的就是为了更加准确地确定转让田地的大小、形状。为了精确指出该田地的具体位置和大小，契约文书中透露出这么几方面信息：第一，首先指出该田地所处的大地名，如蠡子垭落沟、盘龙驿场后、罗祖庙门口等。第二，为了更详细的确定位置信息，文约中对该土地的四至（上下左右）界畔作了明确的限定。最后，还必须亲自“踏明”。经过这些步骤，对田地的精确位置和大小才固定下来。

有很多量词不仅仅见于南部县，在全国其他地方也在用。这是不是因为清代的四川

是一个移民比较集中的地方有关呢？郭松义、王志强的研究指出，四川所存在的一些婚姻形式与清初人口流动有很大关系，四川在清初是各省移民的汇聚之地，同时把各地的风俗习惯都有可能带去。吴佩林进一步考察了南部县的一些大姓主要从湖北、江苏、江西、广东等地迁入，而这些省份在清代均有收继的婚姻习惯，这虽“不能充分证明习俗是由迁出地转入迁入地，但我们仍然不能排斥它存在的可能性”[①]。土地量词也是这样，就现有的材料还无法充分证明，哪些量词是由移民带入。

还很多土地量词，主要见于南部县，我们翻检了很多文献，尚未在其他地方发现。这说明什么呢？从语言认知学，这些土地量词是南部县的老百姓与独特地理环境互动的产物。南部县属于丘陵地带，地势较为崎岖，山地多，平原少。因此，山地上开垦的田地多，平地上开垦的田地少。这便导致了南部县的土地形状多样，少有平原式的方正田地，很难精确丈量。另一方面来说，清代由于识字率和教育的普及程度低，民众对于非直观式的事物接受能力不强，在日常生活中更愿意采用符合直觉认知的字词。这种习惯自然被带入了契约文书中。当面对形状各不相同的田地时，南部县人民便根据田地本身呈现的形状，来对田地命名。如四方高而中间低的田地称为“坵”，偏斜的田地称为“圤”，高者称“台”，条状称“增”，重叠的梯田称“层”，分流而出称“股”，围土称“垣”，山沟平地称“塆”，方正宽阔称“幅”，均匀分段称“节”，一分为二称“段”，长而细的土地称“条”，平地称“坪”。

这些南部县的老百姓所用的土地量词系统显然与官方是不一致的，官方主要还是用全国通行的顷、亩、厘，这是否意味着在清代南部县也存在所谓的大传统与小传统问题呢？在 1956 年，美国人类学家罗伯特·雷德菲尔德在《农民社会与文化》中提出了大传统与小传统这两个概念，用来说明复杂社会中存在的两个不同文化层次的传统。大传统是以城市为中心，社会中少数上层人士和知识分子所代表的文化，小传统就是指农村中多数农民所代表的文化。叶舒宪在《中国文化的大传统与小传统》一文中，对二者的关系作了深入剖析，他认为大传统铸塑而成的文化基因和模式，成为小传统发生的母胎，对小传统必然形成巨大和深远的影响。反过来讲，小传统之于大传统，除了有继承和拓展的关系，同时也兼有取代、遮蔽与被取代、被遮蔽的关系。[②] 我们认为，把这些概念用于理解清代南部县的情形也是适用的。老百姓根据自己日常生活的具体情形，使用了非常多的土地量词，这个小传统丰富了中国历史的内涵。

总之，南部县土地量词的大规模应用，折射出清代基层社会的多歧性、复杂性、区域性特征，也证明官府与民间在土地丈量方面的不同理解，形成不同层次的文化传统，也反映了官府的权力还没有完全深入基层。

---

① 详见蔡东洲等：《清代南部县衙档案研究》，北京：中华书局，2012 年，第 565—567 页。

② 叶舒宪：《中国文化的大传统与小传统》，《传承》2012 年第 17 期。

清代童试中的地方政府

——以《南部档案》为中心的考察

刘艳伟*

在清代科举考试中，童试是最初的一级，《大清会典事例》称："童生入学，乃进身之始。"① 但童试无疑清代科举中涉及区域最大，覆盖人群最广的考试，其重要性不言而喻。有关清代科举的研究成果甚多，可谓是蔚为大观，其中乡试、会试的研究最为细致，成果丰富，而对童试的研究则稍显不足。并且，有关童试的研究中，有以童生的视角，回顾参加考试之经历者，有将童试作为典故，论述其制度者，多数论著，或以应考试者的角度论述，或梳理朝廷相关制度。地方州县作为参与童试的另一主体，少有人梳理其在考试的过程中的作用与地位。有鉴于此，笔者以《南部档案》为主要史料，试图对这一问题做简要探讨。

一、发布考试信息

清代童试考试分县试、府试、院试三级，分别由各县知县（包括隶属于府的各州厅知州、同知）、知府、学政主持。县试考试日期通常在二月，府试由地方知府确定考试时间，院试则由学政按临地方举行岁、科试时举行，三年两次。因童试考试次数远较乡试、会试为多，传统社会信息传递远不如当今发达，不少考生不谙考场规则，因而，州县衙门及时发布考试信息是为头等重要之事。

（一）考试日期

光绪十三年（1887）正月十七日，保宁府知府收到四川学政盛炳纬发出的牌文，称："本院现考顺庆府棚，计期于正月二十九日试竣，即按临该府，但恐各州县文武生童因仍积习，观望不前，以致临期未到，投卷迟延，合行檄知。为此仰府官吏文到即转饬各州县及各学，将生童册卷汇造齐全，督催生童等于二月初一日齐集府城，听候本院按临，示期开考。"保宁府收到公文后，于当日行文南部县，告知学政按临及择期开考事宜，令其晓谕本县生童。② 南部县于同日收到保宁府所发公文，知县李汝霖令县衙书吏起草公文，通告考试日期：

---

* 作者简介：刘艳伟，博士，西华师范大学历史文化学院讲师。

① 光绪《大清会典事例》卷三八六《礼部·学校·童试事宜》。

② 《南部档案》，9—864—2，光绪十三年正月十七日。

钦加同知衔赏戴蓝翎署南部县事正堂李为取齐考试事。照得本县探闻学宪已于正月初十日按临顺庆开考，定于本月二十九日自顺庆起马赴保郡考试，合行出示晓谕。为此示仰县属廪保及应试文武童知悉，尔等务于前三日齐集郡城，听候分棚开考，毋得迟延自误，各宜禀遵。特示。

右谕通知

光绪十三年正月十七日礼房呈

稿　行①

再如光绪十三年五月南部县县试，提前一月，保宁府知府收到四川学政的牌文，令其拟定各属考试日期。保宁知府选定五月十二日，府属九州县同日考试，并令南部知县移会县儒学，并晓谕应试童生知悉。②次日，南部知县李汝霖即发布通知，令县属廪保及应试文童于开考前三日赴县投考。③

府、院试皆在保宁府城阆中，知府、学政确定考试日期、考试办法之后，会向州县发布公文，另其告知应试考生。在传统社会交通不便，信息传播途径较为单一，因此，准确向地方考生传达信息，是地方政府的十分重要的一个功能。光绪十二年，保宁知府吴某定于五月十六日考试府属九州县文童。根据以往的经验，九州县生童齐集，郡城店房、食物价格飞涨，又因考试持续时间较久，令生童待考，花费甚多，又容易滋生枪替冒考等弊，因此，保宁知府决定将九属考生分作四棚，先考阆中、苍溪、昭化，次考剑州、南部，再考广元、通江、南江，最后考巴州。四月十八日，保宁知府行文南部县，通告该县第二批考试，时间在五月二十五日，并令考生于开考前三日齐集。④四月二十一日，南部县出示晓谕，告知考生院试时间。⑤尽管朝廷规定，“府试亦汇齐一日，以防重冒”⑥，但地方衙门也常常根据实际情况，因时因地制宜，以保证考试的顺利进行。

（二）考场规则

州县衙门为防应试考生不熟悉场规，也会将场规以告示的形式张贴公布，使众人知悉。光绪十二年（1886），南部知县定于三月二十一日考试文童，三月初八，知县李葆芳晓谕诸生考试场规：

正堂李全衔为晓谕事。照得考试为朝廷大典，诚恐应试童生未谙场规，合行开列于左：

一、诸生应试，届期齐集考棚头门，听候点名，务须按照廪保先后随同牌灯，

① 《南部档案》，9－864－3，光绪十三年正月十七日。

② 《南部档案》，9－864－7，光绪十三年闰四月二十一日。

③ 《南部档案》，9－864－9，光绪十三年闰四月二十二日。

④ 《南部档案》，9－499－1，光绪十二年四月十八日。

⑤ 《南部档案》，9－499－5，光绪十二年四月二十一日。

⑥ 素尔讷等纂修，霍有明、郭海文校注：《钦定学政全书校注》，武汉：武汉大学出版社，2009年，第77页。

挨次鱼贯而入，不得拥挤喧哗。

一、诸童入场，止许携带笔砚卷袋及充饥食物，毋得夹带书文，违者不准入场。

一、诸童入场，务须循规蹈矩，各尽一日之长，用心作文，如有场内雇倩代作或场外勾通于水洞墙头各处传递者，一经查出，定行照例究办，其抄写旧文并雷同荒谬，以及违式者，概不录送。

一、考试定例出四书题二道，诗题一道，务要诗文俱全，如不完卷，及真草不全，文不满三百字者，概不录送。

一、诸童誊卷，字迹必须端楷，其潦草不堪及错落题字，概不录送。①

除基本的规定外，州县也会根据实际情况，公布更为详细的信息。县试开考一般在半夜，士子散寓县城住所，为通知考生开考时间，衙门鸣炮以为信号。考试之前，县衙会提前通告开考信号。光绪十三年五月县试，南部知县李镛提前发布公告，告知考生五月十二日考试，十一日夜二更放头炮，三更三点放二炮，四更一点放三炮，令考生提前齐集考棚，听候点名。②

县试时点名拥挤，是考生大患。据朱必谦回忆，县试考生入场时，“诸生像一窝蜂，轰轰喧嚷，不依次序，挤入场中”，有一次应试，他竟被挤落鞋袜，只得光脚作文，交卷出场时，头戴官帽，腰挟包裹，一双赤足，惹人嗤笑不已。③ 这也是主持考试者最为头疼之事，因此，他们多会设法改变点名方式，以维持好秩序，并提前告知考生。光绪十二年（1886）县试，知县李葆芳鉴于之前依照各乡次序点名入场，拥挤迟误，变更点名方式，改依廪保名次点名，并于三月初八日发布告示，令应试诸童知悉。④ 此外，州县衙门也会通告盖用图章及交卷时间。⑤

二、筹备考试

童试无论是县试，还是府试，抑或是院试，一般都是考试五场，持续多日，且考生人数众多，为保证考试的顺利进行，开考之前，必须做好充分的准备工作。

（一）召集人员，置办物品

同治三年（1864），保宁知府令府属九县于三月初二日同日开考。二月二十九日，署南部知县黄起元开始筹备考试，令差役召集人手，置备考试用品：

---

① 《南部档案》，9－493－1，光绪十二年三月初八日。

② 《南部档案》，9－864－11，光绪十三年闰四月廿五日。

③ 朱必谦：《清末考试制度琐记》，中国人民政治协商会议四川省委员会文史资料研究委员会编：《四川文史资料选辑》（第33辑），成都：四川人民出版社，1984年，第133页。

④ 《南部档案》，9－493－1，光绪十二年三月初八日。

⑤ 《南部档案》，9－493－1，光绪十二年三月初八日。

署理四川保宁府南部县事即用县正堂加五级纪录十次黄为行催事。票仰该役前去，即催本城乡约保正速将考棚打扫洁净，号桌号凳安设齐全，并将单开应用什物等项，及执事人役、炮手、鼓乐人等逐一先期催办齐全，伺候本县于三月初二日考试应用，毋得临期有误，致干重究。慎速。须票。

计开：大黄桶四个、茶担一付、大布棚六架、锡蜡台六付、大桌一百张、小桌五十张、板凳三百条、椅子十把、纱灯六付、号灯十六个、方灯十对，水足用，火把足用，红毡四条，硬彩三道，茶碗十付，红彩三道，干湿竹子足用，垫席足用，号竹签一百六十皮，并将五显庙门环门扣逐一办齐。同治二年二月十九日。①

考试武童之时，则需要将吹手、掌号、击鼓人等唤齐，并置备桌椅、布棚、水桶、红毡、硬弓等物三十余项。② 以上考试所需的这些执事人役、吹手、鼓乐人等，档案中并未说明他们服务考试是否会有酬劳，但由于朝廷并未给县试、府试专项经费，且地方财政长期拮据，地方衙门长期存在着向行户征发力役的情况，不难想象，他们很可能是"义务劳动"。至于考试所用物品，县衙很可能不会出资购买，衙役也不可能自己置办，更实际的情况，他们通过向城厢民户借用，以此完成这项差事。

（二）布置考场

县试、府试有专门考场，称考棚。道光二十二年（1842）以前，南部县无考棚，县试于官署内举行。道光二十二年，知县王仲选倡首，劝谕十乡粮户捐资修建，有东西号舍二十二间，东边增号三间。③ 提前布置考场，亦是筹备考试的一项重要环节。

开考之前，南部县衙一般会派出差役催县城乡、保等人布置考场。同治三年（1864）南部县县试，开考前三天，南部县衙发文，令差役催本城乡约、保正打扫考棚，安设号桌号凳。④ 光绪十二年（1886）三月初六日，为迎接十五天后的县试，南部知县令差役前去催县城的乡约、保正打扫考棚，给考场桌凳进行编号。⑤ 光绪十年，南部县学田局成立。⑥ 之后，县衙有时也会责成学田局负责布置考场。光绪十二年县试，南部县衙行文学田局，令该局首士雇募人夫，将考棚东西两文场及内外各处打扫干净，安放坐凳，粘贴座号，并在空院内搭盖篾棚，多借桌凳安置。⑦ 考试武童，县衙还需令城外牌甲等人提前将西关外箭道铲平，预备桌凳，搭盖布棚，安设箭靶。⑧

① 《南部档案》，6—529—3，同治二年二月十九日。
② 《南部档案》，8—523—2，光绪八年十二月二十九日。
③ 同治《重修南部县志》卷九《学校志·试院》，同治九年刻本。
④ 《南部档案》，6—529—3，同治二年二月十九日。
⑤ 《南部档案》，9—493—1，光绪十二年三月初六日。
⑥ 四川省南部县志编纂委员会编纂：《南部县志》，成都：四川人民出版社，1994年，第646页。
⑦ 《南部档案》，9—864—10，光绪十二年闰四月廿二日。
⑧ 《南部档案》，8—523—2，光绪八年十二月二十九日。

三、维持地方秩序

县试时，各乡应考童生齐集，县城骤增千人，容易滋生不稳定因素。在此时期，县衙往往采取措施，以维持县城秩序。

（一）治安防范

同治三年（1864）二月十九日，署南部知县黄起元在考试之前，谕令旅店加意稽查，不准招留匪类，并小心防范火烛。[①] 光绪十二年（1886）南部县考试武童，知县于考试之时，谕令乡约、保甲、牌甲、店户等人，令店户届时公平交易，不许高抬价值，并留心稽查，不准容留面生可疑之人及外来娼妓，并责令约、保饬令本处土娼闭门改业，或驱逐回乡。[②] 光绪十二年三月二十七日，南部知县李葆芳通知县属三班人役，令他们“于考试之时务必率巡役人等日夜在街巡绰，如有聚赌招娼，假冒武童招摇者，即行访拿送案。如有武童招聚赌博宿娼，以及酗酒打架，讹骗平民者，即行查明居址何地，是何姓名，教习廪保何人，一一查明报案，以凭指名传案究治”[③]。光绪十三年，南部知县定于三月二十一日开考，知县黄起元以南部县“幅员辽阔，水陆交通，五方杂处，最易藏奸”，为免参与考试之童生被人引诱，“聚赌宿娼，有误上进”，于三月初六日发布告示，令牌甲等人清查地方，如发现有窝娼窝赌，立即驱逐出境。[④]

（二）控制物价

县试之时，各乡应试考生齐聚县城，人数众多，住店、食物等费无不加昂。有鉴于此，州县衙门亦时常发布公告，令店主等不得高抬市价。同治三年（1864）二月十六日，南部县收到保宁府下发的札文，通告于三月初二日举行考试，令南部县晓谕该县考生。二月十九日，署南部县事黄起元发布示谕，令“各店户人等，售卖货物及房饭等项，均应照常公平交易，不得高抬市价”[⑤]。

（三）约束考生

据曾参加过童试的齐如山说，“（童生）小考的时候（原文按：考秀才通称为小考），社会中给的面子更大，可以说是到处受优待，因此便有许多不知自爱之人，到处发横不讲理，大家也都相戒忍受，否则惹恼了他，他可以约许多考者来同你捣乱，就是起了诉讼，县官也稍稍庇护他们，也是怕他们再捣乱，耽误了考试则县官必受处罚，所以县官对这种案子不会认真审问，明知是考者之错，也要含糊了事，所以闹得大家对他们，都

① 《南部档案》，6—529—4，同治三年二月十九日。
② 《南部档案》，9—298—2，光绪十二年三月二十七日。
③ 《南部档案》，9—298—13，光绪十二年三月二十七日。
④ 《南部档案》，9—493—1，光绪十三年三月初六日。
⑤ 《南部档案》，6—529—4，同治三年二月十九日。

是敬鬼神而远之了”[①]。钟毓龙也说，每届考试，童生恃众闹事，州县官亦难阻拦，有“童天王”之称。[②]

大量考生聚集县城，使得不稳定因素增多，为维持正常社会秩序，地方衙门亦会对考生进行约束。同治三年（1864）三月初二日，南部县举行县试，在开考之前，知县黄起元即谕令考生“理应在寓静养，毋许逛行市肆，恣意妄为，有失士子之体”，并提醒考生保管好钱物，或者寄存店家，以免遗失。[③] 岁试之年，地方州县衙门要考校文武童生，任务更为繁重。武童比文童更难约束，据南部知县李葆芳称，“县属武童，有志上进，循规蹈矩者固多，而仗势考武，不循礼法者亦复不少，或三五成群，闲游市井，呼朋引类，到处流连，酒馆茶坊，浅斟低唱，站房客舍，喝雉呼卢，甚至欺压平民，秽辱妇女，若遇旁人相劝，必且聚众滋殴，又有寄宿之处，不将衣物银钱交付主家，妄称门户不谨，被偷盗，估逼赔还，任意讹诈，种种恶习，实难枚举”[④]，“每每借端滋事，搕诈钱文，兼有本城无赖棍徒，借以考试为名，勾串寻衅，生端报复，此等刁风，情殊可恶”[⑤]，因此，每逢武试之年，约束武童，维持地方秩序是为重要之事。

光绪十二年（1886）三月二十七日，南部知县李葆芳谕令应考武童，安分应试，不准滋生事端，“如该童等不知自爱，在外生事，以及无赖之徒借考寻衅，扰累居民，许受害之人赴县指名喊禀，以凭唤案讯究，除将滋事之人从严惩治外，其随从附和之武童，俱予除名不录，决不宽贷”[⑥]。同日，知县李葆芳再次晓谕，令教习约束武童勤操弓马，熟娴技艺，武童滋事，除名究治，教习一并坐罪。[⑦]

四、严肃关防

据钟毓龙回忆，“县试考场之内，场规极宽，无人监督，往来可以自由，交谈更不禁。例不给烛，然至晚未完卷者，燃烛亦无妨……午膳，贫者自备干粮，否则如面食、蛋炒饭之类随时可购，惟价较昂”[⑧]。钟毓龙所说虽是浙江省县试情形，但南部县童试场规也较为松懈。县试之时，“每有闲杂人等进内摆卖饮食茶汤”。为慎重严密起见，尤其是严防冒考、传递文字之弊，光绪三年（1877）三月初六日，南部知县李葆芳发布告示，令应试文童自备食物携带入场，严禁闲杂人等擅自进入考场摆卖饮食，以防弊端。[⑨]

南部县考棚临近五显庙，为严肃关防，光绪十三年（1887）五月八日，南部知县李

---

① 齐如山：《中国的科名》，沈阳：辽宁教育出版社，2006年，第7页。
② 钟毓龙：《科场回忆录》，杭州：浙江古籍出版社，1987年，第1页。
③ 《南部档案》，6—529—4，同治三年二月十九日。
④ 《南部档案》，9—298—5，光绪十二年三月二十七日
⑤ 《南部档案》，9—298—3，光绪十二年三月二十七日。
⑥ 《南部档案》，9—298—3，光绪十二年三月二十七日。
⑦ 《南部档案》，9—298—5，光绪十二年三月二十七日。
⑧ 钟毓龙：《科场回忆录》，杭州：浙江古籍出版社，1987年，第9页。
⑨ 《南部档案》，9—493—12，光绪十三年五月初八日。

派遣差役前去五显庙，令五显庙住持、道士等于五月初十日之前搬离，不准容留一人，到考试结束毕该道士等再回庙焚献。并称“事关大典，该道士等不得抗违”[①]。

五、分摊经费

生员入学考试分县试、府试、院试三级，府试、院试分别由知府、学政主持，皆在府城举行，考务之办理，归府所在首县负责。就所需经费而言，府试考试府属各州县，其经费应由各州县分摊；院试经费，朝廷规定“一切应用官备之物，及学政衙门额设书役例给工食，原应酌动公项，报部核销”[②]，但实际上，院试之时，地方州县同样需要分摊棚费、供给银等项。保宁府岁、科试，南部县应解棚费银二百四十两，后又增加二百四十两，至光绪十二年之时，南部县需要分摊棚费四百八十两。[③] 州县财政匮乏的情况下，地方政府造无力负担此项经费，往往拒不缴纳，一拖再拖。

六、结语

明、清两代，科举必由学校，自明嘉靖朝由县、府、院三级考试选补官学生（即生员）的考试制度正式确立，名义上虽是官学入学考试的童试，实际上成了士子进阶之始，也是全国绝大多数读书人需要面对的第一次重要考试。[④] 又因参与人数众多，持续时间较久，童试便成为地方州县的重要工作。州县衙门如何调用各种资源组织这场大规模的考试及支持府、院试，其能否组织得当，是保证考试顺利进行的关键。

州县地方政府通过发布告示，提前告知考试时间、考场规则等内容，使得信息能够传达到每位考生；调集人力、物力，布置考场，也是保证考试能够顺利开展的重要步骤。对考试之时治安的防范、县城物价的控制，也是为了给考生提供良好的环境。而对考生的约束，则是为了维持地方正常的社会秩序，这是官员最基本职责。更为重要的是，严肃关防，防止舞弊，是保持考试公平的最重要的举措，这也是朝廷设科取士的要义。然而，尽管童试事关地方士子之前途，地方州县举办考试所费不赀，但朝廷只是规定院试经费可以报销，县试经费则需要地方自己负担，府试经费、院试棚费等陋规亦需要地方州县分摊，这给地方财政造成了很大的负担。[⑤] 在缺乏经费支持的情况下，虽然地方政府勉力维持，能够保障考试进行，但这不可避免地影响了国家通过考试充分选拔人才的最终目标。

---

① 《南部档案》，9—865—12，光绪十三年五月初八日。

② 素尔讷等纂修，霍有明、郭海文校注：《钦定学政全书校注》，武汉：武汉大学出版社，2009年，第47页。

③ 《南部档案》，9—507—1，光绪十二年。

④ 明、清两代，士人也可以通过捐纳绕开童试进而参加乡试者，但此种类型的士人不被视为正途出身，出仕为官亦颇多限制。

⑤ 有关童试经费，可参考张亮：《晚清童试经费摊派及办考赔累——以四川保宁府为中心的考察》（《学术研究》2017年第7期）一文。

清代中后期南部县的养猪户、屠户、猪客与地方猪市

——兼论农村经济中心地的形成机制

李升涛*

现有的市镇史研究缺乏对市镇中普遍分布的各类专业性市场的研究，猪市就是其中之一。最近蒋勤、高宇洲利用浙江石仓文书中的账簿、契约和族谱资料，以小地主阙翰鹤为中心，描述了石仓农户在道光、咸丰年间猪的养殖、流通与消费模式。[①] 该研究有力地推动了猪市与地方社会的研究。但是就整个县内域猪市的运作与地方社会的关系，本文拟以《清代南部档案》（后简称《南部档案》）资料为中心，讨论养猪户、偷猪贼、猪客、屠户在地方猪市中的活动，以便进一步思考四川乡村中的场[②]如何逐步成为农村经济中心地。

一、养猪户、偷猪贼与场市

费孝通在《养猪与吃肉》论到农户养猪有以下两大好处，第一是猪和人可以合用一地，而不与人争地；第二是养猪可以将农户日常废弃的豆糠、米糠等废物转化成为食肉。[③] 养猪吃肉是农户养猪的最重要的目的之一。

（一）养猪户

农家养猪在中国具有悠久的历史传统，有谚语谓："无豲不成家。"清代四川家猪养殖更为普遍，有所谓"黑毛猪，家家有"的谚语。传统社会的人们在重要节庆或有婚、丧、嫁、娶等重大事件时，通常都会宰猪宴客。四川冬季有"杀年猪"的习俗。每到农历的冬月、腊月期间，农户将杀好的猪肉，分块用盐腌制，再晾晒，制作成腊肉。猪身上的板油，加料用火熬成猪油，再装罐密封，可以长时间的保存食用。[④] 将猪腿子经过腌制、洗晒、整形可以做成火腿。从清代时至今日南部县农户都有冬季杀猪，制作腊肉，

* 作者简介：李升涛，华中师范大学中国近代史所在读博士。

① 蒋勤、高宇洲：《清代石仓的地方市场与猪的养殖、流通与消费》，《中国经济史研究》2019 年第 3 期。

② 四川将农村集市称为在场、场市，江南多称市镇，北方多称集，岭南多称墟。

③ 费孝通：《养猪与吃肉》，详见《费孝通全集》（第三卷）第 213—214 页。

④ 光绪八年冬季十二月（腊月）十四日，政教乡民王文魁家被抢掠，在失物单中包括猪首一个、猪油五斤、猪肝一副，参见：《南部档案》8—624—2，光绪八年十二月十四日。

存放于家中，作为整个冬季的重要肉类来源的传统。[①]

除了吃肉以外，“养猪”在南部县还有更多的意涵，有所谓“纺织喂猪，操持家务”的说法。道光九年（1829）十二月初四日李明达告状中称，他的寡母谢氏平日“纺织喂猪，操持家务”以便“供他攻读”[②]。喂猪在清代南部县农户的日常生活中甚至可以和纺织扮演同等重要的角色。养猪人员非常广泛，除了绅粮之家外，出家的僧人也养猪。光绪十七年（1891）六月十九日，偷猪贼偷了汪家庙的僧海霖所养的一只猪。[③] 僧人按照清规戒律来说是不食荤腥，虽然不排除州县境内个别出家人也吃肉的可能，但是“喂猪卖钱”可能更符合常理。

蒋勤、高宇州发现清代石仓村民发展出了灵活的典当、借贷形式，以便降低养猪业进入门槛。[④] 清代南部县养猪户更多的是通过市场化的手段来购买养殖的生猪和销售喂养的生猪。道光九年（1829）十二月，家住南部县金星乡十甲盘龙驿场的王朝福告称，他将自己喂养“肥猪两只”，卖与屠户娄老四得钱七千二百文后，又凭中介从他人手中购入成年架子猪[⑤]一只喂养，价值“四千二百文”[⑥]。光绪三十二年（1906）十一月初八日，屠户丁本朝、丁本龙告称，“今冬月初六，平头坝集期，（王）宗现以架猪一条，卖民承买。当看钱文，伊族王宗棠评行讲定价钱四串二百文，当过钱二串，尾欠三场付楚”[⑦]。农户购买架子猪喂养，经过短时间催肥后，既可以转手出卖，具有时间短、回本快的优势，但是买架子猪的本钱往往较大。

除了购买架子猪喂养以外，农户也在场市中购买小猪喂养。光绪六年（1880）南部县崇教乡七甲赵子寿与黎永定因猪只失窃兴讼。是年，五月初四日，南部县崇教乡七甲赵子寿告称，“民与黎永定住居毗近，今三月内以钱九百文买小母猪一只喂养，至四月二十九日上午民媳鲜氏牵猪在民屋后山坡牧放，因往地内工作，适黎永定幼女将猪牵往伊家，有赵子刚撞见，转向民子赵文顺说知”[⑧]。同日，黎永定诉称，“四月二十八在石河场市上凭涂恩裁买罗姓母猪一只，作价钱一千四百六十文。次日涂油赵子寿的妻子来说，母猪是他们家掉的”[⑨]。

无论是赵子寿所称三月内购买小母猪的九百文，还是黎永定所说的四月二十八日购母猪一千四百文，与前文所提王朝福购买架子猪所花费的四千二百文相比都是相差悬殊。可见农户购买小猪喂养，相对于够买架子猪喂养来说，具有本钱小、成本低的优势，但购买小猪喂养也有出栏周期长、风险大的一面。

---

① 2015年1月，笔者一行在南部县马蹄垭田野调查时，正好遇见农户路边杀年猪。

② 《南部档案》4—76—4道光九年十二月四日。

③ 《南部档案》11—43—1，光绪十七年六月十九日。

④ 蒋勤、高宇洲：《清代石仓的地方市场与猪的养殖、流通与消费》，《中国经济史研究》2019年第3期。

⑤ 四川称是长大待育肥的猪为“架子猪”。

⑥ 《南部档案》4—76—1，道光九年十二月十九日。

⑦ 《南部档案》17—1010—1光绪三十二年十一月八日。

⑧ 《南部档案》8—109—1，光绪六年五月四日。

⑨ 《南部档案》8—108—1，光绪六年五月四日。

陈岗论到四川山地居民所养猪为“山猪”，“据说远在新石器时代就开养，此种嘴尖善拱，腿长易走，率赖牧饲，漫游山野，自觅粗食，追成架子猪后，再圈养育肥”①。南部县境内丘陵起伏，地势西北高、东南低，地貌可分为平坝、台地、低丘、低山、水域六个基本类型。② 清代南部县养猪户将散养和圈养两种方式结合起来养猪。

农户白天把猪牵出去找食，又称“牧猪”。坟山禁地，人迹罕至，草木茂盛，乃是牧猪的好地方。《南部档案》中有载，“坟后改路一条，作为伊等纵放猪牛之所”③。猪作为杂食性动物，最大特点是不挑食，但这一特点也导致猪在自行找食的过程，不分是否粮食作物，常会出现“糟蹋食粮”④“糟践坟茔”⑤ 的情况，进而引发牧猪人与他人的纠纷。另外，牧猪的时候如果无人看守，猪只极易被牵走、丢失，上文所提到赵子寿与黎永定纠纷案即是一证。

圈养猪只需要修建猪圈。南部县农户一般是就地取材修建猪圈，或用石头或泥土，甚至也有只搭个木棚、栅栏作为猪圈。猪圈、牛棚等牲口棚通常和农户的住房相连。光绪二十六年（1900）五月，杨朝友具告张文达等叠窃殃良一案中，“杨朝友住居瓦房一正三间，左边修有横房，系伊卧室，后面接修有棬（棬同圈——引者注）房一间，周围并无墙垣”⑥。不仅普通农户修建有猪圈，就是居住在场市内的铺户也修建有猪圈，⑦ 在场市内形成了前面有门面后面有猪圈的房屋建设格局。猪圈作为铺户的业产之一，出现在商铺的买卖、典当交易中。道光十九年（1839）二月二十四日，罗玉才将从前所当罗文榜铺房一间后面的猪圈、茅坑培补后，卖给紫云宫名下管业，价钱五千文整。⑧

王朝富所购买架子猪，王宗现所卖架子猪都是在场市中通过中介之手买入和卖出的，黎永定所买母猪是从石河场购入的，屠户丁本朝、丁本龙则是从平头坝场中收购养猪户的生猪。这都说明场市在农户购买销售生猪中扮演了重要的角色。

（二）偷猪贼

猪作为农户家中价值较高的物品，常在社会纠纷中作为抢夺、抄掠的物品，同时也是窃贼偷窃的重点对象。偷猪贼一般选择深夜，乘人熟睡之时动手偷猪、偷肉。《南部档案》所记载偷猪贼入室偷猪有以下几种手法。第一种，直接撬脱门栓入室。光绪十六年（1890）十二月初五日三更，偷猪贼人乘甲长举家睡熟时，“用铁锥撬脱门栓进内，窃去

---

① 陈岗：《清末民国四川养猪业经济及其改良》，《古今农业》2014 年第 2 期。

② 南部县政府：《自然资源》，载南部县人民政府网站，网址：http：//www.scnanbu.gov.cn/a/d/97.html，发布日期 2015－1－20，访问日期，2019－10－8。

③ 《南部档案》7－301，光绪三年二月初九日。

④ 光绪二十一年南部县谭大万就因李达山即李东友“贪谋情切，多喂猪鸡”他家粮食，将李达山上控保宁府。《南部档案》12－658－2，光绪二十一年七月十一日。

⑤ 《南部档案》10－655－1，光绪十六年闰二月十七日。

⑥ 《南部档案》15－102－5，光绪二十六年五月十二日。

⑦ 《南部档案》8－601－5，光绪八年四月九日。

⑧ 《南部档案》4－362－5，道光十九年二月二十四日。

猪肉一百二十斤"[①]。第二种，抬门入室。光绪二十八年（1902）九月二十三日，王皆章诉称："今九月初六夜，民家被贼抬门入室，窃取母猪一只，饭锅一口，锡茶壶二把，铜锅一口。"[②] 第三种，打洞穿墙而入。光绪二十六年（1900）永丰乡民杨朝友告称，"民附近的张文达，去腊初三夜挖洞复窃民肥猪"[③]。偷猪贼之所以能够打洞入室而不被发现，主要原因是乡民的房屋、猪圈多是黄泥砖或竹篾混合制成的土墙，盗贼只要水浸润土墙，墙泥随即变软，即可悄无声息地打出盗洞，进而偷走猪只或猪肉。

农户发觉猪被偷后，除了自己搜索、追拿以外，通常要投鸣保甲、团首等乡保人员追赃抓贼。光绪十七年（1891）六月十九日，牌头黄正明禀称他家族内黄金良惯于偷盗，"于今四月同何银喜伙窃汪家庙僧海霖猪一只卖钱瓜分，至六月十五日夜保正黄超群家猪失两条，投经民等将黄金良寻获"[④]。光绪二十年（1894）十二月南部县民人杨学湘、杨学良、杨廷贤伙同杨廷荣之子杨学森偷窃杨学位猪只被该管团甲查获，送官究治。从偷猪贼杨学湘等的供词中可见偷猪贼如何处理"赃猪"。

> 问据杨学湘、杨学良同供，这杨廷贤在□□□□□□们往杨经五侧边，径过撞遇杨廷贤们约小的们去宰杨学位家猪只，当已□□同路。是杨廷贤牵在他家杀的，那夜杨廷贤怕人搜寻，挖坑埋在他侧边花生地内，次夜才汤是真。杨学森分的猪肉用背篮背往升钟寺，被失主杨学位查知。学森情虚逃走，学位同保甲就往杨廷贤家搜出猪肉送案后，被团丁把小的杨学湘抓获送案，小的杨学良闻知把父亲杨廷贵收禁，一同来案替换父亲，恳祈开释，沐把小的们责惩□就是，未施恩。
>
> 问杨廷贵、杨廷贤同供：这杨学位家宰猪只是小的杨廷贤同杨学湘所偷，心、肺、肝子在杨学良家炒吃过后，被杨学位搜获送案。[⑤]

从供状来看杨姓偷猪贼以团伙作案方式偷猪，他们把偷猪说成去宰他人家的猪。他们得手后，先将猪宰杀，但是并未立即处理，而是埋在花生地里，以免被抓获。第二天才将猪刮毛汤剥，在杨学良家把心、肺、肝子等炒来吃后，再将猪肉按人头分赃。除了自己吃肉之外，杨学森把自己所分猪肉"用背篮背往升钟寺"，这才被失主杨学位查知，搜获送案的。

杨学森为什么要把猪肉背往升钟寺?[⑥] 据光绪《南部县舆图说》载升钟寺是当地的场市，集期四、九。[⑦] 很显然，杨学森把肉背往升钟寺，目的在于出售卖钱。

---

① 《南部档案》10—219—2，光绪十六年十二月初七日。
② 《南部档案》15—63—2，光绪二十八年九月二十三日。
③ 《南部档案》15—102—1，光绪二十六年四月十四日。
④ 《南部档案》11—43—1，光绪十七年六月十九日。
⑤ 《南部档案》12—111—1，光绪二十年十二月。
⑥ 《南部档案》9—303—3，光绪十二年正月二十二日。
⑦ （清）袁用宾：《南部县舆图说》，光绪二十二年刻本。

杨学森把肉背往升钟寺的行为我们可以推断当时有一条处理“赃猪”的黑市链条。屠户在此链条中扮演了重要角色，“赃猪”经过偷猪贼的手，卖于屠户，然后由屠户进行分销，流入市场。住永丰乡光木山的张文达平日“屠猪生理”，蒙长贵“开设宰房”专门以杀猪为生，他俩曾在光绪二十三年就因为“误买何姓窃猪”被人恶磕钱文。[①] 这也证明清代南部县存在完整的“赃猪”销售市场，实际上“赃猪”一旦经屠户手中进入市场中，也就不分是不是“贼猪”了。

二、屠户、猪客与生猪购销

屠户是以杀猪卖肉为生者，在《南部档案》中他们自称“屠猪生理”。他们遍布城乡市镇各地，从养猪户手中收购本地生猪，承买猪客贩运而来的外地生猪，再宰杀售卖猪肉，深度参与了生猪的流通、消费诸环节，沟通了本地和外地两个生猪购销市场。

（一）屠户

屠宰猪只这行涉及购买、宰杀猪只，分销猪肉多个环节，需要不少的劳力，远非一人独力能从事的工作。光绪年间的南部县乡民毛怀宇“向在兴隆场屠猪生理”，[②] 为解决劳力问题，毛怀宇采取的是家族共同经营和雇工相结合的方式。他平时同他的儿子毛继模、毛继伸一同在兴隆场卖肉，[③] 在光绪七年（1881），他雇请了侄儿毛继良帮工卖肉。[④] 随后，毛继良辞工不干，自己走上了“分边”卖肉的屠户生涯。光绪四年（1878），南部县民熊成志则是与剑州民唐安国、唐之甲在剑州属白林庙“合伙屠猪生理，言明赚利平分，折本平认”[⑤]。富利场居住的屠户冉瑞辂屠猪生理，平时雇佣工人赵大明宰卖代买猪只。[⑥] 可见南部县从事屠户业者形成了家族共同经营、“合伙”经营、雇工经营多种经营模式。

屠户杀猪有专门的宰房，南部县城里的严先达即是专门开设宰房为生的。[⑦] 分布于乡的屠户大多是自行宰杀猪只，这和农户家杀年猪并无多大区别。屠户自行在家，烧上开水，即可汤剥生猪，只是此类宰杀形式适合小规模的市场需求。清代南部县屠户杀猪有时不分地方，甚至在城隍庙门口宰杀。[⑧]

屠户在日常经营中采用簿据记账，凡买猪、卖肉来往的猪银、“猪账”都要登注簿

---

① 《南部档案》15－102－3，光绪二十六年五月十一日。
② 《南部档案》9－576－1，光绪八年六月十二日。
③ 《南部档案》9－576－2，光绪八年六月十二日。
④ 《南部档案》9－576－2，光绪八年六月十二日。
⑤ 《南部档案》7－598－2，光绪四年九月。
⑥ 《南部档案》17－630－1，光绪三十二年十一月十日。
⑦ 《南部档案》6－659－2，同治七年九月三十日。
⑧ 《南部档案》18－285－1，光绪三十三年十二月二十日。

内，以便核实销注[①]。屠户售卖猪肉的摊位名为“案桌”，在场上卖肉者用肉架[②]把猪肉挂起来售卖，当然也有把猪肉放于案板上宰卖的，“案桌”具体形式多种多样，因地制宜。清代南部县如果谁要新增“案桌”卖肉，则需要向恒王会缴纳规费。南部县城恒王会账单显示，光绪三年（1877）九月初一起到光绪四年（1878）八月二十九日的一年期间，该会“收新立案桌，来钱五千八百四十文”；光绪四年（1878）九月初一日起至光绪五年（1879）八月三十日止一年期间，该会“收新案桌，来钱一千二百文”[③]。

前文论及，有“赃猪”通过屠户之手流入市场，但“赃猪”数量毕竟有限，平日屠户所宰杀、售卖猪只主要还是通过正常渠道购买而来。屠户购买的生猪，按照产地分类，可分为收购于本地养殖户的“乡猪”和购买于外地贩猪客之手的“客猪”。

屠户购买本地的乡猪，亲邻所喂养的猪只自然是屠户优先购买的对象。监生王懋德住在临江乡六甲百子岩，离大堰坝七里[④]，屠户陈腊年住临江乡六甲林家垭，离大堰坝六里。[⑤] 王懋德和陈腊年同乡、同甲，两人住居非常近。光绪二十二年（1896）屠户陈腊年与监生王懋德互控一案中，屠户陈腊年自称与监生“王懋德买猪交往多年”[⑥]。屠户除了自己直接和养殖户进行洽谈收购之外，还有雇工代买猪只的形式。安仁乡三甲民冉瑞辂在富利场居住平日屠猪为业，顾工赵大明宰卖代买猪只。[⑦]

在具体的交易过程中，屠户和养殖户通过中介讲定价钱和猪价结算方式，通常由屠户先行收猪，约期再给清猪价。道光九年（1829），屠户娄老四同伊伙计戴老三于今九月二十九日套买去李玉成母亲喂养肥猪二只，作价钱七千八百文，约限十月初四日，一并给清。[⑧] 由李玉成供可知此次交易戴老三实际支给钱一千文即把猪买走了。[⑨] 光绪二十二年（1896）监生王懋德告称，“陈腊年本凶横恶屠，套买生肥猪八条，凭文生戴理琮讲定价钱四十八串登簿屡讨”[⑩]。光绪三十二年（1906）冬月初七，赵大明承买丁思宽肥猪二只，就是由丁思宽的业主“马志芳、李永凤凭行讲定，宰杀过秤，每斤价钱一百文。”[⑪]

屠户买猪也有钱、价两清的情况。宣统元年（1909）十二月初一日，马鞍堂庙子沟霜妇黄彭氏称“西邑屈金平母故宴客凭中寇成贵买氏肥猪一只价钱四串四百，又买氏子

---

① 光绪八年六月十二日，毛怀宇家住离兴隆场五里的毛家沟告称，“情民向在兴隆场屠猪生理，因民堂侄毛继良去岁帮民佣工，今春另贸，向民分边卖肉，该民猪银二十两登注簿据，审呈”。参见《南部档案》9－576－1，光绪八年六月十二日。

② 光绪八年毛怀宇与毛继良诉讼案中，毛继良的供词中有毛怀宇用刀“将架挂猪肉斩落地下泥中”。参见《南部档案》9－576－1，光绪八年六月十二日。

③ 光绪三十年三年屠户许天寿、王升贤并本署差役周全等在城隍庙门口杀猪被知县撞见，参见：《南部档案》8－112－4，光绪六年七月十三日。

④ 《南部档案》13－333－1，光绪二十二年七月八日。

⑤ 《南部档案》13－333－2，光绪二十二年七月十九日。

⑥ 《南部档案》13－333－1，光绪二十二年七月八日。

⑦ 《南部档案》17－630－1，光绪三十二年十一月十日。

⑧ 《南部档案》4－76－4 道光九年十二月四日。

⑨ 《南部档案》4－76－4 道光九年十二月四日。

⑩ 《南部档案》13－333－1，光绪二十二年七月八日。

⑪ 《南部档案》17－630－1，光绪三十二年十一月十日。

肥猪一只买价三串七百，去讫价清”[①]。

屠户主要活动空间在各乡场内，南部县的乡场绝大部分都是定期市，逢场时，四乡农户蜂拥来赶场，赶场“买盐割肉”者是农户的重要目的。各场遇到公事需要出钱之后，屠户常常成为集资出钱的重点对象。富利场设有清醮会一局，每年选派会首十名，原在各铺捐钱建醮祀神，该场铺民八十余户每铺各捐钱八百一十文，每年共收捐千七十余千之谱，以作建醮祀神之用。宣统元年（1909）福利场恐祭祀费用不敷，又在各屠户名下收钱四十文，因今二月十四送神需猪一只，祭船历议租钱一百文，祭后仍还出售。[②] 清末四川多次加增肉厘，为逃避厘金，屠户多有将售卖地点由在场卖肉，转为在乡卖肉。光绪三十三年（1907）七月十九日，建兴场收厘首人陈玉端禀称“可恨屠首乘该处井灶丛杂，往往在乡漏厘，私宰出售”[③]。皂角垭的屠户何学寿们因在乡私宰、私售漏厘，被肉厘征收人送官究治。[④]

（二）猪客

从外地贩猪入境的猪贩子称“猪客”，此类生猪贩运规模一般较大，价值较高。光绪元年（1875）洛阳人何国左船载肥猪三十七条到南部县盘龙驿发卖；[⑤] 宁羌州人吴树成平日贩卖猪只生理。他于光绪二十四年（1898）六月间，装运猪只来南部县发卖，一次性卖给南部县民严先达、何中选肥猪十二只，价银八十四两。[⑥]

猪客沿嘉陵江水道用船把生猪贩运南部县，位于嘉陵江江边的南隆镇、盘龙驿、新镇坝等水路码头成为客猪入境南部县的重要空间节点。猪客贩猪入境，需要归行售卖。在具体的销售方式上，贩猪客通常采用一次性发包给本地屠户，由本地屠户再行销售模式。何国左所贩 37 头猪被盘龙驿屠户严参崇包行买去，[⑦] 吴树成所贩卖的 12 头肥猪就是被南部县专门开设杀猪房的宰户严先达和屠户何中选合伙买去[⑧]。

屠户包买猪客的猪只资金结算方式通常是就行凭中介讲定价格，给付部分猪价，约定期限，给清价款。光绪元年（1875）六月何国左的 37 头猪就是屠户严参发“凭中杨老板向小的包行接买，议定价银二百二十八两，外搭料两包”，“限十日把银与何国左过足”[⑨]。吴树成的 12 头肥猪，由何中选伙同李维仲“凭宰户严先达讲定价银八十四两”，承包发卖。[⑩] 何中选同严先达伙买吴树成的 12 头肥猪后转卖与在城屠户李维仲、吴必贵、

① 《南部档案》20—91—1，宣统元年十二月一日。
② 《南部档案》20—479—7，宣统元年闰二月初十日。
③ 《南部档案》18—236—1，光绪三十三年七月十九日。
④ 《南部档案》15—273—3。
⑤ 《南部档案》7—14—1，光绪元年六月十六日。
⑥ 《南部档案》14—114—1，光绪二十四年九月。
⑦ 《南部档案》7—14—1，光绪元年六月十六日。
⑧ 《南部档案》14—114—4，［光绪二十四年］九月。
⑨ 《南部档案》7—14—4，光绪元年六月。
⑩ 《南部档案》6—659—2，同治七年九月三十日。

廖三、杨兴顺等，“银两多少不一”①。

屠户与猪客形成的打包发卖、约期给清猪价款的交易习惯，从猪客的角度来看，少去了自己零售猪只的不便，资金回笼较快。主要风险点在于，猪客手中并无买主屠户的抵押物，容易发生屠户不完清猪价的情况，实际上吴树成、何国左所贩卖的猪只都遇到了本地屠户不给清猪价进而双方兴讼的情况。对于买主本地屠户来说，设立付账期限，可以有效地应对猪瘟、祈雨禁屠等不确定的风险因素，同时减轻资金给付压力。

猪客和屠户就生猪购置发生纠纷无法调解时，就只能诉诸官府审理。如果确系买家拖欠猪银不给猪客，官方会毫不犹疑地支持猪客的诉讼请求，判令拖欠者清算结账。何国左与严参崇猪价纠纷一案，知县审断“仰即催令严参崇，速将应补银八两七钱六分如数交给，具结完案。勿延”②。

（三）猪价及祈雨禁屠

屠户购买农户的猪只照斤给价。光绪五年吴天德的账单显示，吴天德于光绪五年（1879）五月初五日赊买贯子垭监生肥猪一条，过秤重七十八斤，每斤价钱八十文，合共该钱六千八百六十文③。光绪三十二年（1906）十一月十日，富利场屠户冉瑞辂的雇工赵大明于今冬月初七承买丁思宽肥猪二只，宰杀过秤，每斤价钱一百文。④

本地生猪的交易多以铜钱作为货币单位。道光九年（1829）十二月时，南部县金星乡十甲，盘龙驿场的王朝福告称，自己喂养“肥猪两只”，卖与屠户斐老四得钱七千二百文，又凭中介他人手中购入成年架子猪“瘦猪”一只，价值“四千二百文”喂养。⑤ 道光十年，戴老三供：“去年九月内，小的与李玉成孙李明达买猪二只，价钱七千八百文。”⑥猪客所贩外地猪只的交易，不以制钱为单位，而是以银两作为货币单位。可见在地方猪市中大宗交易用银两，小宗交易用制钱。

地方猪市中的猪价受制度和非制度性因素的影响。非制度性因素，诸如猪瘟、买卖双方身份地位等都能影响猪价。在具体的买卖中，个人的讨价还价也是一项影响成交价格的重要因素。地方社会中的“祈雨禁屠”则影响猪价和屠户生计的制度性因素。传统社会地方如遇到久旱不雨，州县官就要组织祈雨。在正式祈雨之前，州县官通常发布告示，晓谕本城内外的屠户禁止宰牲发卖，以免冲撞神灵，导致祈雨不灵。

正堂史示谕：县属军民人等知悉。照得时值秧苗栽插之际，雨泽稀少，农民霓望甚殷。兹本县定期于四月二十七日，会同阖城文武各官，设坛祈祷，以期大沛甘霖。合先示谕所有本城内外屠户，于是日起一概不准屠宰，得雨后再行示谕开屠，

① 《南部档案》6—659—2，同治七年九月三十日。

② 《南部档案》7—14—3，光绪元年七月一日。

③ 《南部档案》8—128—6 光绪五年十月。

④ 《南部档案》17—630—1，光绪三十二年十一月十日。

⑤ 《南部档案》4—76—1，道光九年十二月十九日。

⑥ 《南部档案》4—76—7，道光十年。

并酌约保传谕各街居民供设龙王牌位，早晚敬谨行香，虔诚祷祝，毋稍懈慢。各宜禀遵，毋违。特示。

右牌通知

光绪三十四年四月二十八日

礼房呈

稿行①

祈雨禁屠的时间通常从正式祈雨当日算起，也有州县官要求在祈雨正式开始的前一天屠户就不得屠宰猪只。② 但对屠户来说，最大的不确定性是并不知道何时可以得雨，也就说禁屠的结束后的“开屠”日期具有不确定性。祈雨禁屠期间，屠户遵守禁令，不屠猪只，就得把所买猪只进行暂养，但是往往暂养的猪只会被拖瘦，因而掉价。同治七年（1868）六月何中选伙同李维仲伙买吴树成肥猪12头讲定价银八十四两，买了以后，“不料天旱禁屠，猪只拖瘦，迨后开屠，宰、卖均各折本”，何中选等意欲让猪客吴树成“让价”，所以“推期未给银两”③。

当然，屠户并非无策略的一味遵守禁令，也会违禁自行私宰售卖猪只。屠户违禁私宰只要不被告发，即没有问题，但如果被告发，或者被巡丁查获，私宰猪只不仅要被没收，本人还会被处罚。宣统元年（1909）七月，在城屠户雍子城、李凡和、薛吉庆、谭鸿儒不遵禁令，在祈雨之时私屠猪只售卖，被抓获。经过审讯后，知县判“雍子成等不遵禁令私宰猪只，但其过全在贾永定，着将贾永定枷号示众。雍子成等四人挨得雨谢将时罚交猪一只，以儆私宰”④。

三、乡场中的猪市与生猪消费量

养猪户从生猪市场购入生猪，偷猪贼借屠户之手将“赃猪”送入猪肉流通市场，屠户和猪客更是通过市场来达成交易，其具体的地理空间就是南部县的专门猪市和各乡村场市中的猪市。

（一）乡场中的猪市与专门性猪市

民众兴设场市的原因之一就是便于买卖牲畜。同治四年（1865）九月二十三日南部县居住在吴家坝的吴姓众人，向知县禀请恳准在吴家坝设场，其中一条重要理由就是为了方便吴家坝周围农户买卖农具与小牲畜。⑤ 猪市是乡村场市中重要的专门性市场之一。值得注意的是并非所有的乡场在兴设之初就设置有牛、马、猪等专门市场。道光十八年

① 《南部档案》18－1481－1，光绪三十四年四月二十八日。

② 《南部档案》15－985－6，光绪二十八年四月十七。

③ 《南部档案》6－659－2，同治七年九月三十日。

④ 《南部档案》201－1058－1，［宣统元年］七月。

⑤ 《南部档案》6－565－1，同治四年九月二十三日。

（1838）三月初八观子垭场总杜文富等人禀状中称“议等协同境地人等商议，在附近观子垭设一场市，取名‘兴隆场’。议令每月一、四、七集场，以便买卖油盐米粮，并未设有牛马猪市”①。

从生猪交易规模和平行经济人员的多寡两个指标来衡量，南部县南郭外锅铺岭、新镇坝、盘龙驿、双河场等场的猪市都是较大的猪市。下面分别叙述之。

锅铺岭位于南部县城南关外，属于县城附廓地带。早年由赵骡子、赵五子、李昌喜、蒲建成、李斌在此设立猪市，每逢三、六、九日赶集，每期买卖猪只约有三百余只，买卖两家卖价钱每千文赵骡子等要收取行用钱四十文。② 锅铺岭是清代南部县最大的肥猪交易专门市场。锅铺岭实际上可以看作是在城集市，正是由于锅铺岭每场猪只交易量较大，抽收行用可观，日后该猪市才会成为南部县县衙、团练、济善堂、劝学所、场头、客总等各方势力反复争夺的对象。

双河场位于南部县与蓬溪州的交界处，离南部县城一百二十里，集期一、四、七。③ 光绪《南部县舆图说》载双河场四至为：“东自天鼎山川心垭，至场中硚楼，南自硚直下河心，至蔡家坝齐云雾寨，均交蓬州界，西自倒石硚抵鲜店子界，直上梅子垭大东山，抵新政坝界，北至云母寨，抵福德场界。”④ 该场猪市修建于徐姓地面，由徐姓一族充当场头，经收猪行行用。光绪三十四年（1908），该场有猪行评行经济二十余人，形成了“无论大小猪只，买卖两家均可抽钱二十文，不准私加私抽，苛索乡民”的行用收取惯例。⑤

盘龙驿位于嘉陵江边，是南部县重要的水路码头，自明代起就在此设置有水驿站，到清代形已是场市。此地离南部县城二十里，集期一、四、七⑥。光绪《南部县舆图说》载盘龙驿四至为：“东在回龙滩，抵石河场界，南在三清庙䨻霖山䨻溪口，至观音井，抵石龙场界，西在五李子，接县城界，北自金花井，顺江直下，抵至遥坝，均连谢家河场。”⑦ 该场设置有官方的银平、土平，是外地船载大宗商品进入南部县的重要交易场所，外地猪客常在此卸货和售卖猪只。宣统三年（1911）时期南部县办理新加肉厘，该场由李先礼每月认包145只，新旧肉厘钱文共计九十五千七百文⑧，按此推算盘龙驿全年要缴1740只猪的新旧肉厘。

新镇坝位于嘉陵江边的冲击平坝上，是南部县重要的水路码头。道光五年，官方在此设置了县丞衙门，此地离南部县城九十里，集期二、五、八。光绪《南部县舆图说》载新镇坝四至：“东连双合场梅子垭，至大东山为界，南连鲜店子以望水垭为界，龙神垭

① 《南部档案》4—213—2，道光十八年三月初八日
② 《南部档案》5—169—6，咸丰四年二月六日。
③ （清）袁用宾：《南部县舆图说》，光绪二十二年刻本。
④ （清）袁用宾：《南部县舆图说》，光绪二十二年刻本。
⑤ 《南部档案》18—1194—1，光绪三十四年二月十九日。
⑥ （清）袁用宾：《南部县舆图说》，光绪二十二年刻本。
⑦ （清）袁用宾：《南部县舆图说》，光绪二十二年刻本。
⑧ 《南部档案》22—91—3，宣统三年二月十九日。

又连坪头场界，文昌宫鹞子岩又连富利场界，西连石河场，以大庙山玉皇观红山庙梯子沟为界，北连福德场，以张爷庙三角山为界。”① 新政坝的猪市修建在林姓地面，有评行经纪20余人，该场形成了由林姓一族充当场头抽收猪行用的惯例。② 宣统三年（1911）时川省办理新加肉厘，该场由张启远认包每月250只，一百六十五千文，③ 按此推算新镇坝全年要缴3000只猪的新旧肉厘。

上述各类猪市中，锅铺岭猪市是专门性的肥猪市场，类似于明清江南专业性市镇，其余都是乡场内部专门性市场。有猪市就有猪行，有猪行就有行用。猪行行用是南部县乡场重要公共收入来源，关于南部县各场猪行行用的收取、使用情况，笔者另有专文讨论，在此不过多论述。

各场市中的猪市中，活跃着一批评行代客人买卖的经纪人，在南部县又称为行户。行户平时逢场时入市评行。宣统元年十二月初十日保城庙场头何中和禀称“情民轮充保城庙场头支应差徭。该场猪行小学堂定归发票，每行户一名入市评行，每年出钱三百文”④。经纪入市评行就是依据行情对买卖的猪只价格、计重方式、资金给付方式在买卖双方之间进行撮合，最后达成协议。光绪三十二年（1906）十一月十日住安仁乡三甲富利场屠户冉瑞铬的雇工赵大明承买丁思宽肥猪二只，就是“有伊业主马志芳、李永凤评行讲定，宰杀过秤，每斤价钱一百文”⑤。光绪三十二年（1902）十一月初八日丁本朝、丁本龙告称，“今冬月初六，平头坝集期，（王）宗现以架猪一条，卖民承买。当看钱文，伊族王宗棠评行讲定价钱四串二百文，当过钱二串，尾欠三场付楚”⑥。

经纪评行的通常收取相应的手续费，除此之外，经纪场利用居中之人的各种优势地位，从事“吃两头”各种欺诈手法。文生谢堃、乡民李田昌、杨邦明、李谟、李志、苏占元、赵应全、赵应才、赖昌全、杜继明、杨玉春、董文福、张仁保、马三才、李万玉、石光有禀称，锅铺岭猪市迁移三元亭侧以后，“往有无赖棍徒从中渔利，借以凭行为名，任意苛索。若得买客厚资，欺押卖主，贱价估买，甚至欠钱若干，耽限几场收清，后支推恶撇不给。否则假称猪有疾，不进汤水，勒让短数。若得卖主背手，必向买客故称猪贵，便难择买，借此得以高抬价值，做抽分肥私。使买卖二家不得见面，凭行之人居中巧诈，以多报少，以少报多，稍不遂意，动辄结党逞凶，设投该行首人叙说，并不查问谁是谁非。又被纵客长刁，反将乡民唾骂。此等恶习，实属病民”。

（二）生猪的消费量

关于各场每年买卖猪只，尚无准确的数字进行统计。但是《南部档案》中有两类资料可以进行一些估算，第一类是涉及猪行诉讼纠纷中对某场猪只交易规模的描述性数据。

①（清）袁用宾：《南部县舆图说》，光绪二十二年刻本。
②《南部档案》17—915—1，光绪三十二年十二月十四日。
③《南部档案》22—91—8，宣统三年二月十九日。
④《南部档案》20—1055—1，宣统元年十二月十日。
⑤《南部档案》17—630—1，光绪三十二年十一月十日。
⑥《南部档案》17—1010—1 光绪三十二年十一月初八日。

另一类资料是宣统办理新加肉厘以来各场包认的猪只数量。使用新办肉厘猪只包缴给数据有两点需要说明，首先清末宣统新加肉厘的征收对象是包括了年节、婚丧等场合农户自宰猪只的，其次各场肉厘包缴人认包猪只应该是少于实际消费数，否则多出来的肉厘钱文，就要由包缴人自己给付。所以此类数据的估计值只可作为全年生猪消费量的估算，而不能作为市场化手段处理的猪肉数量，并且是少于历史实际量。

咸丰四年（1854）二月初六日猪行职员何钟凤、民人何钟选禀称，“在南关外锅铺岭设立猪市，每逢三六九赶集，每期约有三百余猪只，买卖双方两家卖价钱每千伊等取行用钱四十文，伊等承认支应烧猪，不取分文。职等承办春秋二祭，业经三载，毫无违误”①。锅铺岭作为专门性的肥猪买卖市场，每月三、六、九日赶集。每月的三、六、九、十三、十六、十九、二十三、二十六、二十九，锅铺岭都会赶集，一个共计 9 个集期。全年理论上应该是有 108 个集期，再除传统社会春节期间，通常要过完正月十五后再开市的传统，也就是除去正月初三、初六、初九、十三 4 个集期，锅铺岭正常情况下全年应该有 104 个集期。所论述的，按照期每期约有三百余只猪估算，锅铺岭全年交易的猪只在应该在 30900 头左右。

宣统元年（1909）正月十四日，南部县三费局首士在三费局报销禀文中，新政加肉厘每只猪加抽一百文。每月全县乡场认包二千六百八十只，② 由于包缴肉厘是按月上缴，不涉及集期的问题，全年乡场认包的猪只理论上应该是 32160 只。该禀文中同时记载了“又本城派收九个月半共收足钱六百二十九千三百文”③。按照一只猪加派一百文计算，九个半月全城征收了肉厘的猪为 6293 只，平均每月 662.4 头，全年 12 个月应该为 7949 头。按此计算宣统元年（1909）全年乡场包缴肉厘猪只数目是 32160 头，本城全年预计可征收足 7949 头，总计 40109 头。

四、结论

施坚雅在《中国农村的市场和社会结构》一书开篇中写道：“中心地——这个用于城市、城镇和其他具有中心服务职能的聚居的居民点的一般用语——可以用多种方式来定义。这里采用的方式仿效克里斯塔勒和罗希。按照这两位学者提出的解析传统，一个特定的中心地可以根据它在连锁性空间体系内的地位来分类，而在这个空间体系内，经济职能是与等级层次相联系的。”接着，他在解释中心地的形成和中心地等级分布体系形成时引用了贝利在《城市的规模分布和经济发展》的解释：“可以设想，一种持续力量的熵——多种力量用多种方法在长达很多世纪的时期中作用于中心地体系——如果说不是在事实上导致中心等级的规律性和职能组合与中心地在空间体系内的一致性，至少使得它

① 《南部档案》5－169－6，咸丰四年二月六日。

② 《南部档案》20－542－1，宣统元年正月十四日。

③ 《南部档案》20－542－1，宣统元年正月十四日。

们得到加强。”最后施坚雅将其对中国社会中的中心地的分析建立在一个假设上——“一个居民点的经济职能始终如一地与它在市场体系中的地位符合，而市场体系则按照固定的等级自行排列”①。

在清代南部县地方小牲畜市场的购销需求是场市兴设的原因之一，但是并不是所有的场市在兴设之初都设有猪市类小牲畜市场。到清末时，南部县的地方猪市由专业性的锅铺岭猪市和各场中的猪市构成。正是在这些地方猪市中，养猪户售卖、销售生猪，偷猪贼处理“赃猪”，屠户和猪客达成交易。据估算，清末宣统元年一年大概有 3 至 4 万头生猪在这个地方猪市中交易、流通、消费。

需要指出的是，并无资料显示锅铺岭与其他乡场中的猪市有上下层级的关系。对于养猪户、偷猪贼、屠户、猪客来说，他们可能在锅铺岭售卖猪只，也可能在就近的乡场上购买猪只。屠户是地方猪市中重要的活跃力量，他们不仅下乡收购养猪户的生猪，还和猪客做生意，沟通外地市场和本地市场。部分大屠户从事着包买生猪分发给下一级小屠户的生意，实际上成为批发商。

以清代南部县地方猪市的兴设、运行的经验来看，场市并未自形成之初就成为周围农村地区的经济中心地。正是在农民一次次到各场猪市中售卖猪只的过程中，本地屠户销售猪客贩运而来的一船船“客猪”的过程中，以及各场形成的猪行行用征收惯例的共同作用，促使场市成为当地的经济中心地，这是人为的结果而非市场体系自然排列的结果。施坚雅将其对中国社会中的中心地的分析建立在“一个居民点的经济职能始终如一地与它在市场体系中的地位符合，而市场体系则按照固定的等级自行排列”的假设上，与历史实际不相符合。

① ［美］施坚雅著，史建云、徐秀丽译：《中国农村的市场和社会结构》，北京：中国社会科学出版社，1998 年，第 5 页。

清代土地交易契约中的税粮解析

——《湖北天门熊氏契约文书》研究之一

盛　承*

明清时期，土地交易契约已经形成相对规范的契式，田地税粮是其中的要件之一。但在具体表述上，不同地区、不同时代的契约存在很大差异，形式多样，详略不一。② 在传统中国，田赋是王朝国家财政收入的主要来源，契约中的税粮正是体现国家赋税制度在民间社会的具体实践。尽管土地契约的发掘、整理以及利用已经成果丰硕，③ 但鲜有学者解析契约中的税粮内容，更少论及其背后蕴藏的赋税制度及其地域特征。

就数量而言，现在已经刊布的土地契约文书蔚为大观，但归户不明确、分布不系统经常使继续深入研究陷入困境。新近出版的《湖北天门熊氏契约文书》（下文简称《文书》）则具有独特的优势，归户明确，数量巨大，内容丰富且持续时间长，故而学界认为它具有很高的史料价值。④ 与优势不相称的是，其价值尚未充分体现在具体而深入的研究之中。⑤ 与本文相关者，有论者将契约中的税粮解释为"田地载粮问题"，即田地上收获的粮食，并推演出土地交易中存在"折算成粮食"与"折算成银钱"两种处理方式。⑥ 这是一种因不谙明清赋税制度而做出的似是而非的解读。

本文以《文书》收录的902件土地交易契约为研究对象，从税粮的具体表述形式出

* 作者简介：盛承，中山大学历史系博士后。

② 参见杨国桢《明清土地契约文书研究》，北京：人民出版社，1988年，第22—42页。张传玺：《契约史买地券研究》，北京：中华书局2008年，第63—81页。王旭：《契纸千年：中国传统契约的形式与演变》，北京：北京大学出版社，2013年，第42—43页。

③ 参见吴佩林、李增增：《六十年来的明清契约文书整理与研究》，吴佩林、蔡东洲主编：《地方档案与文献研究》第二辑，北京：中国社会科学出版社，2016年，第56—77页。

④ 张建民、唐刚卯：《发掘契约文书的综合价值，深化区域社会经济史研究——以天门熊氏契约文书为例》，陈春声、陈东有主编：《杨国桢教授治史五十年纪念文集》，南昌：江西教育出版社，2009年，第85—92页。张建民：《自微见著："天门岳口熊氏契约文书"初识》，《人文论丛》2014年第一辑。谢贵安：《〈湖北天门熊氏契约文书〉的学术价值》，《中华读书报》2015年2月4日第15版。杨华、陈新立：《〈湖北天门熊氏契约文书〉评介》，《中国史研究动态》2015年第2期。

⑤ 笔者所见相关成果有梅磊：《道光年间湖北天门熊氏田地买卖契约文书研究》，郑州大学2016年硕士学位论文。邓文倩：《清代湖北天门熊氏田地租佃契约文书研究》，郑州大学2017年硕士论文。赵静怡：《〈湖北天门熊氏契约文书〉方言词汇研究》，湘潭大学2018年硕士学位论文。陈新立：《契约文书所见清代湖北土地资料问题探析》，宋亚平主编：《长江文史论丛》(2017卷)，武汉：湖北人民出版社，2018年，第76—92页。张丽霞、陈钰：《清代家族关系对借贷行为的影响——以〈湖北天门熊氏契约文书〉为分析文本》，《湖北工程学院学报》2018年第5期。这些研究未从资料本身提出新问题，只是将其作为一种文本，探讨契约分类与格式、土地资源的开发、民间借贷关系以及方言词汇等问题，在土地契约研究的深度和广度上可能均未超越前人。

⑥ 梅磊：《道光年间湖北天门熊氏田地买卖契约文书研究》，郑州大学2016年硕士学位论文。

发，归纳契约中税粮的起科类型，解析其产生的历史过程与制度渊源，进而探讨与契约中税粮相关的问题。

一、税粮的表述形式与起科类型

清代田赋按亩起科，税粮征收关涉土地面积、派征科则、钱粮数额等要素。体现到土地交易契约中，税粮的表述主要有三种基本方式：注明税亩、注明科则和注明钱粮。① 就具体契约而言，受各地乡约俗例的影响，税粮的表述形式或采用单一方式，或并用多种方式，目的是交代清楚土地承载的赋税情况。由于契约文书的"民间性"，尤其是未经官府批验的白契，契约中亦有不注明税粮的情形。② 综括《文书》收录的 902 件土地交易契约，税粮的表述形式大致有如下四种。

第一种仅注"载粮在册"。此类型有两件，其一是《道光五年十二月十日金惜余卖田赤契》：

> 立永卖白田约人金惜余，今因移就，将父置陶团白田四形，计丈十三亩一分四厘四毫，载粮在册，情愿请凭亲中金光进等说合，惜余出笔永卖与熊葵园名下为业。③

其二是《梁榜先卖田赤契》：

> 立永卖白田约人梁榜先，今因移就，将自置白田一形，计丈一亩九分三厘七毫，在［载］粮在册，名□□鼎户下收纳，情愿请凭亲中汤执中等说合，先出笔永卖与熊□□笃名下□□。④

金、梁二姓人氏各自将一处白田卖与熊姓。这两份契约都是赤契，经过了官府批验。契中虽然只是注明"载粮在册"，但结合官府的粮册，可以明确起征科则与税粮数额，故而不影响土地交易和税粮过割。

---

① 张传玺主编：《中国历代契约会编考释》（北京：北京大学出版社，1995 年）所收清代各地土地交易契约，三种税粮表述形式均有实例，在此不一一举证。需要说明的是，土地的丈量面积与纳税面积往往不一致，契约中用税亩来注明税粮的情形常见于徽州地区，例如《清乾隆二十四年（一七五九年）休宁县吴清宇活卖地红契》（第 1263—1264 页）表述为"地税五分八厘六毫""地税壹亩零六厘二毫""地税四分六厘四毫"，地是纳税土地类型之一，地税是为一种科则。科则、税亩既明，承载税粮也就清楚了。

② 土地交易契约具有"民间性"特征，具体契约并不一定严格按照通用契式书写，内容上亦有缺略。就税粮而言，很多土地交易契约中并未做出相关说明，这类契约中所交易的土地或不承载国家赋税，抑或是其他缘由，尚需进一步深入探究。

③ 张建民主编：《湖北天门熊氏契约文书》（上册），武汉：湖北人民出版社，2014 年，第 71 页。

④ 张建民主编：《湖北天门熊氏契约文书》（下册），武汉：湖北人民出版社，2014 年，第 504 页。

第二种简略注明科则，具体分为四小类。其一如《文书》所录时间最早的《康熙十年九月二十日君锡卖田契》：

立绝卖田契弟君锡，今因移业就业，请凭中兄春跃等说合，将自己受分渔粮田二亩五分，四止开后，出笔绝卖与兄敷言名下管业，耕种当差……中间并无别故，随载渔粮，照册完纳。[①]

该契为白契。君锡将一处渔粮田绝卖与族兄春跃，田地“随载渔粮”。其二如《道光四年八月十八日程同公卖田赤契》：

立永卖白田约人程同公，今将祠堂公产三狮团上则粮田二分，情愿请凭亲中程楫等说合，卖与熊葵园八老爷名下为业。[②]

该契为赤契。程同公将一处族产白田绝卖给熊葵园，田地为“上则粮田”。其三如《道光五年十月三日李支宏卖田契》：

立卖白田约人李支宏，今因移就，将父置陶林垸付团白田七形，计丈六亩零七厘二毫，粮载民米，宏情愿请凭亲中程有鼎等说合，宏出笔卖与熊葵园大老爷名下为业。[③]

该契为白契。李支宏将七处白田活卖与熊葵园，田地“粮载民米”。其四如《道光五年十月七日方国义卖田契》：

立卖白田约人方国义，今因移就，将祖置付团白田一形，计丈一亩二分，粮载正银，义情愿请凭亲中程有鼎等说合，义出笔卖与熊葵园大老爷名下为业。[④]

该契为白契。方国义将一处白田活卖与熊葵园，田地“粮载正银”。随载渔粮、上则粮田、载粮民米、载粮正银均是田赋科则的简略形式。税粮内容虽然还比较笼统，但相较于“载粮在册”的表述，注明科则可以指明交易土地的赋税负担。在《文书》中，此类契约为数不少，尤以第二小类最多，大多为“载粮上则”。

第三种注明钱粮，又分载粮米与载粮银两类。其一如《雍正五年三月二十二日熊万瞻卖田契》：

---

① 张建民主编：《湖北天门熊氏契约文书》（上册），武汉：湖北人民出版社，2014 年，第 3 页。
② 张建民主编：《湖北天门熊氏契约文书》（上册），武汉：湖北人民出版社，2014 年，第 54 页。
③ 张建民主编：《湖北天门熊氏契约文书》（上册），武汉：湖北人民出版社，2014 年，第 65 页。
④ 张建民主编：《湖北天门熊氏契约文书》（上册），武汉：湖北人民出版社，2014 年，第 66 页。

立卖田约侄万瞻，今因移就，将虎獐坑中区水田七亩五分，载粮一斗六升五合，在熊酉偕户下当差，请凭中兄峻儒等说合，出笔卖与叔宋宰名下管业，耕种当差。①

该契为白契。熊万瞻将一处水田活卖给宋宰，税粮为一斗六升五合。其二如《乾隆五十八年十一月二十二日刘震卖田契》：

立大卖白田约人刘震，今因移就，将祖遗自己受分陶林垸南一北市白田四分九厘，载正银九厘三毫，出售先尽亲族人等，俱不承买，请凭亲中程仲山等说合，出笔卖与熊淡村名下为业。②

该契为白契。刘震将一处白田绝卖给熊淡村，税银为九厘三毫。契约中载明土地类型、面积，注明税米或税银数额，清楚交代了交易土地的赋税状况。

第四种为复合形式，完整注明科则和钱粮，亦分载粮米与载粮银两类。其一如《康熙三十二年十一月三十日熊介士卖田契》：

立永卖田契约人弟介士，今因移业就业，将自己祖遗守坟坟茔前中则水田三亩六分，请凭叔克善说合，出笔卖与兄方在为业，随载民米五升七合六勺。③

该契为白契。熊介士将一处水田绝卖给熊方在，田地上则起科民米，税粮为五升七合六勺。其二如《乾隆五十八年九月四日萧丁氏等卖田契》：

立永卖白田约人萧丁氏同子起松，今因乏用，将自己一北狮上则渔田六分，载正银一分二厘，请凭亲中李栋、龙山说合，丁氏母子出笔卖与熊福九名下为业。④

该契为白契。萧丁氏母子将一处渔田绝卖给熊福九，田地上则起科正银，税银为一分二厘。契约中完整注明土地类型与面积、起征科则以及税粮数额，不仅清楚交代了交易土地的赋税状况，而且为进一步探求其背后的赋税制度提供了可能。

以上四种即《文书》所录902件土地交易契约中税粮的基本表述形式。从数量上观之，注明钱粮（包括复合形式）者为数最多，简略注明科则者次之，仅注“载粮在册”者甚少。另外，有少数契约并未言及税粮，主要是找补契、典田契等，此类土地交易可能不牵涉税粮过割，故而简略不述。各种表述的具体内容详略不一，在归户明确的前提下，可以根据复合形式中的完整描述，一定程度上补足其他形式中的缺略，进而从整体

① 张建民主编：《湖北天门熊氏契约文书》（上册），武汉：湖北人民出版社，2014年，第5页。
② 张建民主编：《湖北天门熊氏契约文书》（上册），武汉：湖北人民出版社，2014年，第8页。
③ 张建民主编：《湖北天门熊氏契约文书》（上册），武汉：湖北人民出版社，2014年，第4页。
④ 张建民主编：《湖北天门熊氏契约文书》（上册），武汉：湖北人民出版社，2014年，第8页。

上对契约中的田地与税粮进行归纳分析。例如，《乾隆五十八年九月四日萧丁氏等卖田契》中渔田税粮以银起科，《文书》中注明税粮的渔田均以银起科，且无以粮起科的例证，便可推测渔田以银起科的结论。按照此种方法，通过逐一对比分析，笔者归纳出如下认识。

首先，契约中的水田、白田、滩田、淤滩田是土地自然属性的划分，与田赋科则没有直接关联。历史上白田与水田的释义有所争议，[①] 需要结合具体时代、地域以及文献语境加以辨别。《文书》收录的土地交易契约中，水田指与灌溉工程相连的水利田，这在部分契约中可以找到相关信息。例如，《道光十五年十二月八日隆楚琏卖水田堰塘赤契》载：

> 立永卖水田堰塘约人隆楚琏，今因移就，将己受分水田大小共六坵，坐落袁家北堰北，共计丈四亩，载粮八升八合八勺，菱角堰照分使灌救。[②]

水田六坵，共计丈四亩，其实是田地面积与堰坝折算面积的总和。该契末尾注明“共田三亩七分三厘七毫，堰坝作田二分六厘三毫”，合计为四亩之数。白田与水田并举，指无需“灌救”的田地，二者共同出现在契约中时做了明确区分。如《乾隆四十三年三月二十日陈履泰等卖田赤契》，陈氏兄弟共卖白田二处、水田二处，各自单独成块，分别开列四至。[③] 另外，还有白水田的合称，如《嘉庆十年十月九日范成善卖田赤契》：

> 立大卖白水田约人范成善，今因移就，将本己置八卦团白水田一形，计丈一亩一分五厘一三，载粮二升五合五勺五抄，册名成善，范家墩坝取水灌救。[④]

范成善出卖的土地为“一形”，契末开列一处田地四至。所谓白水田实际也是白田和水田，因二者在地理上连在一起，又同时进行交易，故而合称为白水田。滩田、淤滩田则指河湖淤积形成的田地，在契约中与白田、水田并不同时出现，可见是单独的一种土地类型。《文书》所录土地交易契约中，白田占大多数，水田次之，滩田、淤滩田再次之。

水田、白田、滩田在田地升科上未做区分。以载粮为例，《嘉庆七年十月十三日万知贵等卖田赤契》载：

> 立大卖水田约人万知贵、自宁，今因移就不便，将自己所置八卦团上则水田一

---

① 辛德勇：《释“白田”》，氏著：《纵心所欲：徜徉于稀见与常见书之间》，北京：北京大学出版社，2011年，第159—163页。曾雄生：《也释“白田”兼“水田”——与辛德勇先生商榷》，《自然科学史研究》2012年第2期。

② 张建民主编：《湖北天门熊氏契约文书》（下册），武汉：湖北人民出版社，2014年，第473页。

③ 张建民主编：《湖北天门熊氏契约文书》（上册），武汉：湖北人民出版社，2014年，第6页。

④ 张建民主编：《湖北天门熊氏契约文书》（上册），武汉：湖北人民出版社，2014年，第24页。

亩，载粮二升二合，情愿请凭亲中万进云等说合，万知贵出笔大卖与熊思永名下为业。[①]

又《道光十二年十二月欧阳浦连卖田契》载：

立永卖田契约人欧阳浦连，今因移就不便，将祖置代家垸上则白田二形，一亩，载粮二升二合，请凭中欧阳定柏说合，出笔卖与熊宗义名下为业。[②]

又《乾隆五十九年十二月十八日谢上志卖田赤契》载：

立永卖滩田契约人谢上志，今因移就不便，将祖置上则中洲垸外滩田二形，计丈三亩四分六厘，载粮七升六合八勺，情愿请凭亲中阳英等说合，出笔永卖与熊德九二老爷名下管业。[③]

以上三例对田地承载的税粮作了完整表述，水田、白田以及滩田均是上则起科。前二者田地面积恰好一亩，税粮则亩征二升二合。滩田交易契约中没有科则、粮额明确且面积恰好为一亩的例子，需要进行数据折算。谢上志出卖的滩田，面积为三亩四分六厘，粮额为七升六合八勺，折算得亩征约二升二合一勺九抄有零。清代赋税会计数据中有很长的畸零尾数，具体到契约中填写的数据，田亩数和税粮数的位数也是长短不一，折算数据之间难免有所误差。如《乾隆六十年九月程占元等卖田赤契》中交易白田一亩，载粮二升二合二勺二抄，[④] 虽然未注明科则，通过与其他契约对比，当是上则起科，税粮额数精确到单位“抄”。又如前引《嘉庆十年十月九日范成善卖田赤契》，白水田一则起科，折算得亩征约二升二合一勺九抄有零，与谢上志卖田契中折算数额几无差别。总之，由于契约中数据填写的技术原因，[⑤] 水田、白田、滩田上则起科的具体税粮额数存在微乎其微的差异，但总体上仍可呈现出三者一则起科的赋税制度。

其次，纳税土地又可统称为“粮田”，赋税亦统称为“粮”。前引《康熙十年九月二十日君锡卖田契》将田地称为“渔粮田”，赋税称为“渔粮”。“粮”又分为“粮米”与“粮银”两类。《乾隆五十七年十一月二十六日程相朝卖田契》载：

立永卖白田约人程相朝，今因移就，将自己受分粮田一□，载粮二升二合二勺

① 张建民主编：《湖北天门熊氏契约文书》（上册），武汉：湖北人民出版社，2014年，第22页。
② 张建民主编：《湖北天门熊氏契约文书》（上册），武汉：湖北人民出版社，2014年，第340页。
③ 张建民主编：《湖北天门熊氏契约文书》（上册），武汉：湖北人民出版社，2014年，第10页。
④ 张建民主编：《湖北天门熊氏契约文书》（上册），武汉：湖北人民出版社，2014年，第15页。
⑤ 在契约中，不仅田地面积和税粮额数的位数长短不一，而且具体数据也经常会有改动，甚至有留白的现象。

二抄，情愿请凭亲中叔仲山等说合，当日言定，□□笔卖与占才、元、德弟兄为业。[①]

该契虽有残缺，但不影响内容的解读。白田即为粮田，载粮为粮米。又《嘉庆七年十月十四日万天武卖田赤契》，水田即为粮田，载粮为粮米。[②] 又《嘉庆十七年十月八日熊人儒等卖田赤契》载：

立永卖田约人族弟人儒、人选、人富，今因移就不便，将自己受分虎獐垸方三小堤团中岭祖茔前水田九分，粮载正银一分四厘四，请凭中侄孔珍说合，人选弟兄出笔永卖与族兄岳口滃村名下为业。[③]

契中“正银”二字在正行右侧添加，是对“粮载一分四厘四”的旁注，粮即为粮银。又《道光三年十月十八日汤东峰等卖田赤契》，四处白田、二处水田共载正银二钱八分七厘。[④] 总之，纳税的白田、水田等土地都是粮田，而税粮统称粮，既可为米，又可为银。在契约的税粮表述中，经常会省略部分字词，载粮米若干简化为载粮若干或载米若干，载粮银若干简化为载粮若干或载银若干。白田、水田等类型田地的载粮均有米和银的形式，但没有具体田地的载粮同时出现米和银的形式。

再次，渔田、民田、官庄是土地社会属性的划分，直接关系到田地的起征科则，并形成不同的税粮起科类型。各契对税粮的表述详略不同，但共同呈现出三个关键词：民米、渔租（正）银、官庄（正）银，[⑤] 试分别举一例。《康熙三十二年十一月三十日熊介士卖田契》载：

立永卖田契约人弟介绍士，今因移业就业，将自己祖遗受分坟茔前中则水田三亩六分，请凭叔克善说合，出笔卖与兄方在为业，随载民米五升七合六勺。[⑥]

又《乾隆五十八年九月四日萧丁氏等卖田契》载：

立永卖白田约人萧丁氏同子起松，今因乏用，将自己一北狮上则渔田六分，载正银一分二厘，请凭亲中李栋、龙山说合，丁氏母子出笔卖与熊福九名下为业。[⑦]

---

① 张建民主编：《湖北天门熊氏契约文书》（上册），武汉：湖北人民出版社，2014年，第7页。

② 张建民主编：《湖北天门熊氏契约文书》（上册），武汉：湖北人民出版社，2014年，第23页。按，该契中田地面积和税粮数额均有大幅改动。

③ 张建民主编：《湖北天门熊氏契约文书》（上册），武汉：湖北人民出版社，2014年，第28页。

④ 张建民主编：《湖北天门熊氏契约文书》（上册），武汉：湖北人民出版社，2014年，第39页。

⑤ 在部分契约中，渔租正银简化为渔租银或渔租，官庄正银简化为官庄银或官庄。

⑥ 张建民主编：《湖北天门熊氏契约文书》（上册），武汉：湖北人民出版社，2014年，第4页。

⑦ 张建民主编：《湖北天门熊氏契约文书》（上册），武汉：湖北人民出版社，2014年，第8页。

又《道光十二年十一月二十六日钱得祥卖田赤契》载：

> 永卖白田约人钱得祥，今因家用不便，将自己受分南湾垸白田二形，一亩二分六厘六毛五丝，载官庄正银三分七厘七毛二丝，请凭中厚富等说合，祥出笔卖与熊宗义名下为业。[①]

以上三则是税粮表述比较详细的例子。渔田直接出现在契约中，民田、官庄则暗含在“民米”与“官庄正银”的表述中。通过归类分析，税粮中米与银的分野不在于田地自然属性的区分，而在于田地社会属性的划分：民田对应民米，渔田对应渔租正银，官庄对应官庄正银。

总之，虽然902件熊氏土地交易契约的税粮表述形式详略不同，但共同呈现出以下田地起科类型：民田以粮起科，渔田、官庄以银起科，且三者的科则差异显著。那么，这种差异是如何形成的呢？下文将进一步探究其形成的历史过程与制度渊源。

二、天门县田地起科类型的演变

熊氏家庭居于天门县岳口镇，交易田地是否全部在天门县辖境呢？隶属不同政区的田地，其赋税制度的实施和演变过程存在很大的差异。因此，弄清该问题是考察前述各种起科类型形成过程的前提。

判定田地的行政隶属，主要有两个参照：一是坐落的特定地理单元——堤垸，二是所属的特定乡村组织——里团。这批契约的整理者做了初步的统计与对比，554件契约所载堤垸与乾隆《天门县志》所载者可以相互对应。[②] 至于里团名称，由于契约中的文字俗写和名称简写，未能统计出与乾隆《天门县志》所载者可以相互对应的具体份数。通过实地田野调查，整理者有如下判断：

> 当地传说岳口上堤熊氏之田地、房产遍布襄河南北，上至老河口，下至沉湖，南至茅鬋，北至京山，其实仍以天门境内尤以横林、新堰口一带为多。[③]

据此，尚不能判定902件契约所关涉的田地都在天门县辖境。

其实，判定田地的行政隶属关系无须对其地理位置做出精确定位，只需厘清相关的行政信息。笔者认为可以增加如下依据：其一，“团”是天门县特有的乡村组织，在民间社会各团的具体称谓、写法并不完全一致，因此不用过多强调契约中的团名是否与县志

① 张建民主编：《湖北天门熊氏契约文书》（上册），武汉：湖北人民出版社，2014年，第251页。
② 张建民主编：《湖北天门熊氏契约文书》（上册）《前言》，武汉：湖北人民出版社，2014年，第7页。
③ 张建民主编：《湖北天门熊氏契约文书》（上册）《前言》，武汉：湖北人民出版社，2014年，第8—9页。

所载者相互吻合，凡某团内的田地即可判定隶属天门县。其二，在赤契中，尽管没有注明田地的坐落位置或乡村组织，但钤有天门县官印，亦可判定田地隶属天门县。其三，就没有任何地理信息的白契而言，其田地起征科则若与天门县田地起征科则相吻合，亦可判定田地隶属天门县。综合以上依据，除极少数无法提供有效信息的契约外，[①] 其他契约中的田地均可断定隶属天门县。再者，跨县的田地交易在税粮过割上程序更为复杂，至少牵涉到两个县的赋税派征，在契约表述中应做相关说明。事实上，所有契约均无特殊情形。总之，熊氏土地交易契约中的田地均在天门县辖境，因此其起科类型可以拘囿于该县赋税演变的范畴内进行考察。

天门旧称景陵，雍正四年因避讳康熙皇帝陵寝名讳改称天门。[②] 康熙《景陵县志》卷八《版籍志》中有“国朝赋役新全书”条，其中“田地额数”为：

> 原额民、渔田共一万八千一百四十四顷二十五亩四分：上田六千一百五十八顷二十八亩四分九厘，中田五千四百八十二顷三十三亩四分八厘二毫，下田三千八百六十顷五十二亩八分五厘八毫，四则田二千六百四十三顷一十亩五分七厘。查民田上、中、下、四则共一万三千顷二十五亩五分六厘七毫六丝，渔田上、中、下、四则共五千一百四十三顷九十九亩八分三厘二毫四丝。万历九年清丈后，拨出渔田，入潞府，除充膳租，另载后款。[③]

同书同卷备列该县赋役详情后，作小注云“康熙三十一年照全书开造”[④]。顺治时期，清廷就已颁行赋役全书，康熙时期又重新编订简明赋役全书，于康熙二十七年完成。[⑤] 志文所谓新全书是相对于顺治时期的旧全书而言，所载内容则是康熙三十一年转录自新编全书。清代景陵县的田地类别有民田、渔田两大类，均以四则起科。渔田又与明代潞王府的膳租密切相关，入清以后形成了特殊的田赋类型，故而“另载后款”。景陵县赋税制度的演变过程，必须贯通明清两朝加以考察。

渔田是明代渔政制度演变过程中的产物，独立于民田赋税体系。明代设河泊所管理河湖之利，由渔户办纳鱼课。在两湖地区，随着河湖淤积，由水域开垦出的土地逐渐增加，从而在鱼课系统产生了渔田渔粮的纳税名目。[⑥] 渔田与民田有畛域之分，起征科则、

---

① 例如时间最早的《康熙十年九月二十日君锡卖田契》，既无田地坐落、乡村组织，亦无税粮科则，无法判定田地的行政隶属关系。

② 《清世宗实录（一）》卷四六，雍正四年七月戊午，北京：中华书局，1985 年影印本，第 703 页。按，景陵、天门为同一县在不同时期的不同称谓，行文中则根据征引文献所载名称进行叙述，不统一更改为天门县。

③ 康熙《景陵县志》卷八《版籍志》，康熙三十一年刻本，第 18 页 a—b。

④ 康熙《景陵县志》卷八《版籍志》，第 57 页 a。

⑤ 参见高嶋航：《清代の賦役全書》，（京都）《东方学报》2000 年总第 72 期，第 451—502 页。

⑥ 徐斌：《明代河泊所的变迁与渔户管理——以湖广地区为中心》，《江汉论坛》2008 年第 12 期；《国家与渔民：宋至清两湖地区渔税的性质、征收及其演变》，《清华大学学报》2019 年第 4 期。

管理机构都有所不同。万历三至七年，朱熙洽任承天府潜江县知县，[①] 在清理本县田地时如是说：

或问："田必有畛，制也，恶用清？"曰："为畛之不明，故清耳。"曰："畛何以不明？"曰："楚故多水患，而潜于楚撮土也，襄汉会流，决口数四，已而浑沙渐积，湮没界址。民惟视强弱艺治，而田额紊矣。且渔湖徙入民田，渔课轻，富者利粮之轻，非渔田不收，而鬻者亟于求收，则以粮田假渔田以售，即存粮不顾也，是以有田者无粮，粮多者鲜田，而粮额又紊矣。"[②]

自然环境的变化导致田地数额不清，渔田（湖田）课税比民田轻，田地交易时避重就轻，又导致粮额混乱，因此要清理田粮。朱熙洽集中清理了渔粮，在呈报给上级的详文中称：

渔粮之设各该州县湖池多者设河泊所，而邻近州县湖池少者以其课就近附于各所。本县地界狭窄，湖池间杂，西南则递江陵县倚北湖河泊所，东南则递监利县分盐河泊所，正东则递沔阳州到河河泊所，东南则递景陵县葫芦三湾河泊所。[③]

渔田渔粮由河泊所来管理征收，潜江县所属湖池则分属于江陵、监利、沔阳、景陵四州县的河泊所，从而导致地在本县而粮在他县的情况。在详文中，他再次强调渔田课税甚轻，产生多种民田冒充渔田的手段，致使民生凋敝、粮额亏损。景陵县葫芦三湾河泊所征收潜江县东北地区的渔田渔粮，[④] 形成了粮在本县而地在他县的情形。总之，渔田与民田在明代就有明确的区分，二者分属不同的征课系统。潜江县如此，与之相邻的景陵县亦不例外。

万历前期的田地清丈工作，改善了田粮不清的状况。康熙《景陵县志》载：

万历九年辛巳，奉例丈量田地山塘，上、中、下、四则共计一万八千一百四十四顷二十五亩四分。万历十年壬午，拨出渔田上、中、下、四则共四千六百一十一顷八十亩四分九厘，实存民田上、中、下、四则共一万三千五百二十二顷四十四亩

① 万历《承天府志》卷八《秩官》，《日本藏罕见中国方志丛刊》第 8 册，北京：书目文献出版社，1990 年影印本，第 149 页。

② 朱熙洽：《清田记》，康熙《潜江县志》卷三《舆地志·乡区》，《中国地方志集成·湖北府县志辑》第 46 册，南京：江苏古籍出版社 2013 年，第 47 页。

③ 朱熙洽：《请清渔粮详文》，康熙《潜江县志》卷三《舆地志·乡区》，《中国地方志集成·湖北府县志辑》第 46 册，第 47 页。

④ 按，在《请清渔粮详文》中出现两处"东南"方位，即"东南则递监利县分盐河泊所"与"东南则递景陵县葫芦三湾河泊所"，根据潜江县与所列各州县地理位置的关系，景陵县在潜江县东北，故应改为"东北则递景陵县葫芦三湾河泊所"。

九分一厘。[①]

万历九年，景陵县清丈田地山塘共 18 144.254 顷，[②] 次年将之划分为渔田 4 611.8049 顷和民田 13 532.449 1 顷。[③] 田地山塘是土地自然属性的划分，民田、渔田则是社会属性的划分，主要依据是二者出自不同的征课系统。张居正去世后，明廷对其施政多有非议，其中包括田地清丈政策。万历十六年，景陵县“钦依改正”，增加田亩 10 260.492 8 顷，裁革地、塘、山三种名目，合计万历九年清丈田亩数，共足额 18 144.254 顷，并将上、中、下、四则起科田亩数额勒石立碑于县衙前，永为定额。[④] 不过，这一变化没有影响到民田、渔田的区分。渔田在地方官府版籍上，渔粮是王朝国家的赋税来源，与王府没有瓜葛。

明代中后期，王府奏乞庄田之风愈演愈烈，尤其是新封亲王养赡田数额巨大。[⑤] 嘉靖帝开滥赐之先河，嘉靖四十年景王就藩湖广德安府，据说所获庄田总额多达四万顷。[⑥] 嘉靖四十四年，景王去世，无子除封，其庄田绝大部分转归所在州县。[⑦] 景王封国时间短，庄田圈拨在当时似乎没有造成特别严重的问题。万历十七年，潞王就藩河南卫辉府，[⑧] 获赐景王遗留产业，主要涉及湖广部分府县，在地方却引起了强烈的反应。武昌府江夏籍朝臣郭正域考述景王、潞王在家乡圈拨庄田的始末，其中说道：

> 嘉靖末年，景恭王之国德安，请武、汉、荆、承湖课，于时潜、沔之间平湖旷衍，富民筑堤障水，耕佃其中，一岁之入十倍，又不载版籍，不纳税粮，有司将尽税焉，故富民愿入景藩，岁纳湖课，盖湖课较田粮相去不啻五十之一。武昌一郡诸湖尽在众山丛聚间，固不如潜、沔之平衍可田，又无有力者为堤其间，且尽皆有司复故为税地也。景藩所差官校概以潜、沔事行之江夏诸邑，于是都御史某重违上意，邑令唯唯而已，拷掠小民，以虚数取盈。一时刁悍无赖承风告密，指田为湖，以税为课。[⑨]

① 康熙《景陵县志》卷八《版籍志》，第 4 页 b—5 页 a。

② 此数额又载万历《承天府志》卷六《田赋》，《日本藏罕见中国方志丛刊》第 8 册，第 107 页。

③ 按，田地山塘总额减去渔田数额，民田应为一万三千五百三十二顷四十四亩九分一厘。志文所载万历十年、万历十八年两处渔田数额相同，因此只可能是刊刻时将民田数额中的“三十二”误刻为“二十二顷”。

④ 康熙《景陵县志》卷八《版籍志》，第 5 页 a。

⑤ 参见王毓铨：《明代的王府庄田》，氏著《莱芜集》（原载中国科学院历史研究所编：《历史论丛》第 1 辑，中华书局 1964 年，第 219—305 页），北京：中华书局，1983 年，第 129—165 页。

⑥ 《明神宗实录》卷五〇八，万历四十一年五月辛未，台北：“中研院”历史语言研究所，1962 年校印本，第 9628 页。文献中没有直接记载嘉靖帝赏赐景王庄田四万顷，而是在福王庄田圈拨事件中透露出来的。另，下文所引各朝《明实录》均为该版本，不再另注。

⑦ 景王去世以后，其妃王氏保留原赐顺天府宝坻、玉田、丰润等县庄地一千五百二十余顷，可见景王庄田并未全部归还所在州县。（《明世宗实录》卷五五〇，嘉靖四十四年九月乙未，第 8853 页。）

⑧ 《明神宗实录》卷二一一，万历十七年五月甲子，第 3957 页。

⑨ 郭正域：《合并黄离草》卷二二《景府潞府请田始末》，《四库禁毁书丛刊》集部第 14 册，北京：北京出版社，1997 年，第 258 页。

景王奏讨的原本是武昌等四府的河湖之利,[1] 与田亩无直接关系。地方豪富围湖造田，新垦田地不在官府版籍，不纳国家税粮。在官府以民赋起科和景府以湖课输租之间，豪富避重就轻，乐意将田地归属景府，因此景王拥有了数量巨大的田地。郭正域出于桑梓之情，撰文的目的是详述武昌府江夏诸县深受王府庄田之苦，特意将之与其他府县区别开来，认为景王圈拨庄田时已经为害甚烈，以致潞王圈拨景王遗留庄田时，更是苦上加苦。撇开情感因素不论，嘉靖末年，景王在湖课的名义下圈拨庄田，对地方官府来说还是较为容易接受。新垦田地原本就不在官府版籍中，不纳税田地划为庄田，对原有的民田赋税影响甚微。至于官校虐民、奸民投献，那是庄田在后期管理过程中衍生出的次生弊端。最重要的是，景王享国时间短，庄田弊端还未严重恶化，田地又归属到地方官府。

万历十六年，潞王奏乞景王遗留产业,[2] 相关府县的情境已今非昔比。万历初期，在张居正的主持下进行全国土地清丈，地方官府版籍上的土地数额增加，不起科田地相应减少。具体言之，景王庄田在清丈中已经汇入地方赋税体系，重新圈拨给潞王，实际是将官府在籍田地转化为王府庄田，故而对已经形成的地方赋税格局产生不小的影响。[3] 前述景陵县万历九年的田土数额是清丈的结果，万历十年渔田数额涵盖景王庄田。康熙《景陵县志》载:

> 万历十八年庚寅，潞府出国，奉摘渔粮田四千六百一十一顷八十亩四分九厘，仍归五所，拨署取租充膳。[4]

潞王之国时在万历十七年。在前一年，潞王特意奏请景王原在湖广地区的产业要“如数给发”，额税则由各地方官商酌议处。[5] 其实潞王也清楚，景王庄田在清丈过程中已经纳入国家赋税体系，再次圈拨需要地方官府从中调处。万历十八年，景陵县落实朝廷旨意，将万历十年拨出的渔田全部拨给潞府，取租充膳。“五所”是指五个河泊所，具体名称下文细述。所谓“仍归五所”，文意有两层：一是渔田原本隶属五个河泊所，其后改隶景陵县，划拨给潞府后又重新改回。二是渔田虽然划拨潞府征收膳租，但行政关系上仍隶属五个河泊所。康熙《景陵县志》载:

> 万历九年清丈民渔田地摊派上、中、下、四则共该粮米二万一千一百二十石三升七合三勺五抄六撮九圭，内除渔田摘去秋粮藩租五千五百十八石三斗三升五合八

---

① 例如，嘉靖三十九年景王获赐湖广沔阳州、石首县、监利县的多处池湖、柴洲。(《明世宗实录》卷四九一，嘉靖三十九年十二月丙申，第8167页。)

② 《明神宗实录》卷二〇二，万历十六年八月丙午，第3787页。

③ 参见盛承:《从王府庄田到更名田：明清州县赋税演变新探》,《中国社会经济史研究》2016年第3期。

④ 康熙《景陵县志》卷八《版籍志》，第5页b。

⑤ 《明神宗实录》卷二〇六，万历十六年十二月癸未，第3844页。

勺一撮，实存秋粮民米一万□……□（后缺页）。[①]

清丈过程中，渔田从鱼课系统中分离出来，与民田一则起科，按四等科则派征秋粮民米。渔田划入潞府以后，相应秋粮米改为赡租，田地与赋税均不再归属于地方官府。但事实上是田去粮存，乾隆《天门县志》载：

查渔田摘出藩租五千五百一十八石三斗三升五合八勺一撮，仍照现存额粮每石加派三斗五升三合七勺一撮，合足原额起科。[②]

为了不亏原额，渔田摊派的秋粮民米加派到民田民米上，此即景陵县调处额税之法。在清丈之前，渔田原本属于河泊所鱼课系统，潞王奏讨的正是景王所获河湖之利，因此圈拨为潞府庄田后又改回河泊所管辖。在膳租派征上，虽然县志中说“秋粮藩租”，实际上不再以粮起科，而是以银征租。万历《承天府志》卷六《徭役》中“湖州杂课”条，景陵县有“潞府租课一万一千零五两七钱五厘六毫”[③]，所指正是潞府渔田赡租。

明前期各王府庄田自行管业征租，成化年间朝廷开始推行委官代为管业，正德以后逐渐以有司代管为主，且成为不可逆转的趋势。[④] 万历十八年，潞王欲图庄田自行管业，受到了湖广地方官的反对。[⑤] 嘉靖帝起初想满足潞王的请求，最终接受户部和都察院的建议，令地方官府代管庄田、征解赡租。[⑥] 在景陵县，渔田名义上拨给潞府，实际上仍在官府版籍，仅是渔粮科征从秋粮米改为赡租银，具体的管理机构即五个河泊所。因此，景陵县管辖的田地形成了两种派征类型：民田以粮起科，渔田以银征租，前者为国家赋税，后者为王府私租。

入清以后，各地官府大规模清理前朝宗室产业，推行土地赋税民田化政策，王府庄田重新纳入国家赋税体系。[⑦] 康熙八年，这些田地统一改称为更名田，并单独刊入赋役全书。[⑧] 在景陵县，前文所引康熙《景陵县志》中“国朝赋役新全书”将渔田“另载后款”，即列入单独的“藩租款项”条目：

---

① 康熙《景陵县志》卷八《版籍志》，第 7 页 b。

② 乾隆《天门县志》卷三《食货考》，《中国地方志集成·湖北府县志辑》第 44 册，第 413 页。

③ 万历《承天府志》卷六《徭役》，《日本藏罕见中国方志丛刊》第 8 册，第 115 页。

④ 参见王毓铨：《明代的王府庄田》，氏著《莱芜集》，第 165—176 页。

⑤ 《明神宗实录》卷二一九，万历十八年正月戊午，第 4110 页。

⑥ 《明神宗实录》卷二四一，万历十九年十月壬寅，第 4489 页。

⑦ 郭松义：《清初的更名田》，中国社会科学院历史研究所清史研究室编：《清史论丛》（第 8 辑），北京：中华书局，1991 年，第 39—69 页。[日] 佐藤文俊：《清初における旧明朝の王府莊田》，氏著《明代王府の研究》，东京：研文出版，1999 年，第 384—407 页。盛承：《清初清理藩勋逆产的政策演变》，《清史研究》2015 年第 3 期。

⑧ 黄六鸿：《福惠全书》卷八《杂课部·更名地》，《四库未收辑刊》第三辑第 19 册，北京：北京出版社，2000 年，第 103 页。《清圣祖实录》卷二十八，康熙八年三月辛丑，北京：中华书局，1985 年影印本，第 391 页。按，北方地区的部分王府庄田因被圈占为旗地而未转化为更名地，南方地区清查出的王府庄田基本全部转化为更名地。另外，清代文献中经常混用更名地与更名田，本文对二者不做细节区分，将其等而视之。

□藩：原额田七千七百二十九顷三十六亩九分二厘。内万历□年清丈后，民粮圈拨上、中、下、四则田共五千一百四十三顷九十九亩八分三厘二毫四丝，仍于前民粮内合总；又代丈沔阳实田二千五百八十五顷三十七亩八厘七毫六丝。①

虽然康熙八年将废藩名色统一改为更名田，但在赋役册籍上并未实时更新，保留了旧有的叙述。至乾隆时期，相关的信息已经更新，乾隆《天门县志》载：

潞更名地租原额田七千七百二十九顷三十六亩九分二厘。内民粮圈拨田数见前，又代丈沔阳实田二千五百八十五顷三十七亩八厘七毫六丝。②

所谓“民粮圈拨田数见前”，即同书同卷载：

民、渔田地原额上中下四则共一万八千一百四十四顷二十五亩四分，共额征秋粮米二万一千一百二十石三升七合三勺五抄六撮九圭，清丈后拨出渔田五千一百四十三顷九十九亩八分三厘二毫，实存民赋田一万三千顷二十五亩五分六厘七毫六丝。③

综合三则材料，除去沔阳州拨入的田地，景陵县在清初有潞王庄田 5 143.998 324 顷，均出自派征秋粮民米的渔田。结合上文所述，康熙《景陵县志》中记载了两组民田、渔田数额，万历十年是民田 13 532.449 1 顷、渔田 4 611.804 9 顷，清代是民田 13 000.255 676 顷、渔田 5 143.998 324 顷，但田亩总额均为 18 144.254 顷。可见，万历十八年景陵县拨给潞府渔田后，又从民田中续拨了渔田。由于康熙《景陵县志》中存在缺页，乾隆《天门县志》中又没有相关记载，续增过程暂且无法梳理明白。从其他记载来看，其时可能在万历二十二年左右。万历二十一年，巡抚湖广右佥都御史郭惟贤在《潞课疏》中称：

合无俯将江夏、汉川、沔阳等州县增补课银，查照数目自二十二年为始，行臣等将新增者行有司照数派征，通将勘过各处四至，委臣明立疆界，竖石封记，以垂永久之业，以杜投献侵占之弊。④

此谓何事？万历十九年，潞王对湖广各府县清理工作不甚满意，认为地亩和租银数额都

---

① 康熙《景陵县志》卷八《版籍志》，第 53 页 a—b。

② 乾隆《天门县志》卷三《食货考》，第 414 页。

③ 乾隆《天门县志》卷三《食货考》，第 413 页。

④ 郭惟贤：《潞课疏》，陈子龙等辑：《明经世文编》卷四〇六《郭中丞三台疏草》，北京：中华书局，1962 年影印本，第 4413 页。

不及景王原额，奏请再次勘查。[①] 然而，景王庄田中有诸多投献田地，所谓原额也仅是虚数。迫于朝廷的令旨，湖广相关府县只能再行凑补加增。[②] 部分官员还因办事不力而罚俸，万历二十一年有如下记载：

户部题，潞府奏讨景府遗业已经道府查补派租明白，请开住俸官员俸。从之。[③]

郭惟贤在《潞课疏》中亦奏请恢复罚俸官员俸禄，与这条史料相互吻合。景陵县在勘查府县之中，增补课银亦在派征之列。万历十八年已将全部渔田拨给潞府充赡，只能圈拨民田改充赡租渔田，因此民田减少与渔田加增数额完全相同。

前朝王府庄田重新纳入清王朝国家的赋税体系，其起征科则又是怎样的呢？一般认为，更名田的起征科则大致分为两类：变价土地以民田科则起科，未变价土地则以租课起科。[④] 景陵县潞府渔田则以租课起科，康熙《景陵县志》“藩租款项”中载潞藩“□□租银一万一千五两七钱五厘六毫，原额加饷银一千七百五十九粮四钱六分八厘五毫二丝五忽”[⑤]，推测志文残缺二字应为“原额”，租银数额与前引万历《承天府志》中潞府租课银完全相同。乾隆《天门县志》载潞府更名地“上、中、下、水乡四则，每亩起科不等”。万历九年清丈后，渔田四则派征秋粮米，拨给潞府后则以四则改征赡租银，入清以后租银派征等则转化为田赋起征科则，形成了清代渔田以银起科的形式。不过，由于清初摊征九厘饷银，[⑥] 各等科则的银额会有所增加。然而，民田的税粮起科情形则有所不同，首先是按照四个等则派征秋粮米，然后根据秋粮米的额征银额和加派银额，折算出每石民米的“折秋粮”银额。[⑦] 在民田科则上，清代继承明代旧制，继续保持以粮起科的形式。

除潞藩外，明代楚藩、兴藩以及福藩在景陵县也有庄田，入清以后前二者的田地转化为更名田。康熙《景陵县志》中“藩租款项”残缺两页，楚藩内容正在其中，存留部分记载：

以上楚租原额旧熟、新垦并部驳堤压共谷折价银二千四百二十一两九钱一分五厘二毫七丝九忽七微二尘。[⑧]

---

① 《明神宗实录》卷二四一，万历十九年十月壬寅，第 4489 页。

② 郭正域：《合并黄离草》卷二二《潞府再议庄田始末》，《四库禁毁书丛刊》集部第 14 册，第 261—263 页。

③ 《明神宗实录》卷二六五，万历二十一年十月癸未，第 4933 页。

④ 陈支平：《清代赋役制度演变新探》，厦门：厦门大学出版社，1988 年，第 207—211 页。

⑤ 康熙《景陵县志》卷八《版籍志》，第 53 页 b。

⑥ 按，万历末期加派九厘饷银，王府庄田不在其列；清初虽然朝廷宣布废除各色加派，但实际并未停止征收九厘饷银。

⑦ 康熙《景陵县志》卷八《版籍志》，第 18 页 b—19 页 a。

⑧ 康熙《景陵县志》卷八《版籍志》，第 56 页 a。

参酌乾隆《天门县志》"楚更名地租"条，明代楚藩庄田有征租谷、征租银两种类别，清代征谷部分以"每石折银四钱六分六厘"改折，[①] 故有"谷折价银"名目。楚藩租谷折银涉及景陵等十三州县，初始定为每石折银二钱，至顺治九年增为四钱六分六厘。[②] 就科则而言，楚藩庄田在明代并行征谷与征银的课租形式，清代将其转化为以粮起科和以银起科的起科类型，而谷折价银与民米折银颇为相似。

明代兴藩的地位比较特殊，第二代兴王朱厚熜继承大统成为嘉靖帝，并追谥其父朱祐杬为献帝，兴藩庄田相应升格为皇庄。[③] 嘉靖初年，朝廷曾大规模勘查、清理皇庄，部分田地名义上改为官地。[④] 同治《钟祥县志》记载，明代安陆府的王府庄田实际是改民田为官田，"设守备太监领之，而太监之禄俸、旗校之廪饩亦皆取支于此，或曰皇庄，或曰养地，皆官田也，与楚田、福田通谓之更名田"[⑤]。又康熙《潜江县志》载："又明皇庄租亩荒多熟少，明时太府征收租无一定，每亩或重至三四分，或轻则一二厘不等。"[⑥] 可见，兴藩庄田由宦官、旗校管理，征收租银。兴藩庄田虽然成了皇庄，但称谓上既不用皇庄，亦不用兴藩，而是鉴于田地的"官田"性质，称之为官庄，入清以后与其他藩田一同转化为更名田。[⑦] 康熙《景陵县志》载：

> 官庄地三十二顷七十八亩八厘，额租银九十五两三钱五分三厘五毫。[⑧]

乾隆《天门县志》中改称为"官庄更名地"[⑨]。景陵与钟祥、潜江同属承天府，官庄更名地同出一源。官庄纳入国家赋役体系后，景陵县将明代课租银转化为课税银，在科则上保持以银起科的形式。

再看福藩庄田。福王就藩时，万历皇帝严旨搜扩庄田四万顷，引起朝野议论纷纭，最终以摊派赡租银而告终。康熙《景陵县志》"藩租款项"载：

> 福藩：原《全书》外民粮上坐派福租银一十九两三钱五分六厘四毫；解费每两九厘，该银一钱七分四厘二毫七忽六微。正、费共一十九两五钱三分六厘七忽六微，

① 乾隆《天门县志》卷三《食货考》，第415页。

② 郭琇：《郭华野（琇）先生疏稿》卷二《奏请均赋》，沈云龙主编：《近代中国史料丛刊续编》第94辑，台北：文海出版社，1974年影印本，第162—163页。梁凤翔：《楚田缺额缘由捐值代置足额议》，康熙《孝感县志》卷6《田赋下》，嘉庆十六年增刻本，第29页a—b。

③ 施正康：《明代南方的安陆皇庄》，中国社会科学院历史研究所明史研究室编：《明史研究论丛》第三辑，南京：江苏古籍出版社，1985年，第112—128页。

④ 夏言：《夏桂洲先生文集》卷一三《奉敕勘报皇庄及功臣国戚田土疏》，《四库全书存目丛书》集部第74册，济南：齐鲁书社，1997年影印本，第592—599页。

⑤ 同治《钟祥县志》卷四《田赋》，《中国地方志集成·湖北府县志辑》第39册，第77页。

⑥ 康熙《潜江县志》卷九《赋役志》，《中国地方志集成·湖北府县志辑》第46册，第167页。

⑦ 康熙《潜江县志》将"官庄"列为藩田之内，夹注"太府"二字进行解释。（康熙《潜江县志》卷九《赋役志》，《中国地方志集成·湖北府县志辑》第46册，第166页。）

⑧ 康熙《景陵县志》卷八《版籍志》，第56页a—b。

⑨ 乾隆《天门县志》卷三《食货考》，《中国地方志集成·湖北府县志辑》第44册，第415页。

每无免米一石派银九毫八丝七忽九微八尘九纤二渺。[①]

福藩庄田有赡租而无赡田，租银加派到民米内征收。正因为没有实土，也就不能转化为更名田，乾隆《天门县志》的田地记载中已无该项内容。

明代王府庄田重新纳入清王朝国家赋税体系后，景陵县继续沿用旧有的租课传统，在科则上并未与民田民赋相一致。这种税粮起征科则上的分野在清代相沿不变，嘉庆年间新升科的田地仍然是民田以粮起科、更名田以银起科。[②] 与之相应，景陵县还独立编制更名田的赋役组织，与民田里甲区别开来。乾隆《天门县志》载：

外有上帐南、北，澧马南、北，葫芦东、西，白云南、北，风波上、下，及楚区、官庄十二里，系征渔租之地，即在二十五里之内。[③]

这十二里即更名田赋役组织。楚区对应楚藩更名田，官庄对应官庄更名田，冠以方位的上帐、澧马、葫芦、白云以及风波等十里则对应潞藩更名田。其实，上帐、澧马、葫芦、白云以及风波的名称均来自河泊所之名。嘉靖十年承天府建置以前，沔阳直隶州领沔阳州和景陵县。嘉靖《沔阳志》详载沔阳直隶州所属河泊所，总计二十一个，其中有上帐湖、澧马潭、葫芦三湾、白云三汊以及风波蒿台湖五河泊所，但未区分沔阳州与景陵县的分属情况。[④] 万历《承天府志》载沔阳州“旧有河泊所十六处”，[⑤] 可见景陵县有河泊所五处。据前引朱熙洽清理渔粮的详文，景陵县有葫芦三湾河泊所。乾隆《天门县志》载，天门境内有风波湖、上帐湖、白云三汊、澧马潭，与河泊所同名。万历十八年，景陵县拨给潞府的渔田“仍归五所”，所指即此五个河泊所。入清以后，潞藩渔田转化为更名田，景陵县依照田地与河泊所的从属关系，每个河泊所一分为二，总计建置十里。光绪《沔阳州志》载“顺治十三年拨天门县澧马所更名田”云云，[⑥] 既证实了“澧马”里之名源自同名河泊所，亦说明澧马里是更名田赋役组织。从“系征渔租之地”的表述看，景陵县更名田征派的赋税名目统称为渔租。而所谓“即在二十五里之内”，是指更名田与民田在地理位置上杂错分布。

总之，清代天门县的纳税田地有以粮起科和以银起科两种类型，且是继承明代旧制的结果，其中王府庄田的圈拨与清理是造成二者分化的缘由。在一条鞭法改革的大背景下，明代后期天门县的秋粮逐渐折银征收，但民田的起征科则仍以实物为基准，而清代

① 康熙《景陵县志》卷八《版籍志》，第56页b。

② 道光《天门县志》卷八《赋役志》，道光元年刻本，第9页a—10页a。

③ 乾隆《天门县志》卷一《地理考》，《中国地方志集成·湖北府县志辑》第44册，第368页。

④ 嘉靖《沔阳志》卷七《创设》，《天一阁藏明代方志选刊》第54册，上海：上海古籍书店，1962年影印本，第7页a—b。

⑤ 万历《承天府志》卷八《秩官》，《日本藏罕见中国方志丛刊》第8册，第160页。

⑥ 光绪《沔阳州志》卷四《食货志》，《中国地方志集成·湖北府县志辑》第47册，第133页。

完全因袭明代旧制。明代中后期王府庄田以征收租银为主，入清以后王府庄田纳入官府更名田版籍，庄田租课直接转化为更名田税课，因此新增了以银为基准的起科类型。由于历史渊源和起科类型不同，民田与更名田编制相互独立的赋役组织。另外，潞王庄田圈拨以后，天门县田地版籍上的渔田尽归潞藩。入清以后，渔田从潞藩重归官府，版籍上渔田即为潞藩更名田，甚至渔租之地亦成更名田的代称。

三、相关问题的探讨

通过以上分析，熊氏土地交易契约呈现的不同税粮起科类型可以得到较为清晰的解析。熊氏交易的土地隶属天门县版籍，契约中民田以粮起科，渔田、官庄田以银起科，正是清代天门县赋税制度在契约中的直接体现。其中，渔田即版籍上的潞藩更名田，官庄田即版籍上的官庄更名田，二者虽然均以银起科，但由于明代潞藩庄田和官庄田地的租率不同，入清以后各自的租率又转化为税率，因此契约中渔田与官庄田的科则也有所差异。

除税粮起科类型问题外，从这套契约中还可引出一些与赋税制度相关的问题，值得进一步探讨。

（一）粮册分立问题

民田以粮起科，渔田、官庄田以银起科，天门县分别开立粮册。《道光十二年二月二日朱士楷等卖田赤契》中交易阴地、基台、白田、沟水共计九亩一分九厘七毫，随载税粮民米七升三合五勺七抄、正银八分七厘四毫，在粮册的分布情况为：

> 米册名：朱圣典　朱进公
>
> 正银册名：朱应昌　朱万则一①

民米原在米册税户朱圣典、朱进公户下，正银原在正银册税户朱应昌、朱万则一户下。交易标的虽然在地理上是“一形”，契末共同开列一处四至，在粮册上税粮却分属四个户头，科则亦分为米、银两种。税粮中米银并存，并非同一处田地同时派征米和银，而是这处田地内部又细分为征米田地和征银田地，故而分属米册和银册税户。土地交易以后，相应税粮从四个户头中过割到买者税户之下。

从税户的角度而言，同一户名有可能同时注册于米册和银册，亦有可能仅注册于单一的米册或银册。在税粮过割中，若接纳者仅注册单一粮册，难免会出现税粮形态与注册粮册不相符合的情形。如《道光二十九年十一月六日庆林卖淤滩赤契》中如是批语：

---

① 张建民主编：《湖北天门熊氏契约文书》（上册），武汉：湖北人民出版社，2014年，第122页。

此滩原系渔银，因祠僧止有报本米柱，只得收本己民米，按数拨推。此据。[①]

内容大同小异的批语还见于另外两份契约。[②] 在这三份契约中，熊氏笃叙堂义庄购得三处淤滩地，并将田地“转给报本祠僧名下为业”。三处田地原本以银起科，缴纳渔银，但报本祠在官府所立粮柱只有“米柱”（即米册粮柱），田地的税粮形态与注册粮册不相符，笃叙堂义庄只得将本己米柱内的民米“按数拨推”到报本祠米柱内。换言之，交易土地虽然承载税银，而实际税粮过割中推收的是民米。

另外，契约中有名为“风波册”者。《道光十二年十二月一日王净明卖田赤契》中有如下粮册和户名：

风波册名　熊友义[③]

相似内容还见于多份契约，如“风波熊有义”“册名风波熊有义”“风波册名友义”。[④] 风波册为何物？前述更名田单独编制了赋役组织，其中有“风波上、下”二里，风波册可能与更名田有关。道光《天门县志》载：

仓漕征输内有风波、附二名目，衿户民米册载附二，其渔粮入风波，无论里团，按名柱收纳，以别绅庶，以省丁徭。[⑤]

县志所云是士绅人户的田地若承载民米则载“附二”名下，若承载渔粮则入“风波”名下。渔粮即渔田之粮，即为更名田税粮，可见风波册是更名田粮册之一。在土地交易过程中，更名田流入士绅人户，其税粮统一编入风波册。在带有“风波”册名的契约中，交易田地的税粮无一例外是正银，这与更名田以银起科相互吻合。

总之，天门县田地因起征科则有米、银之别，粮册相应地有米册、银册之分，而土地交易中出现的税粮跨册过割，也往往通过转换税粮形态来完成，从而保持米、银粮册与注册税粮的名实相副。其中，有名为“风波册”的银册，是更名田粮册之一。

（二）更名田问题

清代更名田从明代皇庄、王庄以及勋戚庄田演化而来，赋税政策具有明显的特殊性，在赋役全书中一般都有独立的条目。以往的研究侧重于更名田的土地所有制性质，并形成了不同的认识。陈支平认为是“一种国有土地所有制向私有土地所有制转化的交替形

① 张建民主编：《湖北天门熊氏契约文书》（下册），武汉：湖北人民出版社，2014年，第493页。
② 张建民主编：《湖北天门熊氏契约文书》（下册），武汉：湖北人民出版社，2014年，第493—494页。
③ 张建民主编：《湖北天门熊氏契约文书》（上册），武汉：湖北人民出版社，2014年，第232页。
④ 张建民主编：《湖北天门熊氏契约文书》（上册），武汉：湖北人民出版社，2014年，第248、250、251页。
⑤ 道光《天门县志》卷八《赋役志》，道光元年刻本，第26页a。

态”；[①] 郭松义认为更名田内部存在三种情况，即部分是官田，部分是民田，部分则介于官田与民田之间。[②] 其实，清初推行清理前朝藩勋逆产的各项政策，意在将明代不承担赋役的田地重新纳入国家赋役体系，[③] 清廷并不关心田地的性质是官田还是民田。更名田与民田的差别可能仅限于赋税政策的不同，在土地交易市场上并没有差异。

在已经刊布的土地契约中，有学者试图寻觅更名田的踪迹。《清代宁波契约文书辑校》收录的契约中有“更田”字样，辑校者解释为“更名田”的简称。[④] 但该观点随后就受到质疑和商榷。[⑤] 明代在江浙地区例不封王，理论上不存在转化为更名田的藩勋田地。从各朝《清会典》及地方志的记载看，浙江也没有更名田。换言之，更名田的契约文书只能在明代分封地区去发掘。

通过前文考述，熊氏土地交易契约中的渔田、官庄田就是天门县版籍上的更名田。民间契约中一直沿用明代以来的渔田、官庄名称，并未统一采用清初朝廷政策规定的更名田称谓。由此进一步推测，所谓“更名田”只是官府版籍上的田地和赋税门类，即康熙时人黄六鸿所言“另条刊入《全书》，粮照《全书》征收”[⑥]，而对民间社会的田地分类并未产生影响。因此，发掘更名田的契约，关键点不是契约中是否有“更名”之类的字样，而是通过土地和赋税制度的梳理，判定契约中的田地是否为更名田赋税政策下的田地。

天门县渔田、官庄田的具体科则甚为繁杂。渔田延续明代万历年间的传统，科则有等则区分。《文书》中明确注明渔田等则仅有一例，见《乾隆五十八年九月四日萧丁氏等卖田契》，0.6 亩上则渔田载正银 0.012 两，折算上则渔田亩征银 0.02 两。渔田既然有上则，亦当有其他等则。《文书》中没有注明官庄田等则的例子，据《道光十二年十二月六日徐永盛卖田赤契》，0.78 亩官庄田载正银 0.0234 两，折算官庄田亩征银 0.03 两，这与明代官田亩征三分的常例相吻合。根据契约中的田亩数与载银数，折算出的亩征银额数字存在或多或少的差异，这是由多种因素造成的。其一，渔田在明代有等则差异，不同等则的田地亩征银额有差。其二，契约中田亩和银额数字的填写位数长短不一，而且经常有涂改，折算亩征银额会产生偏差。其三，隶属不同藩勋的田地，甚至同一藩勋的不同地块，其租率各不相同。概言之，清代更名田政策直接将租课转化为税课，更名田的税率继承明代杂乱的租率，故而没有整齐划一的科则可寻。

总之，清代的更名田可以从新的角度加以理解。以往的研究将目光放在土地上，尽管观点存在差异，引入的核心理论均是土地所有制形态，进而建立起地权转化与赋役负

---

① 陈支平：《清代赋役制度演变新探》，厦门：厦门大学出版社，1988 年，第 268 页。

② 郭松义：《清初的更名田》，《清史论丛》第 8 辑，北京：中华书局，1991 年，第 66 页。

③ 盛承：《清初清理藩勋逆产的政策演变》，《清史研究》2015 年第 3 期。

④ 王万盈辑校：《清代宁波契约文书辑校》，天津：天津古籍出版社，2008 年，第 4 页。

⑤ 魏明孔：《区域经济史资料的发掘整理与利用——兼评王万盈〈清代宁波契约文书辑校〉》，《中国经济史研究》2008 年第 4 期。唐智燕：《清代宁波契约文书中“更田”类用词的解读》，《史学月刊》2011 年第 10 期；《“更田”“更地”辨析——清代宁波契约文书研究之一》，《中国经济史研究》2011 年第 4 期。

⑥ 黄六鸿：《福惠全书》卷 8《杂课部·更名地》，《四库未收书辑刊》第三辑第 19 册，第 103 页。

担之间的关系。其实，更名田可看作是一种赋税门类，它既是清代国家赋税体系的组成部分，又区别于民田赋税而独成体系。顾诚提出明初田土由行政和军事系统分别管辖，① 虽有学者不认同分系统管理的体制，② 但双方所论均是明朝官府所能管辖的土地。在实际管理中，确有部分田土不在或脱离了官府的管理，这表现为明代中后期版籍上田土大量失额。明代大部分宗藩勋戚庄田属于不在籍田地，因此入清以后才进行全面清理，将其重新纳入国家田土与赋税版籍，这种历史渊源奠定了清代更名田独成体系的基础。因此，更名田在具体的地域社会中由各种不同历史渊源的名目组成，共同构成一种抽象的田地类型。

（三）田赋科则问题

有学者提出清初田赋科则的"本色米复归"现象，认为"入清后田赋科则在形式上却普遍变成兼征白银与实物"，并引康熙《大清会典》中安徽的科则为例证。③ 但是，湖广地区的田赋科则并无此种新变化。康熙《大清会典》载"湖北等处田地山塘"的科则为：

> 每亩科夏税大小麦六抄至二斗九升一合四勺零不等，每麦一石折银三钱一分二厘四毫零不等；秋粮一勺零至二斗七升八合二勺不等，每粮一石折银五钱一分七厘零不等至二两九钱七分四厘一毫零不等。④

湖北仍旧派征夏税麦和秋粮米，然后在粮石基础上折银。这种从田地到实物粮石、再到白银的科则形式，与诸如安徽"每亩科银若干、科米若干"的"兼征"形式大不相同，也不存在所谓的"本色米复归"现象。康熙《大清会典》所载湖北田赋科则仅此一种，显然只是民田科则的概况，且继承的是前明旧制。具体到天门县，田赋科则形式又有所不同。康熙《景陵县志》卷八《版籍志》"国朝赋役全书"中有"粮米科则"条：

> 秋粮民米正科二万一千一百二十石三升七合三勺五抄六撮九圭。内上田每亩科秋粮米一升六合四勺二抄六粒二粟，该米一万一百二十石九斗二升五合一勺八抄五撮；中田每亩科秋粮米……下田每亩科秋粮米……四则田每亩科秋粮米……⑤

---

① 顾诚：《明前期耕地数新探》，《中国社会科学》1986 年第 4 期；《明帝国的疆土管理体制》，《历史研究》1989 年第 3 期。

② 张德信、林金树：《明初军屯数额的历史考察——与顾诚同志商榷》，《中国社会科学》1987 年第 5 期；《关于明代田土管理系统问题》，《历史研究》1990 年第 4 期。

③ 申斌：《清初田赋科则中本色米复归的新解释——兼论明清赋役全书性质的转变》，《中国经济史研究》2019 年第 1 期。

④ 康熙《大清会典》卷二〇《户部四・田土一・科则》，哈佛大学汉和图书馆珍藏本，第 19 页 a—b。另外，湖南的田赋科则形式与湖北地区相同，不再赘引。

⑤ 康熙《景陵县志》卷八《版籍志》，第 18 页 a。

民田分上、中、下、四则四个等则派征秋粮民米。所谓“正科”是指额征秋粮民米，数额与万历九年清丈后的粮米数额完全相同，[①] 可见清代赋役全书中的额征及科则沿袭明代万历旧制。在“正科”基础上又有“带科”，包括官米、夏税米、小麦、丝绢等，每石民米带科数额不等。[②] 换言之，其他的赋税名目都不再按田亩派征，而是摊入民米带征。在白银财政运作中，各类赋税名目的实物折成银两，汇总民米及带征项目的银额，即折算出所谓的“亩征银额”。[③] 但就科则形式而言，天门县民田只有按亩四等起科的实物科则，不存在白银科则。

康熙《大清会典》不载湖北更名田科则，乾隆《大清会典则例》有载：

> 更名田地每亩科粮四合九勺九抄至六升三合一勺不等，每石征银四钱六分六厘零不等。[④]

该科则并非湖北所有更名田的田赋科则，仅适用于楚藩更名田中的租谷田。据前文所述，“每石征银四钱六分六厘”源自顺治九年楚藩租谷的“谷折价银”。具体到天门县，乾隆《天门县志》载楚藩更名田中租谷田地每亩科谷二斗五升，每石折银四钱六分六厘，[⑤] 实际负担远重于《大清会典则例》所载。另外，楚藩更名田中的租银田地、潞府更名田以及官庄更名田，均是租银转化为税银，田地科则按亩以银起科，税率各异，与乾隆《大清会典则例》所载科则完全不同。

熊氏土地交易契约中的科则是天门县田赋科则的施行实态，比县志所载更加具体明确。契约中上则民田每亩科民米 0.022 22 石，[⑥] 与康熙《景陵县志》中“国朝赋役全书”所载亩征 0.016 420 062 石不相吻合。赋役全书中的科则是明万历九年清丈后的数据，而在此之后天门县拨给潞王渔田 5 143.998 324 顷，相应的秋粮米 5 518.335 81 石加派到现存粮额中，每石加派 0.353 71 石。[⑦] 因此，民田上则的科则实际应为：

$$0.016420062+0.016420062\times0.35371=0.02222800213$$

计算数额与熊氏契约所载数额相差无几，推测契约中的科则是加派渔田秋粮米后的结果，亦是天门县实际推行的田赋科则。至于更名田科则，王朝典章中以偏概全，县志中又语焉不详，熊氏契约中所呈现的科则可以弥补官书中的缺略。

另外，综合统计 902 件熊氏土地交易契约，田赋科则始终保持不变。以民米科则为例，详见表一。

---

① 康熙《景陵县志》卷八《版籍志》，第 7 页 b。
② 康熙《景陵县志》卷八《版籍志》，第 19 页 a—20 页 b。
③ 康熙《景陵县志》卷八《版籍志》，第 19 页 b—20 页 b。
④ 乾隆《大清会典则例》卷三五《户部·田赋二》，《景印文渊阁四库全书》第 621 册，第 66—67 页。
⑤ 乾隆《天门县志》卷三《食货考》，《中国地方志集成·湖北府县志辑》第 44 册，第 415 页。
⑥ 张建民主编：《湖北天门熊氏契约文书》（上册），第 7 页。
⑦ 乾隆《天门县志》卷三《食货考》，《中国地方志集成·湖北府县志辑》第 44 册，第 413 页。

表一　熊氏土地交易契约中的民米科则表

契约序号	交易时间	田地类型	田地面积（亩）	税粮数额（石）	科则（石/亩）
1—003	康熙二十九年	秧脚田	0.55	0.0121	0.022
1—006	雍正五年	水　田	7.5	0.165	0.022
1—011	乾隆五十七年	粮　田	1	0.02222	0.02222
1—036	嘉庆七年	上则水田	1	0.022	0.022
1—051	嘉庆十八年	水　田	2	0.044	0.022
1—062	道光三年	白　田	3	0.066	0.022
1—203	道光十一年	白　田	0.5	0.011	0.022

剔除数字填写位数长短不一的因素，康熙至道光时期上则民米科则没有变化。明代潞王圈拨渔田之后，天门县民田科则即为亩征民米约 0.02222 石。换言之，自万历中后期至清后期，民田科则始终相沿不变。那么，田赋科则在明清赋税派征中的意义是什么？清代粮米科则和白银科则，其意义是否又相同呢？

先论粮米科则。明初田赋征派实物，起征科则具有实征的意义。至万历时期，王朝国家的财政通过白银运作，大部分田赋已经折银征收，实物科则转而成为折银的基准，一般是粮每石折银若干，然后在实征中按实物科则折算出亩征银若干。万历清丈以后，田地数额及坐派粮额逐渐形成“原额”的观念，田地的起征科则亦随之“固化”。但是，天门县由于圈拨的潞藩庄田数额过于巨大，在不亏原额的财政原则下，相应的秋粮米加派到其他田地上，因而科则又出现较大的变化。清承明制，这种实物科则、折银征收的田赋派征形成相沿不变。清初田赋原则上以万历年间数额为准，秋粮额征银形成了“原额”，粮石的折银率亦随之“固化”。但在赋役制度不断革新的过程中，诸如带征、加派以及丁银等项目逐渐汇入秋粮银额内，派征总银额实际在不断变动。就实征而言，固化的实物科则为白银摊征提供了稳定的核算基准。

再论白银科则。明代潞藩庄田、楚藩租银田以及皇庄田地征收白银地租，或为有司代管，或为自行管业，租额均为实征额。入清以后，租额改为税额，起初即为田赋的实征额，并且租率“固化”为田赋科则。在赋役制度不断改革的过程中，更名田需要不断摊入加派以及丁银等项目，派征总银额也在变动之中。因此，固化的白银科则从实征标准逐渐转化为核算基准，与粮米科则具有了相同的意义。

总之，清代天门县的田赋科则既不存在清初的“本色米复归”现象，亦不存在兼征白银与实物的形式，且具体的实践情况与王朝典章中所述的情形相去甚远。无论是以粮起科，还是以银起科，具体科则在有清一代始终保持不变，二者的意义也趋向于一致。赋役派征总额处于变动之中，官府以固化的科则为核算基准，折算出田地实际派征的数额。换言之，清代田赋科则只是财政会计参数，而不是田地的实际赋役负担。

"裴景福事件"中清政府的应对困境与舆论视点透视

黄庆林*

一、事件缘起

1903年，晚清有名的"官屠"——岑春煊调任两广总督，将南海知县裴景福参劾，其后，裴景福逃亡澳门，岑春煊派兵轮往索，引发"岑春煊兵变"谣言。目前，学界对于裴景福的研究仅限于其在书画鉴赏领域的成就及其发配新疆案件来龙去脉的考察，对岑春煊参劾裴景福事所引发的谣言及清政府的应对尚无人涉足，故本文拟从岑春煊兵变谣言入手，厘清清政府的应对过程，展现该过程中的中葡关系及清政府官场百态，以期从一个侧面展现清政府的治理困境，从而加深对清末社会的认识。

裴景福（1854—1926），字伯谦，号睫闇，安徽霍邱人，生长于书香之家，"少负奇材，服膺庭教"①。其父裴大中，历任苏州、无锡、上海等地知县，北洋武备学堂监督。因政绩优异擢升直隶通州知州。其任职期间公正严明，后因办理教案，不愿屈服于外来势力，遂挂冠而去，隐于惠山，潜心治学。其潜心于宋明理学，与晚清理学名人吴廷栋、涂宗瀛等往来密切，常常互相论辩，著有《宋五子札记》，于宣统三年（1911）在无锡去世。裴景福自幼聪慧，"少颖达，博通国史，有才子称"，科考道路也颇为顺利，于光绪十二年（1886）32岁之时便进士及第，后任刑部、户部主事。光绪十八年（1892）外放至广东，先后任职陆丰、番禺、潮阳、南海四县县令，"凡讼狱涉疑难，他人屡鞠而不能决者，景福以数语了之，情伪尽揭，是非昭然"②。因受其父治学为官风骨影响，任职期间"皆著声籍"，"开敏有智略，为历任督抚所倚重，趋辕造膝，咨商大政"③。光绪二十九年（1903），两广总督德寿欲向清廷推荐裴景福任职道员，正欲送部引荐之际，恰逢岑春煊调任两广总督，其到任仅两天便将裴景福以广东"贪吏之冠"参劾撤任。

岑春煊，人称"官屠"，"每至一省，必大肆纠弹，上下股栗失色"④，贪官墨吏莫不

---

* 作者简介：黄庆林，广东工业大学马克思主义学院副教授。

① （清）裴景福：《睫闇诗抄·陈澹然序》，合肥：黄山书社，2009年，第8页。

② 浮丘仲子：《当代名人小传》卷上，"官僚"，《近代中国史料丛刊》第79册，台北：文海出版社，1971年，第116页。

③ （清）裴景福：《河海昆仑录》，北京：中国国际广播出版社，2016年，第308页。

④ 《近代稗海》第1辑，成都：四川人民出版社，1986年，第220页。

闻风丧胆。任职两广总督后，更是如雷霆之势地参劾，“自莅任以来，参官之折凡数，上一折必百数十人马，官界其惕惕”①。时论谓其“以严厉著，其参劾属员之多，为历任督抚所不及，故有劓官之名”②。

很快，裴景福便被革职，清政府令“由该署督饬司提讯”。岑春煊令裴景福处以罚金12万银元。一同被弹劾的还有广西贵县知县陈景华、梧州知府全照等。“贵县多盗”，陈景华任职之间，“严缉捕，布威信”，“治盗类酷吏，而保民如赤子”，上任三月，贵县则“门不夜关，道不拾遗”。然而，岑春煊上任两广总督后，劾其“历任治盗严酷状，奏请杀之”，“奉旨正法”，其入狱后，“旧部健儿不肯散，闻耗，乃逾垣穿穴，强背之去”。岑春煊于是勒令容县县令王某严缉，然而严缉未得，王也被迫自戕；③ 梧州知府全照被捕时“揪其发以行”，愤极，“夜作书致诸友，诉冤状”后，仰药而死。裴景福面对诸多同僚之惨状，心不能平，原不欲认罚，然好友相劝，“谆劝认罚锾，乞恩冀解免”，其却担心“无论力不能及，义不应罚，果缴锾，必执为贼，未必能脱然也”，好友谓：“尔独不为老亲地乎？”迫于形势，二人“相向出涕”，无奈地妥协。④ 于是，被迫认罚。其先是缴纳了四万银元，“复凑缴股票、衣物约三万元，力已竭”⑤。而岑春煊却步步紧逼，“密札善后局首府县，限三日缴足，若再延，即以军法从事”⑥。裴景福自知难逃岑春煊之缉捕，故在澳门赌商卢九（即卢华富）的帮助之下携妻女逃往澳门，寻求澳葡当局的庇护。然而，发誓要除掉裴景福的岑春煊并未因此罢手，其追逃裴景福不遗余力，“密布侦探”，甚至派兵舰前往。于是，“粤督将兵变”的谣言不胫而走，海外不少报纸也竞相议论，直接导致清政府与澳葡当局之间关系紧张。岑春煊认为此乃裴景福一手导演的好戏，谓其“逃往澳门洋界”后，“延请律师强辞词护，复唆其党羽妄造谣言，谓臣派兵轮往攻澳门，将构成中葡两国交涉”⑦。

二、“裴景福事件”中清政府的应对

对于岑春煊派兵轮前往追讨裴景福，当年的《东方杂志》如此报道：“葡官拘获裴景福，岑督索之，不付，立遣兵轮四艘，强令交出。葡人惧，致电外务部诉其事。政府遂急电令岑督退师。”⑧ 岑春煊的强硬可见一斑。

---

① 《时事画报》1905年第7期，第21页。

② 《盛京日报》第53号，光绪三十二年十一月六日，《各省新闻·岑前督在粤共参一千人》。

③ （清）裴景福：《河海昆仑录》，北京：中国国际广播出版社，2016年，第6页。

④ （清）裴景福：《河海昆仑录》，北京：中国国际广播出版社，2016年，第6页。

⑤ （清）裴景福：《河海昆仑录》，北京：中国国际广播出版社，2016年，第6页。

⑥ （清）裴景福：《河海昆仑录》，北京：中国国际广播出版社，2016年，第6页。

⑦ 汤开建、陈文源、叶农主编：《鸦片战争后澳门社会生活记实：近代报刊澳门资料选粹》，广州：花城出版社，2001年，第301页。

⑧ 汤开建、陈文源、叶农主编：《鸦片战争后澳门社会生活记实：近代报刊澳门资料选粹》，广州：花城出版社，2001年，第623页。

然而，在国际交涉中动辄得咎明显处于下风的清中央政府，哪敢得罪葡澳当局，只能由外务部出面辟谣，与澳门当局解释道：“当经本部电询两广总督去后。兹准复称，粤省密迩澳门，兵船来往，乃常有之事。此次因提犯事，先有二船装载官员、证人赴澳，适又有伏波兵船运军火往北海，中途损坏机器，电省另派他船更换。是以同时偶有数船在澳，均未配置军火，早经陆续开去，现仅余伏波一船在澳，修理完竣，即行回省，并非为索犯起见。且裴系中国官犯，畏罪私逃，按约应交，不待通索，澳督亦无属难之意，更无所用其要挟。”因此，“属此照会贵署大臣查照，即希转遂贵国驻澳提督，将案犯裴景福从速交解，以符约章而敦睦谊”[①]。

裴景福以清政府地方官员的身份逃亡澳门，并制造出此谣言，必然导致岑春煊更加愤怒，其认为裴景福“以藐视中央政府地方政府如无有，反思假手外力”[②]，“挟外人之力，图抗国法而逞奸谋”，无疑乃“粤省官场败类之尤”，即便“立正典刑，亦不为过”[③]。然而，此时的裴景福仍身处澳门，清政府再不能唐突从事，为避免引发事端，其试图与澳葡当局协商，要求其交出案犯。

然而，清政府与澳葡当局之间对案犯的引渡问题做法存在差异。早在1886年，清政府就曾与澳葡政府签订协议，约定“中国罪犯逃匿澳门及其属地，一经中国政府提出引渡，即缉拿逮捕”[④]。1887年，《中葡和好通商条约》又特别规定：中国犯罪民人有逃至澳门地方潜匿者，由两广总督照会澳门总督，澳门总督则照向来办法查获交出，而各通商口岸如有犯罪华民逃匿大西洋国寓所及船上者，一经中国地方官照会领事官，即行查获交出。[⑤] 让清政府大为恼火的是，戊戌政变后，清政府要求列强引渡藏匿于使馆和租界的维新派，却遭到了列强的拒绝。受清政府通缉的“政治犯”，乃欧美司法原则“政治犯不引渡”“死刑不引渡”的保护对象，于是，列强管辖区域成为国内“政治犯”寻求政治庇护的庇护所。由此，裴景福一案的解决自然面临重重困难。

首先，裴景福倚澳葡当局为护符，“以两国交涉为两造诉讼，致延律师辩护”，而“裁判诉讼之权，由葡国臬司主政。该臬既为裴犯所赚，故对于委员一边，转多所阻”[⑥]。一旦裴景福被澳葡当局认定是政治犯，则引渡的希望渺茫，故而岑春煊极力想证明裴景福是因贪腐犯事，然而，证据的搜集也困难重重。

接着，裴景福又试图通过澳葡当局的法律，为其羁縻于澳门拖延时间和寻找借口。

① 中国第一历史档案馆、澳门基金会、暨南大学古籍研究所编：《明清时期澳门问题档案文献汇编》（三），1904年6月3日，北京：人民出版社，1999年版。

② 汤开建、陈文源、叶农主编：《鸦片战争后澳门社会生活记实：近代报刊澳门资料选粹》，广州：花城出版社，2001年，第626页。

③ （清）裴景福：《河海昆仑录》，北京：中国国际广播出版社，2016年，第8页。

④ 陈霞飞：《中国海关密档》第4卷，北京：中华书局，1992年，第431页；中国第一历史档案馆、澳门基金会、暨南大学古籍研究所合编：《明清时期澳门问题档案文献汇编》第3册《总税务司赫德为香港愿办之处澳门亦愿照办事致总理衙门电文》，北京：中华书局，1999年，第204页。

⑤ 王铁崖编：《中外旧约章汇编》第2卷，北京：三联书店，1957年，第361页。

⑥ 汤开建、陈文源、叶农主编：《鸦片战争后澳门社会生活记实：近代报刊澳门资料选粹》，广州：花城出版社，2001年，第623页。

报刊记载，“今据别报，澳门有一葡萄牙妇控裴犯强奸”，故时论“疑其串通作弊，以预为他日葡官借此一案可向粤督索还归审地步。若再假以时日，彼更得从容布置，万一案情一翻，是岑督前功尽弃，而又增外交之笑柄矣”①。

最终，岑春煊特派知县薛永年赴澳，“偕姚绍书面谒澳督，力持国际刑法，向之争论，且声明委员乃粤督之代表，职在提犯，无就质例。葡官至为动色，遂允遵照公法办法，为两国交涉，不为两造诉案。按两造诉案，则司法之权主者臬司，而两国交涉，则行政之权主者总督。故澳督卒能执行其权力”②。

经过清政府的解释与力争，葡萄牙当局不再干涉，裴景福作为戴罪之人，被引渡回国。因畏惧“死刑不引渡”的欧美司法原则，岑春煊不敢公然请求清廷将裴景福处决，只能先将其流放至偏远地区。故裴景福被押解回粤后，岑春煊上疏朝廷，谓裴景福“借洋界为藏身之窟，欲挟外人之力以抗国法而逞奸谋。综其食酷狡谲，实属粤省官场败类之尤。即请立正典刑，亦不为过，姑念缴过罚锾，贷其一死，请旨将已革南海知县裴景福发往新疆，充当苦差，永不释回，以儆官邪而抒民愤。”1905 年三月，裴景福即由广州启程，发配新疆。前往新疆的途中，岑春煊又揣测“新疆藩司吴某系该革员拔贡同年，在粤官首县时，吴任臬司，交谊甚惬，到戍后必徇情优待”，故重新请旨“改发伊犁”，“疏入，留中”③。

三、从“裴景福事件”中清政府的应对困境看王朝末世的社会控制

清朝末年，清政府的社会控制能力每况愈下，内部管理混乱，外部危机重重，王朝末世征兆尽显。此处笔者拟分析“裴景福事件”中清政府的应对困境，以管窥清王朝末世之际的社会控制状况。

第一内部管理混乱，政治斗争激烈。20 世纪初年的清末新政时期，岑春煊与军机大臣外务部尚书瞿鸿机一道，抨击时政，弹劾权臣，被人称为朝廷内的一股清流；与之相对的，是军机处领班大臣庆亲王奕劻与地方实力派代表袁世凯勾结起来，沆瀣一气，权倾朝野，被称之为“浊流”。两派势不两立，不遗余力弹劾攻击对方，欲除之而后快，斗争的结果，奕劻、袁世凯集团大获全胜。朝政于是由奕劻、袁世凯所主导，政局更为糜烂，贪腐之风日浓。岑春煊抨击该时期朝政谓：“朝列少正士，风气日坏，国本可危”④，“亲贵弄权，贿赂公行，以致中外效尤，纪纲扫地，皆由庆亲王贪庸误国，引用小人”⑤。于是，不满于众多官吏贪腐成风、尸位素餐等现状，岑春煊每到一地，都参劾当地官吏，

① 汤开建、陈文源、叶农主编：《鸦片战争后澳门社会生活记实：近代报刊澳门资料选粹》，广州：花城出版社，2001 年，第 624 页。

② 汤开建、陈文源、叶农主编：《鸦片战争后澳门社会生活记实：近代报刊澳门资料选粹》，广州：花城出版社，2001 年，第 624 页。

③ （清）裴景福：《河海昆仑录》，北京：中国国际广播出版社，2016 年，第 8 页。

④ 徐一士著，郭建红点校：《一士谈荟》，太原：山西古籍出版社，1996 年，第 165 页。

⑤ 《近代稗海》第 1 辑，成都：四川人民出版社，1986 年，第 100 页。

其在两广总督任内的四年中，总计参罢文武大小官员1400余人。[①] 如果这1400多人都存在岑春煊弹劾奏折中所说的问题，那么官场之混乱可想而知，而如果岑春煊的参劾并非实情，但其又成功地将这么多官吏参罢，那无疑也说明了清政府官场的混乱与社会控制的失效，更别说这其中还刻上了政治斗争的烙印、争权夺利的谩骂和肆无忌惮的攻击。各派政治势力互相倾轧的清末官场生态可见一斑。裴景福事情最后虽得以解决，但实际上最先并未查到相关证据，多年以后清政府又声明此乃一起冤案。仅从"裴景福事件"的处理，就可见清政府内部问题处理的糟糕程度与治理效能的低下。

第二，内政与涉外事务纠缠不清，各方掣肘，枝节频生。

综观裴景福一案，归根结底乃源于清政府内部官员之间的政治斗争，裴景福之贪渎，实际上并无确凿证据，在一定程度上说裴景福乃政治斗争的牺牲品。其被发配新疆，历经艰辛。1909年，给事中李灼华上疏为其伸冤，两广总督张人骏复查后认为此乃冤案，于是裴景福被释放。很明显，岑春煊一股脑地参劾，导致粤地官场震荡，清政府并无精力一一核实查明，在一定程度上被岑春煊牵着鼻子走。清政府不仅没有能力及时解决内部的问题，而且内部问题又掺杂进了复杂的国际关系因子，使问题更为复杂。裴景福逃入澳门后，在葡澳当局答应引渡其回国之际，其"仍希图狡脱，因悉西国犯人经官定罪，如犯人不服，有准其上诉之例。该犯乃力求葡臬展限两礼拜，欲在澳聘请律师，寄禀往葡京上诉，葡臬已准如其请"[②]。复杂的对外交涉，牵涉不同的国情与各国不同法律，令清政府更加掣肘。即如时论所说，"裴景福逃澳，经广州府沈守偕同县委人证赴澳提解，所用状师费，及往返盘川杂用，由善后局支出一万余两"，"向来中国捕获逃官，如缚犬豕，而彼独能牵动两国交涉问题，稽延数月，使局库破此巨费，则裴之价值，真可谓万金矣"[③]。归根结底，不是裴景福动能太大，而在于当时清政府动辄得咎的国际环境与东西方不同的政治制度，其内部的官员才敢在政府力量之外寻求帮助，这是传统社会所没有的，也反映了晚清以来清政府所面临的复杂的外部环境。

裴景福逃亡澳门之后，岑春煊立遣兵轮前往澳门索要。岑春煊的强硬态度和做法，在晚清以来清政府妥协退让的外交政策中显得如此与众不同，也因此得到了时论的赞赏和好评。如该时期《东方杂志》认为裴景福"以地方要犯抗颜不交，非以兵力从事，不能解决。岑督以兵轮吓之，理也！抑近年以来，我国稍有不慎，外人兵船即来，往于腹地，任意要挟。我以兵轮要挟外人，自有兵轮以来，无此豪举。然则政府何为畏之？吾丧魂魄，盖以强硬手段只可施之"[④]。时人纷纷认为强硬的态度乃提高清政府国际地位、显示民族脊梁的办法。

① 何延陵：《岑、袁结怨始末》，《袁世凯传记资》料（一），台北：天一出版社，1985年。

② 汤开建、陈文源、叶农主编：《鸦片战争后澳门社会生活记实：近代报刊澳门资料选粹》，广州：花城出版社，2001年，第624页。

③ 《时事画报》，1905年第7期，第21—22页。

④ 汤开建、陈文源、叶农主编：《鸦片战争后澳门社会生活记实：近代报刊澳门资料选粹》，广州：花城出版社，2001年，第623页。

然而，很明显，国力虚弱的清政府是没办法真正强硬起来的，而岑春煊态度强硬，直接派兵轮索要，看似颇有气节、颇抒心意却无疑不合时宜，不仅难以解决问题，而且增加清政府与列强交涉之难度。

第三，清政府中央权力式微，难以约束地方官吏。

裴景福逃澳之际，作为两广总督的岑春煊居然可以在不向清廷汇报的情况下私自调动兵轮前往抓捕，公然挑衅澳葡当局，引起两国关系紧张，这明显与清中央政府妥协求全的对外倾向相悖离，反映出两广总督超越于中央政府决策。此事最终虽由清政府外务部向澳葡当局申明并无冒犯之意，事情得以解决，然而，外务部原计划要将裴景福押往北京的，却被岑春煊横刀拦下。时人评论："自二十年以来，各地方教案之事，其各省督抚办理稍有头绪，辄为外务部所败者，不知凡几。"① 然而，提解裴景福之际，"外务部行文至粤，要将该犯解至北京治罪，不准提回粤地审讯。粤督今方据理力争，故目下澳政府仍俟两面消息，以为取决"②。显然，此时外务部在粤督的强硬态度下败下阵来。

在其他中葡交涉问题的处理中，岑春煊的态度也颇为强硬，且往往不听外务部协调。如 1906 年年初，"葡国领事因卢华富私盐船被获一事，屡与岑云帅争辩。岑督谓三角岛本系中国海，而当时有巡船查获，假如在该船搜出军装，亦应扣留严罚。私盐与军装同一比例，况一船同旗，譬如人民一身两籍，亦为中西法律所不容"。③ 葡方认为，"葡萄牙轮船万和昌曾在澳门督署注册，由香港装载盐斤出口，在澳门左近葡萄牙管辖洋面为中国炮舰捕获，带往广东省充赏，盐斤照官价发售，船主葡萄牙人及水手华人等均监禁。驻广东葡萄牙领事得悉此事，即声请粤督将船货船主水手等悉行释放。粤督仅将船主一人开释，而指船货为违禁，仍留以充赏"。澳门总督无奈，只好通过"驻京葡萄牙公使爱尔米达君照会外务部，饬令粤督将船货一切交还葡萄牙政府"，让葡澳当局纳闷的是，"惟粤督不允遵行"④。此处笔者并无意深究当时清政府中央与地方策略的差异，只是想说明，岑春煊作为一个地方官吏，拥有了更多处理地方事务的权力，甚至不听中央调度，清末地方官吏权力的扩张由此可见一斑。

四、"裴景福事件"中的舆论视点真相透视

裴景福事件得到了各界的广泛关注，而舆论对岑春煊参劾裴景福可谓是拍手称快，参劾众多官绅的岑春煊被时论交口称赞为粤省之福，而被参之流如裴景福等人则被视为

① 汤开建、陈文源、叶农主编：《鸦片战争后澳门社会生活记实：近代报刊澳门资料选粹》，广州：花城出版社，2001 年，第 624—625 页。

② 汤开建、陈文源、叶农主编：《鸦片战争后澳门社会生活记实：近代报刊澳门资料选粹》，广州：花城出版社，2001 年，第 624 页。

③ 汤开建、陈文源、叶农主编：《鸦片战争后澳门社会生活记实：近代报刊澳门资料选粹》，广州：花城出版社，2001 年，第 301 页。

④ 汤开建、陈文源、叶农主编：《鸦片战争后澳门社会生活记实：近代报刊澳门资料选粹》，广州：花城出版社，2001 年，第 301 页。

粤省之毒瘤。如有人在报刊上发表短评《蠹官虎绅其亦不可以已乎》，称岑春煊“自莅任以来，参官之折凡数，上一折必百数十人焉，官界其惕惕”，乃大快人心之举，故“论吾粤官绅两界，吾喉噎矣。谈虎而色变矣。呜呼，有养货之源者也，吾粤历任督抚皆平平无奇，无破除情面之举动，上既不理，下乌得而不慫哉！记者于是伟岑督也，何伟焉？伟其剿官剿绅之绝大功德也”。“官界若裴景福、李家焯等，十足寒蠹官之胆而褫其魄，绅界如谭鹗英、黄家礼等，又足以寒虎绅之胆而褫其魄。”①

1905年2月的《广东日报》刊文用咬牙切齿、恨不能生吞活剥的口吻抨击裴景福，认为其乃粤省之蠹，其谓：“裴之为吾粤人所诟骂，欲食其肉而寝其皮也，久矣。裴自澳门被执后，粤人闻耗而额首相庆”，“迨葡官允将裴解省，粤人闻耗，由不禁蹙首相对？谓裴不杀不足以谢吾粤。呜呼，仇裴者粤人，纵裴者乃粤督也，利其罚款，故纵裴于先；迫于交涉，故纵裴于后。能杀百十之陈廷威，而不能杀独一无二罪大恶极之裴景福”②。广东土匪林瓜四，“打家劫店，为地方害，何异为裴景福之害民？林被擒后，在澳门运动，旷日持久，几酿成交涉，又何异裴景福之在澳门手段？惟裴解省，则免死，而林则杀之。岂以裴官而林民，裴富而林贫耶？同是害民之贼，一生一死，诚所谓窃钩者诛窃国者侯欤？异哉咄咄”③。

然而，岑春煊果真如报纸所论的那么清廉，裴景福又确如时论所谈的那么贪渎吗？岑春煊与裴景福其人，笔者拟另撰专文论述，此处拟分析“裴景福事件”中岑春煊对裴景福的围堵，以透视舆论视点后面的真相。

岑春煊参劾裴景福的举动无疑饱含政治斗争的意味。早在光绪二十四年（1898），岑春煊调任广东布政使，“未几，以事得罪，粤督谭钟麟因案将其劾罢”④。而裴景福，乃谭钟麟的亲信。岑春煊任广东巡抚时就曾试图弹劾裴景福，但因受到时任两广总督谭钟麟的保护而未能成功。故对于该段公案，岑春煊一直铭记于心，耿耿于怀，时刻寻求报复，当其后来赴任两广总督卷土重来之际，自然将裴景福视为眼中钉肉中刺，欲拔之以绝后患。故岑春煊上任伊始便以迅雷不及掩耳之势参劾广东境内“知县李家焯纵勇为盗，知府王存善充当厘差，勒索工商各行规费，番禺知县裴景福，遇案受贿，种种贪横。粤中官方之坏，皆此数贪吏为主，而谭钟麟倚为心腹”。岑春煊指责裴景福为粤中巨贪，其在《乐斋漫笔》中记叙自己弹劾裴景福的原因和过程道：“粤省本多宝之乡，官吏有求，俯拾即是，以故贿赂公行，毫不为异。其间最以贪名者，当推王某裴某二人为巨擘，余在任时备知之。为欲依法严惩，以谢粤人，会匆匆交代，仅劾罢王，未遑治裴也。及癸卯再莅两广，裴犹官南海县知县如故，而其恶益稔。”⑤

① 《时事画报》，1905年第7期，第21—22页。

② 汤开建、陈文源、叶农主编：《鸦片战争后澳门社会生活记实：近代报刊澳门资料选粹》，广州：花城出版社，2001年，第613页。

③ 汤开建、陈文源、叶农主编：《鸦片战争后澳门社会生活记实：近代报刊澳门资料选粹》，广州：花城出版社，2001年，第612页。

④ （清）岑春煊：《乐斋漫笔》，《近代中国史料丛刊》第66辑，第654页。

⑤ （清）岑春煊：《乐斋漫笔》，《近代中国史料丛刊》第66辑，第5页。

然而，岑春煊欲彻底消灭裴景福在政界的影响，恐怕还有更深层的原因。《睫阁诗钞·陈序》对裴景福不容于岑春煊的原因进行了分析，认为："先生之任南海也，廷旨捕南海康有为，籍及家，括尝所往来书，廉其党。先生奉檄，偕知府王君存善往。西林（即岑春煊）方为布政使，与康交，惧事泄，令择要人书藏之。先生察其书，皆通候往来，任王君持以献粤帅，固未达也。而西林则大恨，即借他事劾王，粤帅佑之，仅免。"[①]可见，在党争严重的戊戌政变时期，与康梁维新派有任何瓜葛牵连都可能会影响官吏的仕途命运甚至生死存亡，故人人唯恐避之不及。而时任南海知县的裴景福在查抄康有为故居时将所搜得的康有为书信悉数上交，其中就包含了曾任广东布政使的岑春煊与康有为往来的书信，害怕受康党牵连的岑春煊故而对裴景福防范有加，欲除之而后快，第一次弹劾未果，在其任职两广总督机会再次来临之际便迅速出击，不可不谓蓄谋已久。

当然，裴景福事发，与他同澳门赌商卢华富关系密切也不无关联，岑春煊称裴景福"收受卢华富等四案陋规贿赂，确有簿据者，总银二十二万四千二百余元"。据几年后翻案的结果来说岑春煊此参劾未必真有其事，但裴景福与澳门商人卢九之间关系紧密确实也是岑春煊欲除之而后快的原因。学界早有此方面的研究，兹不赘述[②]。

而反观裴景福，被"污以脏吏，穷治年余，毫无佐证，犹逼罚巨金，奏革职永戍新疆"，"虽极人世难堪之境"，而能"处之泰然"，"匪惟绝无怨尤，且能于患难流离之际，不乏省察可治之功，信乎义理之学之益人深也"[③]。裴景福从澳门押解回省，"饬令钉上脚镣，裴绝无愧惧"[④]，其后，发配新疆。其从广州天字码头出发之际，与其同遣戍者有前左江镇陈桂林提督。其在中法战争中奋勇杀敌，"小腹、左大腿洞穿二弹，左手折两指，腕筋俱断，至今谓复"，辞别众人之际，其慷慨陈词，谓："吾以匹夫受朝廷殊恩，今荷戈万里，效力边陲，正吾志也。"[⑤] 裴景福深以为然，并以之自勉。裴景福回忆，船启程之际，"有耆民十余棹小舟至，坚欲一唔，监者叱之，不退。余从船舱慰谕之，各泣不止。又有人送米三袋，生菜数把，置船头径去"。细小的环节反映出裴景福也是受民爱戴的官吏。这与其治事之才华与能力有关，曾有时论谓其"治事之才实匪人所及"，"初权番禺，受事日，积盗劫案凡四十有九。长官谓非先破其什三不可。景福对即全获亦非难。同对者皆怪其视事太易，相率愕然。已不逾旬，搜一匪乡贼盗，并得四十九案，无一漏网。"[⑥]

裴景福处世淡薄，对人生际遇并不那么看重。其被流放，离别之际，其兄弟郁郁寡

① 裴景福：《睫阁诗钞·陈澹然序》，合肥：黄山书社，2009年，第8—9页。

② 林广志：《澳门华人巨商卢九与广东小闱姓饷项纠葛》，《中国经济史研究》2007年第2期。《清德宗光绪实录》卷四二五，光绪二十四年七月二十八日（1898年9月13日）又谕，第584—585页。

③ （清）裴景福：《河海昆仑录》，北京：中国国际广播出版社，2016年版，第1页。

④ 汤开建、陈文源、叶农主编：《鸦片战争后澳门社会生活记实：近代报刊澳门资料选粹》，广州：花城出版社，2001年，第625页。

⑤ （清）裴景福：《河海昆仑录》，北京：中国国际广播出版社，2016年版，第16页。

⑥ 浮丘仲子：《当代名人小传》卷上，"官僚"，《近代中国史料丛刊》第79册，台北：文海出版社，1971年，第117页。

欢，他反倒安慰其弟谓：“人处患难，惟坚忍顺受，便无入而不自得，反是，恐患难将有甚焉！修身以造命，悔过以回天，愿共勉之。”其接着以屈子之诗勉励自己：“苟余心其正直兮，虽僻远其何伤!”[①] 在遣戍新疆途中，其不计较自己的艰苦，仍关心普通百姓的生活，关注弱者的命运。“闻邻妇挞婢，残毒无人理，劝之不听，为之废食”，其痛斥“天下自残其类，伤天地之和者，无过于虐婢、虐媳，虽士大夫不能免”，他认为：“为官当爱民，居家当推父母之心以爱人”，“妇人每重女轻媳，至奴婢更虐待不如犬马，任其饥冻，又从而鞭挞之”，“乃己女则视之如金玉，奴婢则视之如寇仇，其夫反从而助之，是何居心也?”[②]“途中舆夫数骂途人不让道”，其痛斥之，认为：“天下无弱者也，有强者出而弱者乃见，弱者静与退之象，天下之所以安且治也，有强者较而弱者不能立矣。”[③] 甚至，其对于驿马也十分怜悯，“站内马不足数，其稍壮者别藏之，而以极疲者供役，蹄脱膝折，尾湛腑溃，漉汁洒地，白汗交流，竟无下车攀而哭之，解衣以幂之者”，“物之惨死，无过于此者”[④]。这种对弱者的同情，在字里行间不时地闪现出来，反映出其深层的思想与心态，不是伪装可以做到的。

裴景福有着超然于物外的境界，不沉溺于自身境遇自怨自艾，却心存感恩之心。其并不期望位高权重，谓：“人之仕宦，不论位之尊卑，但贵得行其志，位至宰相，不能执宰相之权，尽宰相之分，尚不如一州一邑，抱关击柝，位卑而志易行也。”他感恩生活中的收获，“予官岭南，前后九载，历任四邑，院司以下，从无一事疑我，而挠我者，至今思之，犹感知遇”，对于人生的失意，也不那么放诸心上，反而觉得，获罪之后，“孑然一身，而登山临水，读书乐道，推己及物，觉慊然自足，远过于做令时”[⑤]。其淡泊的人生态度，很难与岑春煊及时论所评的巨蠹联系起来。且后来给事中李灼华上疏为其鸣冤，清中央令时任粤督张人骏查覆，为其翻案，其得以赦免，后居于无锡，“以金石书画自娱”。其并未因此仇视痛恨岑春煊，对之前的过节并不放在心上。“辛亥国变，春煊归隐于沪，景福偶至沪犹礼谒春煊于其邸，称之曰宫保。”[⑥]

笔者此处无意深究岑春煊及裴景福的为人与仕途品格以及裴景福当时是否有贪腐行径，更无意为裴景福翻案，但无疑，从裴景福的人生态度中我们很难判断其乃一贪渎成性、视百姓之生死为无物的人，而从岑春煊轻率的参劾行为中，我们却有理由相信其中一定包含有政治斗争的原因，即便主观上并无政治斗争的恶意，客观上也难免有参劾失误、伤及无辜之后果。

于是，我们回到本节开始所讨论的议题，“裴景福事件”舆论视点背后的真相到底是什么？再次回到本节开头那篇短评《蠹官虎绅其亦不可以已乎》，结尾处可见作者真正的

① （清）裴景福：《河海昆仑录》，北京：中国国际广播出版社，2016年，第16页。
② （清）裴景福：《河海昆仑录》，北京：中国国际广播出版社，2016年，第36页。
③ （清）裴景福：《河海昆仑录》，北京：中国国际广播出版社，2016年，第202页。
④ （清）裴景福：《河海昆仑录》，北京：中国国际广播出版社，2016年，第251页。
⑤ （清）裴景福：《河海昆仑录》，北京：中国国际广播出版社，2016年，第260页。
⑥ （清）裴景福：《河海昆仑录》，北京：中国国际广播出版社，2016年，第309页。

立场，其站在科举制度对立面来立论，“然则官者绅之势也，是剿绅必先剿官”，“今者科举已废，是虎绅之制造厂已停办矣，言念及此，不胜跃然”[①]。由此可知，其未必真的相信裴景福等人之贪劣，只是站在科举制度的对立面看待科举制下的官员和士绅而已。

作为两广总督的岑春煊，与报界关系原本就非常密切，其在新生的报界面前极力地将自己塑造成清廉无私、务实开明的形象，表示愿意接受舆论的监督，为其舆论形象加分不少。如岑与当时“满清官吏亦多敬惮”的《中国日报》来往密切，对于《中国日报》的意见也时有采纳。岑还通过《羊城日报》将府、厅、州、县官吏的不法行为披露于报刊之上，以清除地方酷吏，提升自己的清廉形象，其与《羊城日报》编辑莫伯伊关系更是十分密切。[②] 由此，报界也不断地宣传岑春煊的清廉公正形象。岑春煊是否真的清廉，其实早已不那么重要，重要的是，岑春煊需要报界为其形象添砖加瓦，而报界希望有一个清廉务实的地方官，一个敢于接受报刊舆论监督的官府。而该时期，清政府正处在新政的浪潮中，各地改革的呼声正是一浪高过一浪。祛除贪官虎绅，拥护清廉开明的官吏，在当时颇有市场。由此可以判断，“裴景福事件”中的舆论，并非就事论事，而是在借机发挥舆论功能，目的在于为清朝末年的政治改革张目。可以确定，舆论的取向，显然有着与时代潮流与精神相契合的面相。

---

① 汤开建、陈文源、叶农主编：《鸦片战争后澳门社会生活记实：近代报刊澳门资料选粹》，广州：花城出版社，2001年，第613页。

② 沈琼楼：《清末民初广州报业杂忆》，杨光辉等编：《中国近代报刊发展概况》，北京：新华出版社，1983年，第226—257页。

清代以来成都房地契中的民间风俗文化研究*

苏东来

一、中国民间契约文化的变迁

在中国古代，契，本意为刻[①]；约，本义为绳索，亦有缠束之意[②]。将这两个字连在一起，则指人们在社会交往中，将事先约定的事项，用刻刀等工具，刻在金属、木材、石材等物质上，以此作为约束双方信守承诺的凭证。这个凭证即称之为"契约"[③]。在历史文献中记载契约的称谓很多，诸如：判书、质剂、傅别、书契、约契、约剂等。古代契约分为"官方文书、土地文书"，土地文书又称为民间文书，台湾学者许雪姬依照古文书外部形式分为：契字、阄书、账单、执照、完毕、谕示、布告、土地、寺庙台账等[④]。契约在中国历史久远、形式多样。伴随契约而形成的契约制度、契约格式、契约文化及其所体现的民俗思想等成为研究中国民间社会的重要载体。就中国契约习俗的演变而言，主要呈现三种趋势：

一是经历由官方文书到民间文书的转变。官方文书主要指国与国、政府与政府、政府与民间之间因确定某种关系而订立的文书。如《战国策·燕策》："必得约契。"所谓"约契"即是国与国之间的一种盟约。再如，刘邦与关中父老的"三章之约"，也可视为一种广义上的军事集团对民间做出的一种契约。明清以来，契约在民间大量出现，有多种称谓，常用的名称有："古契、契纸、契劝、契据、字纸、字据、旧文书、老契纸、老字据、民间文书、契约文书等，契约内容涉及买卖、借贷、赠与、合伙、分家、入赘、立嗣、婚姻等方面的关系。"[⑤] 契约由官方向民间的转变应视为国家法律意志在民间的体现，这种体现也应是随着民间社会经济基础的转变而形成的。

二是中国契约制度习俗经历了中西融合的演变过程。中国古代契约制度是建立在家国一体观念下宗法制基础之上的。近代以来，随着经济基础、社会基础及法律原则的根本性变革，西方建立了一套较为完整的契约制度。在西学东渐的浪潮冲击下，西方契约

---

* 作者简介：苏东来，四川省社科院助理研究员，巴蜀家风研究中心执行主任。

本文所引用的契约除注明出处的外，其余写明档案号的，均出自成都市房产管理局，因为档案尚未进行归档整理，此编号是成都市房管局工作人员自行编号，特此说明。

① 通"栔"，《说文》："栔，刻也。"

② 《说文》："约，缠束也。"

③ 李倩：《民国时期契约制度研究》，北京：北京大学出版社，2005 年。

④ 许雪姬：《台湾古文书挖掘价值与运用》，载《台中县古文书研习参考数据》，台中县立文化中心，2001 年。

⑤ 王世庆：《台湾地区族谱与古文书搜集与应用》，《台湾史研究论文集》上册，台北：稻香出版社，2004 年。

制度传入中国，导致近代以来中国契约制度呈现继受性特点，它不是中国本土原生的，而是在近代以来移植西方近代契约制度的结果。最具代表性的是宣统二年编订的《钦定大清现行刑律》。人格平等自由、私人所有神圣、契约自由原则等西方契约习俗与精神传入中国，并深深地影响着中国契约制度习俗的转变。

三是中国契约制度体现了政府与民间在法律习俗上的互动。传统的契约法规范，包含了国家的制定法、民间的契约习惯以及其他一些调整和影响人们契约行为的规则（如民间关于“礼”的习俗）。国家制定法又可称为“国家法”，是由国家政权制定的稳定的法律形式，包括封建成文的法典以及由各级官方机构制定的规则或发布的告示、通过的判决，是代表官方意志、有国家的强制力来保障实施的，具备较高的法律效力。民间契约习惯，主要包含宗族法、乡约、民俗、行会规则、行业习惯中与契约相关的内容。在中国传统社会，基于血缘和地缘为共同基础建立起来的村落或宗族往往形成了固定的民俗或乡规。

“国家法”的影响有限，因此在民间就形成了固定的以解决民间纠纷为宗旨的民间契约习惯，即“民间法”或“习惯法”。民间契约习俗即是“国家法”在民间社会的延伸。房地契，在古代很长时期属于民间习惯法。直到晚清民国出现房地契的政府管理机构以后，房地契的管理制度才发展起来，民间习惯法也就演变成为国家成文法。

二、清代成都契约中宗族观念与睦邻风俗

中国是一个传统的宗族社会，凡是涉及房产、土地买卖等事无不体现了强烈的宗法观念和睦邻色彩。就契约本身的宗法家族色彩而言，主要体现在对宗族公产和族人私产的处理权上。乾隆二十一年定例：“凡子孙盗卖祖遗祀产，至五十亩者，照投献、捏卖祖坟山地例，发边远充军。”① 宗族法因此成为调整宗族内部财产关系的主要法律依据。这一法律主要针对宗族财产而言。宗族财产分为两类，一类是宗族公产，一类是族人私产。关于宗族公产，自条例颁布后，各地宗族法中纷纷加入专条，要求各宗族将族产情况报官备案，以保护族产。各地宗祠也纷纷以“家规”“族训”等方式严厉禁止变卖族产，同时也禁止购买本宗族人私产作为族产。在成都市郊各家族的族谱中，就有这样的记载：

成都正府街周氏总祠刊印的《周氏族谱·族训》第三条“祀典”规定：“祖宗遗有产业，或子孙置有田园，每至清明祭扫、年节礼拜……暂断此产，永不均分。倘有不肖，欲行当卖，许象贤之裔，鸣官究处。”②

成都金堂县广兴镇《刁氏族谱·公议祠规》中第十五条中规定：“会（清明会）内有子孙售业者，会内有余赀不得承买；若无余赀，不得加租借贷强买，售业者不得异言。”③

① 《大清律例·户律》，田宅门“盗卖田宅”条例。
② 民国十九年（1930）《周氏族谱》，四川客家中心收藏。
③ 光绪乙巳年（1905）《刁氏族谱》，四川客家中心收藏。

成都房地契约就有这样一个案例，包敬三在追溯家族清明会所置田产来源时写道："始祖成璋公于前清乾隆六十一年由湖北荆州上川，至嘉庆八年凭证买得西门外花牌坊街侧近秦李氏坟地一段，以包敦厚堂名义作为包氏家族清明会，至今贰佰余年，凭证管业无异。"①

该契从另一侧面说明，包氏家族置买的清明会会产是购买的外姓田产而来。

乾隆五十七年，叶氏六兄弟叶万保、万佑、万作、万任、万休、万倍买得赵应龙、赵应祥兄弟位于红庙子侧近街房基址一院作为叶氏六兄弟名下共有祠产。但在乾隆五十九年，叶万作一房因其子叶向槐"行为不洁，有玷宗祖，负债莫偿"，后来"被人控告，官押追缴"。只有"请凭族理议"，叶万作、叶向槐"情愿具呈存案出祠"，将六房共产中自己名下一份"前后划出银两，凭家算明本利共银四百四十二两"。在"五房在祠凭众如数弹兑，作仝子一并收清"的情况下，万作名下子孙"再不得入祠生端"。最终将叶万作一房赶出宗祠。最后在契约落款处只留有叶万保、万佑、万任、万休、万倍五兄弟之名。如果仅仅是负债难偿尚不至于被清除出祠堂，显然叶向槐"行为不洁"的程度不仅有玷祖宗，更是因欠账难还，被人控告官府，官府到宗祠追缴。一人之行为，惊动全族，这种辱没家规门风的行为屡次挑战宗族祠规的底线。从书写契约的口气可以看出，叶向槐犯下的"脏行、玷祖、负债、被告、追缴""五大罪状"只有以祠产抵债，那么其下场也只能被清除出祠堂了。这则契约可以看出在清代成都地区各宗族在践行宗族法，维护祠产、惩治不肖子孙的力度是相当大②。

宗族财产中的另一类产权即族人私产。族人私产虽然按照律法规定不能卖予家族充当公产，但在出卖该私产时必须体现亲族有优先购买权的原则。房产、土地买卖是关乎家族兴衰存亡的大事，只有家族的家长才是行使契约行为的主体，才享有对家庭财产的处分权，家庭成员无论年岁长幼，皆不得成为财产的所有权人，无权直接参与经济交往。在《宋刑统·户婚律》"典卖指当论竞物业"中规定："诸家长在，而子孙弟侄等不得辄以奴婢、六畜、田宅及余财物，私自质举及卖田宅。"可见，在宗法社会，契约行为主体必然是家长。这一法律形式或民间习俗在成都契约签订中主要体现在"母子子孙共为商议"③，"母子嫂叔商议"④，"叔侄商议"⑤，"夫妇商议"⑥，"奉继母面谕"⑦ 等字样。可见，清代至民国年间，成都市民在处理家庭产业时，或要遵循家长意志，以家长作为契约签约人，或者必须征得家长同意，方能签订契约。家长作为家庭的代表在处理重要家族财产时，也不是完全自由的，虽然在某种意义上是以其名义订立契约，但契约必须征得家族重要成员的同意，因其背后所代表的不仅仅是自己，更是整个家庭。契约在体现

① 嘉庆三年（1803）9月3日，秦李氏杜卖阴地文约。
② 乾隆五十七年（1792）赵应龙、赵应祥兄弟卖房文约。
③ LS—14995—5
④ LS—25731—3
⑤ LS—16037—4
⑥ LS—19180—3
⑦ LS—19965—6

家长主体行为的前提下，当其代表家庭处理财产时，同时又要顾及宗族利益。宗族对于契约制度的最大影响即为签订契约时的亲族先买权原则。亲族先买权，是指出卖土地、房屋等不动产时，须先遍问房亲，再问亲族，由亲族承买，如亲族不愿承买，方可径卖他姓和他人①。在《宋刑统·户婚》中载："应典、卖、倚当物业，先问房亲；房亲不要，次问四邻；四邻不要，他人并得交易。"

这一现象在清代成都房产契约中屡有提及，甚至当作一个约定俗成的习俗写进契约，传之后世。如在契约中标明"先尽亲族人等"②，"尽问族邻"③，"先尽家族"④，"先问亲族，后问四邻"⑤ 等字样。亲族先买的顺序一般是：先尽本房，次及族人，族人不买，后问四邻，四邻如不承买，再凭中卖与他姓。这种亲族的先买权虽然在某种程度上保护了宗族产业的稳定性，但无疑制约了契约行为主体选择契约相对人的自由，对于保护同财共居的自然经济结构有利，对于发展别财异居的商品经济则颇为不利。这是成都民间契约文化的一个重要特点。

基于中国传统社会村落比邻而居的地缘特点，注意与乡邻的关系，成为传统社会尤为坚持的原则。所谓"远亲不如近邻"，即为亲仁睦邻文化的生动写照。这一原则多被写进族谱族约中，作为族人必须遵守的约定。

如，简阳《吴氏族谱·族规》"和邻里"载："同乡共井相见比邻，虽不及亲，然亦当和睦以相尚，故必出入相友，守望相助，疾病相扶，有无相济；若势利相授，贫富相欺，强弱相凌，大小相并或因微赀相争讼或以小忿相仇杀，此为偷俗，凡吾族中当切戒之。"⑥

成都《李氏族谱·家规》"和乡党"："古者，岁伏腊不废吹，豳饮腊之好观，于劝善成美，排难解纷，我毋尔诈，尔毋我虞，所谓观乎于乡，而知王道之易易也。"⑦

正是基于乡邻在传统社会中的重要关系，在房屋、土地买卖时，尤为重视对于乡邻关系的处理，主要表现在三个方面：

第一，乡邻先买权原则。这种先买权是仅次于亲族之后的，是基于地缘关系而形成的，这一现象在房契买卖中也多处提及，如以上记载的"先问亲族，后问四邻"⑧，"先尽亲族邻佑"⑨，虽然乡邻先买权原则客观上也限制了契约当事人选择契约相对人的选择，但也从某种程度上维护了以乡邻关系为基础的社会的和谐与稳定。

第二，界址的邻里确认原则。买卖房屋、田产必然要边界清楚，以免产生争议，尤

① 李倩：《民国时期契约制度研究》，北京：北京大学出版社，2005 年。
② LS—16037—5
③ LS—20038—5
④ LS—23161—4
⑤ LS—25745—4
⑥ 民国三十二年（1943）《吴氏族谱》，简阳市档案局收藏。
⑦ 民国三十七年（1948）《李氏族谱》，四川客家中心收藏。
⑧ LS—25745—4
⑨ LS—25203—7

其在产业界址的确认上，尤为注意乡邻关系。下面这则契约就体现了这一原则。咸丰六年十一月二十六日，赖心田因需银使用，同子侄母婶商议，愿意将祖父遗留的分在他名下的，位于华阳东门在御营坝磨子桥附近的草房一院和水田一块卖与谢德全名下承买管业。在签订合同时，对自家水田和院落与乡邻的边界进行确认。

（水田）界东至江西会地坟地墙脚为界，曲转又至坟埂墙脚为界，曲转与严姓大路心为界，南至邬姓田坎心为界，邬姓界内有小水沟一条，任谢姓之田出水，西至朱姓沟心为界，北至罗姓沟心为界，两曲均抵田坎心为界，又曲转至沟心为界，直上至路心为界。

（房屋）界东抵泾县会地墙脚灰椿直下抵江西会地墙脚，西抵墙外罗姓基边，北抵墙外罗姓田边。四界分明，毫无紊乱①。

本则契约内，与之临界的乡邻既有自然人也有社会组织，多达八家。在契约中对于界址的确定更是不厌其烦地着以笔墨，因为只有在乡邻同意确认后的界址内的产业产权才是没有争议的，界内的产权才能最终得以承认，买主才能放心的购买。但是，即便界址比较明确的产权，在签订契约当日，买主依然要“凭中证邻佑，踩明界址”三面言明，确定产权无误后，才最终实现产权的转移。

第三，实现产权转移的见证者。乡邻在契约签订实现产权转移的过程中，除了拥有先买权原则和界址的确认原则外，还充当着实现产权转移的见证者角色。如在契约末尾签署人名单中，有“引进中人”“在证人”“甲长”“邻证”，所谓“邻证”即赖心田水田地和院落的四界乡邻，他们分别是“朱光裕、王中和、邬莹溪、邬莹璋、严恒芳、泾县会地、江西会地、罗习礼”。他们都要在契约上一一签字画押。

对于买主而言最大的担心在于产权转移后因产权不清带来的系列纠纷。因此，在确定卖主产权归属、四界之外，作为卖主田产（房产）四界的乡邻，在签订契约时，还充当见证者的角色，要郑重的在契约末尾以“邻证”的身份签署自己的名字或在自己名字下画押。同时，对于田产内的公共设施，也随着产权转移而归为买主所有，如契约内有一条“邬姓界内有小水沟一条，任谢姓之田出水”。即说明，作为新业主谢德全拥有了在邬姓界内小水沟出水的权利，这一权利原本属于赖心田，但当赖心田卖掉田产，相应的新的业主谢德全应当就继承了这一权利。这种关乎买主今后切身利益的问题，肯定是要在征得乡邻同意且签署名字后即行生效。

三、成都契约中的孝道习俗

尊祖敬宗是中华传统孝道习俗，它也深刻地浸润和反映在房地契交易上。卖地卖房

① 咸丰六年（1856）11月16日，赖心田杜卖林园文约，档案号：LS—20038—5。

在外人看来是愧对先祖、家道没落的表现，但成都房地契的内容仍不乏孝道习俗和信念的表述。

（一）房地契中的孝道感恩至上文化

在房产、土地买卖契约中，孝道思想主要体现在买卖双方在确定产业处置、产业来源、产业争议三方面。

其一，产业处置中体现孝道至上。

买卖房产土地，自古以来，对于家族而言都是头等大事。若是没有遇到重大变故或严重困难，一般是不轻易处置房产土地的。因此，在产业处置上，必须征得家族父母或长辈及全体家庭成员的同意。因为处置房产和田产是家族行为，长辈意见至关重要，契约中就必须体现敬长尊老这一传统。

在契约中，这种孝道思想往往表现在房产买卖的开篇第一句。如“立写出卖土木相连瓦铺房基址文契人马门马氏同孙马如寿马如孙情因移窄就宽，婆孙一门相商”①，再如“立写杜卖草房铺面一间文约人刘门陈氏长子刘裕元仝母亲商议”②，又如“立写杜卖空地坝文约人哈荣盛今因乏银使用合家相商”③，等等，不一而足。虽然商议对象不同，有“父子商议”“母子商议”“兄弟商议”“叔侄商议”“婆孙商议”“家族共议”等形式。无论何种形式，最终都是要建立在尊重父母、家族长辈这一传统的孝道行为上。这既是孝道思想的具体体现，更是以这种方式凝聚家族共识，避免日后因产业的产权转移而引发家族成员间的矛盾。

其二，在产业来源上体现孝道感恩。

房产田产实现产权转移的前提是产权的合法性，在买卖双方尤其是卖方必然强调产权来历清楚，只有如此，买方才能安心承买。对产业来源进行追溯，不仅可以避免今后因产权不清而引发矛盾，而且在对产权来源的追溯中，再次对子孙后代对先祖艰苦创业历史进行了一次孝道感恩教育。

如“阖家母子子孙共为商议将祖遗王道正直街坐东向西街房一院”④，又如“陈国彬情因生意缺本，是事空虚，乏钱应用，事在危迫，无所设法，只得将祖留遗受业产在成属东御街二甲所管第伍拾捌号坐北向南瓦房铺面一间”⑤，再如“立写杜卖公馆地基文约人李王氏仝子李春芳今将三槐树街祖业大公馆一院共计房屋大小十二间”⑥，等等。虽然在追溯产权来源表述上各有差异，有“父亲遗下”“先年所置”“祖父遗下”“祖遗”“先年祖人”“祖业”等形式。上文提及的，包敬三在追溯家族清明会历史时对先祖“成璋公于前清乾隆六十一年由湖北荆州上川，至嘉庆八年凭证买得西门外花牌坊街侧近秦李氏

① LS—15822—3

② LS—199619—4

③ LS—25743—3

④ LS—14995—5

⑤ LS—16037—5

⑥ LS—26455—12

坟地一段，以包敦厚堂名义作为包氏家族清明会”的史实进行深情回顾。虽然在具体表述的言词上各有不同，但无疑在追溯这一产权来源历史时，都在无形中对先祖（或祖辈、祖父、父亲）的艰难创业历程进行了一次回顾和洗礼，达到了追思先祖、感恩奋进的孝道教育目的。

其三，在产业争议上的孝道神圣。

房屋、田产买卖必然涉及产权内的所有有形物体产权的转移。在田产中，经常遇到的就是关于坟地产权的确定。孝道文化的核心是尊宗敬祖。发扬祖德，光大祖光，是每一位子孙的光荣使命，也是孝道与否的重要考量。生前尽孝，死后尽哀，是每一位子孙的职责。因此，对于先祖或先辈坟产的关注，在田产产权转让时受到空前的重视。因为“卖产不卖坟，卖地不卖祖”是每一位子孙必然坚持的原则。在这一约定中，看起来是为清晰产权，消除矛盾隐患，但在实质上，是卖方向买方明确坟产的归属，这是尊祖的表现，更是将祖先视为不可买卖的至高无上的地位。地可卖，祖不可丢。正是体现了孝道文化中的最高境界。在成都房产契约中，对于坟地处置的记载不多，但从我们见到的契约中也可略窥这一习俗的存在。如，达蓝氏“界内有神道碑一座，有碑无地，日久碑石朽坏，地归买主管业”①；又如，穆克图“地内原有古包坟四个，不知有棺无棺，如有尸棺并无余地，准其移出，不得移进葬”②。虽然两则契约内是关于外姓祖坟的处置意见，但也体现了契约签订双方对他姓祖辈逝者的尊重。

同在成都区域内的龙泉驿区的田产契约中就记载了关于先辈祖坟处置的大量案例。甚至不惜笔墨、不厌其烦的描述田地中每一处坟地的位置、规模并写明处理建议及双方遵守的约定款项。如，“谢姓四房合葬坟地连聚一处，用官弓丈明共计，横十弓整，顺向七弓整。照宫定界，各管各业，永不得倚坟越占，朱姓亦不得架造开塞”；再如，“（薛家）界内薛姓有坟四座，照先年老文契上祖母坟直穿心十五弓，横穿心十三弓，中座叔父坟横穿心二十一弓，直穿心十五弓，堂叔父坟一座，左至右二十二弓，上至下一十七弓。又屋下手碾房后弟妇坟一座，只有坟包并无余地，薛姓坟后张姓不得骑龙截脉，坟前不得移迁抵塞。又祖母坟后有山水沟一条，只得过水不得划深。沟底界内入有洪姓休冢一座，横穿心八弓，直穿心八弓，□□坟一座，丈计八分，有兄坟一座，横穿心四弓，直穿心四弓，以上洪薛二姓数座坟界内□张姓每年获草收割，洪薛二姓不得倚坟侵占架造割草等情。洪姓又有嫂坟一座，堂兄坟一座，六男坟一座，只有坟包并无余地，异日三座坟地或有起迁不葬，其地迹系归买主管业，洪姓叔侄人等，不得另卖”③。

以上四例，坟地产权的界定有详有略，坟地数量多少不一、坟地年代远近各有，其产权复杂程度可想而知。对买方而言，不厌其烦地在契约中说明坟地所处位置、年代、面积、与买方关系及双方权利义务等，就表面看是明确产权，实质上，是守护住先辈的

① LS—22298—3

② LS—22931—5

③ 胡开全主编：《成都龙泉驿区百年契约文书》，成都：巴蜀书社，2012年。

灵魂安居之所，因为只有守护住这一先辈的安居之地，才能为自己践行孝道提供场地。其原因有三：1. 源自先祖的庇佑。先辈百年之地，不宜轻动更不能卖掉，因为在中国人的心目中，祖先是家族的守护神，只有祖先居所安稳，家族才稳定，才能得到庇佑，卖祖先坟茔是大不孝的。2. 寄托孝道哀思之地。祖先坟茔是后世子孙缅怀先祖，宣扬孝道、团结族人的家族教育基地，是全体家族的共有精神家园，是不能用来买卖和废弃的。3. 家族风水之源。家族肇造于先祖，家族的兴衰成败一方面源自后世子孙的努力，而另一方则源自先祖的庇佑，尤其是先祖百年之地，关系家族风水命运，卖掉坟地无异于斩断了家族风水，是自取灭亡之路。

通过上述分析，我们也不难理解，在田产转让中，各家族对坟地的重视是空前的，无论旧冢新坟，或是本家异姓，都要在契约中给予大量笔墨来阐述明确。固然出于产权明晰的需要，但也充分体现了传统农村社会对于孝道文化尤其是祖先崇拜的虔诚。

（二）阴地买卖契约中的置穴行孝文化

在成都阴地买卖契约中也有鲜明的孝道思想的体现。

其一，至亲亡故时卖地置穴行孝。

讨阴地一般是在父母或亲人亡故后，无力承办丧事的情况下，不得已出卖土地，以安葬亲人的行为。

如，乾隆三十九年六月，胡克勋因母故，缺少衣衾，棺木无从出备。只得将父得买金花街一段……出卖于杨廷禄名下住居管业，才置办齐了葬母之仪[①]。

又如，刘耀宗因叔父刘汝顺早丧，婶母刘蒋氏无子，仅育一女适配张仁鸿，婶母寡居于存日贫，债未偿。道光八年六月，婶母刘蒋氏病故，衣衾棺具均系外贷，复负重债。因债家刘汝容逼索，刘耀宗无可清还，后被刘汝容控告在案，后蒙恩训明断，令其协同张仁鸿将刘蒋氏菜园土地出卖，偿债安葬。十月十九日，在乡保冯杰等见证下，立契断案[②]。

可见，为安葬亲人，在葬资无出的情况下，只有卖地行孝。甚至像刘耀宗不仅为此背负官司，其孝行实为感人。

其二，脉气不吉时另觅佳穴奉亲。

在古代，有“事死如事生”之说，亲人去世，必选佳穴，不仅关乎亡人灵魂安居更关系家族命运风水。因此，在阴地契约中，有一部分就是因为出于阴地不吉等原因，而另觅佳穴安葬。这一行为，如果说是出自现实的家族风水之考虑，更显示出对于去世先辈的孝顺。

如，光绪二十二年七月，滕裕生因趋吉避凶，愿将先年旧坟起迁，已成空地一段，实际横上三丈七尺五寸，下三丈七尺五寸，直上下二丈五尺，坐落华邑东关外，天祥寺侧近，南有土埂脚为界，东北西均与赖姓铁樆树脚为界，四至分明，毫无紊乱。先尽族

① LS—25734—3
② LS—15682—3

亲，无人承买，自请中证包耀庭等踏明界址说合，甘愿卖于赖松阳堂湘南名下承买为业①。

从简单的“趋吉避凶”四个字可见，腾裕生起迁先年祖先旧坟，应是出于坟地风水的考虑，因其风水不佳，有碍家族发展，才不得不趋吉避凶，另为先辈觅得佳穴。其空出的空地也只有扫卖与他人。这一过程，在实质上看，是有些迷信，但深入一想，则是出于对先辈的孝道奉行，也是对后代家运改变的期盼。这个典型的阴地买卖契约，由于阴地风水不好，要求另选佳穴趋吉避凶，安葬先辈，改善风水的同时，也完成了对先辈的思念之旅。

其三，大爱之下的义让之风。

成都有一则关于出卖祖茔阴地的契约，它既不是因安葬亲人而无奈卖地，也不是因风水不佳而另觅佳穴，而是出于支持举办教育而将阴地义让于学校。如民国三十二年契约所载：“因本族所有坐落成都县西城乡十保三甲境内互利西一村杉板桥侧近祖茔阴地一段计约七分有余。东与石姓连界，西与陶姓竹埂脚为界，南与邓姓坟地连界，北与张姓坟地连界，四界分明，毫无紊乱。情因此地与石姓所办之学校连界，近以学校扩建校舍容纳学子教育人材诚属义举，经校方请托证人刘文典等与本族洽商妥当，愿将此地义让于名下为业。”② 义让之举，让人感动。但从契约内容看，义让只是买卖阴地的一种托词，因为祖宗安厝之地不能随意变卖，因出于扶持教育，仅以“法币五千元整”达成协议。在当时情况下，因义让的是祖宗血脉之地，能有如此之举，已实属难得。这也应当视为是对自身甚至是对先辈所创基业的一种珍视和孝行。

（三）房地契中的慎终追远，事死如生的伦理观念

房地契约中所呈现的孝道思想可以概括为以下三大特点。

其一，家国一体的孝道观念。

“家国一体”是传统伦理政治模式的理念。在房地契约中则体现为孝道思想的孝行方式。契约签订过程是双方商议，进而家庭共议，家族形成共识后，两个家族签订协议，最终上报官府，得到承认。这一过程是产权转移的过程，也是孝道行为由自身议决、到父子商议，带到家族中证认同，最终得到官方的认可的实践过程，体现出家国一体的观念。

其二，事死如生的伦理纲常。

在阴地契约中，在“事死如事生”的观念下，对于去世先辈的追思和孝行就构建了跨越阴阳两界孝道行为。这一孝行虽然也源自求得祖先庇护的现实利益，但也是追思祖先、感恩祖德的必备德行。尤其是为亡故至亲的安葬，不惜卖地置葬仪的行为，更是得到了家庭、宗族甚至全社会认可和赞同。

其三，由近及远的家族脉理。

① LS—20025—7

② LS—22931—11

孝行源自现实，更源自对历代创业先辈的感恩和追思。这一模式主要体现在田地产权转移中，尤其在对田产来源的追溯上，构建了由自身推及父母、祖父进而上溯先祖的家族脉理，这种追溯固然在于说明产权来源的合法性，但在无形中构建了由自身到父母再到先祖的孝道体系图，这种孝行体系也必然为后世子孙所延续，同样在这产权转移中也完成了由近及远的家族孝行的传递脉理。

四、清代成都契约中的礼仪习俗

在标志着房产产权转移的契约签订中，必不可少的一个环节，即“书押画字、迎神下匾”的礼俗。这一习俗几乎在每张房产契约中都有说明。如，咸丰七年十二月“书押画字搬迁等事一并包在价内”①，光绪二十七年九月“眼仝中证一手两交清楚，并无短少分厘，所有书押画字礼仪一并包在价内”②，嘉庆二十二年七月“时值肆拾贰千文整，所有书押画字请神搬家俱在价内”③。道光二十年八月“其有迎神下匾搬移书押画字并包价值之内”④。虽然契约中屡次提及这一习俗。但其内涵究竟是什么，却没有进一步说明。据对契约和清代成都风俗的研究。“书押画字、迎神下匾”的习俗应该包含三层内容。

第一，书押画字的主体是谁。书押画字作为签约的一种仪式，其实也是契约获得效力的前提。但是能作为这一行为的主体的，主要是这么几类人：一是基层政府官员，如保长、街正、牌正等；二是引进中证，即卖主自请的中人；三是亲族，本宗族中德高望重之人及至亲；四是乡邻，卖产的四界乡邻；五是买主和卖主。以上五类人员才构成了契约签字画押的基本构架。对于这些人的付出，卖主要“酬亲折席”，指酬谢亲朋好友以及中间人的酒席款折算在房价中。“画字交房”指的是签字交房仪式时，仍需花费金钱招待帮忙之人。

第二，迎神下匾的内涵。迎神下匾究竟是将何“神”迎下，目前还没有定论，但这个神应是泛指，主要指卖主家中的一切神祇，如祖先神、厨司神、灶王神、土地神、坛神以至于家中所供奉的天地三界之神。卖产不卖神，作为家族的守护神，在更换房屋产权时，必然要将自己的守护神迎接走。

第三，书押画字和迎神下匾的费用。书押画字要酬谢亲朋、中间人及好友，而迎神下匾则要购买礼仪以孝敬神祇。有的契约将其称呼为“小礼”（灶礼），指的是一些零用的礼义方面的费用。有的契约文书中还有灶仪，指的是敬换灶老爷的礼义方面的开销，祈求灶君向天帝汇报时说好话，以求来年丰衣足食。房屋买卖过户时，灶老爷也必须过户易主，但是在费用上多寡不一。如，同治六年四月“比即凭中议定时值九七砝码平兑

① LS—15822—3

② LS—16037—5

③ LS—16483—3

④ LS—24427—3

足色价银二千两正外加银壹佰伍拾两以作移神下匾搬清书押画字之赀”①。又如，光绪二十六年三月“房银叁佰玖拾两整，书押画字银拾两整，案经署成都县事候补州正堂熊大老爷印承藻于三月十三日堂断添画字银拾玖两整，共银肆佰零玖两整”②。再如，光绪六年十二月价银一千四百两正外书押画字移神下匾银肆拾两正”③。通过三则契约可以初步看出，“书押画字、迎神下匾”的费用是与交易数额的多少及参与人数的多寡有很大关系，像交易额高达二千两，而礼仪费用也高达一百五十两；而交易额仅三百玖拾两，而礼仪费用仅十两，但由于该契是经县堂断定的，又增加了堂断添画字银拾玖两整。但到底契约签订后，应付多少礼仪之资，更多的是依据当时情况买卖及中介三方当场言明而定的。

五、清代成都契约中的“中人”习俗

中人现象是中国古代契约制度的一个鲜明特征，以第三方“中人”参与为立契要件的习惯，最迟在明代中叶以后即已普遍流行。在清代，中人在整个社会经济生活中扮演的角色极其重要，在习惯法上，“他们的活动已经充分地制度化”④。在各种契约买卖中，中人是不可或缺的要件。尤其在对田产、房产等不动产的处理中，从自请中证、寻觅买主、撮合交易、画字成交乃至于后来的产权矛盾处理等，都可以看到中人的活跃的身影。甚至有的契约就干脆写明“三面言明”的条文。在某种程度上体现了不动产买卖不仅是买卖双方的事，而是一个买—卖—中人三方的契约。如，“仝请中证禹怀珍、彭植三二人做中说合”⑤。又如，“再三亲请中证袁寿山、袁洪顺二人作中说合”⑥。再如，“自请中人赖相和、罗学渊、唐裕生、邓亮焕，再三说合”⑦。这种自请中证的行为，意味着所请的中证在不动产的买卖中充当着说合、代笔、公证、斡旋、调节等职能。部分中证也许是临时充任的或者是长期以此谋生。那么“中人”除了自请中人外，他们或者是当事人双方的至亲、族中长辈、甚至是村庄领袖或地方精英，他们的参与为契约的实施提供了一个更为稳定的因素。如，民国三年分关契约中，出现了众多的不同身份的中人：“保正：何万裕。街正：李少庚。街邻：杨雨田、邝裕发、雷恒盛、李广盛。友谊：李璧堂、温少棠。族人：徐森山、徐子仁。亲谊：何炳三、鄢荣泰、袁艺五、张泰盛、邬惠臣、王懋修。代笔：叶桐乡。书合同：蒋子文。”⑧ 咸丰六年十一月，签订的契约中也有众多不同身份的中人：“引进中人：赖相和、罗学渊、唐裕生、邓亮焕。在证人：罗寿山、周信

---

① LS—15925—3

② LS—25143—7

③ LS—25197—6

④ 梁治平：《清代习惯法：社会与国家》，北京：中国政法大学出版社，1996 年，第 121 页。

⑤ LS—16037—4

⑥ LS—16037—5

⑦ LS—20038—5

⑧ LS—23615—4

书、温次蔄、罗豫生、谢衔芬（笔）、任凤昌。邻证：朱光裕、王中和、邬莹溪、邬莹璋、严恒芳、泾县会地、江西会地、罗习礼。甲长：张万全。”[①]

可见，“中人制度”，乡约性色彩较为浓厚，出现的“引进中人”“在证人”“邻证”“在场人”“族人”“公职人员”等身份而出现的证明人，按照其地位、作用来看，可以分为三种类型：

第一种，交易双方或其中一方的熟人、亲友或邻居。

第二种，“里长、村长、甲长、保长”之类的基层管理人员。

第三种，专业性的中人，旧称“中证”或“牙人”现称为经纪人。

以上三种类型的“中人”在交易中所起的作用并不都一样。有时交易双方彼此相熟，直接协商谈好后，在立契时请族人、邻居等到场，中人只起证明作用。有时交易双方互不认识，中人所起的作用不仅仅是介绍双方认识，重要的是促成双方尽快达成协议。据契约所反映，不管双方认识与否，中人都参与了房产买卖交易全过程，有时在讨价还价中由中人传话，文本起草时由中人代笔，签字盖章时由中人铺路搭桥。中人制度的引入坚持了契约的公开性、公正性、惩罚性特点。

公开性：在契约签字时，由甲长、村长、保长等基层官员到场，以及由买卖双方的亲属、邻居、族人作为见证人，其作用一方面是要说明契约基本内容的真实性，另一方面也体现了契约基本程序和买卖内容的公开性。

公正性：契约内很多规定都彰显了契约的公正性，如房产买卖的原因、房产面积、房屋规格、间数、院落物品、房产所议定的价格等，为了确保契约内容的公正性，实行“中人制度”这一制度的引入，不仅是对买卖双方起到监督和担保的作用，更是体现了契约内容的公平性。即契约内容并不是由契约单方强加的，而是双方协议共同决定的。

惩罚性：契约对房产买卖契约签订后的遵守执行问题，做出了系列的明文规定，甚至有些还带有惩罚性。如乾隆十七年，时廷英、时廷扬仝侄大经、天经、道经、通经、秉经、懿经，因人力不敷，难以看守，经兄弟商议、叔侄商量情愿将基地、铺房出卖于崔伯名下承买，为避免双方后悔，契约中签订了“自定之后，两家不得反悔。倘买主不买定银归买主，卖主不卖得一赔二”[②] 的带有惩罚性的条款。这些内容所强调是买卖双方都必须要恪守契约条款，信守承诺，特别是不动产交易的基本原则和基本精神。

六、成都房地契中的川西地方特色

（一）具有川西特色的语言称谓

成都地处四川盆地核心地区，该批契约多集中于清代至民国年间的成都下辖的成都县和华阳县，反应在契约中就是凸显了川西特色的语言称谓。

① LS—20038—5

② LS—21863—3

第一，在契约的开头，对于不动产的情性类别，川东人常用“立出卖田地（房屋）文约”，或写为“杜卖”“永卖”“绝卖”，或“摘卖”。川西人写为“杜卖”“摘卖”“扫卖”“扫盘”“出卖”①。

第二，对于所卖田土地数量，四川民间多用习惯口语，少用确切的亩分厘，川西人说田业“一份”，或说“一段”“一股”“一处”；川东人说“一丘”“一股”“一冲”“一份”，多少“块”。

第三，关于田土的称呼，川西人称田，“水田”“塝田”“冬水田”“旱土”；川东人称“沟田”“冲田”“过水田”“塝田”“水田”“土”。

川东是深丘中山地带，凡水田几乎都是冬水田。冬天不蓄水，次年难于春耕插秧。成都的稻田主要靠灌渠来水，所以在买卖田土契约上，对农田水源的沟、渠、塘、堰、井，特别注意申明。

（二）女性参与家庭事务特点突出

四川由于地处西南，自古以来，受中原文化影响有限。在参与家族事务方面，成都女性要比其他区域女性更为活跃，所扮演的角色也更为突出。就订立契约的角色而言，主要有以下几种。

第一，母子（女）共同立契。契约中，母子（女）共同立契一般是出于丈夫亡故，家庭经营困难，出现了“少银使用”“负债难还”“需钱应用”等等。如：“立契约人王金诚仝母耿氏子泽宽孙映发，情因手中空乏，无银使用”②，“立出甘心杜卖房屋铺面地基文契人瞿张氏仝子世泰世奉，实因夫亡子幼，乏银度用”③，“立写扫盘收清文约人邓范氏同子良忠、良孝、良礼、良义等，情因债务逼迫，兼之母子日食难度，困苦极点”④。可见，是家庭遇到了极大的困难情况下，母亲出面发挥主导作用，与子女一道来处置家中财产。

第二，夫妻共同立契。夫妻共同行使家中权力，以双方名义订立契约，一般是经过比较详细的反复的商讨之后，才做出的慎重决定。如光绪九年九月，“立写杜卖地基花果树木契约人邓一韩仝妻王氏，情因前日商议夫宦游出外，家中需钱使用，愿将自置大树拐东街西御河花园……卖于广信会名下管业。光绪九年九月初七日，立杜卖地基契约人邓一韩仝妻王氏”⑤。这则契约因邓家要外出当官，在这种全家搬迁的重大事件上，肯定是经过夫妻商议之后，才共同签署的契约。又如，“立写杜卖瓦住房基址文约人胡永兴与妻张氏，情因负债无偿，夫妇商议甘愿将板桥街先祖遗留分住己下内住房三间出售”⑥。这一夫妻共同决议的变卖祖产的行为，也是出于生活负债的无奈之举。

第三，女性单独立契。女性单独立契约，在契约中不多见。一般都是有极为特殊的

---

① 李映发：《清代川西农村土地占有变迁考察》，载《成都龙泉驿区百年契约文化学术研讨会》，2013年。

② LS—14995—5

③ LS—16192—3

④ LS—16828—7

⑤ LS—25722—5

⑥ LS—19180—3

原因，女性才会从幕后走到幕前。如，“孀妇蓝易氏，情因去岁夫主亡故，施欠债账无力偿还。实系无奈，只得向族戚人等商议，愿将故夫自置成邑羊市街巷内地基一院……杜卖于宁文贵名下承买管业。道光十七年十一月二十八日立杜卖文契人蓝易氏”①。又如，“戴毛氏，缘因丈夫失性患疯狂疾，颠逃在外，不知去往何方，生死无着。即因夫遗债繁累，难以完偿，身边空乏，无人料理，难以度日，无钱使用。甚实情出莫何，只得自行请中，将成都县青龙街墨池书院对门自置之业瓦房铺面二间……卖于圣修堂名下。同治十三年八月二十五日，立扫土出卖瓦铺面人戴毛氏”②。从契约中可见，蓝易氏因孀守在家，由于没有子女，丈夫去世后，经济困难，只有征得族戚同意后，将丈夫分受的田土卖掉为生。而戴毛氏因丈夫患病失踪，生死未卜，为解决丈夫遗债及自身生活，只得将丈夫置下的产业变卖为生。可见，女子单独立契固然是出自对财产决定权力的扩大，不如说是在夫死守寡下为生存而做出的无奈之举。

第四，特殊女性的立契。在成都契约的立契者中还有一批特殊的女性，他们特殊的地位也反映出女性在那个时代的特点。如，“立团杜卖房屋基址土木相连契约人岳安、岳贵喜同继母杨氏，情因乏银使用”③。“立写出卖土木相连瓦铺房基址文契人马门马氏同孙马如寿马如孙，情因移窄就宽，婆孙一门相商……甘愿扫土捆卖于冯大禄名下为业。”④“文契人苏袁氏同女方及弟内兄袁三顺商议，情因需银应用，愿将前故夫方鹤轩自置房屋粪池全院一并捆扫出卖……于天主堂公产名下出银承买。”⑤

这三个女性一个是继母、一个是祖母、一个是姐姐，在家庭遭遇变故时，他们成为家庭的财产的主宰者，尤其是马氏在子孙要“移窄就宽”谋求发展的关键时刻，敢于挺身而出，变卖家产，为后人寻求发展良机，一位干练、慈祥的老祖母形象跃然纸上。

通上可见，在清代和民国时期，成都家庭女性广泛参与到家庭的重大事务决策中，类似出卖房屋、田地等家庭大事，也有女性的身影。在契约的订立过程中，她们或者作为契约的订立者，或者作为契约的见证者、参与者，在家庭中具有一定的权利，说明当时成都在家庭和生活中已经有了一定的权利，其地位也在发生着转变。

（三）“别籍异财”的四川特色

我国自古有多子多孙的传统观念，大家族思想一直根深蒂固。传统家庭模式至少要包括父母、兄弟、子女三代。即孟子所言“仰足以事父母，俯足以畜妻子”⑥。《续资治通鉴》卷二百一载：寿张人张公艺九世同居，唐高宗于麟德二年十一月，亲幸其宅看望。当时高宗问所以能共居之故，公艺书忍字百余以进，使高宗颇为感慨而称善，赐以缣帛。

---

① LS—25717—11

② LS—25200—7

③ LS—23161—4

④ LS—15822—3

⑤ LS—25203—7

⑥ 孟子：《孟子·梁惠王上》。

宋太平兴国八年（983）十一月，宋太宗诏令民间："有孝于父母，三世同居者，旌其门。"① 在朝廷的鼓励下，宋代竟出现七世同居、八世同居、甚至十三世同居者。至清代，朝廷还对四世同堂、五世同堂的大家庭旌表不辍。如四川垫江卢鹿平有子男五、孙男十四人、曾孙十六人、元孙十人，五世同堂，朝廷恩封"寰宇照春"四字。

在皇帝眼中，累代共爨的大家庭其实是在替他分忧，代他治理百姓减少矛盾。数世同堂的大家庭，越大越多，则宗族制度的基础越牢，社会也才越稳定。所以，唐初以降，累代同居一直是朝廷特别是唐宋朝廷提倡的孝义重点之所在，也是宗法社会苦心编织的美好梦境之所在。

历代封建统治者为了维护大家庭模式的不可侵犯性，不断推出相关法律以制止平民分子分爨析产。如《唐律疏律》卷十二："诸祖父母，父母在而子孙别籍，异财产，徒三年。"②《资治通鉴》卷十二之宋纪十二太宗太平兴国八年条："民间有父母在而别籍异居者，听邻里觉察，坐之。"③《大明律集解附例》卷四："凡诸祖父母，父母在而子孙别立户籍，分异财产者，杖一百。若父母丧而兄弟别立户籍，分异财产者，杖八十。"

可见唐宋以来，以汉族的家族血缘关系为纽带的宗族制度是根深蒂固的，要彻底动摇它，拔除它，委实不易。

家是社会最基本的细胞，四川是中国历史上"别籍异财"习俗最为流行的地区。众多周知，分家是以家庭财产的继承与分割为前提的。当家庭因为人口负荷过重、膨胀压力过大，超出了家庭经济的承载能力，分家自然不可避免会到来。如契约所载："情因人口繁众多，难于管理。"④"情因家务难管。"⑤"情因年来人口浩繁、力难料理。"⑥"情因生齿渐繁、事业各别。"⑦ 正是基于家族人口浩繁、难以管理，为走出家庭困境，分家成为必然。

但是，分家一般都着眼于家庭未来的发展，强调分家的合理性，一般在分关的结束语中，都有一些祝福的话。如"房房发达，子孙绵绵"⑧，又如"克勤克俭、昌大门庭"⑨。这些话语不仅是对未来家庭生活的向往和憧憬，也是针对现实生活中家族过大难以料理弊端的变相针砭。在分关析产的内容上，主要围绕祖业即先辈留下了房产、田产等；祖业的基本类型有，田业、控钱（现金）、"所佃之业""业室"（房产）、技艺账目、会债等。如，"愿将东阳先君所置房产住宅铺房生意暨现存银钱货债彻算清楚一并注明，

---

① 毕沅：《续资治通鉴》，北京：线装书局，2009年。
② 长孙无忌：《唐律疏议》卷十二，北京：法律出版社，1999年。
③ 司马光纂：《资治通鉴》，北京：中华书局，1975年。
④ LS—23615—4
⑤ LS—25168—8
⑥ LS—25775—8
⑦ LS—26645—8
⑧ LS—26645—8
⑨ LS—25775—8

除提母亲养赡、祖宗蒸尝、四叔焚献外，除做四股均分”[①]，都在分关之列。

但是分关析产并非将所有财产一概均分，其中有两样是不能分的，也是分不开的。一是“尝田”，这是祭祀祖先的经济来源。契约中将父母提留一份，作为生前赡养来源和死后的祀业；二是取水浇灌之路为公用，不得阻塞，以免影响生产生活用水。

尝业，主要是指先辈积累下来的依托宗祠、祖墓而形成的家族产业。在成都地区，这部分产业主要以尝田的形式出现，它是不能作为析产的对象的，主要是因为：第一，产权属性决定了尝田是家族共产，并不属于某个家庭所有。第二，家族血缘感情难以割舍，赏田是供养父母祭祀先祖的产业，是联络家族血缘的载体和纽带。所以很多家族在《族规》中都明确“严禁盗卖尝业”“外收祠堂租钱，每年备办焚献酒水之用，兄弟三人轮流经受各执一年”[②]。不得析尝业之产，在中国各地都是普遍通行的。

取水浇灌之路必为公路，不得析产，这是成都地区所特有的，带有地域特色的规定。成都地区由都江堰灌溉，各地都修建河堰，即辖区内的公堰，也是公共水利设施。这是关乎千家万户的公共堰塘，创立时间久远，在漫长的生产生活实践过程中，形成了一套各家各户共同遵守的取水用水规则，因其牵涉公共利益，在卖田产时，涉及这类堰塘必然要说明。

在四川地区，“家”是一个“人”与“财”相结合的经济单位，如龙泉百年契约文书有一契约说，苏定贵对张公艺九世同居的理想模式依旧十分向往，却也无可奈何地为膝下五子分户析产。他内心极其煎熬，满是自责，才说出“吾也凉德，不能训我儿效法张公九世同居”[③] 这样感伤的话来。

四川在中国历史上是“别籍异财”习俗最为流行的地区。由于蜀地自古以来就远离中原政权中心，受儒家伦理影响相对少些，宗法观念相对淡薄，高堂在而兄弟别居异财者的比例高于其他地区，即《宋史·地理志》上所鄙薄的蜀地小人薄于情义，父子率多异居。正因此，宋太祖于开宝二年（969）八月丁亥特别诏令：“川、陕诸州，察民有父母在而别籍异材者，其罪死。”[④] 清代著名学者张澍（1776—1847）在《蜀典》中论及“蜀俗”时，引证《宋史·地理志》的记述指出，在蜀中一直存在着“小人薄于情理，父子率多异居”的现象。一直延续至今。正如张澍所说：“可见蜀俗父母存，而别财异居者，自昔已然。今川中诸郡，其家饶裕者，早分金子。”[⑤]

成都地区的这种“家”的最核心的元素是“户”和“财”相结合。从目前契约所反应的看，当家庭人口超出承载能力，不得不通过分家来调整二者之间的关系，以求达到新的平衡之时，在家庭内部重新析产就成为必不可免了。作为分家的背景和原因，无不与财力日绌有关，当一个家庭因为人口众多，支出维艰，费用难均，度日艰辛，难以料

① LS—23615—4

② LS—22768—3

③ 胡开全主编：《成都龙泉驿区百年契约文书》，成都：巴蜀书社，2012 年。

④ 毕沅：《续资治通鉴长编》卷十，北京：线装书局，2009 年。

⑤ 张澍：《蜀典》卷六《风俗类·蜀俗》。

理，家庭关系复杂，难以合白，无力管摄之时，原来赖以“共食同居”的基础必然动摇，在这种情况下，“与其永远同居”，导致家庭衰败破产，不如尽早“分餐各爨”，“各奔前程”，通过别籍“分治”的途径，以达到挽救和延续家庭寿命的目的，实现房房富贵、户户繁荣的梦想。

正如王笛在《跨出封闭的世界——长江上游区域社会研究》中，将“宗族”作为社会组织来探讨，指出“长江上游地区的宗族大多是清代以后重建的，因之较其他省区，宗族的历史和规模都是逊色的”。王笛还指出嘉庆以后全川家庭的规模由大变小的发展趋势及其原因，认为这与移民社会的性质及家族割裂、人口停止流动有关①。因此经过一次又一次的“别籍异财”之后，宗族规模和实力不断递减，以至罕有能与江南和岭南地区相抗衡的强大宗族的出现，这也是四川地区宗族组织的一大特色。清代以来，成都地区的大家庭之所以还大多分爨异财（多在父母在时），除了受到近代商品经济的影响之外，还受到千百年来的传统或风俗的长期熏陶。即便他们多半是有着中原或东南地区文化背景的湖广移民，在蜀地住久了，也会悄然受到浸染而纷纷向着三代或四代同堂的大家庭而挥手道别。

① 王笛：《跨出封闭的世界——长江上游区域社会研究（1644—1911）》，北京：中华书局，2001年，第527—535页。

武胜《段氏族谱》考论

蔡东洲　雷步照*

武胜段氏家族自康熙三十六年（1697）以后陆续由江西祈阳移民到定远（今四川武胜）多个乡镇，其中在今宝箴塞镇一带最为集中，嘉庆逐渐繁荣昌盛，成为一方豪门，到民国时期当地便有“段半县”之说。以宝箴塞为代表的寨堡、碉楼等防御建筑就是这个家族在晚清民国时期修筑的。关于家族的历史，由于文献记载稀少和政治局势变幻，一直缺乏调查研究，以致对其来历、兴盛、衰败的问题等至今无人问津，由此导致无法正确回答宝箴塞等建筑群的来龙去脉，并影响到保护和利用。笔者发现光绪二十九年（1903）段氏聚族编修的《段氏族谱》比较翔实地记载了这个家族的历史。本文拟就此谱的编修过程、内容特征和历史价值进行论述。

一、《段氏族谱》的编修与传存

《段氏族谱》原本封面上有这样的字样：“光绪二十九年癸卯纂修于毛家沟宗祠季冬竟工。”可以确信，这套族谱修成于光绪二十九年（1903）冬月，次年组织刻印。事实上，《段氏族谱》的编修经历了一个较长的过程。

（一）《段氏族谱》的编修

光绪二十八年（1902）段兴旸撰写的《段氏族谱序》载：

> 段氏前谱之戒，历有年所续修，则自立臣始①。营构草创，未成帙而去。光绪初年，印山、乐三集议偈成，走书房，分行派，极意编摩，规模灿然大备，以《艺文志》杂糅无章，未便剞劂。去年冬，某等旁搜遐览，芟其繁芜，削其乖谬，略仿史传之式，参以欧、苏、龟山诸家谱例，裒然成集。又以十余年来，生齿愈蕃，迭命人缮收汇辑，今岁告竣。复藉湖南分派廪生元湘赍呈旧谱，讨论综核，互订参稽。盖以下治之法治其流，不滥收于非种，不遐弃于穷荒，乃校雠而付之手民。

这就是说，《段氏族谱》在光绪以前已有草创，但未成帙。光绪初年，段印山（名邦瓒）和段乐三（名邦英）聚族集议，决定纂修，大约在光绪二十五六年已成初稿。只因

* 作者简介：蔡东洲，西华师范大学二级教授。雷步照，西华师范大学在读硕士研究生。

① 立臣，段兴科字，按照引文之意，应该是光绪以前的段氏闻人。

《艺文志》杂乱无章，定远县学学生段兴旸等进行大幅度的调整和修订，还补入了修谱前十余年的家族新内容，并与湖南“旧谱”互订参稽，到光绪二十八年（1902）已成定稿。

然而，据段兴梁在光绪十年（1884）撰写的《续修族谱旧序》载：

孙等材愧三长，续修宗谱，求如杨子世志，高子家牒，欧、苏、龟山诸谱，曲详尽美，综核靡遗，固已心知其难，然知难而不勉力蒇事，其何以迪惟前光乎！惟参酌老谱程式及一切纪序源流、游踪宦迹、世系横图、祠宇墓志、播迁里居，并祭田服制，笃报本之诚；儒林选升，征右文之盛。紫诰封锡，节孝贞铭，一一论而详著之。

也就是说，《段氏族谱》早有“老谱”存传，光绪十年（1884）再成新稿。这篇新稿《序》表明，其内容及分类与今传二十九年所修族谱是一致的。

实际上最能反映《段氏家族》编修过程的不是其中这三篇序，而是保存在此谱中的《修谱费用数目》。

嘉庆十九年，筹议修谱，用钱捌千壹百文。光绪七年，清齿录、火食等项，用钱叁拾千文。九年，渝城买皮纸刷谱，用银柒拾伍两，用钱捌千文。二十一年，筹议修谱，用酒席钱贰千叁百玖。二十六年，筹议修谱，用酒席钱伍千文。二十七年，兴工修谱火食等费，用钱柒拾伍千贰百文七年，缮书、校对并作序，用钱陆拾千零贰百伍拾玖文。二十八年，蒲春山包刊谱书，用钱壹拾壹千壹百文。绘坟图辛力费用等项，用钱肆千捌百文。二十九年冬，请蒲伯勋包刊螳补错壹百廿贰千文。梨木螳木工等项用，钱七千七百文。校对错讹、火食等项，用钱叁拾陆仟贰百，添刷谱书买元边纸，用钱伍拾贰千贰百文。包刷订，用钱叁拾千文。松湮、银硃、麻线、笔墨、棕颜色纸等，用钱捌千伍百文。藏谱木厢并漆工等费，用钱肆拾千文。去冬今春，谱书告竣，作序辛力工钱，用钱肆拾贰千文。谱竣荐祖，经资、油烛纸等费，用钱贰拾壹千文。发谱酒席用钱贰拾壹千。

光绪三十年岁次甲辰仲春之月上浣阖族董事同录谷旦

可见，《段氏族谱》的编修有一个较长的过程。创始于嘉庆十九年（1814），其后或因咸、同社会动荡，没有完善和持续编修下去。直到光绪七年（1881）才重启修谱工作，三年后成稿，并在重庆购买印刷皮纸。光绪二十一年（1895）和二十六年（1900），族内又两度“筹议修谱”，应该是对修成之谱不满意，以致再次议修。从二十七年到二十九年冬，段氏投入了大量人力和财力，最终完成了《段氏族谱》的纂修工作，并为后来的续修工作做好了铺垫。《族谱》规定：

谱牒告成，即以所书毛谱全部贮收祠中。每年有生没，并嫁娶者，必于本年春秋冬三祭告祠首注明，日后续修，免费周章。

虽然《段氏族谱》历嘉庆、道光、咸丰、同治、光绪五朝而后成，但终究是在光绪年间完成的，由此此谱载了一篇《勤劳录》，备载光绪年间族谱纂修中的有功族人。

我族遇有公务襄事固不乏人，其功之最伟者不过数人而已。光绪初年，建修家乘，草创成帙，规模灿然大备，惟乐三之力诸多，因《艺文》未齐，不便付梓。越十六年，复倩人走书派行，旁搜远览，芟繁削谬，则有达三、乐泉、雨膏、香洲数人。二十九年癸卯，因前手民剞劂未就而逝，另请梓人补刻。不惮艰辛，极力经营，惟恐稍有错讹者，惟襄臣居最，次之则有乐泉、雨膏、香洲数人。

这段文字充分肯定6位段氏闻人在修谱中的作用，并将段乐三（名邦英）、段达三（名兴昌）、段乐泉（名兴泮）、段雨膏（名兴旸）、段香洲（名绩泰），段襄臣（名盛棻）置于主修、总纂、纂修人员之列。

（二）《段氏族谱》的传存

《段氏族谱》以《千字文》为顺序，逐部标号，始“天地元黄”，止“吊民伐罪”，共计100部。按房分配“收执”，其中相公房收谱62部，辅公房收谱19部，佐公房收谱8部，佑公房收谱4部，“相公房平享支祠收谱4部”。

实际上，仅“平享”就有4部，分别由邦忠、邦龙、邦齐、盛剑收执。而支祠只有2部，即夔府万县文魁公胞弟文冠公宗祠和盖乡坪宗祠各1部。本祠焚烧1部，以告慰祖先。

以《千字文》为“收谱字号”，如此每一部皆明确收藏者，如“天”字部由段“兴恕执”，“地”字部由段“兴洋执”，“吕”字部由段“盛棻执”。为确保族谱的权威性和严肃性，《族谱》还特别规定：“如有添注涂改者，公议一字罚钱壹千文，决不姑贷。”即添注涂改一字，就要受到族内的处罚。

虽然《段氏族谱》当时刻印了100部之多，但存传至今者已寥寥无几，且不示外人，我们只能见到2006年段氏族人续修时的影印本。

根据2006年《段氏族谱》续修者提供的信息，光绪《段氏族谱》为木刻本，开本25厘米×38厘米，页数1500，分卷首、卷尾和一至六卷，共8卷，约36万字。续修者在影印时对原本进行两个方面的处理：一方面卷首和卷一的前半部分“一律照旧，保持原貌”，唯加上了圈点断句；另一方面改变了卷一的后半部分、卷二、卷三、卷四、卷五、卷六和卷尾的版式，即改表格为记述，变竖排变为横排，改繁体字变为简体字。如此处理，主要是为了便于当今段氏后裔阅读，并节省篇幅，但卷首和卷一中有不少图案，无法改变版式，只得原版影印。

二、《段氏族谱》的内容与特征

《段氏宗谱》共八卷，即卷首、卷尾和卷一至卷六。记载的时限上起周武王，下迄光绪三十年，虽然时间跨度很大，但同绝大多数族谱一样，文字简单，内容亦多不可信，唯康熙年间段氏迁蜀以后的内容翔实，其特征和价值亦集中体现在这一时段上。

（一）《段氏族谱》的内容

从目录顺次可以窥见《段氏族谱》的基本内容。按照咸丰六年（1856）段平瑄（成章公）撰写的《段氏历代源流考》的说法：

> 我祖春云生文魁。魁祖于国朝康熙三十六年自楚入川，为蜀鼻祖，妣氏何生子四：元相、元辅、元佐、元佑。其房分行派，俱胪列左方，兹不觇缕焉。

谱系即严格按照入川始祖文魁四子元相、元辅、元佐、元佑进行分卷：卷一、二、三为元相房世系表，卷四、五为元辅房世系表，卷六元佐房二至十一世和元佑房二至十世世系表。

在世系表中载有族人名字（含配偶姓氏）、生卒时间、岁数和葬地，如元相房中“永科，字茂生，康熙五十二年癸巳三月十八日生，嘉庆五年庚申四月二十三日卒，寿八十八岁，葬毛家沟。配刘氏，康熙五十七年戊戌四月十三日生，乾隆四十九年甲辰二月初一日卒，寿六十六岁，葬毛家沟，子一治贵”。永科还有继配敖氏、再配罗氏，《族谱》亦载录其生卒及葬地。而更多的族人只载其名和生卒时间、岁数，没有字号和葬地，另按照《族谱》的规定，如果寿不及六十，则不载其岁数。

卷首和卷尾内容相当丰富，卷首中的《段氏祖迹三迁词》《段氏三代由楚迁蜀节略》《林台公节略》《建修宗祠记》《祠堂记》《训规志》和卷尾中的《懿行志》（人物传记）和《建置志》（含《宗祠产业实录》《当龙伞寺灯田记》和章程、禁规）等是研究段氏入蜀、定居、发展、族产及家训等直接依据，对于研究段氏家族的历史、武胜寨堡的兴废，以及武胜地方历史文化颇有价值。

值得注意的是，族内重要人物被分为两个层次载入不同卷次：入蜀3代祖先撰有《节略》，置于卷首。约30位族内闻人的事迹则以传记、寿文和墓志铭的形式，置于卷尾。另有段氏节女10人和姚氏、张氏、周氏3个节妇亦置卷尾，但段氏家族的节妇还未得到官方的认可，故称“孀居待旌”。

（二）《段氏族谱》的特征

1. 在内容上突显朝廷意志

族谱编修的目的在于“和家谐族”，加强家族内部的凝聚力。不过，几乎所有家谱、族谱都不得不打上编修时代的烙印。《段氏族谱》的这个“烙印”打得更深入、更显明，是成为这部族谱的特征之一。这一特征从卷首“恭录”大清圣谕、卧碑和《大清律例》集中体现出来。

《段氏族谱》在抄录圣谕十六条前的小序云：

> 世宗宪皇帝，衍为歌句，恺切详明，播告海内，家谕而户晓矣。敬载谱首，为家长者不时讽诵，以教子弟，使克遵而行之，庶几为升平之良民，亦为祖宗之肖子。

接着又“恭录”了顺治皇帝钦定六谕，即“孝顺父母，恭敬长上，和睦乡里，教训子孙，各安生理，无作非为”。然后全录了清朝镌刻在各级学府里的《卧碑》全文。

或许编修者觉得《圣谕十六条》《钦定六谕》对治家和族有些宽泛，而《卧碑》条文又主要是针对学生的，便直接选抄了《大清律例》中有关治家谐族的条款，共计律 50 条、例 20 条。这些做法在家谱修编中并不多见。

官方文件的指导下，编修者“备录十则，以训子孙”，即“一曰崇孝弟，二曰务勤俭，三曰畏国法，四曰急国课，五曰睦乡里，六曰慎交游，七曰训耕读，八曰严内外，九曰辨尊卑，十曰息争讼”，并且逐条详加阐释。最后订立《合族家规》14 条，其内容与所录《大清律例》相关条款的精神吻合，个别条款就是《大清律例》的具体化。

2. 在形式上追求图文美观

一般族谱、家谱注重的主要是内容，没有过多地留意其形式。《段氏族谱》却十分重视其图文的精巧美观。这一特征主要体现在卷首的三类图文上。

一类朝廷文件，一律刻印在龙纹图版中央，其中包括一道无法确证真伪的诏诰。此类如图所示：

二类篇名，如《训规志》《四礼辑略》《先正辑略》《流寓志》《懿行志》《耆寿志》《建置志》，一律予以镌刻造型，如图所示：

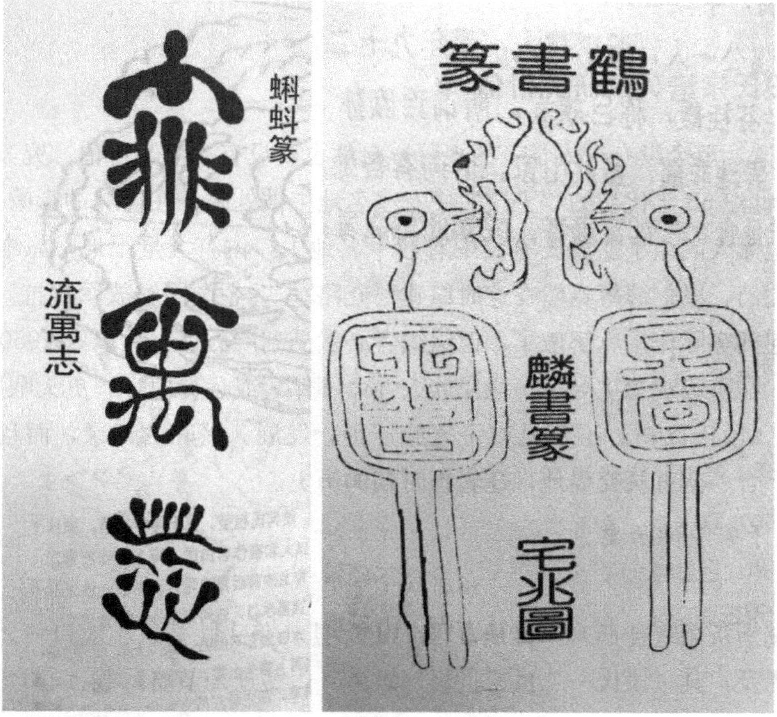

三类《宅兆图》《祠堂图》，原本为示意图，却刻意美化，以期与“风水”吻合，如图所示：

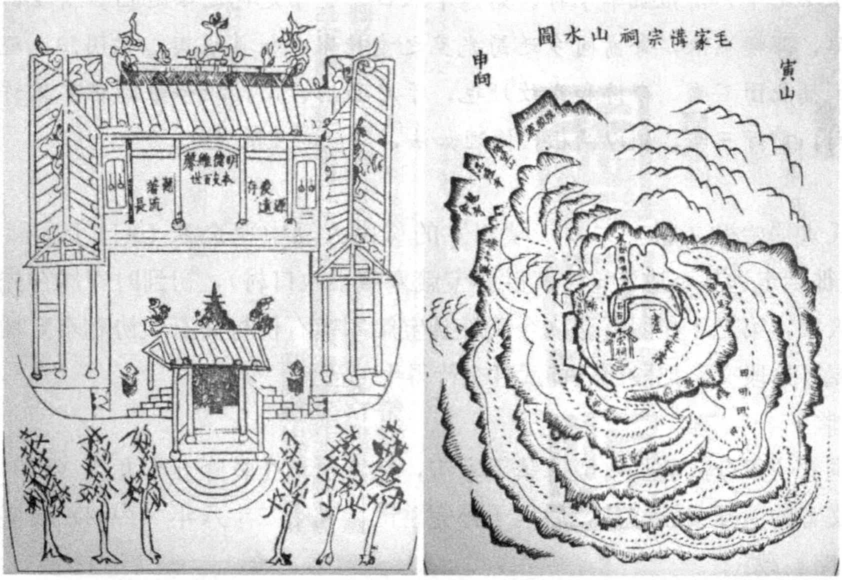

虽然这些图文让人感到有些怪异，但反映了段氏家族不仅重视这套族谱的内容实质，而且重视这套族谱的外在形式。

三、《段氏宗谱》的研究价值

《段氏族谱》至今没有进入学者的视野，自然也就没有关注其价值。究其原因，盖段氏家族在20世纪50年代初的“土改”中有多名地主被处决，在区域的影响力陡然消失，其《族谱》也无人问津了。段氏家族中有数十名地主，占有大量土地，原本就是革命的对象，而段孔门、段仁清等竟然在这时组建“九路军”，企图同解放军对抗。虽然这支反动武装没有起到实际作用就解散了，但组织者必然受到严厉惩办，以致1950年段家地主多人被处决。在阶级观念主导下，段氏族人性命不保，或远徙他方，更无暇顾及《族谱》了。实际上，《段氏族谱》不仅是整个家族迁徙、发展、兴旺的记录，而且有助于研究蓬、遂、武、合、南五县交界地带在转折时期的历史。

（一）关于家族的历史

1. 迁徙

段氏由湖南祈阳迁徙而来，择居在四川定远县（今武胜县）小池口村。这在《段氏族谱》反复提及，其《段氏一二世三世祖（妣考）由楚迁蜀节略》载：

> 川省丁献逆之变，满地蓬蒿，各省族姓迁蜀者甚多。国朝康熙三十六年，蜀难平，祖年七十，偕祖妣率子孙、姑媳十八口，迁于定邑之小池口。甫至，值岁除萧条况瘁，萍梗靡依，寄寓同乡迁蜀先至之童姓家。祖善堪舆，相阴阳，观流泉。越明年，插业团石碾，今协和寨故址也，于对面雨台山，距今雍睦寨半里许，创正瓦屋三间，前厅三间，辅以两楹，修理如法，即今老屋陇是也。

据此，段氏入蜀始祖文魁在“湖广填川”的移民大潮中率全家18口于康熙三十六年（1697）迁徙到定远县小池口（今武胜县宝箴塞镇小池口村），初到时寄居在先移本地的同乡童姓人家，第二年在团石碾（今武胜县宝箴塞镇石桥村高石坝协和寨）插业，并在此修房造屋。这段文字把段氏迁徙武胜交待得十分清楚。

2. 祠堂

段氏祠堂位于今武胜县宝箴塞镇毛家沟，是段永科在乾隆五十九年（1794）遵照入蜀始祖段文香的遗嘱聚族修建，后世子孙完善的。光绪二十八年（1902）段盛能撰写的《林台公节略》载：

> 因旧积有银十八两，田三亩，大小九坵，弥留之际嘱子孙曰：“后世建祀，务将田并银附入祠堂，永作祭祀。”逮乾隆五十九年，祖茂生公，聚族议建祠，不忘桂台公遗嘱，将林台公田银附作蒸尝，并于林台公墓前竖清明祭扫田碑，刊泐事实，冀垂久远。

林台即段文香，与桂台段文魁并为武胜段氏的入蜀始祖。文香无嗣，临终将积累的银两和田产一并捐作祠堂修建和祭祀的费用。

正是因为修建段氏祠堂创议于段文香，所以在段氏后裔的祭祠中把他与段文魁并祀为入蜀始祖，其辞曰："迄于近世兮，文魁文香。魁香二祖兮，均有大志。由楚入川兮，蒙犯风霜。香施祀田兮，无后有后。与祖一体兮，怀允不忘。"

不过，段永科主持创建的段氏祠堂尚不完备，后世子孙相继补修，到道光时才最后完善起来。据光绪十年（1884）段邦贞撰写的《建修宗祠记》载：

> 我祖文魁公昆季，以康熙三十六年入川，没后至乾隆五十九年，茂生公倡议建祠，首构正屋三间。嘉庆十一年，增修厨房，辅以两楹。道光元年，竖山门，砌石垣。二十三年，设供桌，立匾额，并置一切器俱。其前创修，茂生公之力为多。其后补葺，则成章公（段平瑄）与族人协力经营。凡木石土工，委之治泰、治柄，不假外人之手也。

可见，乾隆五十九年（1794），只修建了正屋三间。嘉庆十一年（1806），再建厨房和两楹。道光元年（1821），修建山门，砌石垣。道光二十三年（1843），才完备一切器具。

3. 族产

段氏家族的族产即所谓"祀田"。这笔财富是维系段氏家族从乾隆后期到新中国建立前长盛不衰的经济基础。

段氏祀田数量很大，而且随着社会的发展在不断地增加。最初只有十数亩，是段文香临终捐献的。到光绪时祀田增至百余亩。《段氏族谱》中有《宗祠产业实录》一目，开具的族产达43项，包括田地、房屋、树木、租谷等，边界和数量等记录得十分详细。

祀田收益的用途相当广泛，《林台公节略》云：

> 今我祠置祀田百余亩，岁时伏腊，以享以祀，庶可报德于万一。复以其余为贫之赈赒，童试开场，帮给资斧，以及请旌节孝诸典则，又推志述事之隐，而善则归亲，不忘其所由致也。

《建修宗祠记》还提及宗祠"几次程工用费，皆文香公祀田生息所出，毫无捐派"。可见，祀田生息的用途主要是祭祀祖先、祠堂维修、赈赒贫困、资助读书做官和旌表节孝等。这些绝非虚声，而是制订了具体的实施细则，其《阖族集议章程》八条规定：

> 一议，本族文武生童应试资斧，县试每名给钱陆百文，府试壹千陆百文，院试壹千陆百文，乡试、教职、杂职、贡监、文武生，各给钱肆串，俟试毕，始行给发。

家富有时不取者，听之。

一议，本族取进文学，给衣顶钱壹百串；取进武学，给衣顶钱伍拾串。文生补廪，奖赏钱叁拾贰串。其出保本族应试文武生童，概免赀议。

一议，本族于酉年考取拔贡，给廷试资斧钱壹百串。每科乡试中式举人，给会试资斧钱壹百陆拾串。中式副榜，给奖赏钱捌拾串。中式武举，给会试资斧钱壹百贰拾串。

一议，本族武职由行伍出身有凭者，外委以上给奖赏钱叁拾串，守备以上给钱陆拾串，游击以上给钱壹百串。

一议，本族文武各职如有出身为官者，历任后当念栽培不易，必照入为出，以为辉煌祠宇，泽及族党之资，乃无忘祖宗恩典。

一议，本族节孝，符例请旌者，家极贫给建坊钱壹百串，次贫给钱陆拾串，家富给钱叁拾串。

一议，本族由俊秀捐贡监等职，入祠进香，在家治酒，给花红钱贰串整，举报老可凭者，入祠进香，给花红钱叁串整。

一议，本祠赈济贫族，每年惟视丰歉以定谷石之增减，须由祠首酌议，不得纷纷争论。

正是这些条款，段氏弟子在科举时期读书求官者颇多，确有一批人获得了一官半职①，到科举废除后又支持段氏弟子上各种学堂。据武胜县人大常委会副主任段学新回忆：1945年至1948年，他在武胜简易师范学校读书时，毛家沟段氏宗祠每学年发给其济贫助学谷200市斤，作为交尊师米、购文具、制校服之用。

另外，段盛能和段邦兴等有声望族人还倡建了一个叫“十全会”的慈善组织，接受捐献以济贫穷。段盛能“性慷慨，每岁租入，预计家费所需，余则用于施布。悯里党之困于饥寒也，力创十全会，于平时以补其缺”②。段邦兴“好施与，尝倡兴十全会，岁捐重金作济人利物事”③。不过，《段氏族谱》中没有记载“十全会”的赈济条规，现已无知晓赈济贫穷的对象和力度。

（二）关于堡寨的修筑

武胜县域内寨堡、碉楼众多，按照民国《武胜县志》的统计，县内有碉楼238座，有山寨241座。现在作为文物单位登记在册的山寨遗址有10处④。如此众多的山寨从何而来，《段氏族谱》从家族史的角度为这些问题提供了答案。

武胜寨堡是在“白莲教暴动”时兴起的。段盛琳在《雍睦寨记》中描述白莲教横

① 光绪《段氏族谱》卷一《衣冠》。

② 光绪《段氏族谱》卷尾《皇清敕授儒林郎段公材岑老大人墓志铭》，2006年整理本，第277页。

③ 民国《武胜县志》卷九《段昆山传》，武胜县志办公室整理本，2003年，第303页。

④ 此数据来自四川省文物管理局主编《四川省不可移动文物目录》（内部资料）。

炽说：

> 当是时，贼匪慓悍，猱腾隼鸷，忽分忽合，忽东忽西，攻劫不已，继以焚掠，焚掠不已，继以虏胁，虏胁日众，党羽日多，因而抗兵戕官，势益以横。

在这种情势下，定远民间开始大规模的寨堡修建行动。由于白莲教军最初只是在嘉陵江以东地区活动，清王朝还构筑了嘉陵江防线，企图把“教匪”堵御在江东，因而江东寨堡在嘉庆三四年便建成了，而江西乡勇协助官军驻守江岸，建筑寨堡行动相当缓慢。当时段氏族长段永科提出“守江不如筑寨”的看法。

> 沿江以堵之，其势散又不可久，且联团过多，人心复不一，不若扼要筑堡，贼近则更番守御，贼远则乘暇耕作，以逸待劳，以静制动，庶贼野无可掠，人无可胁，而扑剿亦易为力。

于是聚族修筑雍睦寨，并加固龙伞、毗庐二寺。嘉庆五年（1800）春，教军果然由石盘沱渡过嘉陵江，而西江寨堡未成，民众惨遭劫掠。

> 明年正月望，贼果由石盘滩偷渡，势张甚，众情恇怯。公独镇以静，率族子弟登陴固守，并联龙伞、毗庐二寨为犄角，使贼不敢近逼。是时远近寨堡多未成，有筑成者亦少完好，贼突至，或破、或屠、或虏，蹂躏之状，惨不忍闻。独我寨族人无一损，并戚党来附者，亦得安堵无恐。

无寨堡与有寨堡的后果十分清楚。段永科对于寨堡守御有着一套独到的认识，“谓守从攻生，欲讲善守，必明善攻。虞直攻，厚其墉；虞仰攻，坚其堞；虞俯攻，固其址；虞围攻，利其枪弹弓刀；虞久攻，多其薪刍粮食”。段氏修寨御贼的成功经验和段永科对守寨的见解，不仅对当时江西民众筑寨避乱有着直接推动性，而且对后世定远一带筑寨避乱有着重要启发性。

武胜寨堡的广泛修建是在咸同时期。咸丰十年（1860），李蓝起义在云南昭通爆发，迅速发展到四川内地，而时此太平军也已进入川东沿江地区。清廷借鉴平定“教匪”的成功经验，企图仍用寨堡战术平定“滇匪”，诏令天下“修砦、练团，行坚壁清野法”。川东、川北各州县不仅修复了“教匪之乱”时修建的山寨城堡，而且新建了不少山寨。岳池县前后补修及新建寨达171座[①]。据光绪《定远县志》，定远县在原有134寨的基础上又新建10座。《段氏族谱》载，“咸丰庚申贼入境，族人举公（兴国）为寨长，守御有

① 光绪《岳池县志》卷三《疆域志·寨堡》，第74页。

方，出其才力，以全众姓，并以钱谷施济贫苦”①。段氏不仅修复和完善旧有龙伞、毗庐、雨台三寨，而且创建了仁和、协和两座新寨。仁和寨系段兴义在同治三年（1864）率族人修建的，协和寨同治五年（1866）率族人修建的。

武胜寨堡的鼎盛是在民国前期。张骧在《宝箴塞记》中记述“辛亥革命”后巴蜀社会一直动荡不安。

> 民国肇建，铲除数千年专制，秩序紊乱，萑苻满地，有因兵祸、匪患大受损害者……殊二十余年来，国步多艰，内忧外患，交相逼迫，人民尤难以安业。

民国建立以来，“国步多艰，内忧外患”。武胜县被大小军阀交替控制，或几年一易，或一年一易，甚至一年数易，县长则随之一年几易，1920 和 1922 年两度出现一年之内五易县长的现象。人民无法安居乐业，只有是继续结寨自保。宝箴塞正是这一时期修建的。宣统三年（1911），族长段盛棻创建了宝箴塞东塞，可 20 年过去了，巴蜀地区更加动荡，于是又在 1932 年再次动工修建了西塞。

此时武胜县境内无论江东、江西，都大修寨堡，到 20 世纪 30 年代寨堡、碉楼迅速增到五百座，其中寨堡有修复旧寨，也有创建新寨，有碉楼则全是这一时期新建的。

四、结语

武胜《段氏族谱》是段氏族人经时数十年相继编修而成的。由于段氏闻人特别重视这项工作，加上当时段氏实力雄厚和学人众多，因而，比一般晚清族谱的内容更加丰富、可信，制作形式也更加美观。这套族谱对于研究段氏家族由迁徙、定居到发展、衰落的历史，对于解释宝箴塞民众防御建筑群的修筑具有不可替代的作用，对于研究嘉陵江武胜段两岸的历史文化也具有一定的价值。

① 光绪《段氏族谱》卷尾《安甫公传》，第 269 页。

论遂宁张氏家族及其成就

金生杨*

清代遂宁张氏家族是清蜀中著名的世家大族，兴盛长达两百年左右，在政治、经济、文学、艺术等领域都做出了杰出贡献，并对中国社会产生了重要影响。遂宁张氏祖籍湖北省麻城县孝感乡。明洪武二年（1369），入川始祖张万迁居四川遂宁县黑柏沟，至诗书画名家张问陶时，已历十三世。[①]

张鹏翮、张问陶、张问安、张问彤是遂氏张氏最为杰出的代表。张鹏翮崇尚理学，大力宣扬忠孝思想，以使俄、治河、理政、清廉著名于世，官至太子太傅、武英殿大学士。张问安、张问陶、张问彤合称“遂宁三张”，皆以诗名。尤其是张问陶，兼擅诗、书、画，其诗更居清代蜀中诗人之冠。

一、张氏先世

遂宁张氏“始祖万公，明初自楚迁蜀”，在家族各房中最为绵延、显著。张万兄弟凡三人：“一居铜梁，至大司马肖甫公（张佳胤）显；一居安岳，至侍御留孺公（张任学）显；一居遂邑，自景泰时姚安太守（张赞），至崇祯壬午，孝廉科第联绵。”（《张文端公全集》卷五）

始祖张万于明洪武二年（1369）自湖广省麻城县孝感乡白獭河绿柳村迁居四川潼川州遂宁县之黑柏沟。长子张永成，贻封承德郎、南京礼部仪制清吏司主事，娶余氏，由黑柏沟迁居土桥铺。

永成子张赞（1415－1489），字邦翊，号靖翁，景泰四年（1453）举人，五年（1454）三甲进士。历官礼部主事、员外郎、郎中，天顺八年（1464）出任云南姚安府知府，后官至礼部尚书郎。据《景泰五年进士登科录》记载，张赞治《春秋》，“曾祖明佐，祖泰林，父永成，母余氏”，“兄澍、泽、济”[②]，虽与《遂宁张氏族谱》所记不合，但作为官方记录，当为实录，而张氏家谱则因时代久远，误记其世系。所以，张明佐是现今

---

* 作者简介：金生杨，西华师范大学历史文化学院教授，中华档案文献研究院院长。

① 刘重来，毛远明主编：《中国文化世家》巴蜀卷有《政坛廉吏——清代张鹏翮世家》，对张氏世家做专题梳理分析，武汉：湖北教育出版社，2002 年。胡传淮先生借助张氏家谱及著述等文献，以资料为主，对张氏家族做过更宏大的梳理，详胡传淮编著：《清代蜀中第一家 蓬溪黑柏沟张氏家族》，北京：中央文献出版社，2012 年。

② 陈文新，何坤翁，赵伯陶主撰：《明代科举与文学编年》，武汉：武汉大学出版社，2009 年，上册第六七一页。

能考的遂宁张氏家族的最早祖先，其次是其子张泰林。清熊赐履称：“遂宁张氏自宗伯公（张赞）以长德显，子孙皆积行深厚，为世家。”① 由此可见，张赞才遂氏张氏家族发迹起家的首要人物。张赞有子二人，福暌、昌暌。福暌隐居不仕，子尚威，处士，以学行闻于乡，乡人方之西汉陈寔，卒葬黑柏沟。

尚威长子张惠（1536—1632），号教庵。少读书不事章句，务直抉其所以然。尝读史至古人出处忠孝大节，辄掩卷叹息不自禁，顾念亲老，孰易吾志，遂不乐仕进，居家愉色婉容，事父母惟谨，丧葬皆以礼，人称其孝。子五人，教之皆有方。性尤好义，积善好施，学者私谥三多先生。时明末世乱，语其子应礼：“天下将乱，人臣当习劳苦，任艰难，为国家办贼耳。行矣，勿为念我老人也。”② 张应礼（1578—1638），字和斋，拜父命，谒兵部，得都司佥书，次遂宁，募兵抵御张献忠军，遂宁县城得完。后提兵援沔阳，师溃，抗节死。“及佥书（张应礼）之没，流离播迁，室庐荡然。”③

张应礼第四子张烺（1627—1715），字仲寰，号松龄。父死，间关赴沔，扶柩归，丧葬以礼。张献忠乱蜀，悉窖藏其米谷等物，奉母入深山中，合家独免。历十余年流离播迁，保身全家。“优延硕师以课子，常自教之诗书，勉以忠孝大义。”④ 至长子鹏翮成进士，读书中秘，始稍稍自慰。留心经济，地方利弊，时切于心。捐修遂宁学宫，重建成都万里桥，代完遂邑三年之赋，远赎族中被掳之人，以至妇嫁孤寒，赈给贫病。中丞杭爱问绥靖之方，以不加田粮安民心、补行乡试安士心答之，为所遵行。中丞噶公问驿站调济之术，答以复故道之方，为慨然从之。康熙五十二年（1713），玄烨举行六旬万寿，张烺时年八十七，自蜀赴京祝寿，得赐召见，逾日赐老人宴。四月，诏问张献忠入川始末，其子张鹏翮记其口述，缮疏上闻。持己谦和，待人宽恕，遇人疾苦患难，辄隐于心，必尽力为之拯救。尤好书圣贤格言，忠孝故事，居常为人讲解，宛转开导。著有《烬余录》《松龄老人笔记》等。子六人：鹏翮、鹏翼、鹏举、鹏飞、鹏翥、鹏搏。配景氏（1624—1680），熊赐履撰有《景太恭人墓志铭》。

遂宁张氏自张赞始显于世，而影响尤著的应该是张烺，其教育子嗣，不单是学术，还在于政治、品行，值得关注。陈铣记载道：“长公冢宰庚戌成进士，读中秘书，始稍稍自慰，然艰难险阻，公岂一日忘哉。捷书至，即贻书冢宰曰：‘少年科第，昔人以为不幸，谓其志骄学浅，以此自足，则所损多也。且祖宗积德而发于汝，当思何以上不负君，下不负民，使立身行己，其始不谨，后将决裂。读圣贤书，所学何事？汝当珍重自爱。’……冢宰之抚浙也，远近翕然，有洁己爱民之颂。公闻之喜，轻舟之越，谛听民谣，与所闻相符，欣然曰：‘居官当如是矣。’仍轻舟而还。凡僚属馈遗，丝粟不受。冢宰视学三吴，公邮寄手谕，惟以忠君爱士，提拔真才为谆谆。及冢宰遣祀西岳江渎，礼成得便道省觐。时晋中大饥，须还朝奏请赈济。冢宰流连膝下，公亟趋之行，曰：‘父子聚首，

① （清）熊赐履：《景太恭人墓志铭》，光绪《遂宁县志》卷四下。
② （清）韩菼：《教庵张先生传》，乾隆十二年刻本《遂宁县志》卷五。
③ （清）熊赐履：《景太恭人墓志铭》，光绪《遂宁县志》卷四下。
④ （清）熊赐履：《景太恭人墓志铭》，光绪《遂宁县志》卷四下。

一家之欢。晋中亿万生灵嗷嗷待哺，尔为言官之长，理当奏闻，不可缓也。’家宰受命，遄行得请，赈济全活无算。其不以私废公，恩妨义者，大率类此。”① 就此而言，张鹏翮能立身行远，与其父烺的督导教诲是密不可分的。

二、张鹏翮

张鹏翮（1649－1725）字运青，号宽宇，一号信阳子，四川遂宁人。康熙九年（1670）进士，选庶吉士，改刑部主事，累迁礼部郎中，出任苏州府知府。调任山东兖州知府，有廉干声，编《兖州府志》。以卓异擢河东盐运使，修复盐池，鹾政大举。内升通政使参议，从大臣索额图勘定中俄边界有功，擢大理寺少卿。二十八年，出任浙江巡抚，清漕弊，核盐课，建定海县城垣，擘画精悉。寻以兵部侍郎，视学江南，清节益著。三十六年，擢左都御史，奏请核实陕西籽粒，以去民害。三十八年，迁刑部尚书，授两江总督。三十九年，调任河道总督。时康熙以仲庄闸清水出口逼溜使南，恐碍运口，命自陶家庄以下杨家庄处开挑引河，令中河之水从此出口，虽杨家庄地势低洼，间有倒灌，不过一二里，清水仍然顶出。鹏翮乃相度形势，于清邑中河盐坝施工挑挖，令中河之水穿子堤，由双金门闸入盐河，至花家庄迤东，穿黄河缕堤，至杨家庄出口。又于花家庄盐河撑堤之上，建闸泄水，漕盐两利。动帑七万八千余，两河道大治。加太子太保。疏请敕下史馆编辑《治河事宜》，遴选进士举人学习精通，发工效用。康熙即以命鹏翮，于是纂成《圣谟全书》二十四卷，进呈乙览。四十七年十月，迁刑部尚书，寻调户部、吏部。山左汶水旱涸，运道中梗，奉命勘视。又往豫省视决河。六十一年，晋太子太傅。雍正元年（1723），授文华殿大学士②，兼理吏部尚书事，以马营决口未堵筑，复衔命至豫相视。三年卒，加赠少保，命于定例外加祭，汉堂上官、科道皆会赐葬，谥文端。十年，入祀贤良祠。张鹏翮著述颇丰，有《冰雪堂稿》《如意堂稿》《奉使俄罗斯行程纪略》《治河全书》，皆其自著；纂辑者，有《文庙礼乐考》《关夫子志》《忠武志》《兖州府志》《遂宁县志》《信阳子卓录》《身镜录》《士镜录》《治镜录》《敦行录》《家规辑要》《女诫辑要》；门人、幕僚纂集者，有《河防志》《张公奏议》《年谱》等；五世孙张知诠则裒集其诗文、奏疏等，编为《张文端公全集》而刊行之。

张鹏翮一生政绩出众，清介自持，而理学有成。张知铨称：“与当时诸大老相切磋劘益，二魏（魏裔介、魏象枢）之清介，李文贞（李光地）、汤文正（汤斌）之理学，郭清献（郭琇）、赵忠毅（赵申乔）之面折廷争，公皆与之上下其议论，而黎献如黄梨洲先生又公所及宪老者也。而一时名臣如陆清献（陆陇其）、张清恪（张伯行），又公同举及为其所举者也。”③

---

① （清）陈诜：《张封君（烺）传》，乾隆十二年刻本《遂宁县志》卷五。

② 按，《清史稿》等史书记为“武英殿大学士”，薛瑞录考定当作“文华殿大学士”，《清史研究》2010年第3期。

③ （清）张知诠：《张文端公全集跋》，（清）张鹏翮《遂宁张文端公全集》卷末。

（一）心向理学，学行结合

张鹏翮颇倾心于理学，“少以圣贤自期许”[①]。他少时读书赤岩精舍，悟“天理人欲，毫厘千里，人物所异几希”，学者只有在“善利”方面“辨机关，扎硬寨”，才能于“大道浑茫”有入手处。因此，他从《大学》《中庸》《易》等经典中旁搜精择，选取圣贤前言往行中“切近身心，裨益政治，可为法则者，附以管见，略为论次，随笔札记”，以牖其知，以翼其行。晚年复“检校编次，分析卷帙，名曰《卓录》，用以自勖，且贻后人”[②]。从其条目看，其治学用力在道体、致知、存省、修己、治人、闲道、博物，既有内圣自修，也有外王治人，可谓内外兼修，而绝非仅限于书本和自身的道学家。就修己而言，张鹏翮刻《士镜录》以传。张鹏翮认为“士学圣贤书，必学圣贤之道”，不仅要“日闻前言往行”，而且还要“省察体验”，否则便是自欺。他认为范仲淹“以天下为己任”乃是士之模范，而欣赏吕氏《士镜录》，赞同“定志诚身”，“与其言劝也，不如其言戒也”，以“尝究心圣贤之道，知是编为训士之宝鉴，故授之剞劂，以广其传”。[③]

就治人而言，张鹏翮撰《身镜录》《治镜录》以传。康熙三十二年（1693），张鹏翮汇聚自己抚浙治理时的劝明教俗语，并采择吕维祺《存古约言》、张文嘉《齐家宝要》、徐灏《言行类编》中相发明者，辑为《身镜录》。他说：“身镜者，修身之宝镜也。使学者一览，法戒昭然。‘择其善者而从之，其不善者而改之。’其于化民成俗，庶几有小补焉。”[④]其核心要旨则在发明人心本善，劝以忠孝。他说：“人性本善，蔽于物欲，移于习俗，则渐失其真。是以圣贤教人，千言万语总期明善。复性而明善之要，莫先于孝弟；盖孝弟，乃为人之本。根于天性，人所固有。万善皆备，如树有根本，枝叶花蒂，自然畅茂；水有源本，干支万派，自然宗海。子曰：‘夫孝，天之经也，地之义也。’率之不过家庭日用之常，疾徐、唯诺之节。而仁义之道，天下之平皆不外。是故曰：‘孝弟之至，通于神明，光于四海，无所不通。’诚知其无所不通，则忠君亲上，仁民爱物，一以贯之矣。”[⑤]张鹏翮有取于董安于性缓而佩弦以自急，西门豹性急而佩韦以自缓，著《治镜录》，以备当官者“居官临民之际，一切兵刑、钱谷、禁令兴革之宜”，有所资鉴[⑥]。其书首载《当官功过格》，“凡有利于民者务兴，有害于民者务去，条分缕晰，璨然具备”，末附《县令箴》、吕叔简《祥刑要语》，皆简易警发，而“叮咛告诫，谆复不置，诚足为临为之宝鉴”，是张鹏翮慈以抚众、廉以律身、哀矜恻怛、夙夜孜孜以求治的真实写照。嘉兴府知府徐崇礼称：“伏读张大中丞《士镜录》一编，深叹治化之有源本，盖推己可以及物，观物即以观民，似乎治身之外无余理，亦治身之外无余事矣。不知吾心之可通于

---

① （清）李星根：《张文端公全集序》，《遂宁张文端公全集》卷首。

② （清）张鹏翮：《信阳子卓录》卷首《序》。

③ （清）张鹏翮：《张文端公全集》卷四《士镜录序》。

④ （清）张鹏翮：《遂宁张文端公全集》卷四《身镜录序》。

⑤ （清）张鹏翮：《遂宁张文端公全集》卷四《身镜录序》。

⑥ （清）张鹏翮：《张文端公全集》卷四《治镜录题词》；（清）张鹏翮：《治镜录序》，（清）张鹏翮撰，（清）隋人鹏集解《治镜录集解》卷首。

民物者，固止一理，而所以治民物者则非止一事，此《治镜录》所由继《士镜录》而作乎。”①

张鹏翮“诵古典籍，有《圣学心法》一书，于圣学治道，万殊一本，有融会焉，但采之博而语之繁”，于是“删繁就简”，以便“简而易知，要而易行”，“录成一编进呈御览”。他吹捧康熙：“皇上天纵聪明，圣学高深，洞悉精微，天人一理，显微无间，扩然大公，物来顺应，集尧、舜、禹、汤、文、武、孔子之大成，而兼作君、作师之任。”②此说借《圣学心法》一书，盛赞康熙集先圣大成，会君、师之道为一身。孟子称“五百年必有王者兴”，李光地据此吹捧康熙“承天之命，任斯道之统”，此乃上天“复启尧、舜之运，而道与治之统复合”③。张鹏翮君道、师道兼任说，与李光地道统、治道合一论，同为清代官方宋学的代表性言论，可谓异曲同工。这样的话，康熙自然乐于听闻，故盛称“知光地者莫若朕，知朕者莫若光地”④。张鹏翮虽然时常在奏疏中迎合康熙心意，常以理学为论，但也有反被批评者。康熙四十二年，张鹏翮治河，山东发生水灾，请求发放粮食、截留漕米以救济，又上奏不愿自己赔补亏空。康熙因此生气地当面责难说：“尔常以经义奏对，经义以本心为要。尔河工人员，动用常平仓谷赈济，邀取名誉；及令抵偿，则委之山东官员，于心忍乎！”⑤

张鹏翮认为“四子之书皆以明道也”，“其学以修己治人为分量，以正心诚意为体要，以格物致知为工夫，以主敬穷理为持循”，但“《大全》一书修于草昧之初，未免择而不精，即近民说约，词旨太简，亦有不详不备之失，好学深思之士往往游心于诸子百家，以溯其流而穷其源，智者过之，愚者不及”。因此，张鹏翮以越中沈磊陆阶《四书大成》“考究博而取裁正，亦足以发明传注之意”，“于政事之暇，旬栉字比而为之裁定焉，付之剞劂，公诸海内”，以“诵其言而得其所用心”，以为“行远自迩，登高自卑之一助”⑥。

张鹏翮宣扬宋学，表彰乡先贤张栻，称“南轩先生，颖悟夙成，幼而得于庭训者，莫非仁义忠孝之实。朱子称其大本卓然有见，不虚也”。所谓大本，张鹏翮以为即张栻诠释《孟子·告梁惠王》的“遏人欲，扩天理”六字。元陈栎认为“此六字，断尽《孟子》七篇”，张鹏翮不仅如此，还认为《大学》《论语》之旨在不外于此六字，故称“能知其要，则知南轩之约而该，简而备矣”。张栻裔孙张嘉祯汇编《张南轩语录》而授诸梓，张鹏翮赞其行“书以行世，将与朱子交辉映，此亦圣世道学昌隆之一助也”，勉励其“既以其书公之于人，尤当以其书践之于已。践之于已，所以成己也；公之于人，所以成物也。诚立而仁广，日迈月征，无忝尔祖”⑦。

① （清）徐崇礼：《治镜录跋》，（清）张鹏翮撰，（清）隋人鹏集解《治镜录集解》卷末。

② （清）张鹏翮：《张文端公全集》卷四《进呈圣学心法序》。

③ （清）李光地：《榕村集》卷一〇《进读书笔录及论说序记杂文序》，文渊阁四库全书本。

④ （清）章梫：《康熙政要》卷四《任贤下》，民国刻本。

⑤ （清）蒋良骐：《东华录》，康熙四十二年三月。

⑥ （清）张鹏翮：《遂宁张文端公全集》卷四《四书大成序》。

⑦ （清）张鹏翮：《遂宁张文端公全集》卷四《宋儒张南轩语录序》。

在担任山东兖州知府时，张鹏翮反省道："读圣贤之书，居圣贤之乡，固生平大幸。倘负圣贤之教，而悠悠以往也，不滋惧乎？"因此编《兖州府志》，表彰儒学，践行其教。"余曩者守鲁，修郡志，以阙里冠简端，俾天下之学圣人者，知所取法，其志有独重焉者已。阙里至今无寺观，邑人不用佛、老。李东阳诗云：'一方烟火无庵观，三氏弦歌有子孙。'盖实录也。"①

张鹏翮出任浙抚之初，谒文庙，见其礼乐文器不备，因"重订乐舞人数，移咨圣府，聘师教习"，而使之焕然改观，"又念礼乐之用，必文献足征，然后可以垂永久，于是令学博与郡之耆旧，取刘氏《礼乐全书》，重加铅椠，繁者约之，阙者补之，谬讹者厘正之，参错者整洽之"，撰成《文庙礼乐考》二卷，并付之刊刻，"以备览观"。全书分礼考、乐考两部分，图文产茂，对孔庙礼乐沿革、礼乐器形制、配祀位次、典礼仪式、乐舞技法等加以详细考论。"盖闻天地者道之原，圣人者道之管，而明则有礼乐，幽则有鬼神，其道固一无间也。"所以，考订礼乐，实则弘扬圣人之道的具体举措而已。张鹏翮认为道器不离，既要以敬言礼，以和言乐，还要闻见辨识礼乐名物器数，而不舛错紊淆，做到知礼乐之情与文，而能作能述，"学无巨细，道无精粗，贯通止一理"②。

在大力倡扬儒家价值观的同时，张鹏翮对于佛道则力加斥责。袁了凡于《功过格》"力行有效"，但"以儒而惑于释氏因果报应之说，以劝诱后人，后人亦皆习焉不察"，张鹏翮认为"为善而有祈福之念，则其为善也必不公；去恶而有畏祸之念，则其去恶也必不诚"，结果很可能是"功日微而过日滋"。为此，他"本于儒者正谊不谋利、明道不计功之旨"，"为之易其说以进"，撰刻《治镜录》以传。张鹏翮认为功过之本，"不越于一心"，"苟能虚心讲求，以实心干济，以精心照察，以公心推行，毋沽名，毋惧谤，毋矜己，毋徇人，总以上不负国，下不负民，为清夜自矢之素，纵未敢言功，亦可以无大过矣"。相反，"苟任其气质之偏，凭胸臆以行之，而非有学问察识之功，而每以隐伏其过于不觉，后虽悔之而无及矣"。至于具体作为，则"格物致知，正心诚意，当功过未形之先，而所以密其存养者，不可以偶怠也。审择义利，坚持取舍，当功过将形之初，而所以严其省察者，不可以或怠也"③。也就是辨明天理人欲、人心道心、义利，而加以察识涵养之功。

五世孙张知诠认为张鹏翮外虽以治河为著，而内实根本于理学。他说："公生当盛时，上事圣明之主，下友理学经济直亮之臣。故公独以治河自见，而其实根本圣贤，以心学为治绩。及他忧深思远，谏诤不讳之处，与夫忠孝之大，他名臣或有不能及。"④ 综合考察张鹏翮的理学思想与行为，确实与李光地等相似，只思想性阐发仍显不足，而以编类书绩以彰其行耳。

---

① （清）张鹏翮：《遂宁张文端公全集》卷四《关夫子志序》。

② （清）张鹏翮：《文庙礼乐考序》，（清）金之植、（清）宋泓编辑《文庙礼乐考》卷首。

③ （清）张鹏翮：《治镜录序》，（清）张鹏翮撰，（清）隋人鹏集解：《治镜录集解》卷首。

④ （清）张知诠：《张文端公全集凡例》，《遂宁张文端公全集》卷首。

（二）志行修洁，清廉奉公

张鹏翮是康熙、雍正时期著名的清官廉吏。其父“性甘淡泊，不事侈靡。虽跻荣显，而粗衣粝食，庐舍湫隘，无异贫士”[①]。他则以清廉为居官者本职，称：“人臣之当清，犹命妇之当节，曷足为异。”[②] 康熙帝考各督抚居官状，称“张鹏翮往陕西，朕留心察访，果一介不取，天下廉吏无出张鹏翮右者”[③]，以之为名臣楷模。“张运青一穷秀才，做得名满天下，九重称其清，四海重其廉，只是一个不要钱。甚矣，人贵自立！”[④]

清初董含记载：“康熙三十六年丁丑，张公鹏翮，庚戌进士，为浙抚军，官已高矣。上以其有清望，擢江南督学，盖特简也。时适当科试，奔竞者纷纷。公信心直行，矢公矢慎，终其任无一人私者，虽要路不敢以一札仰干。即有一二京函，亦逡巡踯躅，不敢投而去。去后士子思之不止，每谈及，辄为欷嘘流涕云。”[⑤] 法式善编《槐厅载笔》，于卷一四转录其说。陈康祺《郎潜纪闻》卷三也有类似记载，但补其背景道：“国初直省学政沿前明旧习，多徇干谒，行苞苴。圣祖深嫉之。时大僚中清誉久著者莫如浙抚张文端公鹏翮，而各行省中积弊最深者莫如江南，遂特简公视江南学……如公可谓不负委任矣！”张鹏翮为江南学政三年，康熙帝嘉其操，赐书奖谕：“从前作清官者宋文清一人，近日张鹏翮堪与之比。”[⑥]

正是因为张鹏翮的清廉，才得到康熙、雍正的长期信任，一路高升。“其为文则明白晓畅之文也，惟圣祖亦称其奏事明晰，他人不能及，兼有清官之目，以故始终向用，一德相孚，圣圣相承，任之勿贰。”[⑦]“其治民治河，则一本于清介守法，不生事端为主，故能受特达之知，所至获以成功，而不负君、不负民也。”[⑧]

张鹏翮“性孝友，持躬一循礼法，平居衣冠必整，盛暑未尝跣足露体。终身一茧衾，食无兼味，亦无田庐，御书楼数间，荒田数亩而已”[⑨]。

（三）治河能臣，水利名家

清初靳辅及其幕友陈潢治河，成绩显著，“黄淮故道次第修复”，“漕运大通”，时当康熙二十七年靳辅去职。康熙三十五年（1696），黄淮涨大水，清口倒灌，运口淤塞，高家堰决口，里河地区洪水泛滥。张鹏翮任河道总督，继承靳辅治河方针，合靳辅旧中河、

① （清）陈诜：《张封君（烺）传》，乾隆十二年刻本《遂宁县志》卷五。

② （乾隆）《遂宁县志》卷八《人物下·张鹏翮》，清乾隆五十二年刻本。

③ （清）王先谦：《东华录》康熙朝卷六十五，康熙三十九年正月辛酉，清光绪十年刻本。

④ （清）李光地：《榕村续语录》卷九《本朝人物》，北京：中华书局，1995年，第686页。按：原书标点错得离谱，不可思议，今改正。

⑤ （清）董含撰，致之校点：《三冈识略》附《三冈续识略补遗》，沈阳：辽宁教育出版社，2000年，第269页。

⑥ （清）彭端淑著，李朝正、徐郭忠注：《彭端淑诗文注》文集卷一《张文端公传》，成都：巴蜀书社，1995年，第306页。

⑦ （清）李星根：《张文端公全集序》，《遂宁张文端公全集》卷首。

⑧ （清）张知诠：《张文端公全集跋》，（清）张鹏翮《遂宁张文端公全集》卷末。

⑨ （乾隆）《遂宁县志》卷八，清乾隆五十二年刻本。

于成龙新中河为一，保证新运河畅通；改运河运口于杨庄，与南岸清口隔岸相对，南来漕船由清口直接入新中运河，以减少河水倒灌；重开洪泽湖东北部滩地上张福口等七条引河，堵塞高堰六坝，抬高洪泽湖水位，以蓄清涮黄；拆除云梯关口拦河坝，使大河从云梯关入海，康熙赐名大通口，黄河漕运由此畅通。张希良总结其治河之要道："公仰禀天子方略，相其缓急而次第布之。首拆拦黄坝，次擘清口，次塞洪塘六坝，次浚人字、芒稻等河，次建高堰、土石诸堤工，次筑时家马头、邵伯更楼诸决，次培黄河南北堤岸，次堤归仁并浚引河，次大挑漕河积淤以及泾涧、虾须、车路。入江入海之道，无不通流。而开七引河，改置新旧中河底陶庄。御橛之绩，未易一二数焉。"[①] 四十二年（1703），康熙南巡，盛赞黄河清水畅流，以"此二十年所仅见者"为"异"，谕曰："鹏翮自到河工，日乘马巡视堤岸，不惮劳苦。居官如鹏翮，更有何议?"因此，张鹏翮深得皇帝赞赏与信任。

康熙四十年，张鹏翮题请将上谕等有关治河通运的文件撰辑成书，得到应允。于是，他组织门人及僚属，于康熙四十二年纂辑成《治河全书》，共计上谕二卷、治河事宜及奏章二十二卷，恭呈御览。其中卷一至二，辑录康熙二十三至四十二年间治河上谕；卷三至十三，记载运河、黄河、淮河三大水系源流、支派、地理位置及清初顺治、康熙两朝治理情况等；卷十四至十六为清顺治、康熙间历代河道总督靳辅、于成龙、王新命、董安国等奏疏；卷十七至二十四为张鹏翮康熙三十九年至四十二年间奏章。此外，现存张鹏翮《治河奏牍》残卷，计卷二、四至二十四共二十二卷，与《治河全书》相较，实为一书，只是卷端未题书名而已。现存嘉庆五年刊《张公奏议》二十四卷亦类似。现存《河工备考》二十四卷，未得一见，或亦如是。此外如《黄河图说》《黄河全图》《黄河运河全图》《淮河全图》，皆其中图绘部分而已。

李绂记张鹏翮治水道："河淮为南北运道经络，而河自汴徐趋淮，岁虞泛溢。圣祖屡幸河堤，详究方略。鹏翮抵任，即条上堤工先后十六事，又请区画木石窳良，严定属员考课，皆报可。躬勘堤工，恪遵圣祖指示，一切堵塞开浚，动中窾会。清口险要，奉命开支河于清河东，引黄北汇于淮，其南别筑挑水坝，以归引河。鹏翮复塞洪泽六坝，挽全湖之力，助淮刷黄，而浚云梯海口，使河身迅流无阏。至是黄淮交汇，深契睿谟。漕艘进口旧在骆马湖旁，凿渠名中河，后又改挑新河，浅隘不利行舟。鹏翮相度形势，参用新旧两河之半，合为一河，各建石闸，避黄河百八十里之险。从杨庄新闸出口，漕运大便。他如通射阳湖则开须沟，泻淮扬积水则浚泾两河，复沭水故道则修筑禹王台堤址，咸具成绩……山左汶水旱涸，运道中梗，鹏翮奉命勘视，请疏浚坎河鸡爪诸泉，分注南旺济运，而于彭口筑堤障沙水入微山湖，俞允举行。又往豫省视决河，备陈引沁入运利害，谓地势西北高而东南洼，若沁从高直下，而黄河蹑其后且叵测。鹏翮谙练河务，诸所建白，不苟随众附和，圣祖每优诏从之。今上登极，拜内阁大学士，仍兼理吏部尚书事，以马营决口未堵筑，复衔命至豫相视。鹏翮议并塞詹店四口，黄沁

① （清）张希良：《河防志序》，（清）张鹏翮《河防志》卷首。

合处有沙滩，应加浚刷，绘图以进，悉褒纳。鹏翮平生居官清俭方整，有器局，于河工最著声绩。”①

关于张鹏翮之治河，时人也有称其顺从康熙旨意而成，并无多少个人实见和成就。李星根为此加以辩诬，称扬其高明：“公在康熙中治河为较著，说者谓一禀睿算，若以未尝一出智虑，遂底成绩。阳为誉之，而阴实诋之者，不知圣人在上，但能将顺其美亦难矣，且《虞书》所谓方命者，孰之命哉？方之则圮族，顺之则成功，千古君臣治水之谟，必顺水之性，其能更出意见以补圣明之万一乎？至于措之而当，施之而无不宜，以致平成再见者，则所谓有本者如是也。《书》曰：‘祗台德先，不距朕行。’此之谓也。”②

（四）治政有声，成效显著

张鹏翮治政用力，亲民务实，任刑部主事，办冤狱，不避权贵。出守苏州，以赋重且频年荒旱，命下即奏请缓积欠，宽考成，官民戴德。康熙二十七年，张鹏翮同索额图一道奉使沙俄，先锋为准噶尔部所执，独往交涉，得归还，并让出道路。第二年中俄签订《尼布楚条约》，收回沙俄侵占部分领土，阻止其进一步入侵，张鹏翮与有力焉。

康熙二十八年（1689）二月，张鹏翮出任浙江巡抚，禁摊派，革陋规，严重耗，黜贪墨，一时弊绝风清；立万松书院教士，五载，文风丕振。他自述其治浙经验与成就道：“余莅浙四载，惟务以德化民。既董率地方长吏，宣讲上谕，以牖民俗，又虑舆情未能周知，常巡行郊外，省耕课桑，察民情之好恶，验治术之浅深。父老来见者，则告以孝弟、忠信、勤俭、忍让，俾知立身、保家之方。凡承谳者，狱具，必亲行审理，翻覆推鞫，务期得情。如得其情，则哀矜叹息，集于庭，而示以祸福倚伏之由。随事引上谕开导实之，以古人故事证之，以今人报应，淋漓剀切，以感动其天良。每有闻而泣下、伏地悔罪者。其牵连无辜，即行省释。复申之以孝弟、忠信、勤俭、忍让之义，使归而告诸宗族乡党，回心向道，以共享升平之福。行之既久，官知砥砺，无敢于词讼取钱，而曲直无枉。至于讼简刑清，民知耻争矣；力纾赋完，民知好义矣。余不禁喟然叹曰：‘道之以德，齐之以礼，有耻且格，孔子岂欺我哉？’”③

张鹏翮治河事迹最著。康熙谕阁臣道：“张鹏翮自到河工，在署之日少，每日乘马巡视堤岸，不惮劳苦，朕深知之。”④ 康熙帝以其公直廉明，凡有大疑狱辄遣判之。张鹏翮则按奸发伏，振摘是非，无所容回，得到康熙帝的肯定。雍正三年（1725），张鹏翮卒于吏部尚书任上，雍正帝谕祭崇祀贤良祠文道：“张鹏翮志行修洁，风度端凝。通籍词垣，旋效旬宣之绩；分司郎署，益征屏翰之才。十年殚力于河渠，疏凿之功丕懋；耆岁洊登于台鼎，敬勤之志弥彰。於戏！流芬竹帛，卓然一代完人。”⑤

① （清）李绂：《穆堂类稿》别稿卷二九《大学士谥文端张鹏翮传》，清道光十一年奉国堂刻本。

② （清）李星根：《张文端公全集序》，《遂宁张文端公全集》卷首。

③ （清）张鹏翮：《遂宁张文端公全集》卷四《身镜录序》。

④ （清）李元度辑：《国朝先正事略》卷九《张文端公事略》，清同治刻本。

⑤ （乾隆）《遂宁县志》卷八，清乾隆五十二年刻本。

（五）诗书有成，忠孝传家

张鹏翮善诗文，工书法。其五世孙张知诠称："公生平不欲以诗文见和，故其所作直抒己意而已，不加雕绘之功。"①

李星根称张鹏翮"忠孝之旨，不绝于圣贤之途，则具载书中"②。张鹏翮高扬忠孝节义，称之为国家祥瑞，人伦根本。他说："忠孝节义为国家祥瑞。四者禀乾坤之正气，立人伦之极则，生则荣被当时，没则声施后民。闻其风者足以廉顽立儒，为世道人心之纲维，岂区区朱草醴泉，侈谈符瑞已哉！"③ 张鹏翮纂辑《敦行录》，于其序称："为子孝，为臣忠，性之德也，至平常，至中正，尽人而知之，尽人而能之者也。""人孰不有忠孝之心，或不能为耳。""忠孝之良知"，"扩而充之，可以塞天地，放四海，尧舜禹汤文武周公孔子孟子之为人为此而已，相传之道，传此而已"。"性之德也，感而即应，触而即发，在临事时。若一转念而贞固近切之不过情渐损，故有取乎愚忠愚孝。"虽然"圣人之教忠孝而诛乱贼者亦既昭昭矣"，但"经书之文奥，中人不能猝解，学士大夫则习而不察"，于是"取古人言行可法可传者笔之于书，其言简，其意赅"④。

他表彰关羽，认为"侯虽未登洙泗之堂，而刚大之气，忠义之慨，暗与道合。使生孔子之世，与颜渊、季路从游一堂，其所成就，岂仅十科之选耶"。就其影响而论，"侯生于千载之上，千载之下，无论贵贱智愚，闻侯之名，莫不敬之畏之，夙夜骏奔，若有所惕，然而不容自已者"，在于"天理之不泯于人心，而三代之直道尚存也"。为此，他发挥孟子之说，以为"充是心也，以之事亲则孝，事君则忠，交友则信，如万斛源泉，取之不尽，而用之无穷，则是侯之大有造于名教也"。他编纂《关夫子志》，就是要"天下后世之人，因得以景仰神灵，感奋激发，学其存心，考其行事，而慨然想见其为人"。⑤

张鹏翮刻《女诫》，以表彰烈女贞妇。"庚午监临文闱，以张居正所注《女诫》七篇明白切要，有裨王化，于是付之剞劂，以广其传，以表彰烈女贞妇，心坚金石，切劲松筠。"⑥

张鹏翮在"河工告成之日，公余之暇，取曹氏所辑（《家规》），复为芟繁冗，前其重复，并酌古今缓急之宜，提纲挈要，录之为齐家之规"，是为《家规辑要》，以表彰和践行儒家礼仪。"余览曹月川先生《家规》一篇，而知礼为人治之大端。"他运用程朱理一分殊之说，分析其说，以为自身推之及于家、国、天下，此分之殊；国、天下之本在家，家之本在礼，此理之一。"礼也者体严而用和，和以统同，而分殊者理未尝不一；严以辨异，而理一者分未尝不殊。"至于称"家规"而不名"家礼"，他说："昔考亭朱子有《家礼》，而曹氏易之曰《家规》，无亦谓礼为天理之节文，人事之仪则，其体至隆，其用

① （清）张知诠：《张文端公全集凡例》，《遂宁张文端公全集》卷首。
② （清）李星根：《张文端公全集序》，《遂宁张文端公全集》卷首。
③ （清）张鹏翮：《遂宁张文端公全集》卷四《女诫序》。
④ （清）张鹏翮：《遂宁张文端公全集》卷四《敦行录序》。
⑤ （清）张鹏翮：《张文端公全集》卷四《关夫子志序》；《关帝志》卷三《艺文上》。
⑥ （清）张鹏翮：《遂宁张文端公全集》卷四《女诫序》。

至广，故不敢仍其名，而第名之以规也云尔。”就其内容而言，“首以祠堂之制，尊祖敬宗，报本反始也；继之以长幼尊卑之辨，男女内外之别，旦朔劝惩之诵，冠婚丧葬之文，而以推仁终之”，认为其本在于“由亲亲而仁民，而爱物，其施恩有渐焉”，大体以“知礼为人治之大端”。他强调，虽然《礼记》讲“门内之事恩掩义”，家道必以恩胜，但《易·家人》“威如吉”而“嗃嗃”犹愈于“嘻嘻”，是恩之不逾于法，所以“法与恩兼，家乃齐矣”，提出了明确的治家理念。①

三、张问安、张问陶、张问莱

张问安、张问陶兄弟是张鹏翮的玄孙，同时又是其后裔中特别杰出的两位人物。张问莱虽逊于二兄问安、问陶，但仍有一定成就。

（一）先世

“张氏自文端公（鹏翮）后，科甲连绵四五世，至船山（问陶），官阶俱至府、道以上……累世皆以清节著，家无余赀。”② 张邦伸载张鹏翮“子二：长懋诚，官通政使；次懋龄，淮安府山安同知。孙八，长勤望，任刑部陕西司郎中，次勤宠，兴安知州。曾孙顾鉴，以副榜任山东馆陶县，历升云南开化府，所至有循声，能世其家。元孙问陶，现任翰林院编修”③。

鹏翮长子张懋诚（1667—1737）字孟一，号存庵。康熙二十六年（1687）举人，佐张鹏翮协理河务。四十三年（1704），循例授怀宁知县，充乡试同考官。在任十年，豪强敛迹，民深感戴。行取卓异，升辽阳知州。处决妖民，再升户部江西司员外郎，即升郎中，考选福建道御史，多所建白，弹劾不避权贵。升光禄寺少卿，改顺天府府丞兼学政，晋右通政使，不避权贵，必行参奏。署工部侍郎，一清积案，官吏肃然，有贵良吏风。著《通政诗集》一卷，编《怀宁县志》。鹏翮次子张懋龄（1675—1725），以监生召试，入二等，授淮安府三安河河务同知，称谙练。

懋诚长子张勤望（1694—1757），字孚嘉，号后斋。天资敏悟，约己嗜学。康熙五十二年（1713），以二品荫生补顺天府粮马通判。雍正元年（1723），河南省沁水、黄河水并涨，奉旨随张鹏翮查堪堵筑马营坝漫工。事竣召见，谕以实力办事，用心读书，兼署治中事。旋升户部郎中，补宁国府知府。理讼忤上官意，改调京员，补刑部员外，复升郎中。乾隆十一年（1746），发往山东，以道府题补，署莱州府篆，旋署登莱青道，补登州府知府。保题山东运使，格于部议而止。辛未，帝南巡，承办差务，得召见，询问家世。癸酉，以事去官。懋诚次长张勤宠（1697—1757），字子敬，监生，捐授布政使经历，拣选一等，命往陕西以知州用。题补直隶兴安州知州，诰授奉政大夫。

---

① （清）张鹏翮：《遂宁张文端公全集》卷四《家规辑要序》。

② （清）张邦伸：《锦里新编》卷二《唐敬一》。

③ （清）张邦伸：《锦里新编》卷二《张鹏翮》。

勤望长子张顾鉴（1721—1797），字镜千，号耐舫，一号冰亭。乾隆六年（1741）中顺天乡试副榜，得教习，考满，分发河南知县。时乾隆南巡，以办理有法，署遂平，再补安阳。乾隆十七年（1752），调嵩县，改补馆陶，兼署冠县，承办郯子花园行宫，蒙恩赏俸，满升均州。调繁荆门州，大计以周悉民隐，办理得宜，卓异引见，蒙问家世，还署黄州府通判，升汉阳同知。再升开化府知府，以荆门州失出案被议离任。所著有《撷芳集》《晓窗集》《近花集》，以子问陶累赠朝议大夫。石韫玉作祭文道："呜呼我公，斯人典型。风裁竹柏，政教冰衡。朝常志绩，舆诵腾声。百行是修，五福斯膺。何图瞬息，遽反杳冥。骑箕北陆，乘鲤南溟。维公世家，韦平阀阅。枕葄六经，金貂七叶。家有官箴，门多儒术。圭臬州闾，羽仪王国。公之始生，文端在朝。祥符麟定，庆衍枡聊。嘉名肇锡，德音孔昭。孙谋既远，祖武非遥。尊甫为郎，公从于邸。循陔赋诗，趋庭问礼。鹗荐已荣，鹏飞又止。励志桑蓬，萦情菽水。公之筮仕，发轫遂平。吏畏而服，民怀而宁。讼庭花落，圜扉草生。嵩山比峻，伊水同清。公在山东，课最齐鲁。公在湖北，风移荆楚。荐剡书屏，专城开府。性廉而贫，道亨而阻。众庆弹冠，我思解组。万里奔驰，六年羁旅。公之居官，曰忠曰诚。不征小效，不务近名。案无留牍，室有鸣琴。渊鱼匪察，风草何争。公之居家，曰孝曰友。诸父诸兄，怡怡相守。兰玉后先，埙篪左右。积厚流光，克昌其后。公之归也，啸傲林泉。读书饮酒，以乐余年。一门鼎贵，三凤齐骞。次君尤杰，弁冕木天。蒙等都门，获交仲子。世德余庆，门才济美。公之光仪，不远伊迩。高山景行，今则已矣。公之令德，文翁有祠。公之惠政，羊公有碑。岷峨钟毓，江汉讴思。铭旌著诔，灵兮有知。"① 王培荀记曰："张耐舫顾鉴，行十三，船山之父也。与黎雅守备温江王宁甫善。耐舫官山东定陶令，历汉阳同知，升云南知府，以同知任内事被吏议。性脱略，挥金不惜。人所有取而用之不计，己所有人用之亦不计也。归装囊无一钱，冬日至无御寒衣，惟课二子诵读。人问无产业何以为生？指亥白、船山曰：'此吾产业也。'善书，求者踵门。及病废，悉命船山代笔。宁甫时时周之，家藏耐舫赠诗一纸，亦船山代书。子女皆教以诗。孙女出嫁后，过其戚家，仆挟一箧。宁甫之孙侃与客共坐，令开视，云笺满中，皆姊妹、姑嫂临嫁时赠诗也。一门风雅如此。"②

汪景祺极力贬斥张鹏翮的人品，亦言其子孙之恶，称："长子张懋诚，丁卯举人，官给谏；次子张懋龄，为河工同知，暴虐妄乱，过于其父，而懋龄尤甚。孙张勤望，以任子补顺天通判，庸恶陋劣。祖为冢宰日，与书办香火定盟，凡吏部事无不关通受贿。孙张［勤宠］，以捐纳为广东布政司经历，龌龊鄙秽，无志下材，所谓一蟹不如一蟹者。"③ 汪氏之说，学界或以为是偏诬之辞，但也并非全无凭据。据查，雍正十二年五月，"十二日，吏部议覆江南宁国府知府张勤望徇庇属员，应降调。奉上谕，张勤望身为知府，徇庇所属劣员，已属不职。且闻伊父张懋诚就养在署，性情暴戾，举动乖张，任用私人，

① （清）石韫玉：《独学庐稿》二稿卷中《祭张耐舫太守文》，清写刻《独学庐全稿》本。

② （清）王培荀：《听雨楼随笔》卷四，清道光二十五年刻本。

③ （清）汪景祺：《西征随笔》不分卷《遂宁人品》，民国本。

挟制伊子，干预公事，不恤声名，江南督抚等皆知之。本应将伊父子并加严处，以示儆惩。但念大学士张鹏翮在日，宣力多年，今子孙寥落，现为职官者，只有张勤望一人，不忍令其废弃，特加格外之恩，照部议所降之级，从宽留任张懋诚，着来京候旨。张勤望嗣后居官既无掣肘之处，若不知感戴朕恩，努力奋发，勉为良吏，稍有怠忽旷误，着该督抚即行纠参，朕必严加处分”①。结合张勤望的事迹来看，张勤望确实在江南宁国府知府犯有过错，被降调京员，后虽复有升迁，但没有超越原有品级，即便得到召见，问其家世，而终以事去官。可见，雍正对其确无好感，甚至有明显的恶意。

（二）张问安

张问安（1757—1815），字季门，号亥白，张鹏翮玄孙、顾鉴长子、问陶之兄。② 乾隆五十三年（1788）举人，例授教职不就。七次进京会试，终以下第。

张问安长期流离漂泊。他生于其父知河南嵩县的官舍，因父官职迁转，长期处于流动之中。五岁至山东馆陶，十三岁至湖北均州，十五岁至湖北荆门，二十岁至湖北汉阳。其后两次入京乡试不第。三十岁返遂宁，又先生两次四川乡试，始中举。三十三岁始，先后七次会试，往返于北京、遂宁等地。乾隆五十五年（1791），随弟问陶岳父涪陵周兴岱侍郎视学广东，遍览名山水胜水，结交诗友，格律益进。三年后返居遂宁。嘉庆四年（1799），川楚白莲教起义，形势峻急，起义军与清军混战于川东北，张问安不得已，于年底奉母携女赴成都。次年奉母入京师。嘉庆九年（1804）复奉母自京师至季弟任职的杭州，次年返成都。张问安一生游历甚广，足迹半寰宇，交游甚广，与吴锡麒、洪亮吉、孙星衍、王芑孙、王学浩、伊秉绶等相唱和。

张问安“天性孝友，淡于荣利”，在会试不第，仕宦无门下，“家居奉母，以图史自娱，凝尘满席，泊如也”③。晚年居成都期间，主讲华阳潜溪书院、温江书院十余年，诱掖后进，多所成就。

张问安与弟问陶皆以诗名世，“其诗才超逸，与问陶有‘二难’之目”④。张问安所著有《亥白诗草》八卷，季弟张问莱嘉庆二十一年（1816）裒集刻印，道光年间四川清白斋重刊，咸丰八年（1858）舞雩楼刻本再刻，光绪七年（1881）遂宁玉燕堂四刻，今皆流传于世；又著有《小嫏嬛诗集》四卷、《外集》七种，未见流传。王学浩评其诗：“其语淡而味腴，节短而韵长，盖将韦、孟之外，另辟一径，以与唐人争席也。”⑤ 傅亦舟序称：“船山天才秀拔，亥白学养深隽。”“亥白诗钞古藻纷披，遗音孤戛，沉郁顿挫，卓有本源。”⑥ 由于仕途不顺，境遇不佳，其诗多忧郁感怀，故王学浩称：“亥白其有忧欤？何

① （清）胤祯：《雍正上谕内阁》卷一四三，文渊阁四库全书本。

② 胡传淮主编《张问安研究》，既选其诗，又编其年谱，并附以相关资料，颇便于用，北京：现代出版社，2016年。

③ （清）常明：（嘉庆）《四川通志》卷一五四《人物志》。

④ （民国）赵尔巽等：《清史稿》卷四八五《文苑二·张问安》，北京：中华书局，1977年，第13384页。

⑤ （清）王学浩：《亥白诗稿叙》，（清）张问安《亥白诗草》卷首，嘉庆二十一年刻本。

⑥ （清）傅亦舟：《亥白诗草序》，（清）张问安《亥白诗草》卷首，光绪七年遂宁玉燕堂刻本。

其诗之抑郁而不自胜也。壬子以前之作，境多平远。甲子以后之作，境都迫促。人生几何，而能长以抑郁终邪？……亥白以家庭之事，忧愁抑郁，见之于诗，诗亦不多，遂成绝笔。”① 李星根结合其一生而论，更为贴切：“先生兄弟生长东南，既举京兆，卒不得志，宜其倦于游矣。故自粤游以后，收拾山水入奚囊中，归而奉母，博膝下之欢。虽授馆时有邻县之役，而终非其志也。惟一室琴书，母妻静对，人生之乐觉无以逾。而殊不偶，屡断朱弦。虽历聘名媛，有同声之乐，究之彩云易散，昙花爰空。荀粲伤神，微之悲遣，又数数焉。以视船山闺咏，几于频见不鲜矣。至如宛若中论四声，又姒妇为巨擘。倘亦亥白之所为，回首而慰藉者乎。”②

学者多将问安诗与其弟问陶诗对比。季弟张问莱以为“伯兄亥白、仲兄船山，皆以诗名于世”，“若伯兄亥白，才倍船山”，“所为诗古文词，篇帙繁多”③。李赓芸则以为“仕隐虽相殊，轩轾未可判”④。李星根对比分析称：“遂宁相国以经济显名于皇帝之朝，迄先生五世矣，而独昌其诗。兄弟竞爽，旗鼓相当。虽天才雄放，文采风流，照映四国，若稍稍逊乃弟一筹。至于抚山范水，刻画杜陵，唐突康乐，真力弥满，万象在旁，殆有过之，无不及焉。”⑤ 王培荀则认为张问安“工诗，清新超拔，不及乃弟，而和平安雅，得风人之旨”⑥。徐世昌引《诗话》称：“亥白为船山兄，同致力于诗，名不逮船山。其诗骨格遒上，声律安谐，而一出于雅正。张槎仙沆辑《蜀诗略》，谓亥白造诣在船山上，信然。”⑦

张问安于书法亦有赏鉴。其跋《张僧繇扫象图卷》道：“此扫象图也。予考元处士吴云溪集中有此图，尺度一一悉合，并云有徽宗希世有印，则是其集所载者无疑矣。况又有云溪老人之朱文印，尤可证也。且楮墨若近千载，古光盎然，运笔如空际游丝，缥缈若仙神，致使人有不能学而至者如此，非僧繇奚能为。未审卷内危太朴与东皋退叟之跋，尚不及细考。徽宗希世有印，遂以舜举一印即指为钱进士之笔，盖失考矣。卷内有徽宗真印及宋人印，安得元画而有宋宣庙鉴赏哉！则舜举一印是其鉴赏者耳，非所画也。予幸得观云溪集以证其误，并考僧繇之有举据，何快如之！嘉庆丙辰九月十三日，为寿民先生题。亥白张问安。”⑧ 对于张问安的考辨，方浚颐分析诸家说，充分肯定其功。其言道：“卷首伊墨卿题僧繇神迹，罗两峰记数语于左。其后幅则危太朴跋、东皋退叟诗，均以为钱舜举画。张问安亥白一跋辨之最详，谓载在元处士吴云溪集中，并云有宋徽宗希

① （清）王学浩：《亥白诗稿叙》，（清）张问安《亥白诗草》卷首，嘉庆二十一年刻本。

② （清）李星根：《张亥白先生传》，（光绪）《遂宁县志》卷四之下《艺文上之下》。

③ （清）张问莱：《亥白诗草叙》，（清）张问安《亥白诗草》卷首，嘉庆二十一年刻本。

④ （清）李赓芸：《稻香吟馆集》诗集卷六《舟中读张亥白孝廉（问安）船山太守（问陶）昆弟诗集感赋》，清道光刻本。

⑤ （清）李星根：《张亥白先生传》，（光绪）《遂宁县志》卷四之下《艺文上之下》。

⑥ （清）王培荀：《听雨楼随笔》卷二，清道光二十五年刻本。

⑦ （民国）徐世昌辑：《晚晴簃诗汇》卷一〇六《张问安》，民国退耕堂刻本。

⑧ （清）端方：《壬寅销夏录》不分卷，稿本；（清）方浚颐《梦园书画录》卷一《梁张僧繇扫象图卷》，清光绪刻本。

世有印，与此图尺度一一悉合，又有云溪老人之朱文印，尤可证也。危太朴与东皋退叟以舜举一印，即指为钱进士之画，盖失考矣。卷内有徽宗真印及宋人印，安得元画而有宋宣庙鉴赏哉？则舜举一印是其鉴赏者耳，非所画也。墨卿复跋其尾，略云寿民出视此卷时，桂未谷明府、罗两峰山人均在座，俱定为僧繇笔。余常见唐人法书卷册，纸墨多类此，益信亥白之言有绪矣。但此卷内有石渠七玺，诚上品物，不知是何时赐出勋臣者，寿民当一访之。跋为嘉庆丙辰九月所题，同治戊辰闰四月归宝米斋。”① 张昞得“乾隆末未安邑宋葆淳、顺德张锦芳”为“翁覃溪学士合作《瑞州东轩图》”，“因倩遂宁张问安、问陶题纪其事”②。

张问安妻陈慧殊（1755—1783），字湘箬，浙江海宁人，江西南安府同知陈亿女。年二十归问安。夙明慧，耽览经史，兼工文翰。女红余暇，手乙编，吟哦如诸生，小郎及小姑咸受业。安淡泊，乐吟咏，花晨月夕，夫妇唱和，门内雍如。所为诗，博雅清秀，无脂粉习气。著有《香远斋诗稿》，嘉庆二十一年（1816），张问莱附刻于《亥白诗草》卷一末，共计三十七首；嘉庆时朱云焕辑《浣花濯锦后编》，收录其诗凡一百四首。又有《倚楼集》一卷、《寄愁集》一卷、《墨香小品》，与问安倡和《画阁联吟集》《花间倡和集》等。

（三）张问陶

张问陶（1764—1814）字仲冶，又字柳门、乐祖，号船山，又号蜀山老猿、老船、豸冠仙史、宝莲亭主、群仙之不欲升者、乐庵退守等。生于山东馆陶，幼有异禀。乾隆五十三年（1788）举人，五十五年（1790）进士。选翰林院庶吉士，三年散馆授检讨。诏选翰林院詹事府三十人，各书扇五柄，又选十人分书养心殿屏幅，问陶皆与其选。嘉庆五年（1800）秋，分校顺天乡试，明年教习庶吉士。十年（1805），改御史，巡视南城，“奏甄别九卿之衰老恋栈者；又奏九卿会议，公事不得仍蹈诡随，当各抒所见”③。十四年（1809），分校会试。未几，改吏部郎中。十五年（1810），出知莱州府，“纲纪整肃，属邑有侵用仓库者辄劾之”④，忤上官意，郁郁不得志。十七年（1812）初，称病辞官，侨寓吴门，颜所居曰“乐天天随邻屋”，往来大江南北。嘉庆十九年（1814）三月初四日，病逝于苏州，年五十一。归藏遂宁故里（今蓬溪县金桥乡两河口）。所著有《船山诗草》二十卷。桐乡蔡坤称：“先生才名震一时，几欲掩蒋赵而上之，而与洪北江齐驱并驾。惜仅分会房二次，所得士惟张伯昂稍名，守郡一年，亦未展其抱负。甫逾五十，客死吴门，且无子，良可伤已。而慈亲犹在堂，未能侍养，兄亦远离。亥白哭弟诗，真不堪卒读也。”⑤

---

① （清）方浚颐：《二知轩诗续钞》卷六《张僧繇扫象图》，清同治刻本。

② （清）法式善：《存素堂诗初集录存》卷一八《东轩图（有序）》，清嘉庆十二年王墉刻本。

③ （清）彭蕴璨：《历代画史汇传》卷二六《张》，清道光刻本。

④ （清）彭蕴璨：《历代画史汇传》卷二六《张》，清道光刻本。

⑤ （清）蔡坤编辑：《张船山先生年谱》卷首《叙》。

张问陶“工诗，有青莲再世之目，与洪亮吉、黄景仁齐名”[①]，与袁枚等同属清代性灵派诗人的杰出代表。“其存诗自十五岁始”，“其诗生气涌出，沉郁空灵，于从前诸名家外又辟一境。其《宝鸡题壁十八首》指陈军事，得老杜《诸将》之遗，传诵殆遍”[②]。“始见袁枚，枚曰：‘所以老而不死者，以未读君诗耳。’其钦挹之如此。”[③] 洪亮吉称其诗“如骐骥就道，顾视不凡”[④]。光绪元年（1875），四川学政张之洞“试士，以‘潼川四君子诗’命题”，谓唐陈子昂、宋苏舜钦、宋文同及清张问陶为潼川君子，“于是人知先生追配前哲无忝云”[⑤]。民国三台王世芬称：“遂宁张船山太史以诗鸣当代，殁后石琢堂殿撰为刊稿行世。其穷达始末，南北行踪，京外宦迹，皆可于集中细绎得之。”[⑥]

张问陶在书法、绘画上亦卓有成就。“以诗名，书画亦俱胜。”[⑦] 其“书法险劲，画近徐青藤。蜀中诗人当推船山为最”[⑧]。“山水深得古法，枯枝鹰鸟，苍秀得神。”[⑨]“书法险劲，画近徐青藤，不经意处，皆有天趣。”[⑩]

张问陶晚年追慕佛、道，表现出消极避世的思想。他自称“全收逸气归禅悦，懒著雄文拟《罪言》。”[⑪]“好道家言，曾校定《抱朴子》。”[⑫]

张问陶继室林颀，字韵征，号佩环，四川布政使林俊女。能诗，有句云：“修到人间才子妇，不辞清瘦似梅花。”张问陶和之，有“夜窗同梦笔生花”句。著有《林恭人集》。

（四）张问莱

张问莱（1775—1838），字承祖，一字寿门、蓬樵，号旗山，问安、问陶季弟。年十五，出应童子试，冠县府。以父忧，不得卒试。寻援例捐主簿，发浙江试用，署嵊县典史、鄞县典史、吉安县县丞、太平县县丞、余杭县县丞，加捐五品衔。官所至，辄有声，大吏多倚重之。

张问莱居则大厦，出则安舆，玩好毕陈，图书满壁。工诗善楹联，与著名学者梁同书为忘年交。梁氏书法为时所重，名卿大夫获一字若珙璧，问莱有所求而无不应。妻杨继端（1773—1817），广元人，后迁居南江县，字古雪，工书法，善诗词，并喜刺绣，亦能克内助之，著有《古雪诗钞》《古雪词钞》《古雪诗词续钞》，其侄杨世焘汇为《古雪集》三卷；擅画，又有烟雨楼画幅传世。张问莱称其“暇辄观书，喜为诗”，“事变百端，一切悲欢忻戚、绸缪郁结之情，动于中而不能已，往往亦形之于诗。诗虽未必尽工，见

① （清）荀嗣澎：《爱日吟庐书画别录》卷一《清名人诗翰汇册》按语，民国二年葛氏刻本，
② （清）李元度辑：《国朝先正事略》卷四四《张船山先生事略》，清同治刻本。
③ （民国）赵尔巽等：《清史稿》卷四八五《文苑二·张问陶》，北京：中华书局，1977年，第13384页。
④ （清）洪亮吉：《江北诗话》卷一，北京：人民文学出版社，1998年，第6页。
⑤ （光绪）《遂宁县志》卷三《学行·张问陶》，清光绪五年刻本。
⑥ （民国）王世芬：《张船山先生年谱》卷首《序》。
⑦ （民国）赵尔巽等：《清史稿》卷四八五《文苑二·张问陶》，北京：中华书局，1977年，第13384页。
⑧ （清）荀嗣澎：《爱日吟庐书画别录》卷一《清名人诗翰汇册》按语，民国二年葛氏刻本，
⑨ （清）彭蕴璨：《历代画史汇传》卷二六《张》，清道光刻本。
⑩ （清）李元度辑：《国朝先正事略》卷四四《张船山先生事略》，清同治刻本。
⑪ （清）张问陶：《船山诗草》卷一六《即事》，北京：中华书局，1986年。
⑫ （清）彭蕴璨：《历代画史汇传》卷二六《张问陶》，清道光刻本。

者以为感人之深，可歌可泣，意在其天性之所发，心力之所及，亦必有不可得而没者矣。曩以梓其诗一卷，今所录者，乙丑以后之作，大率皆自写性灵，体制宗派非所论也”[①]。吴锡麒称：“既读其（张问莱）诗，并读其古雪夫人所为诗，然后知闺门之中，风化所始，要必出之至性至情者为足贵。若夫人者，其殆深于三百篇之旨者乎！”[②] 石韫玉称：“维夫人德言并娥，福慧双臻，禀碧落之仙才，积红余之清课。湘东之管三品，纪忠孝者居先；河北之纸百翻，会古今为一体。裁花作骨，漱玉成声。珠穿九曲以通明，锦织七襄而宛转。庶几香篋名集，益蜚金屋之声；肇镜成图，重补玉台之咏云尔。”[③]

四、张问彤

（一）张问彤先世

张鹏翮弟鹏翼（1651—1725），字震青，庠生。随张鹏翮出使俄罗斯，功加游击，加封定远将军。以子懋敏赠修职郎。

张懋宗，拔贡，河工，议叙州同。以子勤哲、勤思赠登仕郎。

张勤哲，监生，任山东武定府司狱，福建晋江县龟湖浦巡检。

张勤思，监生，署云南漾鼻司巡检，补云南和曲州吏目。

张顾琏，以子问彤敕赠文林郎。

（二）张问彤与“遂宁三张”

张问彤（1768—1832），字受之，一字锡功，号饮杜，鹏翼玄孙，顾琏子，张问安、张问陶从兄弟。少负隽才，工古文。乾隆五十四年（1789）拔贡。五十七年（1792），举四川乡试第一，成解元，士论推重。七上春官不第。嘉庆元年（1796），以荐孝廉方正，补什邡县教谕，日以讲学为事。晚授山西和顺县知县，山西巡抚“多其为儒，恒留省垣以备访问”，未果而病卒。

张问彤长于诗文词，又兼擅音韵，冥心理学。所著有《饮杜诗文集》三卷，含《饮杜诗集》二卷、《文集》一卷。

张问安、张问陶、张问彤合称“遂宁三张”。三人诗文合刊为《张氏三先生集》，道光五年（1825）序刻本。李星根称其“与亥白、船山为三从兄弟，时有唱酬。然独以少陵为主，故自名其集曰《饮杜》。其精到处，虽起子美九京亦无以易”。不过，张问彤“不专一长，又好为古文词，兼冥心理学”，“与邑令涂琴舫、徐香坨谈声音文字之学”，“其于古文言分合起伏之法特详，生平不多作，作亦不多存，其深于诗古文者欤”！李星

① （清）张问莱：《古雪集跋》，（清）杨继端著，潇湘、王雪君校注：《古雪集校注》，北京：大众文艺出版社，2010年。

② （清）吴锡麒：《古雪诗序》，（光绪）《遂宁县志》卷四之下《艺文上之下》，清光绪五年刻本。

③ （清）石韫玉：《古雪诗序》，（光绪）《遂宁县志》卷四之下《艺文上之下》，清光绪五年刻本。

根读其《音附序》，“知先生于古学学深也”[①]。

（三）张问彤子嗣

张问彤子五人，长子知简最知名。

张知简（1810—1855），字子敬，号疑园。监生。工诗文，天资敏捷，好学不倦，涉猎经史百家之言，学问渊深，能诗文，往往下笔万言，倚马可待。其诗学李白，开阖自然。其文亦佳。民国《遂宁县志》录其诗文多篇。

五、余论

遂宁张氏家族作为明清四川的大家世族，在很多方面取得了突出成绩，值得总结和反思。

张氏家族的历史变迁对于研究明清巴蜀地方历史具有重要的参考价值，特别是其中涉及的重要历史事件，如明清易代时的张献忠之乱、清军入川，清初吴三桂叛乱，清中叶的白莲教起义等等，其具体而微，作为当事人的记述，很有历史意义。康熙五十二年四月“丁卯，上问户部尚书张鹏翮曰：‘明末时张献忠兵到四川，杀戮甚惨，四川人曾有记其事之书籍否？’张鹏翮奏曰：‘彼时四川人屠戮殆尽，无有记其事者。’上曰：‘李自成与张献忠在河南邓州，分兵张献忠，遂至四川，其间详细未能悉知。尔父今年八十有七，以张献忠入川时计，约已十七八岁，必有确然见闻之处。尔问明，缮折进呈。’”[②]张烺因是而著《烬余录》，今载于《遂宁张氏族谱》之中。全书自述其生平，起天启七年（1627），止康熙五十四年（1715），记载明末清初八十余年见闻。其述张献忠乱，家族逃散死亡，靡有孑遗，自己窖藏米谷，奉母入深山中而躲过此劫。其分析明清四川人口凋零的原因道：“今统十分而计之，其死于献贼之屠戮者三，死于姚黄之掳掠者二，因乱而自相残杀者又二，饥而死者又二，其一则死于病也。”[③] 战乱导致人口的锐减既有战争的屠戮，也有由此而并发的饥饿、疾疫等原因，将其简单地归咎于张献忠屠戮确有不妥。

张氏家族能世其家，首要还在于政事。政事首在科名，次在恩荫、荐举。科名是根本，恩荫无非是前辈科名、政事的微弱延续而已。据不完全统计，明清遂宁张氏有六人中进士，十八人举人，清代贡生也有十八位，明清两代，张氏家族中共有八十余人出仕为官。但从其任职来看，能至省一级要员者大约只有六位，绝大多数仅仅是中低级官吏。即如著名于世的张问陶，也不过官至山东莱州府知府而已。真正算得上位居高官者，仅仅只有张鹏翮一人。居官品阶不高，却能绵延十余世，这反过来说明张氏家族在地方治理上长于实务，干练有力。就为政而言，张氏家族治政为民的理念整体保持不衰，尽管中间稍有偏移，但大致不差，特别是张问陶看不惯官长不以民众疾苦为意，忧愤成疾，

① （清）李星根：《张受之先生传》，（光绪）《遂宁县志》卷四之下《艺文上之下》，清光绪五年刻本。

② （清）《清圣祖仁皇帝实录》卷二五四，康熙五十二年四月丁卯。

③ （清）张烺著，胡传淮注：《烬余录注》，北京：中国文史出版社，2010年。

终抱病辞官，却忧时伤世，念念不忘灾民，而以无策救自责，更将家族治世理念彰显到极致。

维系张氏家族世风不替者，诗书传家，注重教育，最为显著。张氏家族在学艺上成绩突出，诗、书、画最富特色，与当世名家交游唱和者众。其最著者，除张鹏翮外，首数张问陶，而其弟兄张问安、张问莱皆工于此，从兄弟张问彤也相去无几。最值得注意的是，张氏家族女眷善诗者众，十分有出色。沈善宝在其诗话中记载了三位，两张氏妻，一张氏女，另外还涉及张氏外孙女，颇具代表性。其言曰："宛平林佩环，方伯俊女，张船山太守问陶室。瑟琴谐和，得倡随之乐。诗如《夫子为余写照戏题》云：'爱君笔底有烟霞，自拔金钗付酒家。修到人间才子妇，不辞清瘦似梅花。'娣遂宁杨继端，同知辑五女，主簿张问莱室，有《古雪诗钞》。《进峡》云：'川曲疑无路，峰高直人云。船从山底出，水到谷边分。树影临流见，猿声隔岸闻。行行将百里，回首夕阳曛。'格颇老健。遂宁张淑征问端，船山太守女弟，知州丁耦仙室，鹾尹丁廷楷母。《和次女采芝〈红楼梦偶作〉韵》云：'奇才有意惜风流，真假分明笔自由。色界原空终有尽，情魔不着本无愁。良缘仍照钗分股，妙谛应教石点头。梦短梦长浑是梦，几人如此读《红楼》。'余素闻宜人秉性慈淑，工诗词，著作甚富，惜未见其全稿。"[①] 此所言，一是张问陶继室林颀，字韵征，号佩环；一是张问莱妻杨继端，号古雪；一是张问陶堂姐、叔张顾霖女张问端，字淑征，还涉及有张问端之女丁采芝，字芝华，皆能诗。此外，张问陶四妹张问筠亦善诗，船山赞其"闺中玉映张元妹，林下风清道韫诗"[②]，"咏絮乍惊微雪夜，结荷永废大雷书"[③]。张问陶堂妹张瑶湘，字怀芸，工诗，常与林颀、杨继端唱和。张问安妻陈慧殊，字缃箬，善诗，著有《香远斋诗词》二卷、《倚楼集》一卷、《寄愁集》一卷，又与问安倡和，有《画阁联吟集》《花间倡和集》《墨香小品》等，"一时胜事湘南，博得人呼女翰林"，有"翰苑才"。还有张鹏翮三弟张鹏举子张懋恭次女张勤淑，字友勤，随夫官江南，与名媛、诗人倪瑞璇相唱和，诗作甚富，著有《翠荇斋吟草》等。

此外，张氏家族忠孝传家，清正廉洁，也是值得深入研究和充分肯定的[④]。

---

① （清）沈善宝：《名媛诗话》卷五，清光绪鸿雪楼刻本。

② （清）张问陶：《船山诗草》卷五《冬日将谋乞假出齐化门哭四妹筠墓（妹蓮汉军高氏丁未卒于京师）》，清嘉庆二十年刻，道光二十九年增修本。

③ （清）张问陶：《船山诗草》卷三《戊申岁腊寓外舅赞善公宅感事有作》，清嘉庆二十年刻，道光二十九年增修本。

④ 学界对张鹏翮清正廉明多持肯定态度，如李朝正《为张鹏翮的人品与文品一辩》（《社会科学研究》1996年第6期）。不过，张鹏翮的清廉毕竟是封建时代、封建价值观下的清廉，还带有很强的阶级乃至阶层意识，在当时、后世都还存在一定的争论，甚至可能与事实有很大出入。朱维铮在《走出中世纪》（增订版）中有《"一介不取"?》专节质疑张鹏翮的清廉，可以参考，上海：复旦大学出版社，2009年。

遂宁张氏家族世系图

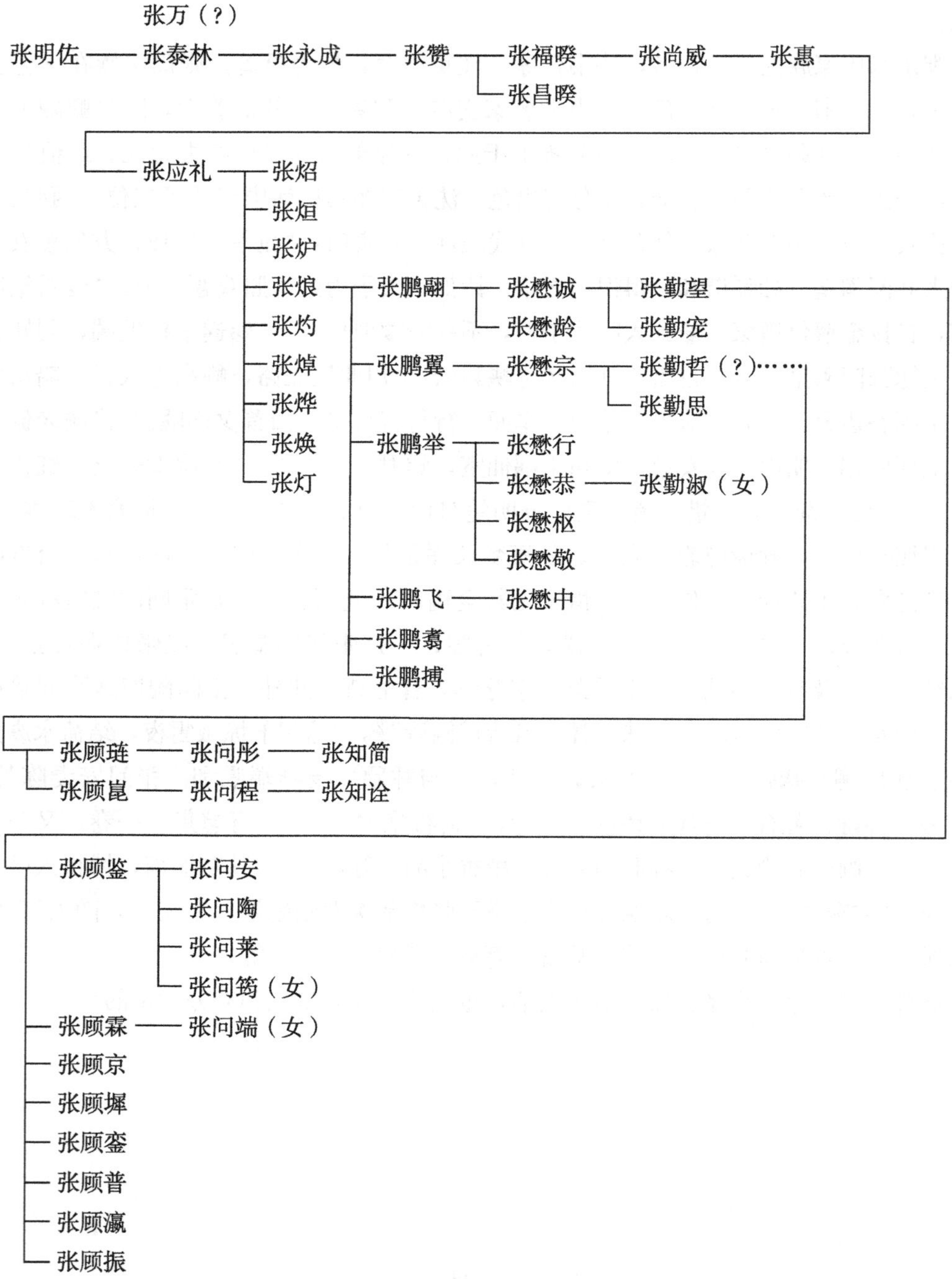
张万（?）
张明佐
张泰林
张永成
张赞
张福暌
张昌暌
张尚威
张惠
张应礼
张炤
张烜
张炉
张烺
张灼
张焯
张烨
张焕
张灯
张鹏翮
张鹏翼
张鹏举
张鹏飞
张鹏翥
张鹏搏
张懋诚
张懋龄
张懋宗
张懋行
张懋恭
张懋枢
张懋敬
张懋中
张勤望
张勤宠
张勤哲（?）……
张勤思
张勤淑（女）
张顾琏
张问彤
张知简
张顾崑
张问程
张知诠
张顾鉴
张问安
张问陶
张问莱
张问筠（女）
张顾霖
张问端（女）
张顾京
张顾墀
张顾銮
张顾普
张顾瀛
张顾振

刑罚私约化：晚清至民国时期清水江流域民间司法样态

——以清水江文书为中心的考察

徐子越*

一、问题的提出

契约是人类社会发展到一定时期的产物，其萌芽于原始社会的后期，大约在伏羲、神农、黄帝、尧、舜时期。① 在文字产生以前，先民们通常是以刻木为契。木契的制作，是以“半分而合”的“判书”形式，这也是萌芽时期的契约。中国有文字契约的历史，可上溯至西周。从西周到明清，中国古代契约的形式不断变化，格式不断规范，契约关系日趋多样，民间契约实践不断丰富和发展。在中国古代契约发展变化的过程中，出现了判书、合同契约、单契、红契和白契等不同的契约形式。② 伴随着社会文明的演进，为使契约形式规范化、契约内容合法化、契约主体特定化，契约法制应运而生。法律史学界对于契约法制的研究几乎是与中国古代民事法律的研究是同步发展的，诸多前辈学者在其著作当中③，都对契约制度有所涉猎，并从不同的视角对多种契约种类进行研究，对有关契约法律制度进行了归纳梳理。但笔者所见文献资料中，鲜有契约研究涉及我国古代刑事法律方面的，是否我国古代的契约只关注或是只解决关于民事法律方面的问题?

俗谚有云“国有律例，民有私约”“官有政法，民从私约”④，反映了在我国古代民间社会中，契约对于确定普通百姓的权利归属以及解决相互之间的纠纷具有十分重要的作用。中山大学徐忠明教授认为：“契约之所以能发挥如此重要的作用，是因为明清时期我国对于地方社会的治理能力有限。正是在这种情况下，民间社会的婚姻、田土、钱债以

* 作者简介：徐子越，男，江西上饶人，贵州师范大学硕士研究生，助教，研究方向为法律史、清水江文书。

① 张传玺：《契约史买地券研究》，北京：中华书局，2008年，第3页。

② 袁家超：《清代契约法制研究》，中国政法大学博士学位论文，2009年，第9页。

③ 相关重要研究成果，参见如张晋藩：《中国民法通史》，福州：福建人民出版社，2003年；叶孝信：《中国民法史》，上海：上海人民出版社，1993年；郭建：《中国财产法史稿》，北京：中国政法大学出版社，2004年；张中秋：《唐代经济民事法律述论》，北京：法律出版社，2002年；胡兴东：《元代民事法律制度研究》，北京：中国社会科学出版社，2007年；朱勇：《中国民法近代化研究》，北京：中国政法大学出版社，2006年；张生：《中国近代民法法典化研究》，北京：中国政法大学出版社，2004年；李倩：《民国时期契约制度研究》，北京：北京大学出版社，2005年。

④ 张传玺：《中国历代契约汇编考释》，北京：北京大学出版社，1995年，第207页。

及家族、村落、行业等秩序，只能留待契约来处理。”[①] 可见，徐教授认为契约作用的发挥只是集中于户婚田宅所引起纠纷的民间细故，而刑罚仍旧是国家律例所关注的重点。

基于上述问题，笔者认为，我国古代契约不仅是一种法律规则，更是一种社会活动。虽然学者们对于我国古代契约法制的发展演变有过较为全面的考察，但关于契约是否应用于刑罚领域尚有值得探讨的余地。为此本文拟将回归特定历史场域，从理论转向实践，选定契约法制与民间司法二者互动关系的分析为主题，探究我国古代社会是否存在刑罚私约化及其如何适用的问题。但契约习惯往往具有鲜明的地域性特点，因此我们的研究需要从区域性的个案开始，故本文以贵州清水江流域为研究范围。该流域保存有自清代以来所形成的反映周边地区社会生活、历史面貌的原始契约文献及其他相关文书，涵盖了乡民社群结构事项复杂众多的各个方面。[②] 通过梳理学术史得知，利用清水江文书进行法律史研究，关注重心多涉及非正式的社会制度及少数民族习惯法。就笔者所及，涉及纠纷解决文书的研究尚显不足，缺乏过程性的探究，没能将契约文书与国家法的互动关系展开细致探查，且研究方式仍为民刑混合，没有进行类型化的全面系统分析。[③] 为此笔者尝试利用清水江流域的文书材料考察晚清至民国时期该流域民间真实的司法样态，以期探寻法史镜鉴。

二、晚清至民国时期清水江流域刑罚契约的类型分析

笔者通过对已经公开出版且能够查阅到的清水江文书进行梳理，从中逐一找寻出有关刑罚类的契约文书并作全面研究，以期为既有研究再添新绩。笔者查阅到的相关文书主要包括《清水江文书》[④]《天柱文书》[⑤]《贵州清水江文书·三穗卷》[⑥]《贵州清水江文

① 徐忠明：《社会与政法：在语境中理解明清契约》，《吉林大学社会科学学报》2018年第3期。

② 程泽时：《清水江文书之法意初探》，北京：中国政法大学出版社，2011年，第4—5页。

③ 参见陈金全、侯晓娟：《论清代黔东南苗寨的纠纷解决——以文斗苗寨词状为对象的研究》，《湘潭大学学报（哲学社会科学版）》2000年第1期；罗洪洋：《清代黔东南锦屏苗族林业契约的纠纷解决机制》，《民族研究》2005年第1期；徐晓光：《锦屏林区民间纠纷内部解决机制及与国家司法的呼应——解读〈清水江文书〉中清代民国的几类契约》，《原生态民族学刊》2011年第1期；徐晓光：《锦屏乡土社会的法与民间纠纷解决》，北京：民族出版社，2012年；魏瑶：《清代及民国黔东南地区基层诉讼研究——以〈清水江文书〉为依据》，中央民族大学硕士论文，2012年；邓建鹏：《清至民国苗族林业纠纷的解决方式——以清水江“认错字”文书为例》，《湖北大学学报（哲学社会科学版）》，2013年第4期；李晓娟：《清代清水江文书中的“清白”文书研究》，贵州大学硕士论文，2017年。

④ 张应强、王宗勋主编：《清水江文书》（第1辑），桂林：广西师范大学出版社，2007年；《清水江文书》（第2辑），桂林：广西师范大学出版社，2009年；《清水江文书》（第3辑），桂林：广西师范大学出版社，2011年。

⑤ 张新民主编：《天柱文书》（第1辑），南京：江苏人民出版社，2014年。

⑥ 贵州省档案馆、黔东南州档案馆、三穗县档案馆合编：《贵州清水江文书·三穗卷》，贵阳：贵州人民出版社，2016年。

书·黎平卷》①《贵州清水江文书·剑河卷》②《九寨侗族保甲团练档案》③《贵州文斗寨苗族契约法律文书汇编——易遵发、姜启成等家藏诉讼文书》④ 等。这些契约文书计有3.5万余份。因此，本文引用的文书具有广泛性，能较整体地反映该流域晚清至民国时期民间真实的司法样态。其中，梳理出典型的刑罚类契约文书17份，这些契约文书涉及的年代、刑罚事由、解决方式、两造主体、凭中与文书出处与编号。如表1所示：

表1 刑罚类契约文书

序号	年代	刑罚事由	解决方式	两造主体	凭中	文书出处	文书编号
1	道光十三年	盗砍木	罚银九两九钱，自立戒约	龙文麟、姜开运、姜开胜	姜士文	清水江文书	1—5—1—152
2	道光十四年	偷砍木	央请房族央求各寨公等，自立戒约	姜启学、姜济泰	姜宗烈、姜汉、姜揆	清水江文书	1—3—5—028
3	道光二十九年	偷物	凭中劝解，自立戒约	姜义宗、姜凤仪	姜光秀、龙文连	清水江文书	1—1—3—058
4	道光三十年	偷盗物件	凭中劝解，赔艺物赃，自立戒约	姜受升、姜连保父子	龙绍周、龙绍贵、龙胜红	贵州清水江文书·剑河卷	JH—NJPR—182—140—029—003
5	同治二年	偷盗家财	凭地方团首保甲解合，财物当面交足	龙祖生、龙宗发	龙廷松、龙廷彬、龙昌辉、龙寿三、周老孝	贵州清水江文书·剑河卷	JH—NJPR—182—142—029—005
6	同治十年	偷盗财物	地方团首入中求情	姜昌典、钱氏二妹母子	杨秀正、胡英雄、吴秀新、杨秀二、杨秀元、杨启成等	天柱文书	GT—WHX—184/GT—101—184
7	光绪十二年	偷盗牛，意欲藏匿	哀求乡团款主入中劝解，自愿出钱赔礼	刘秀于、陆宗魁、陆宗祥；龙景坤	三寨乡团：平秋龙均恒、刘开玉，王闷王厚元、高坝石麟	九寨侗族保甲团练档案	
8	光绪二十年	调戏幼媳，意欲行奸	当场擒获，央请地方劝解，自愿赔礼，转回原籍	杨应芳、姚姓三兄弟、姚周氏	地方甲长：胡启桢、王在仁、王在武、刘应华、刘应田	贵州清水江文书·三穗卷	SS—42—25—104
9	光绪二十一年	偷盗货物	族人伸鸣地方保甲，自愿赔钱三千三百文，自立戒约	姜秉信、姜祖朝母子、寄父杨秀太	姜万成、地方保甲等	清水江文书	1—3—3—151

① 贵州省档案馆、黔东南州档案馆、黎平县档案馆合编：《贵州清水江文书·黎平卷》，贵阳：贵州人民出版社，2017年。

② 贵州省档案馆、黔东南州档案馆、剑河县档案馆合编：《贵州清水江文书·剑河卷》，贵阳：贵州人民出版社，2018年。

③ 龙泽江、傅安辉、陈洪波编：《九寨侗族保甲团练档案》，贵阳：贵州大学出版社，2016年。

④ 陈金全、郭亮主编：《贵州文斗寨苗族契约法律文书汇编——易遵发、姜启成等家藏诉讼文书》，北京：人民出版社，2017年。

序号	年代	刑罚事由	解决方式	两造主体	凭中	文书出处	文书编号
10	光绪二十八年	通匪抢劫	请两寨中人劝解，出银赔款	吴氏、周姓	王再标、王连森、刘连洪、龙来恩	九寨侗族保甲团练档案	
11	宣统元年	掠抢钱财	自愿请凭团甲了息	韩生哇、孙四晚	乡亲老曾、毛纸匠	贵州清水江文书·三穗卷	SS—30—46—046
12	宣统二年	盗葬	央请地保、团甲入中劝解，自愿起扦，自立认罪了息无事字	刘明亨、刘姓同族人等	地保龙庚吉、李昌高，两地团甲人等	天柱文书	GT — GYD — 142/GT—005—139
13	宣统二年	盗砍木	哀求团首、保长调解，自愿罚钱一千三百文	姜正高、姜姓叔侄弟兄	团首姜卓贤、姜熙毫、姜正才、地保姜寅邓	清水江文书	2 — 7 — 1—125
14	宣统二年	偷砍杉木	乡老劝解，自立悔错字	杨秀才、张月兴	张克礼、龙先禄、张朝因、张佑洪	贵州清水江文书·黎平卷	LP — 54—182
15	民国十年	偷盗财物	地方首人介入，罚银六两六钱，自立戒约	姜作琦、姜金贵		清水江文书	1 — 1 — 3—082
16	民国十四年	偷盗财物	恳求地方团首寨老，归还原物	龙求恩父子、龙求祥、龙运恩	团甲众人等	清水江文书	14 — 1 — 1—035
17	民国十五年	偷禾	哀求失主宽宥，自愿以后凭任呼唤使用	杨秉钊、杨秉星、杨焕斌	族长杨映挺、杨树立	贵州清水江文书·黎平卷	LP — 522—101

清水江流域在改土归流之后，“有大狱讼者，皆决于流官”①。但从表 1 可知，当地发生刑事案件，大都立下戒约、悔错等契约文书，犯案人并未扭送官府、依法惩处，而是请求“地方领袖式人物——寨老、族长、头人、团甲、地保”等入中调解或劝解，根据当地习惯进行处罚。虽然案犯并未送官治罪，但请中之人所代表的地方权威成为当事人恪守戒约的有效保证。在此类刑罚契约文书中，犯案人一般都会写的有“如再犯任凭送官”等字样，这样一来此类契约文书就不仅仅是一份“保证书”，而是作为日后“经官”的凭据。

（一）盗窃类型契约文书

表 1 所列的刑罚契约文书从内容上看大都涉及偷盗等恶性行为，这在清至民国都属于国家律法严重打击且必须经官处以刑罚的行为，并非是“民间细故”。② 在清水江苗侗地区习惯法对此行为的处罚亦非常重。但在上述案件中，却以盗窃者写下“戒约书”“悔错书”，表示弃恶从善，永不再犯，请求宽宥处理而告终。如“姜义宗偷盗被抓戒约”：

① （清）罗绕典：《黔南职方纪略》卷七，台北：成文出版社，1975 年，第 206 页。

② 例如《大清律例》中规定：“凡强盗已行而不得财者，皆杖一百、流三千里。但得事主财者，不分首从，皆斩。”参见田涛、郑秦：《大清律例》，北京：法律出版社，1999 年，第 377—384 页。

立戒约字人本寨姜义宗为因居心不善，偷到姜凤仪贺（货）勿（物）不料，恶贯满盈。凤仪双手拿获，人将两勿（物）当时交与头人。蒙姜光秀、龙文连□解，劝求凤仪念前义宗娘子穷苦，义宗自愿写出戒约，日后再犯，在如众人究治，义宗母子不得异言。恐口无凭，立此戒约，求远存照。

凭中　姜光秀、龙文连

道光二十九年闰四月十日义宗笔　立①

在该戒约中，失主姜凤仪已将案犯姜义宗拿获并立即交与头人。可见在发生诸如盗窃等刑事案件时，寨中头人是具有权威的纠纷裁判者和习惯实施者。不过，经中人（姜光秀、龙文连）入中向失主姜凤仪求情，念及案犯姜义宗母子穷苦，立其写下戒约，承诺不再犯，如再犯众人究治。

值得注意的是，笔者在梳理此类契约文书时发现，这种解决模式并未因清王朝覆灭、民国政权建立而发生实质变化。进入民国后，这种解决模式依然存在。如“杨秉钊、杨秉星错犯字”：

立错犯字人杨秉钊、杨秉星为因不受本分，偷到本房杨焕斌禾一千余斤，当被拿获，应当送官究办。罪犯难逃，只得哀求失主念在一脉源流，姑从宽宥，得全活命。自此以后凭任失主呼唤，不敢推奸、塞责，亦不得再蹈前愆。为有此情自甘死罪，弟兄等所有分内之业任凭失主管理，予弟兄房族不敢多言。立此错犯字是实。

凭族长　杨映挺、杨树立

央请笔　杨法璋

民国丙寅年（民国十五年）新正月十五日　立②

这则契约中的盗窃案发生在民国丙寅年，也就是民国十五年（1926）。案犯杨秉钊、杨秉星偷盗本房杨焕斌家，经失主当场拿获，本该送官法办，但二犯哀求失主且在族长的入中调解下，自愿立下错犯承诺文书，今后听凭杨焕斌调遣使用。

（二）抢夺类型契约文书

贼盗是《大清律例》中至为重要的部分之一。盗行为发生的时间，是定罪量刑的重要参考因素。《大清律例》中综合规定了：“在白昼为抢夺，在夜间为窃盗，在途截抢者虽昏夜仍问抢夺，止去‘白昼’二字。”虽有如此周密严格的定罪量刑标准，但在清水江

① 张应强、王宗勋主编：《清水江文书》第1辑第1册，桂林：广西师范大学出版社，2007年，第357页。

② 贵州省档案馆、黔东南州档案馆、黎平县档案馆合编：《贵州清水江文书·黎平卷》第2辑第10册，贵阳：贵州人民出版社，2017年，第102页。

流域，却仍以两造一方请中理讲，在国家法介入前解决纠纷。[①] 如“韩生哇请凭团甲了息无事字”：

> 立请凭团甲了息无事字人韩生哇，今因双目不明，至王□家收账得钱四千文，行至长冲被孙四晚掳抢。四晚兄三毛自知罪咎，愿出戒约归团执掌。自因双目不明，不能理料公□，团甲捆绑送官，深感厚恩，自愿请凭团甲了息无事，而后恐有湖南乡邦以及房族妄行生事，不与团甲相干，韩姓自行理落。特立此据。
>
> 凭乡亲　老曾　毛纸匠
>
> 代笔　王登荣
>
> 宣统元年闰一月初九日请笔　立[②]

在这则契约文书中，失主韩生哇外出收账，但因其“双目不明”，据此推测应为白天，被案犯孙四晚掳抢钱财。团甲本欲将四晚绑送见官究办，但四晚其兄三毛知其弟身犯罪责，愿意立戒约交由团甲。失主韩生哇因其“双目不明”，不能理讼，故自愿“请凭团甲了息无事”。

（三）犯奸类型契约文书

婚姻在纠纷诉讼中属于民间细故，若按照现在的法来讲，属于民事诉讼的范畴，而犯奸则属于刑事诉讼的范畴。在大清律例中关于犯奸的处罚是非常重的[③]，但在清水江流域则有例外。案犯不仅没有送官究办，而且也没得到严重的处罚，仅是凭中劝解，立下契约文书。如“杨应芳、姚贤玖、姚贤有、姚贤芳永杜后患字”：

> 立永杜后患字人杨应芳向与姚贤玖、姚贤有、姚贤芳比邻，因玖有一媳周氏名老引，年方二八，因八月二十一日，姚姓兄弟往田收割，尚未在家，不料杨应芳居心不良，计图贿物糖帛，调戏幼媳行奸。夫姚桥妹挑谷归回，即刻拿获。实系□良欺奸，乱伦灭法，即要禀官究治。杨应芳自知情愧，央请地方劝解，自愿答红放炮赔礼，从此以后转归原籍，不得在此再犯，哀求免讼等语。首等地方得闻此事，只得入中劝息了楚，二比遵依，并无压迫。自和息之后，不得挟嫌久住，另生支节，妄生异端。倘有再行滋事，任从地方首等执字赴公，自干罪咎。恐口无凭，立有永杜后患字约一纸，与地方执掌为据。

---

① 《大清律例》中“白夜抢夺”条规定：“凡白昼抢夺人财物者，杖一百、徒三年。重者，加窝盗罪二等。伤人者，斩；为从，各减一等，并于右小臂膊上刺‘抢夺’二字。”参见田涛、郑秦：《大清律例》，北京：法律出版社，1999年，第386—391页。

② 贵州省档案馆、黔东南州档案馆、三穗县档案馆合编：《贵州清水江文书·三穗卷》第1辑第4册，贵阳：贵州人民出版社，2016年，第47页。

③ 如《大清律例》中规定：“凡和奸，杖八十；有夫奸，杖九十；刁奸者，杖一百；强奸者，绞；未成者，杖一百、流三千里。”参见《大清律例》，北京：法律出版社，1999年，第521—523页。

凭中　地方甲长　胡启桢、王在仁、王在武、刘应华

代笔　里长　刘应田

光绪二十年八月二十一日姚贤玖、姚贤有、姚贤芳、杨应芳　同立①

在这则永杜后患字中，犯案人杨应芳“居心不良”，乘着姚周氏家中无人，意欲行奸，恰被挑谷回家的丈夫姚桥妹发现，当场拿获。本该“禀官究治”，杨应芳“自知情愧”，央请地方甲长、里长入中劝解，自愿赔礼道歉，转归原籍。立下永杜后患字约，表示永不再犯，约定以后“再行滋事”，可执此文书送官法办。

（四）发冢盗葬类型契约文书

在文书中，笔者还找寻到有关盗葬的“认罪书”。这在清至民国时期属于国家律法规制的重要内容②，但在清水江流域却也请中劝解，按照习惯处理，与国家律法大相径庭。如“刘明亨盗葬认罪了息清白无事字”：

立清白无事字人黎属更豆村刘明亨，情因柱地有刘昌儒、选青、金富、玉见、耀芳、耀承、宗培等先祖遗下祖业，地名圭辉，并有阴地一网名岑美俪人形，俱在黎、柱交地，葬有历代老祖，及今经管二百余年。我等地方邻村，丝毫无犯。并坟山左右枫（风）水，俱皆昌儒等祖人先买，自古及今，随其蓄禁，培补阴阳枫（风）水。突于客岁三月内，观问美穴，果然抛碑盗葬一冢。伊众查访至今，予自难逃，只得请到黎、柱两属地保龙庚吉、李昌高，团甲龙玉元、吴光云、杨少基、胡国弼、胡邦贤、伍华榜、龙宏昌、龙廷谋等，入中劝解。余亦自甘认罪，情愿起扦，二比了息，不得生端翻悔，自愿招龙谢土，后日再不得冒争。至于阴阳枫（风）水杂木杉山地界，不敢犯动丝毫，情愿替守。倘若仍蹈前辙，任从禀官，照律惩办，自甘情愿领罪，不得异言。恐口无凭，立有清白，付与昌儒等永远为据。

外批：内添二字。

凭黎、柱团甲　龙玉元、吴光云、杨少基、胡国弼、胡邦贤、伍华榜、龙宏昌、龙廷谋

地保　龙庚吉、李昌高

亲笔　刘明亨

大清宣统二年三月十三日　立③

---

① 贵州省档案馆、黔东南州档案馆、三穗县档案馆合编：《贵州清水江文书·三穗卷》第1辑第6册，贵阳：贵州人民出版社，2016年，第106页。

② 如《大清律例》中规定：“凡发掘他人坟冢见棺椁者，杖一百、流三千里。已开棺椁见尸者，绞（监候）。发而未至棺椁者，杖一百、徒三年。若年远冢先穿陷及未殡埋，而盗尸柩者，杖九十、徒二年半。开棺椁见尸者，亦绞。其盗取器物、砖石者，计赃，准凡盗论，免刺。”参见《大清律例》，北京：法律出版社，1999年，第408—413页。

③ 张新民主编：《天柱文书》第1辑第10册，南京：江苏人民出版社，2014年，第145页。

在该“认罪书”中，犯案人黎平府更豆村刘明亨盗得天柱刘姓族同族人等先祖墓葬（该圭辉阴地位于黎平府与天柱县的交界）。自知罪责难逃，于是请得黎平、天柱两地的地保、团甲等人入中调解，刘明亨“自甘认罪，情愿起扦，招龙谢土”，承诺日后不再重蹈覆辙，并情愿替守坟山，立下字据交由刘姓同族人等存照为据。

上述契约文书所涉及内容都带有一定的刑事案件性质，但最终都采取两造一方请得当地“权威人物”主持调解，征得被害人一方谅解，达成“刑事和解”，并未送官依律查办。从表1所列契约文书来看，当地参与调解的“权威人物”主体多、范围广，有房族寨公、地方首人、保甲团首等。同时，此类契约文书也并非如同其他契约文书一样，只基于一方单纯的“自愿”，而是诉诸当地“权威人物”依照多元的习惯进行方式和程序灵活多样的惩治和裁决。不仅具有对过错方行为和意志的强制，而且也是对其他人的一种警诫。

三、晚清至民国时期清水江流域刑罚私约化的原因分析

关于对清代至民国时期清水江流域的契约研究，大部分学者都认为①，清水江流域自“改土归流、开辟新疆、收归王化”以来，王朝的律法逐渐全面渗透加之林业商品经济的发展，官方纠纷解决方式逐渐取代既有的传统解决方式。即“文斗在道光以后健讼之风大兴，村寨民众只要觉得不平，即会书禀投论，由是被官府称为好讼之乡”②。是否历史事实真如所述，道光以后清水江流域的纠纷解决方式随国家律法的深入而发生变化？刑罚私约化是否在国家律法深入之后就完全消亡了呢？通过上文中对于刑罚类契约文书的类型化分析，我们可以清晰地看到刑罚私约化在清水江流域不仅没有随着国家律法的深入而消亡，而且还一直在清水江流域发挥着独有的作用，甚至在王朝覆灭、民国肇始以后仍在继续发挥作用。那是什么因素使得刑法私约化在清水江流域有着如此强大的生命力，可以在国家律法全面渗透下还能维系呢？笔者试从以下五个方面展开分析。

（一）原生制度对刑罚私约的自有空间

清水江流域以父系血缘为纽带，世居民族按照血缘聚落而居，通过血缘和姻亲把聚居在一个或临近的几个封闭的村寨联接起来。村寨是一个既稳定又松散的结合，人们因为血缘而紧密联系，但又因隶属不同的家庭而相互疏离。尽管清水江流域苗侗不同分支称谓不同，组织关系不同，但究其实质，都是由血缘、亲缘关系发展形成的社会组织，

---

① 参见徐晓光：《锦屏林业契约、文书研究中的几个问题》，《民族研究》2007年第6期；陈金全、侯晓娟：《论清代黔东南苗寨的纠纷解决——以文斗苗寨词状为对象的研究》，《湘潭大学学报》（哲学社会科学版）2000年第1期；侯晓娟：《清代黔东南文斗苗寨纠纷解决机制研究》，西南政法大学硕士学位论文，2010年；罗洪洋：《清代黔东南锦屏苗族林业契约的纠纷解决机制》，《民族研究》2005年第1期；梁聪：《清代清水江下游村寨社会的契约规范与秩序》，北京：人民出版社，2008年，第37页。吴才茂：《清代清水江流域的“民治”与“法治”——以契约文书为中心》，《原生态民族文化学刊》2013年第2期。

② 王宗勋：《文斗兴衰史略》，《贵州档案史料》2002年第1期。

组织内以不同方法确定自然权威，裁判是非，维系组织内成员的共同生活。在清水江流域的苗族社会中，“议榔”“理老”“鼓社”是苗族社会体制的有机系列，是苗族社会的最重要的三大支柱①，它们是苗族习惯法与社会组织的制定者、仲裁者和执行者。故苗人长期以来习惯于传统习惯法的约束，而原生的制度更能让他们知道什么是“法律”，所以这种原生的制度即使在清代“开辟新疆”，国家律法深入以后，非但没能减弱，反而有加强之意。清代的清水江流域，不仅生活着有苗族，还有侗族。传统的侗族社会，主要是由家庭、房族、村寨、小款和大款构筑而成。② 其自有一套款组织内部归纳、发布、执行的约法——“款词”，可视作款组织内部的“法律条文”。这些“原生的制度”使得苗侗先民拥有了自己的“法律信仰”和“习惯准则”，长期的共同生活，遵循着特定的“法律条文”并信仰着特定的“自然权威”，使得刑罚私约化并将矛盾抑制在村寨或宗族内部成为必然。这种民间社会推行的原生的非正式法律制度，它们却真实地反映着民间的社会秩序，其内容往往包含处罚条款的禁止性规定，因此又类似于“法律”。而且这些规范在相当一部分区域内都有约束力。兹引“寨款”一例，如“邛水上里各洞合款各条（部分）”：

一捕盗之款。来自邛水多盗，无过近年，偷牛偷马，偷米偷谷，以及家财，间及妇女，各寨受害，实属不堪枚举。揆厥由来，皆系乡多游民，习为内痞，又以内痞勾结外痞，相互恣肆，或佩马刀，或佩双刀，或佩洋炮，各乡横行，不服盘诘，伺使举事，可估者估，可抢者抢。不估不抢，必成于偷，拿定被获，不过送究，送究不过责押，所以盗贼如此充斥。想我上里各洞，俱迩苗疆，而究不如苗疆之安静者，实由近蛮地而不能学蛮法，故益无忌惮，使唤奈何。今我等既经合款，凡遇捕盗，有敢拒捕者，照例格杀勿论。即或跟踪追获赃真犯实者，鸣知大款，公同照苗疆水火二法，或沉塘或烹死。不使一盗偷生，则盗风自无不靖。抄窝家亦准此议。倘盗有尸亲，大款逗（斗）钱抵控，更好追抵党与（羽），斩草除根……

光绪十九年四月吉日合款公议③

这则“寨款”是清光绪十九年（1893），邛水县（今三穗县）上里各洞合款立法的部分内容。所列“捕盗”内容既包含国家律法，又包含民间社会推行的原生的非正式法律制度——苗疆水火二法，是为能够更好地解决地方治安。

（二）国家“因俗而治”的法律政策对刑罚私约的认可

随着清水江流域改土归流的深入推进，清王朝开始建立起了一整套完整的统治架构，

① 李廷贵：《苗族鼓社调查报告》，《贵州民族研究》1980 年第 3 期。

② 邓敏文、吴浩：《没有国王的王国——侗款研究》，北京：中国社会科学出版社，1995 年，第 25 页。

③ 贵州省档案馆、黔东南州档案馆、三穗县档案馆合编：《贵州清水江文书·三穗卷》第 1 辑第 2 册，贵阳：贵州人民出版社，2017 年，第 115 页。

加强了对该流域的国家律法控制，但依照习惯处理刑民案件并未因此而完全断绝。乾隆即位鉴于改土归流以后，苗民赋役过重且多有叛乱发生的教训，曾于乾隆元年颁下谕旨："苗民风俗与内地百姓迥别，嗣后苗众一切自相争讼之事，俱照苗例完结，不必绳以官法。"① 至乾隆五年《大清律例》编纂完成，这道谕旨就被正式编纂其中②，从而确立了"苗例"在处理苗民刑事犯罪和民事纠纷方面的法律地位。自嘉庆以后，基本沿袭了此前的规定，只是在道光朝以后，因形势的变化而有部分的调整。③ 道光三年，"黎平府下江厅属，有生苗和红苗挟仇械斗杀毙多命"。此案处理后，专门由贵州巡抚酌筹议定苗疆善后章程。规定：有土司地方的苗民由土司予以管制，未有土司的地方由苗寨头人管束，苗寨头人的更选要经过公举和官府的同意。苗地的命盗斗殴案件及争执户婚田土等事一律由官府审理。④ 这个章程虽然规定了国家律法的控制范围，将此前《大清律例》中的措施加以系统化和可操作化，但同时又赋予土司和苗寨头人以管理权。从表 1 中所列的刑罚契约，可以看出当发生偷盗等刑事案件时，也并未照此处理，由此可见"一律由官府审理"难以付诸实施，不得不借助当地习惯法规则来解决。从有关历史文献和文书材料来看，民国初年军阀统治时期延续了清王朝对于清水江流域刑民案件民间处理规则的认可。

（三）当事方选择刑罚私约是基于现实的考量

从表 1 所列举的契约文书，我们可以看到，乡民们在日常生活中发生了刑事案件，不愿意诉诸官府，通常依照当地习惯规定的容易操作、高效率的解决办法进行。首先，苗侗先民们一直生活在相对封闭的乡土社会，自小就深受民族传统习惯的影响，讲求邻里互助、和睦相处，在遭遇不平之事时，也是寨老们依照古理古规进行处理，因此形成了"厌讼"的心态。其次，晚清至民国时期的清水江流域依然是自给自足的自然经济时代，大多数民众世代守着土地营生，依然过着靠天吃饭的生活，入不敷出。当发生刑民案件时，倘若选择诉诸官府，不仅要面对高昂的诉讼费用，而且还将面对官府三班衙役的盘剥，如不能及时解决，长久拖下去，可能会"家破人亡"。民众深知诉讼不仅是当事人双方的博弈，更是人力、物力、财力的比拼，为此形成了"恐讼"心态。再次，由于苗侗先民接触汉文化不深，不能识文断字，故对于国家律法的了解不够，加之也不能在诉讼活动中使用汉字进行较好的表达，为此形成了"畏讼"心态。由此可见，民众对于诉诸官府一事，现实中就带有了"厌讼""恐讼""畏讼"的心态，所以，无论是在维护自身利益方面，还是在维护乡土社会的人际关系方面，最佳的选择就是寻求村寨"权威

① 《清实录·高宗纯皇帝实录》第 9 册卷十三，北京：中华书局，1985 年，第 60 页。

② 《大清律例》在刑律·断狱·断罪不当条规定："凡苗夷有犯军流徒罪折枷责之案，仍从外结，抄招送部查核。其罪应论死者，不准外结，亦不准以牛、马、银两抵偿，务按律定拟题结。如有不肖之员，或隐匿不报，或捏改情节，在外完结者，事发之日，交部议处。其一切苗人与苗人自相争讼之事，俱照苗例归结，不必绳以官法，致滋扰累。"《大清律例》，北京：法律出版社，1999 年，第 601—602 页。

③ 苏钦：《试论清朝在"贵州苗疆"因俗而治的法制建设》，《中央民族学院学报》1991 年第 3 期。

④ 苏钦：《试论清朝在"贵州苗疆"因俗而治的法制建设》，《中央民族学院学报》1991 年第 3 期。

人物”，依照习惯法规则订立契约，达成双方合意，解决刑事案件。这种解决办法，不仅能达到案结事了的实效，还起到了维护社会秩序的实效。

（四）地方官员对刑罚私约的默许

随着“改土归流”进程的深入，清王朝统治者极其重视对清水江流域的思想控制，加强了对“新辟苗疆”地区的圣谕教化。首先，地方各级官员将历朝圣谕[①]在管辖范围内大力宣扬，一时“和乡党以息争讼”“明礼让以厚风俗”[②]，成为处理民间纠纷的最高准则。加之地方官员的日常的活动受到儒家道德伦理和实用主义的影响，只要不是危及统治秩序，一般不会主动去处理，乐于将此类轻微刑民案件交由村寨权威。其次，地方官员除了执掌一地司法之权外，还得负责征税、户口编查、教育教化、公共工程、祭祀等其他行政事务，事务缠身，压力较大。仅就司法一项，就得逐月向上司汇报他所受理的诉讼案件数、已结案件数及如何结案，以及尚未审结的案件数[③]，以此作为晋升考核的依据之一，所以地方官员一方面怕公务繁重压身，匆忙审结致使“失出”或“失入”以犯公罪，不仅影响任内考核，而且也将面临严重的惩处。再次，依据村寨权威解决的多为轻微的刑事案件，且在处理时，大都会写上“如若再犯，送官究治”一句，由此便增加了威慑力，此举不仅节省了官方司法资源，使得案件得到及时解决，而且使得案结事了，维护了地方社会秩序。故一般地方官员对于刑罚私约大都采取默许态度。

（五）寨老、宗族、团甲等第三方对刑罚私约的合用

通过表1中所列举的“凭中”一栏，可知在晚清至民国时期的清水江流域的社会中，寨老、宗族领袖、地方绅耆、团甲首人等作为刑事案件的调解人。这类半官方的民间纠纷调解人，其本身就担负着村寨或宗族内部自我辖制、自我管理的职责，行使着“准司法”的功能，调解纠纷也是其应有之本分。第一，寨老一般是自然形成的，是村寨中具有威望的老人，他的主要职责就是维护地方秩序，保障地方的社会生产。故当发生刑事案件时，当事人一般都会“央求寨老入场劝解”。第二，宗族作为民间社会中自发形成的调节自身内部的组织，依靠本宗族原则对本族人员日常生活进行规范和约束。所以，当本宗族内部人员涉及刑事案件时，一般都会主动参与其中，寻求最优解决办法。第三，清政府在基层推行保甲制，就是基于严密管控人民的考量。选用地方人士充任团甲首等，给予其一定政务职责，其中维护地方治安是其主要职责。兹引“乡约”一例，如“众团公议条约（部分）”：

从来国有律条、民有乡禁，今我等团内恐有不法之子弟勾引外来之痞徒，成群

① 有清一代，自顺治九年颁布六谕，到光绪十七年为止，其间二百三十九年，共颁布乡约谕旨三十二道。其中为后人传诵较多的是康熙九年颁布的《圣谕十六条》和雍正二年颁布的《圣谕广训》。参见杨开道：《中国乡约制度》，北京：商务印书馆，2016年，第197—202页。

② 康熙：《圣谕十六条》，《圣祖实录》康熙九年十月癸巳。转引自杨开道：《中国乡约制度》，北京：商务印书馆，2016年，第187—188页。

③ 瞿同祖著，范忠信、晏锋译，何鹏校：《清代地方政府》，北京：法律出版社，2003年，第193页。

结党或明抢而暗偷，实为地方大害，是以约议乡禁，谨将条陈开列于后……一议地方甲长各清各甲，不许那户窝留游痞之人，或赌钱而打牌，或伏势而行凶，查出罚钱四千八百文，不遵者送官究治……一议桐茶杉楷竹木等项，各管各业，不得偷窝乱砍，有偷砍者查出罚钱二千四百文，不遵者众团禀官。桐茶要过寒露三日方许入山捡，半月之后许入捞，不遵者与偷同罪……

宣统元年闰二月二十九日　贵桑　□坝众团　公议[①]

这则乡约是由众团公议的，其中条约多属防范盗贼，维护治安内容的。由此可见团甲对于发生刑事案件，不仅参与当事人契约的签订，而且还以契约的方式订立乡规民约。

四、余论

综上，在对晚清至民国时期清水江流域刑罚类契约文书的整理研究中，可以清晰看到民间发生刑事案件的解决方式并没有完全被国家律法所替代。当发生刑事案件时，一般两造中的一方会请得当地“权威人物”主持调解，征得被害人一方谅解，并依照当地旧有习惯规则进行处罚，而后签订刑罚类契约文书，达成“刑事和解”。通过对晚清至民国时期清水江流域刑罚私约化的原因进行分析，可知在清水江流域的乡土社会之中，原生制度的积淀使得清水江流域有产生“法律信仰”和“习惯准则”的先决条件，契约文书的发展使得清水江流域有产生刑罚私约化的基础条件，国家的认可、村寨的现实需要、地方官员的默许和第三方的参与等因素使得清水江流域有产生刑罚私约化的必备条件。在这种实践情境之下，毫无疑问，在清水江流域，组成“法”秩序的，显然不仅是国家制定法也包括在民间社会推行的非正式法律制度，这真实反映了晚清至民国时期清水江流域的民间司法样态。

传统中国的法和乡土社会的治理智慧是植根于生息在这片土地上万千黎庶的真实历史创造，更应该得到学习和研究者的重视，为“法治的困境”提出当代解答并无不可。当下，国家处于转型时期，各种纠纷集中于法院，法官普遍工作压力大。[②] 刑事诉讼法中的“当事人和解的公诉案件诉讼程序”，则有效地节省了受害人、犯罪嫌疑人、被告人的成本，节约了国家的司法资源，减轻了司法机关的审判压力。对于晚清至民国时期清水江流域刑罚私约化的类型分析和原因探讨，则可为当下发展和完善的刑事和解提供历史镜鉴。

---

① 贵州省档案馆，黔东南州档案馆，三穗县档案馆合编：《贵州清水江文书·三穗卷》第1辑第4册，贵阳：贵州人民出版社，2017年，第48页。

② 2019年最高人民法院工作报告显示，最高人民法院受理案件34794件，审结31883件，同比分别上升22.1%和23.5%；地方各级人民法院受理案件2800万件，审结、执结2516.8万件，同比分别上升8.8%、10.6%。《周强最高人民法院工作报告》，http://www.xinhuanet.com/politics/2019lh/2019－03/19/c_1124253887.htm，新华网，2019年9月17日访问。

从过继文书看清末民国赣南民间过继行为

——以赣南数份过继文书为例

高劲松　徐秀玲　张琼*

一、清末民国赣南民间过继文书概述

清末民初是中国历史上从传统走向近代的重要阶段，历史的惯性也导致这一时期在过继问题上有近似的法律规定和处理方式。那么，什么是过继？过继亦称过嗣或过房，是指由于当事人没有子嗣即男性继承人，而收同宗同族之子侄为后嗣的行为方式。在《辞海》中的解释为自己没有儿子而以兄弟、亲戚或他人之子为后嗣，称为“过继”。过继行为其实质是传统家族观念中的一种收养行为。其主要目的是为了延绵子嗣，寻找男性继承人来维持祭祀香火。当一个家庭需要后嗣时，就需要根据法律的规定在一定的范围内从宗族或其他亲属中收养一位子女或男性继承人。即使一名男性无子嗣亡故，家族仍可为其选择一位嗣子，形成法定意义上的继承关系。古人云：“百善孝为先”①，又有“不孝有三，无后为大”② 之说。可见，无后一直是中国人最不愿看到的。有学者统计我国古代无嗣家庭占到全部家庭总数的两成以上。③ 因此，通过立嗣过继的方式，人为地改变后代，以弥补血缘缺失的遗憾在民间社会是一种较为普遍的社会现象。过继文书是表达过继意愿的载体，它不仅客观真实地记载了过继承祧的行为方式，也从另一个侧面反映了不同地区的民间习惯和民风习俗。

* 作者简介：高劲松，江西省博物馆副研究馆员。徐秀玲，河南大学文献信息研究所教师。张琼，江西省博物馆馆员。

① 原文为：“常存仁孝心，则天下凡不可为者，皆不忍为，所以孝居百行之先。”（清）王永彬著《围炉夜话》，北京：中华书局，2016年。

② 语出《孟子·离娄上》。东汉赵岐注曰：“于礼有不孝者三事，谓阿意曲从，陷亲不义，一不孝也；家穷亲老，不为禄仕，二不孝也；不娶无子，绝先祖祀，三不孝也。三者之中，无后为大。”正义曰：“此章言量其轻重，无后为不孝之大者也。孟子曰：‘不孝有三，无后为大’，言不孝于礼有三，惟先祖无以承后世，无以继为不孝之大者。而阿意曲从陷亲不义，家贫亲老不为禄仕，特不孝之小而已。”二者皆指出无后而绝祀为不孝之首。

③ 以崇祯《率溪桃梅程氏重续宗谱》为例，据相关学者统计，程氏家族族从婴公世系1世起至32世和元谭公世系1世起至58世止，共约1657人，其中仅育有一子者310人，约占总数的18.7%；无传者319人，约占总数的19.3%；早卒、夭折者43人，约占总数的2.6%。可见，共有21.9%的人膝下无子承继家业。此外，根据中国社会科学院历史研究所整理编辑的《曲阜孔府档案史料选编》，自宋代至清末以来，有记录可考的32位嫡长子继承的衍圣公爵位，有4位因无嗣子而通过过继的方式来补续，其比例仍然有12.5%。

学术界对于清代民国时期过继文书做了一些研究。[①] 但是涉及江西，特别是赣南地区的过继文书及过继行为等方面的研究一直是空白。赣南地区的过继文书亦称出继文书、过房证书等，是对过继行为的文字记录和凭证。赣南是对江西南部地区的地理简称，赣南地区民风淳朴，是传统家族势力较强的地区。因此，对该地区传统继承立嗣的行为以及家庭财产权转移的研究具有极强的示范意义。2017 年 6 月，笔者在赣南地区的南康、上犹等地获得了数份清代晚期至民国时期的民间过继文书，对于研究江西赣南地区宗族的过继习俗、宗祧制度及遗产继承等问题具有重要意义。本文所见数份过继文书中有三份是记录了赣南上犹黄氏家族族人过继的历史，黄氏家族共计七房，是典型的赣南大型的宗氏家族，留下了四代人为延续家族血脉的历史记忆。家族耆老黄太绪作为过继人根据祖先愿望主持了两次重要的过继仪式，为避免五弟太细一脉绝嗣，将次子平岗之长男有善过继与太细名下的平屺为子嗣，以延续香火；第二次过继则强调平岗之长男有善过继一半给平屺名下为嗣，同时所生子嗣，长男归继父、次男归生父，并再次强调了财产所属，避免争执；第三次过继则发生在 25 年以后的民国二十六年（1937），黄有善将子嗣过继一半与族弟有潜，并约定生育有子后，财产一子一分，二子均分等内容。本文所述的三份过继文书整体保存较好，第二份文书有部分虫蚀破损现象，但不影响整体阅读。三份文书清晰地记录了黄氏家族从清光绪二十三年至民国二十六年近四十年的时间内家族成员由于血脉断层，从而进行必要的血脉弥补。文书中家族成员参与性高，过继内容连续性极好，尤显珍贵。

二、赣南民间过继文书的组成

赣南地区的过继文书主要由四个部分组成，即过继仪式的主持者、过继产生的原因、过继内容以及过继的参与者；部分文书还冠以过房证书、过继文书作为题目。文书中主要以叙述过继原因和内容为主，包括过继人与被过继人之间的关系及过继后的责任与义务、财产的名目及分割，最后为过继行为发生的见证人、宗亲及当事人等。

1. 过继的主持者

赣南地区的过继文书一般表明出过继仪式主持者的身份，所见过继文书中第一句基

① 可见笔者的《近四十年来清代民国时期过继文书研究综述》，《地方文化研究》2018 年第 6 期。此外，对于历代过继文书研究则有：曹骥的《秦汉家庭继承研究》（2014 年河南大学博士论文）认为秦汉时期家庭不再是纯粹的家族、血缘性组织，家庭的继承还受到国家公权力的影响，随着宗族社会的不断发展，国家对身份继承起到一定程度的影响。邢铁先生的《唐宋时期的立嗣继产问题》（《河北师范学院学报》1994 年第 3 期）则指出立嗣继产至唐宋时期已臻完善，立嗣的目的不仅是家产的传承，而是更为重要的传宗接代，延续门户，既经济是基础，人本身才是目的。对于宋代重要的判牍《名公书判清明集》的研究则具有重要的指导意义，王善军的《从〈名公书判清明集〉看宋代宗祧继承及其与财产继承的关系》（《中国社会经济史研究》1998 年第 2 期）一文认为该书真实地反映了宋代社会各种社会关系和社会问题，宗祧继承的主要目的是维持正常生活和延续香火，祭祀祖先。宗祧继承作为身份继承与财产继承有着密切联系，经济关系是一切社会关系的基础。张也的《明代家产继承与争讼——以判牍为中心》（2011 年中国政法大学博士论文）一文将法律制度与判牍文书相结合，通过对家产继承的诉讼案件的判决，从法学的角度揭示了明代家产继承中法律的适用性和司法理念。

本类同。当然过继主持者的身份不一，考察数份过继文书，可分为三类，一类是过继行为的主要当事人，即为过继人的生父。如过继文书（三）立过房字人黄有善，为过继人福生的生身父亲。过继文书（五）立过继字人陈德萱，为过继人光都的生身父亲。第二类祖父，如过继文书（一）立拨约过继父太绪，为有善之祖父；如过继文书（四）中“立出继过房字人通天村曾仕槐”，将所在地点村庄的名字也填写进去。第三类较为特殊，过继的主持者身份虽为祖父，但其依据先祖遗愿，将三男平屺之子过继与太细一脉。可见文书中的首句话并没有统一的格式，但都要明确到具体人物。

2. 过继原因

所见赣南过继文书，在表明清楚过继人身份后，第一个叙述的重要内容就是过继的原因。数份过继文书均开门见山地说明了过继的原因即没有男性后代继嗣繁衍。文书（一）中：“今因第三男平屺幼年身故，未生有子。只得与汝兄弟和仝商议，当即凭阄捡定，将二男平岗长子有善过继□于大细男平屺为嗣，以承宗祧。”文书（三）中：“为因胞弟尚未有嗣。”。均表明男性后继乏人，没有子嗣继承香火，故而过继立嗣继承宗祧。有些文书则将过继原因写得非常详细，将过继子的出生年月生辰及过继原因完全表达出来。如文书（五）中：“今有亲生第二子名光都，现年六岁，民国二十七年十一月初四日辰时生。特邀请族戚当即议定过继与堂兄德遑遗妻罗氏名下为嗣，此子顶接大逊公派喜爱，以承宗祀。”当然，也有一些文书体现了由于经济原因将子嗣过继给他人的案例，如文书（四）中：“今因手中缺乏，难以养娶。”过继人之父在拥有嫡长子的前提下，由于经济原因，在经叔伯兄弟同意后将第二子过继给同族兄弟作为过继子。

3. 过继内容

过继文书在叙述完过继原因后，过继文书转入了最重要的部分——过继内容，它主要陈述的是过继方与被过继方之间的关系、如何选择嗣子以及过继人的权利与义务等几个方面。从我们所见数份过继文书来看，几份过继文书基本格式均为“与亲族兄弟相商，以某某为嗣，以承宗祧，”“邀请族戚当即议定过继，为某某名下为嗣，以承宗祀”等。表明过继人是经过过继双方家庭认可，并在家族耆老的见证下完成过继的，具有程序和形式上的正当性和合法性，此即为对过继子过继立嗣后宗祧身份承继的确认。此外，过继内容语言简单精练，数句话将内容说清楚，无任何含糊其词的词语，如：“日后生身父下所有田山屋宇每子均分，兹将予存。未分之田山，另立单据，归与有善，永远掌管。自拨过继之后，所有众项以及中元常规，七人轮流经管，汝兄弟叔侄毋得争论。”并在最后附以田产的具体条目：“计开所拨田山土名于后：羊泥塘屋背左边田乀处、右边田乀垢、石孜佡梓山左边山乀处、牛墀斜杉山乀处、呵屎垇松山乀处。”所分田产清楚记录在过继文书中。文书三中，“自过房之后，胞弟名下祖父遗下产业，已置家物、田产、山岗、屋宇众业永远掌管，兄弟人等不得派分争论、覆占等敝。当嘱此子已承继受业”。并在最后书写一些美好的祝愿：“长大成人必须恢宏丕振，光大门间，方可承先启后，甚成幸焉。”过继文书（四）中则有“自过房之后，嗣父所有祖遗或自置田山、屋宇、基地众业以及家中什物，概归与两嗣子平均分派管业，不得争多竞少，而亲族不得觊觎争夺，发生异言”。这一部分是证明过继人对于继承新家庭财产继承权的合法性。除此之外，还将嗣子的义务也写在文书中，过继后要勤俭孝顺，不能违背忤逆继父母之意。如文书（三）中有“务宜勤俭孝顺，凛遵训使，不可违背、忤逆”等，用以规范嗣子过继后的行为。在文书主体的最后部分一般以一至两句话作为结语，且一般有固定格式，如“面立过房字约一纸，永远执照为据”“恐口无凭，特立出继过房字为照”“执存永远以执凭照”等语。

4. 过继的参与者

在过继文书结尾部分是所有人员参与过继仪式后的签字画押。签字画押体现了所有到场人员的数量和每个人的手迹，可以清楚地了解到哪些人参与了过继仪式。在几份文书中，参与者最少的也有 6 人，最多者达 16 人之多。过继文书中黄氏家族所出现的人物涉及 5 代，达 27 人。足见过继活动在整个家族生活中的重要意义。在参与过继的主要为三部分人员，其一为过继文书的立嗣者、过继人及同宗的家族成员等人，按照辈分等级逐一画押。其二则为同宗族以外的其他亲属，如“在场人舅舅陈宗汉、陈宗告”等。过继立嗣活动还需要征求母系家族亲属的意见，参与中也需要画押。其三则是在过继过程中的媒人，这些媒人一般作为过继人家族的见证人也同样参与到过继仪式中，“在场媒人王家福、谢吉科”。赣南过继文书中所见画押并没有统一格式，一般在本人名下写下“押”“圈”等，如果是同家族的则全部以签字为准，还有以自己名字的钤印代替。

此外，过继文书与其他文书的纸质材料不同。所见过继文书均为红色纸张，表现出家族对于嗣子过继的重视，对于整个家族都具有重要意义。

三、清末民国赣南民间过继类型

清末民初时期，赣南地区由于宗族社会发达，尤为看重续承宗祧世系，因此较为完整地保留了传统中国的继承制度。赣南民间的过继行为主要为五种类型，即所谓的“应继”“爱继”“异姓继承”与过继的特殊形式“兼祧”及“寡妇立嗣”。

1. 应继

应继乃立嗣继承之第一原则，以同宗同族同姓为要旨，应遵循“同父兄弟之子，同祖父兄弟之子，同曾祖父兄弟之子，同高祖父兄弟之子”的顺序。清代《大清律·户役》立嫡子违法条文第一条就规定：“无子者，许令同宗昭穆相当之侄承继，先尽同父周亲，次及大功、小功、缌麻。如具无，方许择立远房及同姓为嗣。”① 我们不难看出，清代官方例文规定立嗣继承是按照血缘关系的亲疏来确定的，即以自近而远为原则，此为应继。在赣南地区的过继习俗亦依据国家法律之规定。“凡无子之人，而欲以他人之子为嗣子

① 马建石、杨育棠主编：《大清律例通考校注》，北京：中国政法大学出版社，1992 年，第 409 页。

者，须先尽亲等最近之人，以次递推。若舍近支而立远房，实所罕见，即或有之，不但近房必出而相争，虽无关系之族人，亦皆不以为然。此其由来，一则因我国数重亲亲之义，否则，皆视为反乎常规；二则贤、不肖之标准亦难遽定，即使已有明确之区别，亦不敌亲疏之观念故也。”① 民间没有子嗣的家庭按照由亲至疏，由近支到远房的这一顺序来选择继承人承继宗祧。我们从几件过继文书中可以发现赣南宗族社会即按照应继的原则选择继承人。黄太绪早年根据其父居琏公的安排，将名下第三子平屺过继给已经亡故的五弟太细为嗣，是根据“同祖父兄弟之子”的原则；而平屺不幸夭折，太细一脉由于面临中断，因此以“同父兄弟之子”为宗旨，又从太绪一支选择二子平岗的后代有善过继给平屺为子嗣，以继承太细香火。这种意识形态为官方及民间社会高度认可，《左传》亦有“神不歆非类，民不祀非族”之语，可见继承人血脉的纯洁性对于过继立嗣的重要性。

2. *爱继*

晚晴学者徐珂曾表示：“昭穆最亲者为应继，继矣，而不当嗣父母之意，另择一较疏之人，亦使为后，曰爱继。”② 当然，爱继并不是无条件的，“舍应继而取爱继者，此皆以同姓为断也”。爱继至少也是应以同宗同族作为基础，在此范围内进行选择。《大清律·户役》中立嫡子违法第三条文中有“无子立嗣，除依律外，若继子不得于所后之亲，听其告官别立，其或择立贤能及所爱者，若于昭穆伦序不失，不许宗族指以次序告争并官司受理”。清人薛允升认为：无子之人在立嗣时“择贤择爱”的举动，是便于利己，按照宗族规定昭穆相当的子侄，即可立为过继之人。此举并未有违反律法。③ 赣南地区对于“爱继”之习惯亦有之，如：“凡无子息者，可抚养近房或远房之子为嗣（亦有抚异姓子者），惟无论应嗣、爱嗣于订立承继帖时，必须出钱若干载明帖上，交付承继人之本生父母，名曰‘恩养钱’。此种习惯似又近于因贫而卖子女者矣。”④ 虽言之凿凿，但赣南地区确实存在出钱交付承继人父母之情况。过继文书（五）中，曾仕槐将14岁的第二子过继一半给仕有为嗣，并得到大洋壹佰伍拾元，该子长大后对于成取之费不干出继人之事，两相印证，确是卖子的“恩养钱”。对于爱继，清末江西地方官董沛曾言：“圣人俯查民隐于立贤立爱一端，委曲周密，其例视应继为更详……父母之立继子，一则望其承业；一则望其承欢。若使所立非贤能，则其事不治，何能承业？所立非亲爱，则其情不恰，何以承欢？”⑤ 需要强调的是，至民国时期民间习惯一定程度上推动了法律立嗣承继条文的更改。民国十四年北洋政府的《民国民律草案》强调爱继优先和允许以孙祢祖等条款

① 前南京国民政府司法行政部编：《民事习惯调查报告录》，北京：中国政法大学出版社，2000年，第877—878页。

② （清）徐珂编：《清稗类钞》，北京：中华书局，1986年，第2191页。

③ 梁治平先生认为：应继与爱继并立，是礼法与人情的调和。参见梁治平：《清代习惯法：社会与国家》，北京：中国政法大学出版社，1996年，第79页。

④ 前南京国民政府司法行政部编：《民事习惯调查报告录》，北京：中国政法大学出版社，2000年，第881—882页。

⑤ （清）董沛：《吴平赘语》，光绪年间刻本，卷一“彭大受承词判”。

的出台即是对民间习惯法的一种迎合。

3. 异姓继承

在中国传统文化中，过继立嗣是为了血脉、祭祀之延续。其根基是以血缘作为纽带，成为立家繁衍之根本，故而强调血脉的纯正性。《大清律·户役》中立嫡子违法第四条文中规定："凡乞养异姓义子有情愿归宗者，不许将分得财产携回本宗。其收养三岁以下遗弃之小儿，仍依律既从其姓，但不得以无子遂立为嗣，仍酌分给财产，俱不必勒令归宗，如有希图赀财冒认归宗者，照律治罪。"律法中明文规定不得立异姓子为嗣继承宗祧。以法律与礼仪的立场，立嗣是为抚慰祖先灵魂，是不能允许习俗被破坏的。① 不同于其他地区，赣南地区作为重要的客家人聚集地，风俗习惯相对保守，对于血脉、血统极其看重。因此对于异姓子嗣的入族谱等行为十分排斥，如："赣南人民最重血统，凡乞养子，不准入祠登谱，私生子亦然。较他处族谱将养子、私生子列入附录或加特别标记者不同。"②对于没有子嗣的家庭，尽管有收养、抱养之习俗，但却不可以登上祖宗祠堂之上。又如："赣南各县抱养子女之风甚盛，自己未曾生育者抱养他人之子，固毫不足怪，即自己生有子女者抱养他人之子，亦所在多有。惟各姓族谱中，恒有异姓不得上谱之规定，然此风不因之衰减也。"③ 赣南地区各县抱养子女之风虽盛。但却不受官方及家族承认，不仅在祠堂中，在宗族谱牒之上亦没有任何记录。因此抱养义子、义女的地位是同宗族子女所不能相比的。

4. 兼祧

兼祧是过继立嗣继承中的一种特殊形式，所谓兼祧是一位继承人作为两个或者更多家庭的嗣子，承继两家或两家以上的宗祧继承的行为。兼祧行为在清乾隆时期已经成为国家法律中的一个重要条款，《大清律·户役》中立嫡子违法第七条文中规定："若独子夭亡，而族中实无昭穆相当可为其父立继者，亦准为未婚之子立继。如可继之人亦系独子，而情属同父周亲，两相情愿者，取具合族甘结，亦准其承继两房宗祧。"④ 虽然律法准许兼祧行为，但是对于这种行为有着较为严格的约束和限制。首先，兼祧人必须是独子，且兼祧人与被过继人的血缘极为亲近，在征得过继人与被过继人双方同意后，还要经过家族耆老等宗族众人的同意，只有符合以上所有条件，兼祧行为的发生才能具有法律效应和得到家族成员的理解。赣南地区也同时存在过继的兼祧行为。前南京国民政府民事习惯调查中记载："石城县民间习俗，有所谓分出继者。大出继与人为嗣，事所恒有，而此分出继则以其子出继与人为嗣，仍使与本宗不脱离关系，其教养之责由受继者担任，婚配则由二家分任之，将来如仅生一子，应归受继者传宗，如生多子，则二家各

---

① ［美］安·沃特纳（Waltner，Ann Beth）著，曹南来译：《烟火接续：明清的收继与亲族关系》，杭州：浙江人民出版社，1999 年，第 59 页。

② 前南京国民政府司法行政部编：《民事习惯调查报告录》，北京：中国政法大学出版社，2000 年，第 878 页。

③ 前南京国民政府司法行政部编：《民事习惯调查报告录》，北京：中国政法大学出版社，2000 年，第 881 页。

④ 马建石、杨育棠主编：《大清律例通考校注》，北京：中国政法大学出版社，1992 年，第 410 页。

半分配。此等条件，多载在分出继帖上，甚至载明某某需钱应用，愿将第几男某某分出继一半与人为嗣，遍问亲友人等俱称不愿承继，现托媒送至某人名下，分承继一半接祧为嗣，言定时值恩养洋边若干元，其银及帖即日两清，不欠分厘等语。此为石邑相沿难改之特别惯例，实陋俗也。"[①] 赣南之兼祧行为亦发生在本宗族之内，由于赣南地区山多地少，生活益艰，对于兼祧的行为发生的情况多有不同于他处之故。正因如此，才有"愿将第几男某某分出一半与人为嗣"之语。《报告》所陈述之事实在过继文书（三）中亦有所提及兼祧的情况。原因是同胞之弟黄有潜未有子嗣，所以将自己四岁的儿子福生以"壹半以燕承继接绍宗祧比儿"，当胞弟如育有子嗣，则"一子一分，二子均分"等言，祖上遗下田产、山岗、屋宇在内的产业均包含在内，在实际的过继中享有的是全部财产的一半，在宗祧继承中则享有全部权利。

5. 寡妇立嗣

在清末民国时期，立嗣的主体主要为未有子嗣的夫妇，而作为男性的意见是起到决定性作用的。但是，对于寡妇而言，立继子嗣继承男性家族的宗祧，随着男性被继承人的消亡，自然而然转移到女性身上，这既是宗法社会的义务，也是宗族家庭的责任。清代官方有相关成文的法律规定了寡妇立嗣的合法权利。《大清现行刑律》"立嫡子违法"条例二规定："妇人夫亡，无子守志者，合承夫分，需凭族长择昭穆相当之人继嗣。其改嫁者，夫家财产及原有妆奁，并听前夫之家为主。"[②] 尽管法律条文有明确的规定，但我们不难看出具有立嗣的权利，是有先决条件的。首先，女性必须是"守志"之人，即孀居而不得改嫁，如若改嫁则自动失去了选择立嗣继承人的权利，甚至连嫁妆也不得拥有。而寡妇取得确立宗祧继承人是由于"合承夫分"的缘故，是替代逝去的丈夫这一角色取得了一定家庭事务支配的权利，正如《礼记》所言："妇人，从人者也。幼从父兄，嫁从夫，夫死从子。"最重要的是"需凭族长"这一外在的限制条件，在传统的中国社会中，族长是家族体系中公认的领袖。在宗族社会里，宗族耆老由于有较高的威望，受到家族成员的尊重，对于寡妇选择立嗣人选有一定的牵制监督作用。[③] 过继文书（五）中陈德萱将第二子光都过继给堂兄德遑遗妻罗氏名下为嗣，在重要家族成员的监督下，同时征得寡妇陈罗氏和过继人双方的同意后，将立嗣人正式过继给寡妇陈罗氏来继承陈德遑血脉。可见，陈罗氏是无法单独拥有选择过继人选的权利的。

四、清末民国赣南民间过继本质

清末至民国时期是中国历史上从传统社会过渡到近代文明社会的一个特殊时期，不

① 前南京国民政府司法行政部编：《民事习惯调查报告录》，北京：中国政法大学出版社，2000年，第890页。

② 马建石、杨育棠主编：《大清律例通考校注》，北京：中国政法大学出版社，1992年，第409页。

③ ［美］白凯（Kathryn Bernhardt）：《中国的妇女与财产：960—1949》，上海：上海书店出版社，2003年，第58—59页。

论从经济、文化、社会、法律在西风东渐之下，传统社会日渐瓦解，但过继立嗣、延续父系氏族的血统等行为却根植于中国社会之中，经久不衰。对于不幸无法繁育子嗣或夭折的情况，传统社会通过一种新方式人为地设立后嗣，弥补血缘的缺憾。自唐代律法《唐律疏议》将“立嫡违法”纳入正式国家法律以来，历朝历代均遵循其做法，并不断完善。不仅如此，儒家典籍中的关于立嗣承继的观念和思想也深深地影响着深处变革中的国人，前文所提到的“不孝有三，无后为大”“百善孝为先”等语言极大地影响着上自皇室贵族，下至平民百姓。

赣南地区过继立嗣的行为不仅深受儒家传统思想和国家法律的控制，亦得到地方民事习惯的影响。在清代民国时期，除了国家法律这一体系外，还存在着一种无形的理论体系，即本文中所提及的民事习惯法。“习惯法乃是这样一套地方性规范，它是在乡民长期的生活与劳作过程中逐渐形成的，它被用来分配乡民之间的权利、义务，调整和解决了他们之间的利益冲突，并且主要在一套关系网络中被予以实施。就其性质而言，习惯法乃是不同于国家法的另一种知识传统，它在一定程度上受制于不同的原则。”① 地方民事习惯法对于国家成文的法律起到了补充辅助的作用，就赣南地区而言，民事习惯法是在借助国家正式法律的基础上，形成了具体的约束机制和约束对象，对于赣南地区民众的思想、行为方式有着指导性的影响。

对于清代民国的过继承嗣，张晋藩先生认为这一时期的继承分为身份性继承和财产性继承两种制度。而史尚宽先生则从法学的角度对过继承嗣问题做了重要阐述，在其《继承法论》中指出：“继承在我民法谓之一人死亡时，尤其亲属或其指定之人一般的包括承继其遗产，可谓为狭义的继承。在我旧时继承包括爵位之承袭，宗祧之承继，可谓为广义的继承。”② 可见清代民国时期的“过继”问题是属于历史学与法学两门学科交叉研究的范畴。并且过继行为不只是身份的过继，更是产权的继承，即对于房屋、田产、钱粮等物质所有权的转移。笔者认为清代民国时期赣南地区其过继立嗣的真正实质包含两个部分。

其一，其实质是财产继承。在《大清律》“立嫡子违法条”例文之中前六项均有涉及财产的相关规定，如以应继的方式继承中有“若立嗣之后却生子，其家产与原立子均分”。第二条则有孀妇守志，合承夫分，仍凭族长继嗣之语。第三条言义男女婿亦许分给财产。第四条则强调了义子等项仍分给财产。第五则有“希图财产，勒令承继之罪”。第六条则言争产争继酿命之事。通过例文可见，过继立嗣其本身最重要的环节就是继承被过继人的财产，正是由于在历史的长河中发生太多的争继涉讼的案件，所以律例中才出现了较多的解释例文。正因如此文中所举数份过继文书中关于涉及财产的继承，特别是黄氏家族的数份过继文书中，将所继承已置家物、田产、山岗、屋宇等产业书写的一清二楚。文书中更言明“兄弟叔侄毋得争论”等语，就是要立据为证，以防止亲族争产，

① 梁治平：《清代习惯法：社会与国家》，北京：中国政法大学出版社，1996 年，第 1 页。
② 史尚宽：《继承法论》，北京：中国政法大学出版社，2000 年，第 1 页。

保证宗族团结。在清末民国众多的关于立嗣争产的案件中，亲族反目，老死不相往来等案例举不胜举，[①] 而这种行为正是由于人的本性而决定的。趋利避害，正是人性的体现。清末民初正处于中国社会转型时期，社会动荡，经济凋敝，各种资源处于一种十分紧张的状态，人们大多以经济的角度看待各种各样的问题，以利益的得失来衡量行为的对错与否。对于过继立嗣而产生的财产使人们产生越来越强烈的趋利性，而传统的儒家思想则被“利”字甩在了身后。

其二，身份性继承，即被继承人对继承人在身份上的认可。清末民国时期赣南地区的过继行为更可以看作是男性家族家（族）长权力的继承，继承的主体是嫡长子，也是最符合一般法律、习惯法条件下的男性家族成员。继承的客体则是家族族长或是家长的身份。[②] 在黄氏家族的过继文书中，前两次过继的主体是平岗长子黄有善，承继黄太细一脉宗祧，并在另一份过继文书中强调“总以念切太细一脉为重”。在赣南民众的观念中，尽力保证每个家庭、每一房子孙都有男性继承人以延续父系氏族的血统，以到达整个家族绵延不绝的理想状态。这与周代以来的“小宗可绝”的观念大相径庭。清代民国时期的赣南家族在条件允许的情况下，对于没有男性继承人的家庭无论大宗、小宗通常都可以通过过继立嗣的方式来确保家族的宗祧继承，其行为真正体现出的是国人的传统信仰——血脉传承。

五、结语

费孝通先生认为，“继承和继嗣的问题应被视为两代人之间相互关系的一部分，一方面是财产的传递，另一方面是赡养老人的义务，感情上的联系及老人经济保障的缘故”[③]。先生则真正点出了过继双方的相互关系，即各取所需。诚然，过继人与被过继人有着双方的责任与义务。当双方达成过继关系后，过继人得到被过继人的财产继承权；同时，过继人需承担起赡养被过继人的责任。赣南民间的过继行为是由家族或家庭为主导，在国家法律和地方习惯法等约束下进行的，由于涉及两个及以上的家庭，就容易产生各种矛盾和纠纷，出现了大量的过继立嗣的诉讼案件。由于受篇幅所限，本文未能进一步展开来谈。通过赣南地区的立嗣过继行为，我们深切感受到赣南地区宗族的家庭间存在着较强的依存关系。就如黄氏家族中，家族共有七房，每一房下又有若干小家庭，他们不仅供奉同一祖先，家族财产的轮流经营使其在相当程度上实行财产共有，甚至是子孙共有。这种模式对于被过继人即消除了“绝嗣”的隐患，同时也解决了养老问题。而对于过继人来说，他将进入新的家庭并获得全部或部分家产，同时承担为嗣父母养老送终的责任。正如王跃生先生所言：“完整的立嗣过继功能既是精神的，又是物质的；既是来世

① 关于清代民国江西地区过继立嗣的案件判决主要有清代董沛的《吴平赘语》《汝东判语》以及《大理院民事判例全文汇编》等内容。

② 吕宽庆：《清代立嗣继承制度研究》，郑州：河南人民出版社，2008 年，第 30—31 页。

③ 费孝通：《乡村经济——中国农民的生活》，香港：中华书局香港分局，1987 年，第 68—70 页。

的，也是现世的。”①

附过继文书内容及黄氏家族简谱：

过继文书（一）

立拨约过继父太绪，今因第三男平屺幼年身故，未生有子，其妻年少外出，父母追忆，不忍乏嗣，只得与汝兄弟和仝商议，当即凭阄捡定，将二男平岗长子有善过继□于太细男平屺为嗣，以承宗祧。日后生身父下所有田山屋宇，每子均分。兹将予存未分之田山，另立单据，归与有善，永远掌管。自拨过继之后，所有众项以及中元常规，七人轮流经管，汝兄弟叔侄毋得争论，自必房房兴发，瓜瓞绵长。此据。

计开所拨田山土名于后：羊泥塘屋背左边田乀处、右边田乀坵、石孜佡梓山左边山乀处、牛墀斜杉山乀处、呵屎坳松山乀处

太绪已分车公口冬水田乀坵、堪上田乀坵，未分作平岗、平崧、平屺、平贵四人轮流经管。

在场家族居亭，太材画押

太锜画押

太绫画押

太禄　　画押

平宇　　画押

平崧　　画押

平岗

委笔：兄太统　　画押

光绪二十三年六月十九日立拨约过继父

过继文书（二）

立再议拨约过继字人黄太绪，今因先年生父居琏公手凭阄拈完，将绪下第三男平屺，乳名皇生，立约过继于五弟太细名下承祧。后因□□□故乏嗣，当时子孙稀少，未便再议过继平屺□□□今孙辈多生，特邀请族房绅老及兄弟胞侄等妥商，议将予次子平岗之长男有善过继壹半与平屺名下为嗣，以仰承太细名下之宗祧。日后有善生子长男归继父，次男归生父，生有多子循序分承，总以念切太细一脉为重。所有父遗拨约内之产业，应归有善名下掌管。至生父平岗名下之田山屋土各业，仍照每子均分。所有众业及中元一切常规，以七房轮流经营，兄弟叔侄毋得争论。除奉父母所立拨约过继字外，空口无凭，今再立过继字贰纸，以壹纸焚化告灵，壹纸归平岗手执，永远为据。

---

① 王跃生：《清代立嗣过继制度考察———以法律、宗族规则和惯习为中心》，《清史研究》2016 年第 2 期。

在场族居亭

以赞、庆玗、有洪、太禄、太绫、太材、太锜、平宇、平崟、

平仑、太绚、太统、太绾、平昆、平崧

委笔裔侄孙世莘

民国元年壬子十一月贰十日立再议过继字人太绪

过继文书（三）

立过房字人黄有善，为因胞弟尚未有嗣，欲我男名唤新福生，年方四岁，为男壹半以燕承继接绍宗祧比儿，而且爰敬相洽，情理应宜，爰当家族人等面立过继字据，愿将此子交与胞弟有潜抚养接绍，日后永无异言反悔等情。胞弟生育有子，一子一分，二子均分。自过房之后，胞弟名下祖父遗下产业，已置家物、田产、山岗、屋宇众业永远掌管，兄弟人等不得派分争论、覆占等敝。当嘱此子已承继受业，务宜勤俭孝顺，凛遵训使，不可违背、忤逆。长大成人，必须恢宏丕振、光大门闾，方可承先启后，甚成幸焉。面立过房字约一纸，永远执照为据。

委笔兄有棠　（画押）

在场家族　有来（画押）

平宇（画押）

有康（画押）

有昌（画押）

有裳（画押）

民国二十六年九月初六日立过房字人有善

黄氏家族简谱：

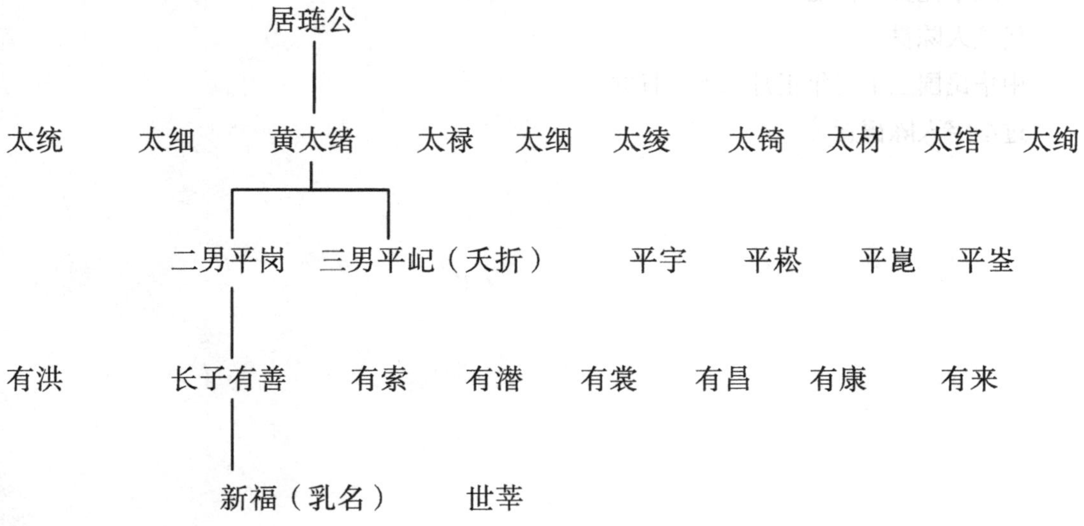

过继文书（四）

立出继过房字人通天村曾仕槐，二男过房，子年庚十四岁，今因手中缺乏，难以养娶，叔伯兄弟想（相）商，自愿将此男过继一半，遍问亲房人等并无异议。今得引至人家仕龙，问到果子园村家仕有兄名下一半为嗣，承接宗祧。当日言定心肢（先支）大洋壹佰伍拾元正，其钱及字即日两相交付明白。此子长大成林，对于成取之费，不涉出继人之事。日后生育十男八女，每个一半，双方情愿，并非贪图等情。倘有修谱之日句登载家谱二家，不得争竞异说。恐口无凭，特立出继过房字为照。

立出继过房字人　曾仕槐

在场媒人家仕煊　家仕龙　王家福　谢吉科

在场人　舅舅陈宗告　陈宗汉　家达作　家仕柏　家仕桂　家国云

民国二十九年吉日

代笔人　曾仕彬

百子千孙

过继文书（五）

过房证书：立过继字人陈德萱，今有亲生第二子名光都，现年六岁，民国二十七年十一月初四日辰时生，特邀请族戚，当即议定过继与堂兄德逞遗妻罗氏名下为嗣，此子顶接大逊公派下以承宗嗣。自过继之后，嗣父所有祖遗或自制田山屋宇基地众业以及家中什物，概归于两嗣子平均分派管业，不得争多竞少，而亲族不得觊觎争夺，发生异言。此系出于两院，为期螽斯振振，瓜瓞绵绵矣。恐口无凭，立过继字一纸，付与德远执存，永远以资凭照。

在场戚弟德近　罗盛明　侄光文、光礽。

见继中先文　德辘

代笔人陈贯

中华民国三十三年正月二十一日立

过继字人陈德萱

民国川盐“失吉”施救费用纠葛

董清平*

过去，在食盐运输中，运盐船只失事，被认为是不吉利的，四川地区称之为“失吉”，在两淮地区称之为“失水”①。由于受天气、险境、船舵失灵、船只碰撞等偶发性因素，以及船户舞弊、匪劫等人为原因的影响，盐船失事时有发生。盐船失事的发生，既影响政府盐税，危及盐运商的利益，在盐运保险出现之后，同时又影响着保险机构的损失赔偿。因此，为保证盐税收入、维护盐市稳定和减少保险赔偿，官方往往凭借政权的超经济力量，对这类事件予以管控和防范，保险机构亦会主动参与。其中，盐船因偶发性因素发生失事，如果能得到及时施救，那么就有利于减少盐斤损失。可问题是雇佣施救人所需的施救费用该如何支付？虽然在相关规章中有着明文规定，但在实际操作时，却出现各种纠葛。“查盐担失吉后，应付抢救费及各项力资，每因界限未经明白划分，商保两方互相推诿，演成运商不垫款，查验站无款可垫，以致盐船并包以后被力夫扣留不放，不但时起纠纷，而且易滋流弊。”②

不光如此，因施救费用的支付，既牵扯到失事事件的责任认定，同时因发生盐运失事时间、地点的不同，盐船的施救过程也有着难易之分，因而官方、保险机构、盐运商（包含船方）、施救人之间所产生的纠葛更是复杂多样。既然此类纠葛难免，而对这些纠葛该如何协调、处理？官、保、商之间又是如何互动？检视以往研究，几乎无一讨论③。实际上，对这些问题进行探究，从盐运失事的角度管窥民国时期官方的社会纠纷协调能力，考察当时的社会样态，以及盐运风险管理、盐运保险赔偿等方面有着重要的学术价值。鉴于此，笔者通过梳理重庆市、自贡市的档案馆所藏的盐业档案，结合时事报刊及文史资料，对上述问题作一初步探讨，以求教于方家。

---

* 作者简介：董清平，博士，西华师范大学历史文化学院教师。

① 自贡市盐业历史博物馆编：《中国盐业史辞典》，上海：上海辞书出版社，2010年，第143页。

② 重庆市档案馆馆藏：《关于核定施救费用划分办法致川康区重庆盐务管理分局江北官仓的代电》（1946年8月24日），档号：02780005001070100315000。

③ 目前学界对于盐运失事的研究，整体来说，非常薄弱，成果十分有限。宋宗宙的《两淮盐运史上几次灾难事故》是我国改革开放以来，专门论述“盐运安全”的较早文章，主要介绍了乾隆、道光年间，淮盐在运输到仪征、武昌的两次灾难事故。黄国信等学者虽在论及清代私盐来源时，提到了盐船“失水”的内容，但缺乏专门探讨盐运失事的内容。对于川盐失吉情况，在石丽娟、刘朋辉、袁媛、刘志英、杨亭等学者有关“保险”或“金融”或“盐运群体”等的论著中有所涉及，但因研究重心不在盐运失事，因而对失事所涉及的复杂面相缺乏较为深层次的论述。相关成果兹不一一列举。

一、施救费用支付的相关规定

施救费用（sue and labor charges）是现代运输保险中的一个重要概念，它是指保险标的物在遭受承保责任范围内的灾害事故时，被保险人或其代理人、受让人、雇用人员为了避免或减小损失，抢救或保护被保险货物时所支付的合理费用。该费用由保险公司负责赔偿①。追本溯源，这一概念在近代就有，只不过内涵有所差异。本文所谈的施救费用，是将过去档案中所显示的“施救费”“施救力资”“抢救费”“救助费用”等，一同以“施救费用”来看待。

我们知道，在近代，川盐除供给本省外，还大规模地外销到黔、鄂、湘、滇东等地。但由于受地形、自然和交通条件的限制，川盐外运主要依靠水运。其中川江航道是其一条重要的外销通道，因川江滩险林立，又系木船装运，盐运也是以官运为主，间允商运②。因此民初之前并无保险公司承保水险，如遇淹消失吉，损失巨大，则造成盐运商赔累甚至破产。为此胆小谨慎之运商多有此顾虑，未敢大量经营，对盐运实不无影响③。到1921初，重庆盐帮公所为改变这一状况，保障运盐，减少盐运商失事的后顾之忧，设置保险部，自办保险业务，办理富荣场至邓关、重庆、涪陵、万县、楚岸沿途水运盐载保险事宜。1930年，重庆盐业公会附设保险部成立，专门办理盐运保险。从1930年11月开始，此项业务改由重庆盐业银行办理。1931年秋，财政部通令各盐区，以盐斤已有保险公司承保水险，如遇失吉浴消，已有保险公司赔偿，原有免税补运的规定，应予废除。由此，因官方公权力的影响，盐运商只好向保险公司投保④，从而扩大了盐业银行的保险业务。1932年7月，重庆盐业银行改组为川盐银行，继续办理此项业务。

川盐银行在接手盐运保险之后，为了减少因盐运失事而造成的损失赔偿，尤其为鼓励被保险人在遇到危机情况时，采取积极的措施予以及时施救，并打消施救费用之忧。在《川盐银行附设盐载保险部简章》第二十条中明确规定：“救护失吉之盐斤，不得加入赔款范围以内，得由失吉商人当地售与认销商人或另再运往应销岸区，但须特别申明，救护划水及杂费由保险部自认之。”⑤ 这种由川盐银行保险部自认救护划水及杂费的做法，对于鼓励盐运失事的及时施救有着积极的作用。全面抗战时期，川康盐务管理局再次规定，盐斤在场起运之前，必须向四联保险公司投保水险，以后太平、兆丰等保险商业公

① 吴薇编著：《国际货物运输与保险》，北京：清华大学出版社，2012年，第59页。

② 四川交通厅航运局内河航运史志编辑室：《四川省内河航运史料汇集》（建国前的四川航运），1984年，第59页。

③ 朱家宝：《川盐银行与川江盐运保险》，载全国政协文史资料委员会编：《文史资料存稿选编21经济上》，北京：中国文史出版社，2002年，第740页。

④ 朱家宝：《川盐水险的纠纷和解决》，载政协四川省自贡市委员会文史资料委员会编：《自贡文史资料选辑第十九辑》，1989年，第102页。

⑤ 《四川川盐银行附设盐载保险部简章》，《四川月报》1934年第4期。

司也参加分保金额，使运输发生损失时有所补偿①。

1945年，中央太平洋中国中农盐运保险联合管理处、川盐产物保险股份有限公司、裕国产物保险股份有限公司联合制定了《盐运保险章程》，其中对救助费用作出更为详细的规定：“救助费用，被保险人与保险人，对于保险盐斤所为之恢复救护保存等行为，均不得视为抛弃或承诺委托之表示，关于运盐木船，遇风暴急流打漂至下游，及因盐泊安全而转移停泊处所，须待轮拖运者，上述各项费用均由保险人负担，如系分保者，则按保险额比例分担之。但因官方令饬移转停泊处所，不属危险原因，而用轮拖运者，其拖运费应由官方核入运缴成本核算。”对于保险盐斤，在遭受损害时，规定“被保险人或其代理人或受雇人或押运人应就可能范围，竭力施救，并设法防护，以恢复保险盐斤，或其一部分利益，或减轻其损失，上项救助费用，在保险契约范围以内，得由保险人按照承保金额、比例负担之”。为了鼓励被保险人能够尽力为盐运安全考虑，该盐运保险章程还规定，“办理被保险人保证，如遇水量高涨或退落，一经保险人书面通知停驶，或移泊，或卸载分运时，即须照办，惟遇扎水（船户请求扎水或保险人指定扎水），系为盐斤安全起见，如船户请求扎水津贴，保险人应予付给。洪水期间因水位涨落，船户受盐政机关，及商保任何一方之指挥，为盐载之安全，须将盐船移泊者，其移泊所需之费用，应由商保船三方平均负担之。保险人应于沿江滩险，常□派人驻守，盐船于经过滩险时，应保请保险人所派人员监放或代放之，如船户私擅自放，而致盐斤于损失者，本保险单概不负责”。除此，还规定，“被保险人或其代理人或受雇人或押运人，应于损害发生时，就可能范围，应予施救，一面报请保险人及盐政机关查勘，保险人并应于查勘后，将失事损害情形，在被保险人所持之保险单于查验单内，详细批注，及签名盖章”②。

上述规定，表明了保险机构为了维护盐运安全，减少盐运损失，对于施救费用的支付表现出积极的姿态。因盐船在出发之后，在何处何时发生失事并不确定，盐运失事的发生具有很大的偶然性，而盐务机关和保险机构的人员也不可能时刻都跟随着盐船，所以在这种情况下发生失事，及时施救及雇用他人帮忙施救才是首要任务，而由此产生的施救费用，保险机构也无法及时给予支付，此时只好由盐运商（或船户）先行垫付，然后再由运商（或船户）向保险机构讨要。而如何证明运商支付了施救费用？后由自贡市运商公会议决，经官保两方同意，施救费用的借据的办理则由中国查证公司出立借据，由盐务机关盖章证明后，再由运商凭借据在渝向保险人收款归垫。这种方法的用意则是，“纯属运商希求归垫迅速”③。例如在万县发生之失吉案件，施救费借付后，须待中国查证公司万县办事处将查勘结果汇编，查勘报告检同费用单据，函报川康区分公司，再由川

① 罗德明、黄跃棠：《自贡盐业营运中的押汇、承兑汇票和盐运保险》，载政协四川省自贡市委员会文史资料委员会编：《自贡文史资料选辑第十八辑》，1988年，第97页。

② 周华孚、颜鹏飞主编：《中国保险法规暨章程大全》（1865—1953），上海：上海人民出版社，1992年，第524、526、527页。

③ 自贡市档案馆馆藏：《为施救费用借据证明一案呈祈鉴核备查由》，（1947年5月27日），全宗号3，目录号5，案卷号3193，第246页。

康区分公司审核，无误后转知承保公司理赔，并归还施救费。故往例各承保商，为免子金损失，故要求施救费借据，由盐务机关盖章，以证明该款确已由运商借付，运商即仅先执据收款，承保公司即凭之先行拨还，考其来历既非出自保险公司方面之要求，盐务机关盖章，其用意自非要求盐务机关于盖章时，对各项费用之支付加以核算。中国查证公司为了消除盐务机关关于施救费用借据盖章的误会，特意去函说明，“贵局之施救费借据上盖章，其责任当仅限于证明确有此案，并该款确已借付至金额，如有错误贵局自无责任，为便利双方计，用特函达”。在后，中国查证公司还向各盐号致函告知此事。“施救费用借据盐务机关盖章证明范围，应仅限于确有此项淹消案件及该款确已借付，至支付金额核算事项不负任何责任”，“以后失吉盐担垫付施救费用时，应由当地盐务机关盖章证明查照为荷”①。

对于上述注意事项，中国查证公司川康区万县办事处“除饬运商办事要知照外，理合具各□报鉴核备查”。其他如关外稽查处、邓关分局、泸县分局、合江分局、江津分局、重庆分局、涪陵分局、万县支局、合川支局，忠县场署、云阳场署、盐滩督运站、自贡市运商公会、重庆运商公会、自贡市保险商业同业公会、重庆保险商业同业公会、中国查证公司自流井办事处，中国查证公司川盐区分公司联合于1947年6月10日发函告知有关各方，即“施救费借据盐务机关盖章证明范围，应仅限于确有此项淹消案件，及该款确已借付至支付金额核算不负任何责任”②。而至于“施救费用照章应由承保机构负担，划水为施救费之一种，因故发生问题，应系查证站自身之事，断无因此稽迟鉴盖会勘证明之理”③。

二、施救费用实际支付纷争

从上可知，施救费用虽然在盐运保险章程中有着明确的规定，但在实际的执行上，却出现不少问题。

首先，保方与船方在施救费用没有议妥之前，出现无法雇船转运盐斤的情况。如据船户罗松云与四联保险处押运员于1946年2月14日向川康盐务管理局的报告称，船户在渝配装裕准盐号花盐400包，运照号次94537号，保险号次4102号，可凭运鄂交卸，于10月20日，有渝间行经过沿途各盐务局处，及保险各处站报请查验在卷。殊于11月9日午前11时，行至白马滩（属奉节）船身下尾之际，适逢滩潮暴发，偶触暗礁，致将走舱底板穿破，水势汹涌，进舱船身当地沉没，人力万难抵抗。幸蒙税警班田班长督率

① 重庆市档案馆馆藏：《关于检送施救费用借据应经盐务机关签盖证明情形致各盐号的通函》（1947年6月21日），档号：03670001000320000060。

② 自贡市档案馆馆藏：《为施救费用借据盐务机关鉴盖证明范围一案令仰知照由》（1947年6月10日），全宗号3，目录号5，案卷号3193，第244—245页。

③ 自贡市档案馆馆藏：《准云阳查证站函以嗣后淹消案件应俟全部手续结束后始能鉴盖会勘证明单一案转请核办由》（1947年5月26日），全宗号3，目录号5，案卷号3193，第236页。

抢救，盐斤尚在清理中，除分报奉节民船公会、重庆区运盐木船办事处奉节登记站，及当地保甲查勘，并协督小划力夫抢救外，是以呈请鉴核，俯恳派员查勘办理善后，并祈给予证明是沾公便等情。经派员率警驰赴该地查勘抢救。据未淹之盐业，由当地小划力夫等抢救堆存岸上，当以保部及商号派员未到，不能立时过秤拼掃，经派警士二名住该盐堆存地点看守，以防偷漏，并饬转督船户移蓬遮盖，以避风雨。迨保部钟永杰及商号派员来勘之际，认为必须转船，方能下运。复因保部尚未将抢救费与船帮议妥，致无法雇船转运，乃暂缓拼掃，经商请奉节县政府饬由商会订期召集双方会议。该民船公会始允减低五千余元，致仍未解决。职署当以抢救费用事关保部，与官方无涉，而盐包因此久存岸上，卤耗过巨，乃于同月19日派员率警督同职署长期抬盐工人前往拼掃136包另6斤，暂予运署收仓，共垫付船运卸费4万元[①]。该一事件说明，施救费用有时涉及的金额较大，船方有时也不易与保方达成使各自满意的协议。由于施救费用没有及时达成，从而导致雇船转运困难，由此导致更多费用，如失事盐斤被存放在岸边，需要人看守的看守费，以及运卸费等，从而，两者之间产生更多的利益纠葛。

再次回到本案，情况更是复杂。在算清楚船方垫付船运卸费后，旋准万县四联保险部查验处马电，以该船户盗卖盐斤30余包。而根据盐运保险章程，凡是出现盗窃、盗卖等行为者，保险公司是不负赔偿责任的。“因船长、水手，运送人或受托人，当时之受雇人，护送人之渎职、教唆、侵蚀、盗窃、盗卖等非法行为所致者，不论其发生时间在任何意外事故之当时，或前后所致之损失或毁灭”，“不负赔偿责任”[②]。四联保险部指控船户盗卖盐斤，经传询该船户及押运员均否认有盗卖之事。因此，保险部又派员分头明密查访，并将船户及押运员一并请奉节地方法院依法究办，及电请保险部迅将船户盗卖证据送署外，据密告本地流痞杨荫梧对本案有分赃三万之说，经传询自认不讳，仍将该犯并案送请法院法办去讫。此抢救收仓之盐，是否即改为本镇？所有进仓力资及由失吉地点运回之船费，应否由保部负担？又该盐运照尚存职署，将来损失淹消盐斤，究应如何批注？对此，重庆盐务管理分局在无法处理的情况下，特此致函川康盐务管理局“请赐核示”[③]。

其次，施救人估索高额施救费用。盐船失事后，为尽可能减少盐斤损失，这就需要施救人连续不间断的抢救，直到抢救完为止。这一工作实际操作起来，如需要抢救的盐斤数量较大，一是工作量大，二是抢救工作十分辛苦，不管白昼黑夜，风雨严寒，甚至会面临生命危险。因此，有时也会导致施救人估索高额施救费用。如在1948年4月21日，有冉紫云船在陈家坝碛脑搁浅发生淹消，本队驳船人夫前往抢救，经一夜劳苦已抢

---

① 自贡市档案馆馆藏：《据报船户罗松云盗卖盐斤一案转乞鉴定核由》（1946年2月14日），全宗号3，目录号5，案卷号3012，第26—28页。

② 周华孚、颜鹏飞主编：《中国保险法规暨章程大全》（1865—1953），上海：上海人民出版社，1992年，第524页。

③ 自贡市档案馆馆藏：《据报船户罗松云盗卖盐斤一案转乞鉴定核由》（1946年2月14日），全宗号3，目录号5，案卷号3012，第30页。

救云盐943包，存驳于二十五日，经川康盐务管理局派员起仓已并去20包，尚实存923包。从而，万县盐务管理支局向川康盐务管理局提出，“所有抢救各费应请照三十五年十二月十八日由钧局规定施救费办理”。“查冉紫云船装运盐1000包来万，于四月二十一日在陈家坝峨眉碛滩搁浅发生淹消，计抢救云盐923包拆合并井花307包，其抢救费各费如按支局三十五年十二月二十六日万运第（2475）号呈抄呈之盐斤失吉施救费座谈会记录各项办理，〔该项记录业经呈奉渝分局万业（16）号指令核准〕计抢救费307万元，以米价每老斗2万元计，囤费计四日每日61400元，共计245600元，两共315600元。惟查支局前召集力驳各帮及保部案计算，似亦不能例外，为嗣后若再有深夜发生淹消情事需人抢救计除已先准预支50万元外，理合检同单据，随呈贵请鉴赔核发为祷。”但川康盐务局看到如此高的费用，给出的意见则是“倘能交涉较高保盐为低之抢救费，自宜照较低给，否则至多，如议定办理，不得超越”①。再如，因有些地方民风刁悍，在给失事盐船施救后，故意估索高额抢救费用。“惟查忠县地方情形复杂民性刁悍，盐船失吉后出力人夫每每估索高额抢救费用，在此物价激荡期间，该项施救费有时真难合理解决，究竟有无标准，或可查酌事实办理。”② 还有因物价上涨而估索抢救费用的。据川盐产物保险公司泸县办事处在1948年的反映，近查盐斤加税各岸仓价陡提每包售价已超过旧币亿元以上，一遇盐船出险，抢救力夫复以生活甚高，估索巨额施救费用，官商两方以本身利害关系，故不惜一切允以照给，往往支付超过保额者，保险人有不胜负担之苦，如不设法补救，实不堪设想。因此，提出函请川盐产物保险股份有限公司，“鉴察商洽承保盐险各同业，转请官方或将保额提高，或调整保率，用资弥补”③。

再者，出现支付施救费用的推诿情况。保险公司为取信承保人，对于施救事实确切的情况下，一般会及时给予支付。如对运湘济销楚花盐船户李少岸失吉一案，川盐银行保险部沙溪办事处，在确认施救事实之后，表示“本行信仰且无以见信船户，将来窒碍殊多”，因而将施救费用刻已“垫付”④。这种及时支付的情况虽然普遍，但并不是所有失事情况，保险公司都会爽快支付施救费用。即在盐船虽然失事，由于抢救及时，盐斤未受损失的情形下，有时保险公司却不愿支付施救费用，在船方或施救人看来，实系推诿。据重庆区盐运木船办事处向中和盐业公司重庆办事处反映，船户古良臣的盐船在1947年行至涪陵时，因遇轮浪迫搁沙埠，查该舟在涪搁浅时，已报请保部派员查验并请当地保甲协助，一面即行叩雇小船力夫赶紧提担，原系紧急措置，该船方得幸免盐斤损失，欲待保部派员前来查验竣事，再行办理一切，不待言该舟只有淹损无疑。船户因此支付施

① 自贡市档案馆馆藏：《呈为云船冉紫云船发生淹消其抢救各费检呈单据谨祈鉴赐核发由》（1948年5月7日），全宗号3，目录号5，案卷号2805，第106—108页。

② 自贡市档案馆馆藏：《奉饬湘楚盐失吉比例分摊施救费办法一案谨具请复请》（□年6月4日），全宗号3，目录号5，案卷号2806，第19页。

③ 重庆市档案馆馆藏：《川盐产物保险股份有限公司泸县办事处关于补偿盐船出险施救费上川盐产物保险股份有限公司的呈》（1948年9月4日），档号：02970002021060000019000。

④ 重庆市档案馆馆藏：《川盐银行盐载保险部黄沙溪办事处关于施救李少安承运照第19677号楚花盐情形并洽领施救费用上川盐银行的呈》（1949年10月13日），档号：02970002027990000001028。

救费计300万元，系为减免保险称标的物，而有之开支。该项费用顷奉核示自应由保险人负担，但保部却有不想支付之意，“谓以关于古舟搁浅为船户过，并谓擅自接洽提囤费用，在手续上亦属欠妥，实系推诿之言”[①]。

最后，施救费用超过保额或不在承保范围内的施救费用。施救费用有些金额较大，甚至会超过保额，这种情况该如何处理，对此，重庆保险商业公会发电询问川康盐务管理局，“施救费用超过保额之标的，是否可抛弃?”[②] 而不在承保范围的施救，该如何施救费用也是问题。“查前据重庆市保险商业同业公会代电，以施救费用如不在承保范围内，及盐险章程所载列拒赔各条者，应由运商归还等情。当饬将拒赔各条列举。查复在案。兹据该公会渝会〈36〉字〈353〉号商东代电，以查盐运保险条款第四条所载‘本保险单所保盐斤之责任范围，当以船舶或驳运之船，曾经搁浅触礁沉没、着火焚毁、或风暴急流打漂，或其他船舶碰撞，因而裂缝脱落、毁灭所致之损失等平安险为限’。各款如有施救费用发生，保险人自当负责，如不属于上项失吉原因，其施救费用似应由被保人自行负担等险情。”[③] 此外，之前规定的施救费用借据证明范围也有不适用的情况。“兹湘楚盐既有由公家提收税款损失准备之措施，并比例分摊之施救费之规定，其原规定之证明责任范围已不适用。应准授权公家派往办理，查勘人员会同商保双方复实洽定施救费数目，并由官保两方在借垫施救费用之借据上会章签盖证明，运商用凭垫款以赴事功。”[④]

三、施救费用支付办法的议定

针对上述施救费用实际支付的纷争，以及一些界定不明确的问题，官、保、商之间，经过多次磋商，达成了一些协定。

盐载失吉后应付抢救费及各项力资，避免商保双方针对施救费用互相推诿的情况。重庆运商公会与保险部查验总处，参酌实际情形于1946年洽定划分各项费用之担负办法，即，甲、保险人应负担之费用：一、施救力资及奖金，二、并包及秤吊费用，三、看守费，四、囤费（截至查勘并包之日止），五、施救时之提拨费，六、查验处会同各方查勘时除公家员司所支费用应照季款销外，电站共同支出之调查费用（包括旅费、日用费）应与承保商平均负担，但应涉施救费时，招待费用仍由保方单独负担。乙、被保险人应负担之费用：一、失吉后之载运费，二、囤费（会勘并包以后次日起之囤费），三、盐务机关核定防止船户亏斤办法内规定之拼掃费用；丙、施救费用之垫借，则以整借整

① 重庆市档案馆馆藏：《关于退还船户古良臣在涪遇浪迫搁浅沙埠开支紧急施救费用致中和盐业公司重庆办事处的代电》（1947年8月4日），档号：03640001000810000020。

② 重庆市档案馆馆藏：《关于审核抛弃施救费超过保额之标致各盐号的函》（1947年11月8日），档号：03650001001620000124。

③ 重庆市档案馆馆藏：《关于归还不在承保范围内的施救费致各盐号的函》（1947年11月6日），档号：03650001001620000128。

④ 重庆市档案馆馆藏：《关于告知施救费用借据证明范围致各盐号的函》（1948年6月25日），档号：03640001005660000047。

还之方式，由如查勘处站经向被保险人借垫，凭该处站所具借条，在渝总处尽先划拨口垫，如有未经照文规定之费用，届时再行商洽处理①。

在施救费用支付问题上，不仅商、保之间产生纠葛，而且官、保之间也会产生分配上的分歧。针对此，重庆盐务管理支局特意向川康盐务管理局转问合川盐务分局的疑惑。"关于官保分担失吉施救费一案，本岸行销计盐应自何月份额盐起实行？又失吉施救费分担数目是否照官方负担三分之一，保方负担三分之二办理？"对此，川康盐务管理局的批示是："计盐税损失准备，本局曾规定自上年十一月份办，又本年元月份额盐提收。失吉施救费官保分担办理，拟自本年元月份办额。"② 而实际上在此之前，四联渝分会曾向盐务总局呈请，边计盐担失吉施救费，恳由官商各按所保金额负担。渝中保险商业同业公会也向重庆盐务分局呈请，以本区销边计盐担税费及成本约为一与二之比失吉施救费，如需官保比例负担拟请由官方担负三分之一，保方负担三分之二。后通过上报盐务总局，经盐务总局核示，并发总局产（2615）号令，暂准照办。如将来成本增大而致比例变动即查酌调整。又规定，查湘楚商盐盐税以往均悉并入保额内，由运商迳向保险公司照额投保。自 1947 年 10 月份额盐起，始由公家提收税款，损失准备之措施，并比例分摊施救费之规定。该项施救费公家与保方分摊办法，应以每担盐税税率与保方实保每担保额比例分摊。公家担负部分应由查勘岸局核定分摊数目，饬运商暂垫后，报由岸局在周转金内垫发，连同失吉表证专案报请本局转请总局拨赔。并规定，嗣后失吉盐担施救费公家担负部分，应由运商暂垫，随即检同失吉表证及支付施救费收据，并加编上项清单三份，报由岸仓局核明，先由周转金垫发，以凭检寄证件转请拨赔，归垫仰即转饬各商遵照。经过公司查嗣后，办理失吉案件。廷向运商借垫施救费用时，应按照保险人应行负担之数内出据，借用其盐局应摊部分，即由运商廷向局方洽归，本公司不得代为出据借用，所有支付各项费用之原始单据，均应按实支数目取正副各一纸，以便分由盐务机关及本公司分别收执③。为明晰保险机构对于施救费用的负责。经川康盐务管理局核示，"查保险公司对于川江盐运保险费，及赔款之收支，概系以规定保额为计算标准，属定额保险所有，失吉施救费用自应由保方负担"④。

官、保在施救费用具体操作上，分摊施救费用，即授权会勘人员，按官保承保比例滩定，由官保双方分别出立借据，交执存凭洽收，以资迅提。"查所摊办法，目前尚属可行，应暂准授权官方派出查勘人员，会同商保双方复实洽定施救费数目，并按官保承保比例滩定。官方应负担之施救费数目立借据，交商执存洽收仰遵。"在淹消案件会勘上，

① 重庆市档案馆馆藏：《关于核定施救费用划分办法致川康区重庆盐务管理分局江北官仓的代电》（1946 年 8 月 24 日），档号：02780005001070100315000。

② 自贡市档案馆藏：《据合支局请示计岸盐分摊失吉施救费实行日期暨分摊比例一案》（1948 年 6 月 7 日），全宗号 3，目录号 5，案卷号 2806，第 13 页。

③ 自贡市档案馆藏：《为边计盐及湘楚盐失吉施救费官方分摊办法一案转请查照于文到之日起切实执行由》（1948 年 5 月 29 日），全宗号 3，目录号 5，案卷号 2806，第 8—9 页。

④ 重庆市档案馆馆藏：《关于告知川盐类属定额保险所有失吉施救费用应由保方负担致各盐号的函》（1947 年 9 月 29 日），档号：03680001000520000010。

盐务机关要求，“应派干练人员妥慎办理，不得稍涉疏忽”[①]。商盐失吉如有施救费用，应取具单据连同损失表证等件，一并要送到盐务机关核拨。如重庆盐务管理分局渝通业字281号令规定，对于湘楚商盐失吉施救费核发，用应取具单据连同损失表证等件，一并□送湘鄂两处，以凭转请核发，转饬行沿江各属遵照。又规定，嗣后湘楚商盐在渝岸失吉，其官方应负担施救费用，应由运商于具施救费用收□，及官保分摊施救费用数目清单，报传查勘官仓核化仍予发还，运商连同失吉查勘表证，廷报湘楚处核发归垫。1. 各岸商盐在渝失吉施救费用，应由各该商将官保分摊数目清单填呈到盐务机关办的官仓审核无讹后，即予加盖证明发还原，商□传签款归垫施救费用，在查勘日期以后，改用者应由运商负担，不得列传分摊至救获盐斤囤费。为图修理船只，或另行雇船后逆而进误并包之囤费，由运商负担，公家改保盐税，及附加税两项应由保方分摊负担，各费收据应注意核明，并贴足印花，再控保额与税费之比例，将官保两方应负担款数分别列叙明，自以便审核证明。2. 查勘时历次启用滩费，往详加审核，可以列报者为数极少，嗣后为免往返公文手续繁琐，应详加审核，再行列报。3. 湘楚商盐失吉施救费用收据及□滩施救费用清单，除平仓保由一份存查外，余均发还该运商，与失吉查勘表证□向湘楚处核发为垫[②]。而盐载失吉查验后，向运商借垫施救费出立之借据。川康盐务管理规定，“盐务机关盖章证明仅限于确有此项淹消案件，及该款确已借付。至支付金额核办事项，不负任何责任”[③]。

在盐运失事后，为了及时予以施救，难免有垫付施救费用的问题。例如，1947年渝官船第三十七号在涪陵搁浅的事件中，该船前由船户张伯钦领缴，在乐碛第一次遇险失吉，虽经加修理，惟船身碰震过剧，实已削弱其负荷力。原船维交船户古良臣顶缴，续载残盐下放至涪陵，不幸又被轮浪掀簸，搁干浅于沙坝上，前后舱板□缝居多松动脱落，致目前船只下水盐斤复装之后，四周俱有潮水浸入，殊觉危险。兹□保重公家物资，防患未然计，重庆区运盐木船办事处特为急电奉达，希望中和盐业公司重庆办事处迅即转请重庆盐务管理分局鉴核，准将该船盐斤暂时起存涪陵官仓，以后另行设法下运。所有船户古良经原领运费，重庆区运盐木船办事处答应，责饬照规退还。再古船在涪搁浅应付之施救费三百余万元，拟请中和盐业公司重庆办事处先予垫支，将来洽由保险公司如数补出[④]。对于这种垫付施救费用的情况，盐务局此前曾表示过，“查盐担失吉施救费用原属承保公司本身应付之款，被保人初无垫支此款之必要，并垫款以后仍须承保人付还。被保人手续既增繁复，而息累无属不轻，在六联查验机构存在时期，虽偶有由被保人垫

① 重庆市档案馆馆藏：《关于按照盐商与保险公司承保比例摊定施救费给川康区重庆盐务管理分局黄沙溪官仓的令》（1948年7月30日），档号：02780003001420100076000。

② 重庆市档案馆馆藏：《关于规定湘楚盐失吉施救费用应由湘楚盐务管理处核给致大有盐号重庆分号的代电》（1948年9月10日），档号：03680001000830000098。

③ 重庆市档案馆馆藏：《重庆市保险商业同业公会关于洽商盐载施救费数额及界定施救范围的函》（1948年9月9日），档号：02970002021050000016000。

④ 重庆市档案馆馆藏：《关于请垫付第三十七号官船在涪搁浅的施救费用致中和盐业公司重庆办事处的急代电》（1947年7月2日），档号：03640001000810000032。

支施救费用情事，乃系暂时情事，而非有固定之义务"[①]。其后，经过协调，川康盐务管理局答应并规定，对于垫付的施救费用"由附近盐务机关在周转金内发还归垫，以恤商艰"[②]。

抗战胜利后，国统区通货膨胀，物价飞涨，保险机构支付的施救费用也出现上涨的问题。对此，川盐产物保险公司泸县办事处于 1948 年 9 月向其重庆总公司提出，"查盐船施救费用规定官保两方，照所保税额商本数字比例摊付，历经照办在案。现因物价高涨施救费每包动辄支付达数十百万法币之巨，而官方滩付费用仍照从前每担四十五万元之税额计算，致使保方加重赔累。查盐税已自本年八月下旬调整增加甚多，官方仍照旧额摊认，殊不合理。为维护保险人利益计，应请联合同业转请川康盐务管理局令饬各岸局摊付施救费用，自克日起，应照新增税额计摊，以期平允"[③]。后经重庆市保险公会呈请川康盐务管理局，川康盐务管理局根据实际情况亦作出了调整，规定"以盐载遇险，官方摊付之施救费，应照当时所保额款摊付。如税费调整，自可照调整后税款摊付"。对此，"除分函各会员公司及中国查证公司办理外，惟对于今后调整税款，拟请随时通令所属机构，照规定办理，以免再签盖会勘证明书时，耽延时间"[④]。

对于重庆保险商业公会以施救费用超过保额之标的是否可予抛弃的问题，经川康盐务管理局于 1947 年 12 月核示，明确指出"要保意旨原为保障物资安全，物资遭受损害应就可能范围竭力施救，并设法防护，以恢复保险盐斤，或其一部分利益，或减轻其损失。上项救助费用，不论已否超出保额，均不得抛弃所保标的物。至招商代运官盐前以为数不多，各段保额故未予以调整，其实际成本与保额之差额，系由公家自保。兹为权利义务两相平衡起见，应自电发之日起，同意该公会请求，将代运盐施救费，由承保人与被保人比例分摊，以重物资"[⑤]。对于施救人估索高额施救费用的问题，盐运保险公司也函请川康盐务管理局予以制止。盐局的答复是，"查盐担失吉并包时保方如给施救人以合理费用，工作自不致有所贻误"，并"准函以施救人估索高额施救费，嘱予通令沿江各局予以制止"，"饬所属各岸局予以协助干涉合理费用外，相应当地盐局密切合作办理"[⑥]。

---

① 重庆市档案馆馆藏：《关于请用支付或息借的方式垫付施救费用上重庆盐务管理分局的呈》（1947 年 4 月 12 日），档号：03640001000780000075。

② 重庆市档案馆馆藏：《关于在周转金内垫付湘楚盐失吉施救费致川康区江津盐务分局的函》（1948 年 11 月 2 日），档号：02790001001200000136。

③ 重庆市档案馆馆藏：《川盐产物保险股份有限公司泸县办事处关于盐险施救费请转官方比照税额计摊上川盐产物保险股份有限公司重庆总公司的呈》（1948 年 9 月 25 日），档号：02970002037140000079000。

④ 重庆市档案馆馆藏：《关于令知盐载遇险官方摊施救费照当时税费计付的令》（1949 年 1 月 6 日），档号：02790001006040000045。

⑤ 重庆市档案馆馆藏：《关于告知施救费用超过保额是否可予抛弃等情形致川康江津盐务分局的函》（1947 年 12 月 3 日），档号：02790001002050000060。

⑥ 重庆市档案馆馆藏：《关于告知盐载失吉施救人估索高额施救费用致川康江津盐务分局的函》（1947 年 3 月 31 日），档号：02790001002050000112。

四、结语

由上观之，盐局的各种指示明晰了各方的责任、分摊比例，有利于合理地开展盐运失事施救费用的发放，在实际的失事案件施救费用支付上起到了积极效果，因而有利于维护正常的盐运秩序。例如，在 1947 年喻正生盐船失事案件上，重庆盐务管理分局黄沙溪官仓在接到该船户失事关于施救费用的报告后，明确批示，“该船户本年十月十日呈，一右呈悉，经查该船失事，所用抢救费用，应由保险部担负，应即自行洽办，合行批饬遵照”①。当然，需说明的是，保险机构对于盐运失事后的施救费用支付问题，并不是总是持推诿的态度上，通常也会合理支付，甚至为鼓励人们及时施救，还会给以嘉奖。如在吴月清盐船失事案件中就是如此。因吴月清之盐船停泊兜子背河边，于 1948 年 10 月 29 日午后四点之际，突被沙水暴发，将其船庄纯□断打入水中流危险万状，于时船中仅一女孩，无力挽救，其呼号之声远近皆闻。幸川盐银行保险部水手及当地小船劳工出力施救，始将该盐船救回，停泊原处，其对于盐斤则丝毫无损。除施救费用 35 元已由船户按数给予外，当地保长戴希伯具呈，恳请当地川盐银行保险部办事处转函至总行发给奖金，以示鼓励，而慰劳工。之后，川盐银行保险部总行派人调查，查船户吴月清藐玩定章，不将工人雇足在船看守，几酿莫大损失，实有未合。当地保险部办事处，即川盐银行保险部黄沙溪办事处向其总行汇报说，“当于出事之后，已据请面请盐运处，将该吴月清传案严加申斥，除施救费用三十五元，已由该船户负责给予外，其当日救护之小船四只工人十八名，职当已传语嘉奖，策其后效”。其后，川盐银行保险部满足了这一请求，“拟准给奖十元，以资鼓励”②。

总之，盐运失事施救费用纠葛，从产生的原因看，一是由于规章制度设计上的缺陷，存在施救费用支付的界限不明，以及规章内容与盐运施救实际相脱节的情况，从而难免产生纠葛。二是盐运失事的施救本身就是一个复杂的过程，在监督缺位的情况下，难免有人高索施救费用，或者因船户舞弊而导致纠纷。三是因通货膨胀的影响，物价上涨，给力夫的施救力资难抵生活之需，因而也会产生施救费用的纠葛。再者，从施救费用纠葛的处理而言，尽管盐运商、保险机构、施救人是盐运失事施救费用纠葛的主体方，但对纠葛的协调与平息，官方仍处于主导地位。当然，保险机构出于减少盐运失事赔偿、鼓励及时施救的考虑，在施救费用支付上也表现出了积极的姿态，但就保险机构能够扩大盐运保险业务的进程看，处处有着官方要求盐运必须投保水险的影子。这从中说明了，在中国近代，市场化的模式，尽管可以促进产业发展，但面对干扰产业发展的因素，政府的干预是必不可少的。

① 重庆市档案馆馆藏：《关于盐船失事抢救费用应由保险部担负的报告、批》（1949 年 1 月 6 日），档号：02780003001000000161000。

② 重庆市档案馆馆藏：《川盐银行盐载保险部黄沙溪办事处关于嘉奖施救吴月清盐船之水手、劳工上川盐银行重庆总行的呈》（1948 年 11 月 11 日），档号：02970002027990000446000。

清代南部县衙档案里的俗字俗语

杨小平*

所谓俗字，张涌泉《汉语俗字研究》指出："是区别于正字而言的一种通俗字体。"[①] 俗字分为广义的俗字和狭义的俗字。什么是广义的俗字呢？张涌泉《敦煌俗字研究》认为即"凡是区别于正体的异体字"[②]。什么是狭义的俗字呢？郑贤章《龙龛手镜研究》说："汉字史上各时期出现在民间，多数具有简易性特点，相对正体而言的或者新造的本无正体的字体"，即狭义的俗字[③]。

四川省南充市档案馆所存近2万卷《清代南部县衙档案》（以下简称"南部档案"），是从清代顺治十三年（1656）到宣统三年（1911）的256年唯一完整的县级基层政权档案，真实而全面。南部档案是清代四川省南部县县衙处理公事的地方性档案文书。虽然是官方文书，但是因其地方性色彩较浓，且文字记录绝大多数都采用手写的书写形式，故而，其中有大量的俗字俗语存在。在这些俗字俗语当中，有的俗字俗语比较生僻、少见；而有的俗字俗语则比较常见，文书中出现的频率相对较高。理解认识这些常见的俗字俗语，同时对俗字俗语进行分析与说明，对解读理解南部档案有着一定的帮助。

南部档案由人工书写，使用了不少俗字俗语。俗字俗语历史悠久，文化底蕴丰厚，具有地方特色。对于俗字俗语，前人时贤进行了深入研究，成果较丰硕。但是档案中的俗字俗语研究很少。解读和整理南部县衙档案，若未能充分注意俗字俗语，对俗字俗语的内涵和渊源知之不多，俗字俗语的认识错误导致对档案理解错误、标点句读不当等，会直接或者间接影响档案的研究和利用，以讹传讹，不利于地方历史档案的整理与研究。

本文拟对南部档案中的俗字俗语进行考论，所言并非达诂，还望方家斧正。

一、俗字

《为具禀办理卑县酒税填表呈核情形事呈督宪等》："增烤者据实补报，以昭大公而杜

* 作者简介：杨小平（1972－），男，汉族，四川南充人，文学博士，历史文献学博士后，西华师范大学教授、硕导，研究方向：俗语言，辞典学，敦煌文献研究。

基金项目：2011年国家重大招标项目"清代南部县衙档案整理与研究"（11&ZD093）；国家社科后期资助项目"清代手写文献之俗字研究"（14HFF022）。

① 张涌泉：《汉语俗字研究》，北京：商务印书馆，2010年，第1页。

② 张涌泉：《敦煌俗字研究》，上海：上海出版社，1996年，第8页。

③ 郑贤章《龙龛手镜研究》，长沙：湖南师范大学出版社，2004年，第101页。

若乐不均之獘（弊）。”（《南部档案》23—52—1，时间不详）

按：“獘”是“弊”的俗字，“獘”本是从犬敝声，后来省做“獘”，变作“弊”。《玉篇·犬部》：“獘，婢出切，兽名也，顿扑也，俗作弊。”

《为仰役前往催令范清第遵断还给贡生封焕章银两封亦遵断还给雍邓氏银两事呈签》：“贡生接井，煑（煎）烧二载，有范清第添银夺佃贡生盐井。”（《南部档案》19—304—1，光绪十三年二月初三日）

按：“煑”是“煎”的俗字，《敦煌俗字谱·火部》“煎”字书作“煑”，《四声篇海·火部》以“煎”“煑”为同字，《佛教难字字典·火部》定“煑”为“煎”之俗体。

《为计开邱化龙等具控朱兴顺等昧挪学田局银两撇骗亏公案内人证候讯事》：“原禀：拔贡邱化龙、恩贡张文培（不到）、廪生何樹（树）护、文生李煜南。”（《南部档案》15—256—4，光绪二十六年五月二十二日）

按：“樹”是“树”的俗字。《说文解字》（大徐本）：“树，生植之总名，从木尌声，常句切。”《宋元以来俗字谱·木部》引《通俗小说》等并作“樹”。《中文大辞典·木部》：“樹，树之俗字。”《汉语大字典·木部》：“樹，同树。”均依据《宋元以来俗字谱》。《书法字汇》引《南朝宋爨龙颜碑》字作“樹”、引《明沈藻三希堂法帖》字作“樹”，楷化作“樹”。“树”正字木字旁和寸中间本是“壴”字，上面一个“十”，下面一个“豆”。而此处，其俗字中间部分，只是一个“豆”字，是在原正字基础上，用简笔代替了繁笔而来。

《为签唤邱化龙等具控朱兴顺等昧挪学田局银两撇骗亏公案内人证候讯事签》：“为此签㑃（仰）该役前去，即将复开有名人证，逐一传齐，依限随签赴县，以凭质究。”（《南部档案》15—256—2，光绪二十六年四月二十六日）

按：“㑃”为“仰”的俗字。《说文·人部》（大徐本）：“仰，举也，从人从卬，鱼两切。”《碑别字新编·六画·仰字》引《清潍县城隍庙碑》“仰”作“㑃”字。正字“仰”的结构是左边一个单人旁，右边一个“卬”字。而其俗字的结构则为左边一个单人旁，中间一个“工”，右边一个“卩”。另外，《说文解字》（大徐本）：“仰，举也，从人从卬。”中“卬”字也写的是一个“工”加一个“卩”。可见该俗字，已经被广泛地接受，甚至正统文人也这样写。南部档案多见该字，如《为札知各属整顿学校书院除秽习勤思布新事饬南部县》：“学院外合就札行为，此札㑃（仰）该司即便通饬各属一体钦遵毋违此札计。粘单一纸，等因行司移道檄府，奉此合就札行为，此札㑃（仰）该县即便一体钦遵毋违此札。”（《南部档案》15—257—1，光绪二十六年七月十六日）

《为将故兵刘国兴所遣老亲友支过月粮银两印结事致绥定协》：“月米艮（银）两，分年分案出。”（《南部档案》3—44—2，嘉庆十六年六月廿三日）

按：“艮”是“银”的减旁俗字，并不是表示八卦之一的“艮”，下文即写“月米银两”可以证明。“银”字简化偏旁后写成“艮”，与表示“停止、界限、艰难、脾气倔”等意思的“艮”字同形，一不小心就可能错误释读。南部档案多见“艮”字用来表示

“银”字的用例，例如《为卖水牛三只与王荣亮事》：“子母牛作价艮（银）玖两正。”（《南部档案》2－61－3，乾隆十三年九月十五日）前写“银”，后写“艮”。明显同字。

《为贡生杨荣升等具禀恳备文移取补额呈据》：“第杨天珍故父，早买苏何两姓盐（盐）井共载堂限六户。”（《南部档案》19－303－1，光绪十二年十月卅日）

按：“盬”是“盐”的俗字，《玉篇·鹽部》以“盬”为“盐”之俗体。

《为札委学田局副办贾承谟遵照接充学田局首事事》：“为此札仰该生等遵[illegible]（照）接充，妥为办理，毋得始勤终怠。”（《南部档案》15－268－6，光绪二十六年十二月十日）

按：“[illegible]”为“照”的俗字。《说文·日部》（大徐本）：“[illegible]，明也，从火昭声，之少切。”隶变作“照”。《类篇·火部》字形作“[illegible]”，《字汇·火部》及《正字通·火部》皆作“[illegible]”，一般从“召”之字，以笔势之小异，亦或作“色”。又如《为计义学处所名单事》：“裴絶（绍）晋，住盘龙驿。”（《南部档案》15－261－5，光绪十一年十二月）“絶”是“绍”的俗字，其左边的“召”亦写作“絶”。我们现在还常说：“色字头上一把刀。”可见人们普遍认为“⺈”等同于“刀”字。

《为札饬文生李汇源接任书院斋长事饬文生李汇源》“案据书院[illegible]（斋）长廪生谢鼎禀称，情[illegible]（?）云理合禀覆等情……接充书院[illegible]（斋）长……为此札仰该生‘协同[illegible]（斋）长谢鼎’务须认真经理，以专责成。毋蹈积习，切切此札。”（《南部档案》15－261－4，光绪二十六年七月二十四日）

按：“[illegible]”是“斋”的俗字。“斋”繁体正字为“齋”。《说文·示部》（大徐本）：“斋，戒洁也。从示，齐省声，侧皆切。”《宋元以来俗字谱》十六画引《东窗记》等作“斋”。《康熙字典·文部》“斋”下云：“《篇海》同斋。”《汇音宝鉴·皆上平声》“斋”下云：“与斋同字。”该俗字在原正字“齋”的基础上，用“文”作为简省符号代替“[illegible]”，同时用“而”代替“[illegible]”。“[illegible]”“[illegible]”也是“斋”的俗字，但是这两个俗字未见于其他文献。根据上下文意思大意，可判断“[illegible]”“[illegible]”也是“斋”的俗字。可见，《南部档案》作为地方性的文书，其中记录内容有着自身独特的地域性。

二、俗语

《为陶天佑跌岩拌伤身死事》：“今蒙验讯，陶天佑实系出外捡粪，路过小的管业岩边，自行失足跌岩拌伤左脚外踝，医治不愈，因伤身死，并无别故。”（《南部档案》6－162－5，同治十三年四月二十八日）

按：“拌”不是俗字，而是方言俗语词，因为该字并没有对应的正字，它仅仅是记载包括南部方言在内的四川方言的俗语词。该词的意思是“摔”“跌”，与前文的“跌”同义。“拌伤”就是“摔伤”“跌伤”的意思。《现代汉语词典》未收该词此义，说明该词未成为通用词。《汉语方言大词典》收录，解释为“摔”，说明西南官话使用。[①]

“拌”这个俗语词此义可能由“用力摔”引申而来，本指“用力摔东西”，扩大到人，形容受到较大力而摔或跌。西汉扬雄《方言》说该词意思是“挥弃物”。字典辞书对此多有记载，如《汉语大字典》：舍弃；不顾惜。《方言》卷十：“楚人凡挥弃物，谓之拌。”《广雅·释诂一》：“拌，弃也。”王念孙《疏证》：“拌之言播弃也……‘播’与‘拌’古声相近。《士虞礼》：‘尸饭播余于篚。’古文‘播’为‘半’，‘半’即古‘拌’字，谓弃余饭于篚也。”唐温庭筠《春日偶作》诗：“夜闻猛雨拌花尽，寒恋重衾觉梦多。”《警世通言·吕大郎还金完骨肉》：“欲要争嚷，心下想到：‘今日生辰好日，况且东西去了，也讨不转来，干拌去涎沫。’”清高绍陈《永清庚申记略》：“余铤而走险，拌死得至双营。”[②] 不过，《汉语大字典》把“挥弃”和“舍弃”两个不同的意思收录在一起，容易误解。这些例证中，用力挥弃的有《春日偶作》《永清庚申记略》，而《警世通言·吕大郎还金完骨肉》中的意思是舍弃。而“不顾惜”义没有例证。最好是分列义项，便于使用。相比之下，《中文大辞典》处理就相对较好。

《中文大辞典》：弃也。《方言》十：“楚凡挥弃物，谓之拌。”《广雅·释诂一》：“拌，弃也。”其他文献也多见该俗语词。

《方言》卷十：“拌，弃也。楚凡挥弃物谓之拌。”[③] 楚语中“挥弃物”即用力扔东西。《广雅·释诂》：“拌，弃也。”王念孙《疏证》：“拌之言播弃也。《吴语》云‘播弃黎老’是也。‘播’与‘拌’古声相近。《士虞礼》：‘尸饭，播余于篚。’古文‘播’为‘半’，‘半’即古‘拌’字，谓弃余饭于篚也。”[④]《汉语大词典》解释为：“舍弃；豁出。《方言》第十：‘拌，弃也。楚凡挥弃物谓之拌。’宋吴潜《满江红·怀李安》词：‘邂逅聊拌花底醉，迟留莫管城头角。’”按：吴潜词中的“拌”为“豁出”的意思，与“挥弃物”没有关系。实际上，仔细阅读后可以知道，《汉语大词典》是把两个相关但并不同的意义放在一起进行解释，一个是“舍弃”，例证为《方言》；一个是“豁出”，例证是吴潜词。《汉语大词典》引《方言》后直接举吴潜词例容易让人误解或混淆“拌”的意思。

“拌”的“舍弃”“豁出”义又记音作“潘”。《广韵·缓韵》：“拌，弃也。又音潘。”如《敦煌变文校注·维摩诘经讲经文（一）》：“赎香钱减两三文，买笑银潘七八挺。”《校注》：“潘，当读作‘拌’。《方言》卷十：‘楚人凡挥弃物，谓之拌。’字又作‘拚’。《广韵·桓韵》：‘拌，弃也。俗作拚。’”[⑤] 按：《敦煌变文校注》引《方言》的引文中“楚”字后衍“人”字，同时引《方言》与《广韵》欠妥。《方言》中的“拌”乃“挥弃”“用力扔”的意思，与《广韵》中的“拌”字意思并不同。《敦煌变文校注·太子成道经

① 许宝华、宫田一郎：《汉语方言大词典》，北京：中华书局，1999年，第3282页。

② 徐中舒：《汉语大字典》，成都：四川辞书出版社，武汉：湖北辞书出版社，1990年，第1858页。

③ 扬雄：《輶轩使者绝代语释别国方言》，北京：商务印书馆，丛书集成初编本，1937年，第203页。

④ 王念孙：《广雅疏证》，上海：上海古籍出版社，1983年，第39页。

⑤ 黄征、张涌泉：《敦煌变文校注》，北京：中华书局，1997年，第762页。

（一）》："若能取我眼睛，心里也能潘得。取我怀中怜爱子，千生万劫实难潘。"[①] 敦煌变文中的"潘"均是"抛弃""抛舍"义。宋俞文豹《吹剑三录》："判音潘。杜诗：'痛饮已判人共弃。'"

《四川方言词语考释》"拌"条说："弃掷；用力摔。……唐温庭筠《春日偶作》诗：'夜闻猛雨拌花尽，寒恋重衾觉梦多。'谓雨把花全打在地上，犹弃掷于地矣。"[②] 按：温庭筠诗中"拌"为"摧残"的意思，不是"弃掷"义，也不是"用力摔"义。该书显然属于误引其诗。

又记音作"跘"。《四川方言词语考释》又云："或作'跘'，《蜀籁》卷三：'爬得高跘得响。'"[③] 按：此说欠妥，因为"跘"确实有"弃掷，用力摔"的意思，但是《蜀籁》中的"跘"却是"摔倒"的意思。《汉语大词典》"跘"条解释为"跌倒；摔倒"，例引傅崇矩等《成都通览·童谣》："南瓜跘得稀巴滥，娃娃跘得喊妈妈。"这里有两个"跘"字，而第一个"跘"与第二个"跘"意思不同，前者指"用力扔"，带有"弃掷"、"用力摔"的意思，后者是"滑倒"的意思。因为南瓜不会自己跌倒或者摔倒，只有可能是"被用力扔"或者"使劲扔"的意思。

《为具告蒲永连等冒充乡约迭搕银钱未遂殴民致伤私押不释事》："延令八月十五民与伊割肉两斤送情，伊已收去，辄欺民朴，八月二十七见民赶场归家。"（《南部档案》8—379—1，光绪七年八月三十日）

按："场"也是方言俗语词，意思是"市场""市集"。南部方言现在仍然使用"场"的此义，有的乡镇是一、四、七当场，有的乡镇是二、五、八当场，有的则是三、六、九当场。"当场"即当天是集市的日子，农村不同地方当场的日子不一样，但大多一般间隔两天左右，民众利用集市进行各种贸易，周边的人都会携带货物前来，多以街道、公路为交易地方，甚至阻断交通。而不当场的日子称为"闲场天"。《汉语大字典》：集；市集。如：赶场；三天一场。清刘献廷《广阳杂记》卷二："后世市谓之墟……蜀谓之场。"[④]《汉语大字典》仅仅收有清刘献廷《广阳杂记》一个孤证，实际上，文献中还有很多例证，可以补充。

南部档案中多见"场"的此义，例如，《为河差具禀彭显超运米违禁出关事》："小的系治属民，人住老观场，今十月间去往上河买米，船只装运来治城。"（《南部档案》23—41—2，十一月七日）《为计开杨玉桐具告李茂林等拐配民媳凶辱案内人等事》："投鸣场保李茂林、莫与伦拢来，不分真伪，都说小的冒认人妻，就把小的们衣服一并脱去，捆缚吊殴，并把小的敬甫臣绸中衣脱去换了，估逼小的们认耗费钱三串。"（《南部档案》23—238—1，宣统二年七月十二日）

① 黄征、张涌泉：《敦煌变文校注》，北京：中华书局，1997年，第439页。
② 蒋宗福：《四川方言词语考释》，成都：巴蜀书社，2002年，第17页。
③ 蒋宗福：《四川方言词语考释》，成都：巴蜀书社，2002年，第17页。
④ 徐中舒：《汉语大字典》，成都：四川辞书出版社；武汉：湖北辞书出版社，1990年，第462页。

《蜀语》："村市曰场。入市交易曰赶场，三、六、九为期，辰集午散，犹河北之谓集，岭南之谓墟，中原之谓务。"[①] 其他文献也多见"场"的此义。如《跻春台》卷一《卖泥丸》："凡佣工赶场，必要出告返面，勿使母亲悬望。"又卷二《捉南风》："那日赶场吃醉了，见卖锄棍的便宜，遂买一根。"又卷三《南山井》："那一日赶场归路过南岭，比时间正行走天色黄昏。"《汉语大词典》例证为沈从文《山鬼》五和何士光《将进酒》二，时代较晚。

① 黄仁寿、刘家和：《蜀语校注》，成都：巴蜀书社，1990年，第85页。

朱子《家礼》的家教思想

周 兴*

在中国传统文化中，家教在本质上是礼教在家庭、宗族层面的推行。朱熹作为宋代理学的集大成者，非常重视家教，《家礼》充分展示了朱熹的家教思想。学术界对《家礼》的研究不少，如罗秉祥揭示了《家礼》的宗教意涵①，周永健讨论了《家礼》的社会教化功能②，周元侠认为《家礼》具有化民成俗、简便易行及维护家族秩序等特质③，李禹阶从乡村控制的角度探讨了《家礼》的礼制建设④，彭卫民则讨论了《家礼》的礼法理论问题⑤。但这些研究都未能将《家礼》与朱熹的礼学理论相结合，探讨《家礼》的思想内涵，本文欲致力于此，探讨朱熹家教思想的精髓。浅薄之见，就教于方家。

一、朱熹的礼学理论

朱熹不仅是宋代理学的集大成者，而且在礼学理论和制礼实践方面都取得了超越前人的成绩。他撰写《家礼》依据的是其礼学理论，因此下文首先简要梳理朱熹的礼学理论，再结合朱熹的礼学理论讨论《家礼》在制礼实践中的家教思想。

在礼学理论上，北宋程颐以“理”释“礼”：“视听言动，非理不为，即是礼，礼即是理也。”⑥ 在此，“理”是价值本体，程颐以“理”释“礼”，从而在理论上对“礼”赋予了新的精神内涵。朱熹继承程颐以“理”释“礼”的思路，并进行了发挥，说：“礼谓之‘天理之节文’者，盖天下皆有当然之理。今复礼，便是天理。但此理无形无影，故作此礼文，画出一个天理与人看，教有规矩可以凭据，故谓之‘天理之节文’。”⑦ 在他看来，天理虽然“无形无影”，但必须以可见的形式在人事中展示出来，这种可见的形式便是“天理之节文”，即是礼。从这个角度说，天理与人事便通过“礼”统一起来：“礼者，

---

* 作者简介：周兴，博士，西华师范大学历史文化学院教师。

① 罗秉祥：《儒礼之宗教意涵——以朱子〈家礼〉为中心》，《兰州大学学报（社会科学版）》2008 年第 2 期。

② 周永健：《论朱熹〈家礼〉的社会教化功能》，《兰台世界》2011 年第 19 期。

③ 周元侠：《朱子〈家礼〉的特质——基于社会教化的视角》，《中国哲学史》2019 年第 1 期。

④ 李禹阶：《朱熹的家族礼仪论与乡村控制》，《重庆师范大学学报（哲学社会科学版）》2004 年第 4 期。

⑤ 彭卫民：《礼法与天理：朱熹〈家礼〉思想研究》，成都：巴蜀书社，2018 年。

⑥ （宋）程颢、程颐：《河南程氏遗书》卷 15《伊川先生语一》，《二程集》上册，北京：中华书局，1981 年，第 144 页。

⑦ （宋）朱熹：《朱子语类》卷 42《颜渊篇下》，《朱子全书》第 15 册，上海：上海古籍出版社；合肥：安徽教育出版社，2010 年，第 1494 页。

天理之节文、人事之仪则也。”[①] 换言之，天理是通过礼而落实到人事、渗透到现实生活的。对朱熹而言，价值本体必须在现实生活中实现，“礼”的本质就是儒家价值本体的实现形式。

对于朱熹而言，天理作为价值本体，与现实生活的关系还有“心”这一因素。他讲：“心与理一，不是理在前面为一物。理便在心之中，心包蓄不住，随事而发。”[②] 在朱熹的理论体系中，人通过心性修养实现“心与理一”，但“理”又必须“随事而发”，才能显现其真实性，因此说：“实有此理，便实有此事。”[③] 心中之“理”必须以“礼”达于人事，因此朱熹认为不可用“复理”来释“克己复礼”中的“复礼”：“某之意，不欲其只说复理而不说‘礼’字。盖说复礼，即说得着实；若说作理，则悬空，是个甚物事？”[④] 在朱熹看来，“理”还在心的层面，还是虚的，只有通过“礼”，才能“着实”，即贯彻到人事中。如果“理”不能“着实”而“悬空”，就与佛老无异：“然则世间却有能克己而不能复礼者，佛老是也。佛老不可谓之有私欲。只是他元无这礼，克己私了，却空荡荡地。”[⑤] 朱熹认为，佛老虽然有所见，但不能“复礼”，则其“理”无法落实到人事，终归不是实理。这样，朱熹在理论上实现了“理”与“礼”的高度融合：没有“理”，“礼”只是没有内涵的外在形式；没有“礼”，“理”只是没有落到实处的虚理。在朱熹看来，儒家学者领悟到的天理如果不向现实生活落实，无论他领悟得多深多透，都偏离了儒学的根本精神。确如所何俊所说：“朱熹虽极力强调理气不分，即道器合一，但是这个不分、合一，是在首先明确理与气、道与器截然不同，而且理、道为本的基础上来谈的，目的是在挺立理、道的同时，防止理、道成为一个虚理、空道。”[⑥]

正因为如此，朱熹才汲汲于儒家礼仪的可行性。他讲：“圣人有作，古礼未必尽用。须别有个措置，视许多琐细制度，皆若具文，且是要理会大本大原。”[⑦] 朱熹认为古礼繁杂琐细的仪节都是“具文”，古礼的用处在于“理会大本大原”。那么，至于礼的外在节文，朱熹则说：“‘礼，时为大。’使圣贤用礼，必不一切从古之礼。疑只是以古礼减杀，从今世俗之礼，令稍有防范节文，不至太简而已。”[⑧] 所谓“时为大”就要求“从今世俗之礼”，并加以改造。在朱熹看来，天理要在现实生活中活泼泼地呈现，前提是真实情感的表达，如他论丧礼道：“如始丧一段，必若欲尽行，则必无哀戚哭泣之情。何者？方哀苦荒迷之际，有何心情一一如古礼之繁细委曲？古者有相礼者，所以导孝子为之。若欲孝子一一尽依古礼，必躬必亲，则必无哀戚之情矣。况只依今世俗之礼，亦未为失，但

① （宋）朱熹：《四书章句集注·论语集注》卷1《学而》，《朱子全书》第6册，第72页。
② （宋）朱熹：《朱子语类》卷5《性理二》，《朱子全书》第14册，第219页。
③ （宋）朱熹：《朱子语类》卷21《论语三》，《朱子全书》第14册，第744页。
④ （宋）朱熹：《朱子语类》卷41《颜渊篇上》，《朱子全书》第15册，第1475页。
⑤ （宋）朱熹：《朱子语类》卷41《颜渊篇上》，《朱子全书》第15册，第1454页。
⑥ 何俊、范立舟：《南宋思想史》，上海：上海古籍出版社，2008年，第139页。
⑦ （宋）朱熹：《朱子语类》卷84《礼一》，《朱子全书》第17册，第2878页。
⑧ （宋）朱熹：《朱子语类》卷84《礼一》，《朱子全书》第17册，第2888页。

使哀戚之情尽耳。”[①] 古礼的繁文缛节扼杀了真实的情感，因此俗礼更可取。

朱熹又认为，要使礼切实可行，就必须简易。他说：“有圣人者作，必将因今之礼而裁酌其中，取其简易易晓而可行，必不至复取古人繁缛之礼而施之于今也。”[②] 此处的“今之礼”指当时的俗礼，改造俗礼以符合儒家义理，是朱熹制礼的基本原则。朱熹深刻地认识到在基层社会推行儒家礼制的困难：“礼不难行于上，而欲其行于下者难也。”[③] 正因为如此，他才强调礼要简易，要因俗礼改造。他据此提出其制礼原则：“所因之礼是天做底，万世不可易。所损益之礼是人做底，故随时更变。”[④] “所因之礼”指礼的内在义理，也即天理；“所损益之礼”指礼的外在节文。他提出礼的义理永远不变，礼的节文则依时变化，这是他在制礼实践中改造俗礼的理论依据。在礼文的制作方面，他提出：“百世以下有圣贤出，必不踏旧本子，必须斩新别做。”[⑤] 朱熹就是依据此原则制作《家礼》的。

上文分析表明，朱熹一方面要求“礼”必须上升到礼之本，即“理”；同时又要求“理”必须落实到人事而为实理，即“礼”，在理论上实现了“理”与“礼”高度的内在融合。根据这一理论，在制礼层面注重将“礼”日常生活化，使日常生活提升为“理”的流行。《家礼》便是其礼学理论运用于制礼实践的成果。

二、朱熹《家礼》的家教思想

儒家学者非常重视家庭建设，按照《大学》的八条目，“齐家”是治国、平天下的基础：“古之欲明明德于天下者先治其国，欲治其国者先齐其家。”[⑥] 对于“齐家”的这种基础地位，朱熹有透彻的阐述：“家政修明，内外无怨，上下降祥，子孙吉昌。移之于官，则一官之政修；移之于国与天下，则国与天下之政理。……家政不修，其可语国与天下之事乎！”[⑦] 对于朱熹而言，“齐家”的根本内容是以礼教化家庭、宗族成员，其总体要求是：“士君子修一家之政，非求富益之也，植德而已尔，积善而已尔。”[⑧] 这体现了孔子“道之以德，齐之以礼”[⑨] 的施政原则。朱熹正因为如此重视家庭建设，《家礼》才倾注了他多年的心血，在其失窃后又回抄，六十多岁时还在修订[⑩]。

儒家的家教是以孝道为核心的，朱熹《家礼》更是围绕孝道而编排的，《论语》有

---

① （宋）朱熹：《朱子语类》卷89《礼六》，《朱子全书》第17册，第3013—3014页。
② （宋）朱熹：《朱子语类》卷84《礼一》，《朱子全书》第17册，第2877—2878页。
③ （宋）朱熹：《晦庵先生朱文公文集》卷69《民臣礼仪》，《朱子全书》第23册，第3352页。
④ （宋）朱熹：《朱子语类》卷24《论语六》，《朱子全书》第14册，第865页。
⑤ （宋）朱熹：《朱子语类》卷84《礼一》，《朱子全书》第17册，第2878页。
⑥ 王文锦译注：《大学中庸译注》，北京：中华书局，2013年，第3页。
⑦ （宋）朱熹：《朱子佚诗佚文全考·朱子遗集》卷4《家政》，《朱子全书》第26册，第705页。
⑧ （宋）朱熹：《朱子佚诗佚文全考·朱子遗集》卷4《家政》，《朱子全书》第26册，第705页。
⑨ 杨伯峻译注：《论语译注》，北京：中华书局，2012年，第16页。
⑩ 汤勤福：《朱熹〈家礼〉的真伪及对社会的影响》，陈来、朱杰人主编：《人文与价值：朱子学国际学术研讨会暨朱子诞辰880周年纪念会论文集》，上海：华东师范大学出版社，2011年，第583—594页。

言："孝弟也者，其为仁之本与！"[①] 另外，孔子在答孟懿子问孝时，提出了践行孝道的礼学原则："生，事之以礼；死，葬之以礼，祭之以礼。"[②] 如果冠、婚二礼算作事亲之礼的话，那么司马光的《书仪》便体现了这一原则。《书仪》共十卷，第一卷介绍当时各种文书的格式，内容简单，篇幅很小，已无足轻重；第二卷介绍冠礼，第三、四卷介绍婚礼，第五卷至九卷介绍丧礼，第十卷介绍祭礼[③]，形成以冠、婚、丧、祭四礼为主要内容的家礼制度。朱熹的《家礼》是以司马光的《书仪》为蓝本制定的，《家礼》总共五卷，第一卷为《通礼》，第二、三、四、五卷分别是冠、婚、丧、祭四礼。朱熹认为《书仪》不够简易："温公《仪》人所惮行者，只为闲辞多，长篇浩瀚，令人难读，岂是行礼处无多。"[④] 因此，朱熹为使礼仪简单易行，将"闲辞"删除，冠、婚、丧、祭各一卷，篇幅简省不少。

然而，朱熹《家礼》超越司马光《书仪》之处在《家礼》第一卷《通礼》，企图将践行孝道的礼仪与日常生活融为一体，这突出体现了朱熹的礼学理论。《书仪》第一卷介绍各种文书的格式，在《家礼》中则以《通礼》替换，这是有深意的。朱熹对《通礼》进行了简要说明："此篇所著，皆所谓有家日用之常礼，不可一日而不修者。"[⑤] 在朱熹看来，冠、婚、丧、祭四礼不是日日皆修，不是"日用之常礼"，仅仅通过这四礼显然不能将天理落实到日常生活成为实理。朱熹在《家礼序》中说："凡礼有本有文。自其施于家者言之，则名分之守、爱敬之实者，其本也；冠婚丧祭仪章度数者，其文也。其本者有家日用之常礼，固不可以一日而不修。"[⑥] 在他看来，要将"名分之守、爱敬之实"的道德价值渗透到日常生活中，其根本途径则是"通礼"；而冠、婚、丧、祭四礼只不过是"文"，与前者的地位不可同日而语。这样，天理就由心中之理落实到了现实生活的层面，成为"实理"。在此，我们不难体会到他设置《通礼》的苦心。

《通礼》有"祠堂""深衣制度"和"司马氏居家杂仪"三章内容，其中"深衣制度"只是"平日之常服"，没有赋予儒家义理，在此不做分析。朱熹对"祠堂"和"居家杂仪"则都赋予了儒家义理，他对设置"祠堂"一章的重大意义做了深入分析："此章本合在《祭礼》篇，今以报本反始之心，尊祖敬宗之意，实有家名分之守，所以开业传世之本也，故特著此冠于篇端，使览者知所以先立乎其大者，而凡后篇所以周旋升降、出入相背之曲折，亦有所据以考焉。然古之庙制不见于经，且今士庶人之贱亦有所不得为者，故特以祠堂名之，而其制度亦多用俗礼云。"[⑦] 祠堂相当于司马光《书仪》中的影堂，两者都受到佛教的影响[⑧]。在《书仪》中，司马光将"影堂杂仪"置于《祭礼》篇后，而朱

---

① 杨伯峻译注：《论语译注》，第 3 页。

② 杨伯峻译注：《论语译注》，第 18 页。

③ （宋）司马光：《书仪》，《文渊阁四库全书》第 142 册，台北：商务印书馆，1986 年，第 460—526 页。

④ （宋）朱熹：《朱子语类》卷 90《礼七》，《朱子全书》第 17 册，第 3049 页。

⑤ （宋）朱熹：《家礼》卷 1《通礼》，《朱子全书》第 7 册，第 875 页。

⑥ （宋）朱熹：《家礼·家礼序》，《朱子全书》第 7 册，第 873 页。

⑦ （宋）朱熹：《家礼》卷 1《通礼》，收入《朱子全书》第 7 册，第 875 页。

⑧ 参见常建华：《宋以后宗族的形成及地域比较》，北京：人民出版社，2013 年，第 31—57 页。

熹将“祠堂”置于《家礼》第一卷《通礼》的篇首。朱熹明确提到祠堂“多用俗礼”，但他认为祠堂“以报本反始之心，尊祖敬宗之意，实有家名分之守”，利用祠堂的日常祭礼来培养儒家义理，作为“开业传世之本”，因此建立祠堂并确立其礼制规模是“先立乎其大者”。

朱熹对“居家杂仪”的意义也进行了阐述：“此章本在《婚礼》之后，今按：此乃家居平日之事，所以正伦理笃恩爱者，其本皆在于此，必能行此，然后其仪章度数有可观焉，不然则节文虽具，而本实无取，君子所不贵也，故亦列于首篇，使览者知所先焉。”① 在司马光的《书仪》中，“居家杂仪”附在《婚礼》篇末，地位并不重要。而朱熹则赋予“居家杂仪”以“正伦理笃恩爱”的儒家义理，以此为本则外在的“仪章度数”才有实质的意义。这同样体现了朱熹将儒家义理落实于日常生活的要求。

就《通礼》的内容看，“祠堂”是祭礼落实到日常生活领域的体现，“居家杂仪”是事亲之礼的日常生活化，而丧礼则因自身形式的限制而无法在日常生活中落实。对于朱熹而言，祭礼和事亲之礼成为儒家义理落实到日常生活的根本途径。这样，孔子所谓“生，事之以礼；死，葬之以礼，祭之以礼”的践履孝道的原则就渗透到家庭、宗族的日常生活中了。

三、朱熹《家礼》的制礼成就

那么，朱熹是如何通过礼教将其儒家义理落实到家庭的日常生活之中的？这需要分析体现在《家礼》中的制礼成就。朱熹的《家礼》在制礼方面的成就主要体现在《通礼》。因为《家礼》中冠、婚、丧、祭四礼的规模是司马光《书仪》奠定的，朱熹只是照搬《书仪》，内容虽有所增删，但都是非结构性的修改；而《通礼》是朱熹作为“日用之常礼”而创造的，并以礼之本的地位置于篇首，而冠、婚、丧、祭四礼相对次要，这是对家庭礼制的结构性改造。从礼仪制作的层面看，《通礼》作为“日用之常礼”的目标是基本达到了的。

朱熹制作《通礼》的成就，体现在以“祠堂”和“居家杂仪”将儒家义理渗透到人们的日常生活中。《家礼》第五卷的《祭礼》只有四时祭、冬至祭始祖、立春祭先祖、季秋祭祢和墓祭等八次，这是不能将祭礼变成日常生活中的。而《通礼》则不同，其中祠堂的日常祭祀活动非常频繁，共计五项：“主人晨谒于大门之内，出入必告。正至、朔望则参，俗节则献以时食，有事则告。”② 每一项都有详略不同的说明。其中，“晨谒”的要求最简单，“深衣，焚香再拜”③，应当是每日早晨进行；“出入必告”项，按照“出入”时间的长短，分为“近出”“经宿”“经旬”“经月”，其仪节简繁不同；正至、朔望和俗

① （宋）朱熹：《家礼》卷1《通礼》，收入《朱子全书》第7册，第879页。
② （宋）朱熹：《家礼》卷1《通礼》，收入《朱子全书》第7册，第876—878页。
③ （宋）朱熹：《家礼》卷1《通礼》，收入《朱子全书》第7册，第8768页。

节两项都是宗子率领众族人参加的祭祀活动，仪节较繁；“有事则告”则根据“事”的不同，其仪节稍有差异。从祠堂的五项日常祭祀活动看，祭祖已然成为宗子每日必修的日常礼仪。对朱熹而言，儒家义理有二“名分之守，爱敬之实”，“名分之守”主要体现在正至、朔望和俗节祭祀中的众族员位置排列上；“爱敬之实”在祭礼中表现为对祖宗的“敬”，即所谓“祭思敬”[①]，这贯彻于祠堂日常祭祀的全部仪节中。在《书仪》中，“影堂杂仪”不到两百字，其祭祀的仪节规定非常简略；而朱熹将其改名为“祠堂”，对日常祭祀活动的仪节进行详尽的说明，字数达到两千多，可见朱熹对祠堂祭礼的重视。总体而言，祠堂的日常祭祀作为“日用之常礼”，是朱熹礼学理论的体现。

朱熹虽然采用了“司马氏居家杂仪”的所有内容，但又加了两项内容：“子事父母，妇事舅姑”和“子受父母之命”。他所加的这两项内容更突出了孝道在家庭日常生活中的核心地位，其中前一项篇幅甚大，值得分析。“子事父母，妇事舅姑”是从早起至晚寝子、妇服侍父母、舅姑的礼仪细则，朱熹还特别要求：“居间无事，则侍于父母、姑舅之所。容貌必恭，执事必谨。言语应对，必下气怡声；出入起居，必谨扶卫之。不敢涕唾、喧呼于父母、姑舅之侧。父母、姑舅不命之坐，不敢坐；不命之退，不敢退。”[②] 在家庭的日常生活中，父母与子媳之间的尊卑等级、子媳对父母的“敬”已经无时无处不在，“名分之守，爱敬之实”的儒家义理通过日常礼仪切切实实落实到日常生活的每个环节。教育子女也是“居家杂仪”的重要内容，“爱敬之实”的“爱”表现在教育子女的过程中，朱熹要求：“稍有知，则教之以恭敬尊长；有不识尊卑长幼者，则严诃禁之。”[③] 此后直至子女冠笄，在不同年龄段教以不同的内容，虽然包括读书识字，但以礼仪为主，如：“未冠笄者，质明而起，总角、靧面，以见尊长。佐长者供养，祭祀则佐执酒食。”[④] 总之，“居家杂仪”力求将家庭成员的一切日常行为都纳入礼教的范畴，这体现了家教的实质要求。朱熹说：“讲习家庭，得以从事孝、恭、友、弟之实，非行思坐诵空言之必也。”[⑤] 他提出要以“孝、恭、友、弟”的落实为家庭建设的内容，在“居家杂仪”中没有忽视恭、友、弟的内容，但孝道的践行居于核心地位。

朱熹认为礼的内涵是：“礼者，天理之节文，起居动作，莫非天理。起居动作之间，莫不浑全是礼，则是仁。”[⑥] 朱熹设置“日用之常礼”，旨在将人的“起居动作”的日常生活提升为礼的践履而“莫非天理”，在他看来这才是“仁”的完全实现。同时，主敬修养的功夫贯穿于祭礼与事亲之礼，程颐所谓“涵养须用敬”[⑦]，朱熹所谓“敬者学之始终，

① 杨伯峻译注：《论语译注》，第 278 页。

② （宋）朱熹：《家礼》卷 1《通礼》，收入《朱子全书》第 7 册，第 882 页。

③ （宋）朱熹：《家礼》卷 1《通礼》，收入《朱子全书》第 7 册，第 885 页。

④ （宋）朱熹：《家礼》卷 1《通礼》，收入《朱子全书》第 7 册，第 886 页。

⑤ （宋）朱熹：《晦庵先生朱文公先生文集》卷 54《答包定之》，《朱子全书》第 23 册，第 2586 页。

⑥ （宋）朱熹：《朱子语类》卷 41《颜渊篇上》，《朱子全书》第 15 册，第 1452 页。

⑦ （宋）程颢、程颐：《河南程氏遗书》卷 18《伊川先生文四》，《二程集》，第 182 页。

所谓彻上彻下之道"[①]，都在"日用之常礼"得到落实。程颐曾说"养心莫大于礼义"[②]，主敬涵养实质上体现了以礼义修养心性、培养儒家价值观念的要求，朱熹所设置的"日用之常礼"将这一要求贯彻得尤为彻底。从这个角度看，朱熹《家礼》第一卷《通礼》在贯彻儒家以礼落实价值、以礼修身的要求是颇为成功的，是家庭、宗族礼制上的重大创举。

总而言之，朱熹《家礼》在制礼上的最大成就是在家庭、宗族的日常生活中落实并培养儒家的价值理念，这与儒学将道德理性作为立国之基的要求是深度吻合的。朱熹在《家礼序》中说："诚愿得与同志之士熟讲而勉行之，庶几古人所以修身齐家之道、谨终追远之心犹可以复见，而于国家所以崇化导民之意，亦或有小补云。"[③] 他渴望《家礼》成为士大夫"修身齐家"进而"崇化导民"的范本，儒家的内圣外王之道贯彻于家庭、宗族，应该说这在一定程度上是成功的。《家礼》成为后世推行礼教的通行文本，不仅获得程朱派学者的广泛认可，甚至明代心学的集大成者王阳明也表示赞同："承示《谕俗礼要》，大抵一宗文公《家礼》而简约之，切近人情，甚善甚善！"[④] 后人对《家礼》虽然进一步简化，但未进行结构性的修改，这表明《家礼》作为以践行儒家孝道为核心的家庭礼仪已经成熟。

余　论

在中国传统文化中，重视家庭建设者莫过于儒家，而家庭建设从根本上看是礼教在家庭、宗族的推行，即广义上的家教。儒家之所以如此重视家教，乃因为家庭、宗族作为社会的细胞，家教则是儒家的价值理念渗透到社会最基本的一环，是社会稳定、国家昌盛的根基。朱熹的《家礼》能成为宋代以降家教的通行文本，在于它满足了儒家的价值理念渗透到家庭、宗族的要求，这也正是朱熹家教思想的精髓。他在《家礼序》中讲："诚愿得与同志之士熟讲而勉行之，庶几古人所以修身齐家之道、慎终追远之心犹可以复见，而于国家所以崇化导民之意，亦或有小补云。"[⑤] 朱熹宣扬"修身齐家之道"，最终目的是"崇化导民"，是上升到了治国的政治高度的。

当然，由于时代不同，朱熹的《家礼》中的许多内容已不合时宜，如："子甚宜其妻，父母不悦，出；子不宜其妻，父母曰是善事我，子行夫妇之礼焉，没身不衰。"[⑥] 但朱熹家教思想的精髓对于今天的家庭教育、社会主义核心价值观的培养，都有重大的借鉴意义。

---

① （宋）朱熹：《晦庵先生朱文公先生文集》卷 33《答张敬夫问目》，《朱子全书》第 21 册，第 1398 页。

② （宋）程颢、程颐：《河南程氏遗书》卷 17《伊川先生文三》，《二程集》，第 177 页。

③ （宋）朱熹：《家礼·家礼序》，收入《朱子全书》第 7 册，第 873 页。

④ （明）王阳明：《王阳明全集》卷 6《寄邹谦之二》，上海：上海古籍出版社，1992 年，第 225 页。

⑤ （宋）朱熹：《家礼》卷 1《通礼》，收入《朱子全书》第 7 册，第 873 页。

⑥ （宋）朱熹：《家礼》卷 1《通礼》，收入《朱子全书》第 7 册，第 883 页。

明代孔府屯集钦拨考证

林家伟*

孔府拥有的屯集又被称为钦赐屯集。其首次出现在文献中是孔继汾在乾隆年间编纂的《阙里文献考》中，其文载："又五屯旧有集，税银一百六十两六钱一分。雍正八年六十八代衍圣公奏明，奉旨著各州县征收解交曲阜县，以为岁修书院林庙之用。续因集场有停废之处，节次裁减。今尚存银一百一十九两八钱一分。"② 但是笔者翻阅孔府档案时，却发现在早于《阙里文献考》成书的雍正三年，属于孔府祭地的崔家屯集集头赵守爵和崔成夏二人在给孔府的禀文中宣称，崔家屯自从洪武年间开垦充当祭田以来，其中集市的油房、染房及各行都是照例由孔府管理和征收集税，如今被官吏摊派。③ 于是乎，在这里出现了一个问题，孔府屯集果如孔府自己所说所载的那般，确实是由前朝随祭祀屯集一起钦拨的呢？那还为何会被地方摊派呢？对此笔者开展了相关的研究著作查阅，只在《封建贵族大地主的典型——孔府研究》一书中发现何龄修对这个问题开展了简要的探究，提出前代钦拨集市只不过是孔府"假托"的结论。④ 但该研究只是简单地举用两件孔府档案来证明，显然并未有太大的说服力。因而清代孔府屯集是否由前代钦拨这一问题，实际上并未彻底解决。故本文拟对孔府屯集在明代有无由国家赐拨的依据进行一番考辨，以期探明其真正的源流。

一、明初期并无"钦拨"

从经济角度来说，孔府祭田与孔府屯集的关系是相互依存的。因此，笔者首先依据于此，并结合上文崔家屯集头赵守爵和崔成夏所称，孔府屯集从明太祖时期随孔府祭祀田庄钦赐为引，着手分析明初相关史料。重点查阅如《明太祖实录》《明史》等之类的官方史料中是否记载在国家赐田时将集市附赠给孔家的史实。笔者在查看《明太祖实录》关于记载衍圣公赐田的史料时，只发现两条直接有关于孔府祭田问题的记录，第一条原文如下：

---

* 林家伟，男，1993 年生，曲阜师范大学 2017 级中国古代史硕士研究生。

② （清）孔继汾：《阙里文献考·户田》卷二十六，清乾隆二十七年刻本，第 4 页。

③ 曲阜师范学院历史系：《曲阜孔府档案史料选编》第三编第十四册《集市》，济南：齐鲁书社，1982 年，第 305 页。

④ 中国社会科学院历史研究所：《封建贵族大地主的典型——孔府研究》，北京：中国社会科学出版社，1981 年，第 375 页。

戊午，衍圣公孔希学言："先师庙堂廊庑圮坏，祭器乐器法服，乞令有司修治。先世田产，兵后多芜废；而岁输税额如旧，乞从实征纳。"上曰："孔子有功万世，历代帝王莫不尊礼。今庙舍器物废弛，如此甚失尊崇之意。"乃命有司修治，其田产荒芜者悉蠲其税。仍设孔颜孟三氏子孙教授，训族人。[①]

其只记载了衍圣公孔希学对皇帝请求恢复先世田产和减免孔氏赋税的要求，并未有提及太祖皇帝给衍圣公赐给庄田的事情。第二条则是明廷给予衍圣公孔希学生平主要所为之事的评论，其中提及衍圣公孔希学恢复了被豪民侵占的五十余顷祭田的事。[②] 这与前款相互印证，但也没有提及是否赐田的事情。仅从这两条记录也比较难看出，朱元璋是否给孔氏赐拨祭田，更没有提及孔府屯集随祭田一同钦赐。因此笔者还不能判断出来，孔府的集市是否随祭田一同拨发给孔府，充当国家给予祭祀孔子祀费用的。

而在稍晚的《明太宗实录》中只记载了衍圣公承袭、曲阜知县更替、赏赐衍圣公财物及孔庙的修复等与孔氏相关的事项，竟然丝毫没有记载成祖曾经授田与拨集给孔府的事情，这一情况笔者引起深思。照理来讲，永乐年间发生的这几件事离赵守爵与崔成夏禀文中所声称洪武年间相去不远，如果真是太祖朱元璋或者成祖朱棣赐予衍圣公祭田的话，那为何不见载于这两朝实录中呢？而且这种大规模赏赐应该是书于《实录》中，特别是朱元璋这样对孔子比较推崇的帝王，恩推孔子后裔赏赐田亩与拨发屯集之事载于实录中不应该是合情合理的吗？因此，再次翻看《太祖实录》中对于衍圣公的恩赐除了承袭前代制度外，同样还给予衍圣公钞帛的赏赐，唯独没有赐田的举动。但《实录》中却有对其他受赏赐的诸王及功臣，给予田产赏赐的明确记录，例如"癸丑，赐大都督府同知沐英铜陵县田十二顷四十亩，岁计租五百四十八石"[③]。从这个例子上来看，衍圣公与他们相比较来说，明显不如太祖皇帝自己宣称的那样对圣裔恩遇有加。所以仅从太祖、成祖两朝所载的《实录》是难以断定赐田这一说法，而在明初政府是否将这些屯集一同赐给孔府这件事情更是无从稽考。

同样在《明史》中笔者只查阅到在孝宗皇帝时，孔氏南宗的孔彦绳被赐袭翰林院五经博士并请求减税在衢州的孔氏祭田之事，且之前有关衍圣公的记载基本与前几位皇帝的《实录》相同。而《明史》所载的这两件事都是仰仗当时的衢州知府沈杰来完成的，他给孝宗皇帝的奏文内提及在洪武年间衢州孔氏祭田是先升科轻税的，后收重科，而沈杰提出减少田税，以方便供祭祀；孝宗皇帝看后同意。[④] 不仅如此，孝宗之后《明史》所记却再无丝毫笔墨提及孔府祭田。但是《明史》成书晚于《明实录》，其编修在实录的基础上，更是补充了部分未载于《实录》的资料。试举一个比较典型的事例，在《明史·

① （明）姚广孝纂修：《明太祖高皇帝实录》卷八十七，钞本，第7页。
② （明）姚广孝纂修：《明太祖高皇帝实录》卷一百三十九，钞本，第4页。
③ （明）姚广孝纂修：《明太祖高皇帝实录》卷八十二，钞本，第7页。
④ 《明史》卷二百八十四，同文书局石印本，第5页b。

列传二十六》中就将太祖朝致仕的兵部尚书单安仁赐田三千亩并给七十头牛的事情补充进去，这是《太祖实录》中未曾记载的。[①] 因此，若皇帝向孔家大规模赐田供奉孔子这样大事若是实录中未载的话，那么《明史》中也应当给予记录。这里就产生了一个疑问，倘若两朝《实录》有遗漏关于赐田给孔府的材料，就应该在编修《明史》时给予补正；而笔者翻阅《重修阙里志》[②] 时发现其《恩典志》一卷中载有洪武赐田的记载，而且其时间亦早于清代编修明史之前，那为何不见补载于明史中呢？所以崔家屯集头所禀称洪武时期钦赐孔府祭田和屯集的事情还有待辨真。

虽然经过这番简单的考证，洪武时期国家赐田拨集给孔府的事情有可能是虚构的。但是孔府的钦赐祭田并不是无根之木无源之水，毕竟还有大量孔府档案记录了这些土地的存在。齐武先生依据《明实录》中太祖给曲阜知县孔克伸的敕中提及在明初查历代祀典之例，以便祭祀孔子并优待后裔，这是法前代，仍旧章的行为；并认为太祖皇帝只是维护孔家旧有的赐封祭田和让孔子后裔继续袭封爵位，故终洪武一朝应没有大规模赐田孔府。[③] 而且《实录》中曾提及衍圣公请求恢复先前田产和减免孔氏赋税的要求，正好也印证了老先生的观点。所以笔者在这里提出一个假设，所谓洪武钦赐祭田一事中的“钦赐”二字，应该是朱元璋比照先代之例给予孔府的政策，即将孔府原有历代赐给的田地及孔府拥有的集市以明政府拨发的名义承认下来。那么如果这个假设成立的话，也就意味着孔府屯集也是那时承认下来的。但事实上，笔者在翻看《重修阙里志》中详细记载历代赐田给孔氏以供祭祀和充当学田之记载时，却没有发现其记载明代以前孔府屯地中拥有集市的事情。如依照《重修阙里志》所载就出现了一个尴尬的局面，孔家钦赐屯集的“钦赐”并无所出处。依此来看，孔府屯集的“钦赐性”恐怕应该是在明太祖、太宗之后的时间里。

综上所述，单纯从明初赐拨的角度来看钦拨屯集似乎在明初时并没发生过，那么如果从其他角度来分析孔府屯集是否在明初期就存在呢？笔者在阅读《孔氏家族宗族法及其法定特权研究》时，其作者的一个注释引起笔者的注意。作者在注释中认为“钦拨”集市实际上指设立在孔府祭田之内的集市。[④] 这就提示了笔者，钦拨屯集或许是明朝时期附着土地制度的一种潜藏制度规定。为此，笔者就试从明初的土地制度入手进行研究，屯集究竟是否是明代钦赐遗留的呢？

明初时，太祖皇帝制定了较完善的赐田制度。据《明史·食货志》载：“太祖赐勋臣公侯丞相以下庄田，多者百顷，亲王庄田千顷。又赐公侯暨武臣公田，又赐百官公田，以其租入充禄。”[⑤] 可知在明初时与衍圣公相对应公侯一级别的赐田，其普遍数量不超过百顷，且多是以租当禄。倘若用赐田制度规定的标准与《阙里文献考》和《重修阙里志》

① 《明史》卷一百三十八，同文书局石印本，第 9 页 b。

② 《阙里志》版本众多，这里谈的《重修阙里志》是孔衍植基于旧版基础，在明崇祯年间重新修纂而成的。

③ 齐武：《孔氏地主庄园》，北京：中国社会科学出版社，1982 年，第 54 页。

④ 袁兆春：《孔氏家族宗族法及其法定特权研究》，华东政法学院 2005 届法学博士学位论文。

⑤ 《明史》卷七十七，同文书局石印本，第 11 页 b。

所记载的孔府祭地数量相比较，衍圣公的赐田规模远超明太祖所制定给予亲王的规格，此举显然是皇帝对孔子及其后裔特殊照顾以示优待。但是，依照明初的奖赏制度来说，太祖赏给衍圣公这样恩荫之臣给予如此之多数量的祭田是不合理的，且参照上文中笔者查阅《太祖实录》所知，洪武一朝并未有大规模赐田给衍圣公的记载。不仅如此，朱元璋在洪武元年十一月时对孔氏的封赏在《实录》中仅是记载为：

> 甲辰，以孔子五十六世孙希学袭封衍圣公，希大为曲阜世袭知县。置衍圣公官属，曰掌书、曰典籍、曰司乐、曰知印、曰奏差、曰书写，各一人。立孔颜孟三氏教授，司教授。学录、学司，各一人。立尼山、洙泗二书院，各设山长一人。复孔氏子孙及颜孟大宗子孙徭役；官属并从衍圣公选举、呈省、擢用。[①]

文内记叙了承袭前代封官及设立衙署外，并没有在洪武元年给予孔氏额外赏赐的描写。依此而言，孔府国初的所赏赐土地极大可能是笔者推测那样，恢复历代旧赐孔氏之祭地。因而，这种逾越了分赏制度规定的土地数量是可以被洪武帝所接受的。

为何如此认为呢？前面提及齐武老先生对明初赐田一事存在怀疑时，他就引用了《明太祖实录》中朱元璋给孔克伸的敕文。笔者仔细阅读这段敕文后，发现其中有这样一段描述："稽诸历代载在祀典者，则仲尼有血食，后嗣有袭封。于是法前代、仍旧章。"[②]正好印证了明太祖对孔子及其后裔恩赏问题上的态度，这也就是朱元璋能容忍孔氏逾越规定数额的原因之一。而在上文中笔者也曾举出《明太祖实录》中衍圣公孔希学请奏恢复先世祭田的要求，最终在他故去前恢复了五十余顷的孔氏祭田。因此笔者有理由认为国初所谓赐田可能就是恢复历代赏赐的土地。

就此是否能认为此时孔府祭田内出现了用于交易的屯集或者沿袭下来的屯集呢？对此，我们还需要进一步探究。先从法律角度看，在明初时朱元璋就曾下令禁绝天下牙侩，但是这种违反市场规律的政策是不可能取得成效的。于是洪武二十四年太祖皇帝又下令开设官店以便商人开展交易，牙侩们就以此为契机，采用开设牙店的方式突破了该禁令。随着时间的推移，到制定完成《大明律》时国家不得不以法律的形式将牙行承认下来，并做出下列的规定：

> 私充牙行埠头：凡城市、乡村、诸色牙行及船埠头，并选有抵业人户充应，官给印信。文簿附写客商、船户住贯、姓名、路引、字号、物货数目，每月赴官查照。私充者杖六十，所得牙钱入官。官牙、埠头容隐者，笞五十革去。[③]

---

① （明）姚广孝纂修：《明太祖高皇帝实录》卷三十三，钞本，第5页。
② （明）姚广孝纂修：《明太祖高皇帝实录》卷一百，钞本，第4页。
③ （明）刘惟谦：《大明律》卷十，明洪武刊本，第1页。

可知，集市的中介须经官方认证才能充当。如果屯集就是在祭田内的话，集市管理人也就是牙人必然要按照规定向明政府或者是通过孔府向官府申报牙帖。不仅如此，这一时期国家的法度尚未废弛，明太祖更是崇尚重典之人，律法较明代诸帝而言是最为残酷的。并且在国初太祖皇帝就曾对公侯世家制定九条铁榜的情况下，这九条中就有五条关于经济上的事，特别是其中：

其七，凡公侯之家除赐定仪仗户及佃田人户，已有名额报籍在官。敢有私托门下，影蔽差徭者斩。……其九，凡功臣之家，不得受诸人田土及朦胧投献物业。违者初犯者免罪，附过再犯住支俸给一半，三犯停其禄，四犯与庶人同罪。[①]

这两条规定更是严苛，所以衍圣公或者是孔府牙人们不敢也不可能不进行牙帖的申报领取。据此来看，可能会在孔府遗留下明代的文书档案中涉及牙帖的申领乃至存留这些牙帖。随后笔者查阅明代保留的孔府档案，并未发现有明代孔府屯集中管理人员申领牙帖的记录或者是屯集牙帖执照的存留。这也就是说，在现阶段并没有足够的证据来证明，在洪武时期孔府祭田内的屯集是否合法即“钦拨”乃至是否存在的问题。

从这个方向上探究明初孔府屯集是否可能是钦拨，因为缺乏证据而只得作罢。笔者不烦返回到衍圣公请复祭地一事，据刘重日研究档案史料后，发现明代孔府祭田的来源多以垦荒为主；而官美蝶更是宣称孔府屯地是由先占荒地后报朝廷而来的。[②] 笔者结合孔府祭田分布与明初北方地区的社会实际情况，认为他们所说不无可能。依据汪鹏飞所绘制的《山东省孔府祭田分布图》，山东地区的孔府祭田大致上集中分布在明代山东的兖州府所辖区域（即今鲁西南地区）。而兖州历来又是军事要地，故屡屡遭受到元末兵火的洗礼，人民离散十不存一。孔府祭田所处的区域恰好在兵祸的范围内，其影响颇大。这一点在上文引用衍圣公孔希学给朝廷的奏疏中也有体现，他在奏章中称元末的战乱造成孔府先世田产的荒废。

① （明）姚广孝纂修：《明太祖高皇帝实录》卷七十四，钞本，第16页。

② 何龄修等：《封建贵族大地主的典型——孔府研究》，北京：中国社会科学出版社，1981年，第373页；官美蝶：《清代孔府屯地所有权试探》，《清史研究集》辑5，北京：光明日报出版社，1986年。

山东孔府祭田分布图[①]

因此，明初时国家对兖州府地区统治的首要任务是鼓励和招募人民到此进行农业生产，以恢复社会经济。这在太祖皇帝赐给衍圣公孔克坚的诗中亦有体现：“孔氏曾孙祭祖回，但言务农野荒开。我言盖世民容喜，必解春风每岁来。”[②] 这首诗不仅解释太祖皇帝赐诗的原因，还透露了他对孔克坚在家开垦荒地的赞赏。那么在明初时，国家鼓励农业发展的政策是什么呢？在《大明会典》中载为“洪武初，令各处人民，先因兵燹遗下田土；他人开垦成熟者，听为己业。业主已还，有司于附近荒田拨补。”[③] 可知，明政府允许那些遭到兵乱地区的人民将他人抛荒或者是无主之地垦占为己业。此外，明初时也常用招募人民或者给予军队土地来开垦荒地，被称之为军屯和民屯。刘重日及官美蝶的研究认为，孔府祀田中的五屯就是类似于明代军屯，并以这种方式发展而来的。[④] 这也是孔府屯集的产生的经济基础。

同时比照明代的屯田制度，孔府屯地中屯户们在耕种土地后须向孔府缴纳一定的租税。据现存的明代孔府档案，则发现在明崇祯十五年有关于租税收取的孔府收租册《崇祯十五年平巨屯八九甲祀田地亩粮银册》其内容记载了“王加位地叁亩叁分伍厘，该银贰钱零一厘，七月十九日一钱零一厘，十月二十二日。王西甫地拾亩壹分壹厘，该银陆

① 齐武：《孔氏地主庄园》，北京：中国社会科学出版社，1982 年，第 5 页。

② （清）孔衍植：《阙里志》卷二十，《孔子文化大全》影印本，济南：山东友谊书社，第 1148 页。

③ （明）赵用贤：《大明会典》卷十七，明万历内府刻本，第 16 页。

④ 何龄修等：《封建贵族大地主的典型——孔府研究》，北京：中国社会科学出版社，1981 年，第 111 页；官美蝶：《清代孔府屯地所有权试探》，《清史研究集》辑 5，北京：光明日报出版社，1986 年。

钱零柒厘，七月十八日三钱零四厘，十月二十五日……"[①] 显然在明末时，这些祭田是收取银两的，佃户们为筹措租银必然会将自己生产的农产品进行变卖，这也就是屯集产生的几个重要条件之一。而那么在明初时，在这些孔府屯地中可能会因为孔府佃户因缴纳租银的需要而产生孔府专有的集市吗？

笔者查阅了已出版的明代孔府档案，并没有留存明初孔府佃户缴纳租税的记录，因而无法知晓明初具体的交租情况。但是依照齐武发现孔府屯集是明代屯垦制度的遗留这一观点，[②] 我们可以参照明初时屯田制度中是如何收取租税的，来研究孔府在国初时是如何征收租税的。《明会典》记为：

凡屯种征折。洪武四年，诏、河南山东陕西山西淮安等府屯田、三年后、每亩收租一斗。二十年、令陕西屯审、五丁抽一。税粮照民田例。又令屯军种田五百亩者、岁纳粮五十石。……三十五年、始定科则。每军田一分、正粮十二石……[③]

可知明初时军屯的籽粒是先是按照民间的税额缴纳，而后在洪武三十五年将其籽粒定下"每军田一分、正粮十二石"。同时这也表明了在明初时屯田所缴纳的税是实物税（即上缴粮食等农作物）。依照如此，笔者推定在国初时孔府佃户所缴纳的地租基本上是粮食之类的实物，而不是租银。这一点在明代嘉靖四十年九月的孔府档案《本府出售小麦杂粮价目账单》也能体现出来，内容如下：

九月初四日不换、添寿卖麦帐。

计开：郓庄、白小麦二十石，每石出麦一斗五升，共麦二十三石零五升银一两一石一斗三升，共银二十两零四钱。

……

二处原粮共一百三十五石，共出粮十四石三斗九升，通共粮一百四十九石三斗九升，共卖银一百零一两八钱二分，内除。不换买竹席五十领使银二两五钱，见在银九十九两三钱二分。

嘉靖四十年九月　日，小的不换添寿[④]

从这本账单中笔者大致了解至少到明嘉靖时期，孔府依旧存在收取屯户租粮的情况，并自己出面买卖这些实物换取银两。所以根据历史有一定的惯性原则，依照嘉靖时孔府

① 曲阜师范学院历史系：《曲阜孔府档案史料选编》第二编《明代档案史料》，济南：齐鲁书社，1980年，第226—239页。

② 齐武：《孔氏地主庄园》，北京：中国社会科学出版社，1982年，第45页。

③ （明）赵用贤：《大明会典》卷十八，明万历内府刻本，第12页。

④ 曲阜师范学院历史系：《曲阜孔府档案史料选编》第二编《明代档案史料》，济南：齐鲁书社，1980年，第340—341页。

还保留着收取实物的惯例，那么大致上也可以向上推定明初时孔府佃户所纳地租基本上是以实物为主。这也就说明孔府屯集在明初时不是为方便佃户变卖粮食等农作物之类换取银两缴纳地租而设立的，因而孔府在明初那段时间是没有合法理由对这些集市进行管辖的。

二、明中期可能设集

可是，这里我们不能否认的是，既然崔家屯集头称屯集钦拨，必然有其依据，不然为何敢称“钦拨”。倘如冒用“钦拨”二字，在传统中国阶梯明辨的社会里可是犯了大忌讳的。虽然屯集可能是太祖、太宗之后才出现的，但是笔者还是将其源流探析清楚。在以往研究孔府经济最具有代表性的《孔氏地主庄园》中，齐武提出了一个观点即祭田并非全出钦赐。齐武先生对此做了一番解释，查阅对比明初相关史料发现其中并无大规模赐田的记载，得出孔家可能在这个问题上做了假的结论。① 笔者对此不做过多的考评，但其中一条论据引起笔者的关注，这是《明英宗实录》中直接关孔府祭田，特将其全文抄录出来，如下：

> 袭封衍圣公孔彦缙奏：历代拨赐赡庙田土一千九百八十顷。洪武初，听募人佃种，共六百二十四户，已为定例。今有司复奏每户存二丁充佃余，令隶籍应当粮差。其实耕种不敷，差役重并，乞赐全免，以备供给修祀。奏下行在户部，请存五百全户共丁二千耕种，余仍令应办粮役，从之。②

从这里可知孔府在洪武时期是通过招募佃户耕种祀田，来供祭祀孔子的费用。而至明英宗时期，孔府的田产已经达到了一千九百八十顷之多。不过我们从衍圣公的奏章还得知一个重要的信息，在洪武之后至正统之前的某段时期，孔府的祭田和佃户是被地方政府收取赋税的。那为何在这期间，本该成为优免对象的孔府祭田及屯户会被收取国家赋税呢？这里真正的原因，因为史料的缺乏就不得而知。但是我们通过比较上文曾提及孔氏南宗在弘治朝请减免祭田税赋要求的例子，来判断处于曲阜的北宗孔氏拥有的祭田在明英宗一朝之前，也可能是按地方民田起科的。其蠲免赋役的政策，是在英宗时才通过衍圣公所上的奏章来实现，而南宗则迟至孝宗皇帝才依靠地方官员的帮助实现国家给予减税的优待。所以笔者敢粗略地推断在洪武朝之后到正德朝之前，孔府拥有所谓的祭田大部分极有可能是民田，少部分才是真正的祭田。因为如果真是祭田的话，其赋役和差徭就不会被摊派到孔府的土地与户人上去。但按照民田升科起税的，其所征收的赋税差徭比较沉重，即奏文中所提及的“其实耕种不敷，差役重并”，不然衍圣公孔彦缙也不

① 齐武：《孔氏地主庄园》，北京：中国社会科学出版社，1982 年，第 54 页。

② 《明英宗实录》卷六十一，正统四年十一月庚申，梁志宏影印本，第 3 页。

会奏请皇帝来重新申报地亩和厘定户丁，那么这一切的故事就有可能说得通。而衍圣公奏报的深层次的目的，可能是将原来需要缴纳赋税的私属民地转化为祭孔之用的免税国家祭田。与此同时，孔府自然而然地就将其所控制的私家集市转化为“钦赐”屯集。

当然，还可能存在其他的原因，致使这段时间内赐给衍圣公府的祭田被地方强行征收赋税。笔者在阅读明代存留的孔府档案时就发现另一种可能性。其中档案号为0011—8的档案记录了崇祯六年，孔府给吏部和都察院发咨文请求其属官免入地方考察；但山东地方官员以万历二十六年时，孔府的礼房失火，其火势蔓延到存放文书档案的东三房，造成文书档案的大量损毁既“只字片纸俱无”，以日久行之且无旧例可查为理由，拒绝了孔府的请求。① 如此看来，天灾人祸的原因造成档案的丢失，也可能是令地方官府和孔府无从稽考这些土地是否是国家给予的祭田。因此，这种情况在英宗朝之前也不是不可能发生的。但是在《明史》中只记载弘治年间孔庙大火损毁的事情，而万历《兖州府志》中详细记载了当时的情况，“（弘治）十二年夏六月夜，曲阜县大风雷电，自宣圣庙东北起，焚毁殿庑一百二十三间”②。从时间这个角度上来说是可能性比较小的。因为这次失火在英宗朝之后，且二者中间相隔近七十年。不过，不能排除未发现或未载于档案与史书中孔庙或者孔府失火的情况。所以，在现有已知的材料支撑下，笔者可以大致地断定孔氏获得大规模祭田有可能是在明英宗时期。如此，钦拨屯集这一事可能要从太宗之后顺延到英宗时期。这也同时否定了洪武时期钦拨屯集的可能性。当然以上推论只是笔者不太成熟的推测，可能存在一定偏颇。

再由上文可知，英宗朝时孔府被承认的祭田数量是由衍圣公呈报的“历代拨赐赡庙田土一千九百八十顷”，这显然是不够《阙里文献考》《重修阙里志》所载的数量。而且齐武依据《重修阙里志》研究宋金元三代赐田数量后，发现孔彦缙所报有这个数字与三代实际赐田的数量相比较，还是有较大的出入。这里就出现了一个问题，明代时孔府所拥有的祭田数量究竟是多少呢？统计《阙里文献考》中详载的前三代赐田，其中宋代共给四百顷祭田，金代拨近四百顷祀田，元代拨近一百五十顷官田，三者相加勉强能达到衍圣公孔彦缙所奏称祭田的半数。即使加上后来成祖皇帝给的七十三大顷，也才突破千顷。因而《阙里文献考》与《重修阙里志》中提到的赐田二千大顷一事还存疑，这也从侧面印证了孔府祭田应该是在英宗朝激增的。且二者对孔彦缙上报的数量只字未提，都一致记载为“英宗正统四年秋八月，户部奏准：存佃户五百户，凑人二千丁，专以办纳籽粒以供祭祀”③。显然这里编纂者有意去忽略这件事，也无谈及这时是否有集市的存在。这里是否曾经申报实际地亩的事情与我们要讨论的事，并无太大牵涉，所以不做展开叙述。

笔者继续查阅资料，继而在万历《兖州府志》的《恩泽卷》中发现这样一段文字：

① 曲阜师范学院历史系：《曲阜孔府档案史料选编》第二编《明代档案史料》，济南：齐鲁书社，1980年，第62页。

② （明）于慎行纂修：万历《兖州府志·灾祥》卷十五，明万历刻本，第20页。

③ （清）孔继汾：《阙里文献考·户田》卷二十六，清乾隆二十七年刻本，第2页。

“佃户地二千顷，坐落郓城、巨野、曹州、东阿、滋阳、鱼台六州县地方（见在）。”[①] 它记载了孔府受国家赏赐了佃户地二千顷，分别坐落于六个州县而且还见在。其意义比较特殊，这是前人研究孔府赐田数量所未能利用的证据。由本条材料可知，其虽然未载何时赐予，但至少到万历《兖州府志》编修完成之时，孔府佃户地的数量可以明确为二千顷。这与上文孔彦缙奏报并经英宗同意的孔氏祭田地亩数量相差不多了，甚至可以大胆地就此假设这个数量就是清代文献记载明代孔府钦赐祭田数量的基底。同时，孔府土地产出和为此耕作的佃农所需在这一时期也已经超过早期自给自足的阶段了，必然会产生经济交换的行为，集市就有可能在这一时期顺势而生。当然，笔者也可以就此为依据进行推断，倘若明代真的有钦拨孔府屯集的话，应该是从英宗朝之后到神宗朝之间。但是万历《兖州府志》所载的这段话没有提及是否将集市赐给孔府，所以也就没法回答明代的孔府屯集是否在这段时间内被钦拨给孔府。

时间下沿，明中后期是否有可能呢？笔者曾在上面讨论孔府赐田和钦拨集市问题提出孔府土地和集市可能是明英宗之后获得的假设。在这里我们再来论证一下这种可能性，先从孔府的屯地来讲，据上文的分析和齐武对三代赐田的计算，明以前历代赐给孔府的土地加起来只有九百九十四顷。[②] 而到明英宗时，衍圣公孔彦缙申报时就称孔府祭田有1980顷之多，这二者就产生了比较大的差距。不过，根据笔者上文的研究，造成这样大的差距的原因极有可能明初到明中期的垦荒政策造成的。前文引用的史料和朱元璋的诗均能给予证明，孔府曾在明初时开荒补充祭田，并且官美蝶的研究也支撑了笔者的这一观点。[③] 不过，屯田垦荒应是有一定数量限制的，历代赐给孔府的祭田数量应该就是明政府允许其开垦的上限。但是在明时，在太宗之后土地兼并活动随着法度渐弛变得剧烈起来，诸多皇亲贵胄以及功臣豪族纷纷以各种名义侵占官民田地。如刘建给皇帝的《再具自劾疏［再具自劾］》中就记载：

> 皇亲家人，妄奏畿民，侵占田土，彻为出给驾帖，提解来京。镇抚司鞫问，俱与原奏不同，未免仍解本处官司问理，牵连负累，破家荡产，冤苦之声，致伤和气，此政令之失六也。[④]

奏疏中列举了正德朝时皇亲国戚侵占土地的事，并被大臣们指责这是武宗皇帝“政令之失”的表现。由此可见，皇亲们都此般作为，孔府这样的地方大族也肯定不免。所以孔府的祭田扩张是从洪武朝之后持续进行的，最终将2000顷祭田确定下来应该是英宗之后的事情。

---

① （明）于慎行纂修：万历《兖州府志》卷十一，明万历刻本，第24页。
② 齐武：《孔氏地主庄园》，北京：中国社会科学出版社，1982年，第45页。
③ 官美蝶：《清代孔府屯地所有权试探》，《清史研究集》辑5，北京：光明日报出版社，1986年。
④ （明）陈子龙辑：《皇明经世文编》卷五十三，明崇祯平露堂刻本，第13页。

孔氏拥有这样多的土地，意味其土地产出和佃户消费可以满足设立屯地集市的几个条件。同时在正统以后，国家税收制度发生转向，从原来所征收的实物税转变为折色纳银。“至正统元年……南畿、浙江、江西、湖广、福建、广东、广西米麦共四百馀万石，折银百万馀两，入内承运库，谓之金花银。其后概行于天下。”① 而孔府祭田因其性质大多采用同国家一样的征收制度，不可能不做出征收内容的改变。据档案号为 0060－85 的明代孔府档案所载，孔府在万历十九年催讨各厂的夏粮就是以征收租银的形式来完成的。② 笔者比较上文提到嘉靖时期出卖实物和万历征收夏租银的两个例子，同时再结合这两个例子年代相去不远的实际情况认为明中后期孔府屯地的地租征收应该是实物与货币并行的。至此，笔者认为明代中后期孔府屯集出现是符合当时孔府及社会环境大背景的，即孔府拥有大量的土地和以此为生的佃户，加上当时社会经济的发展及国家税收由实物征收向货币征收转变，使得集市的出现变得合乎情理。

但是孔府集市的出现，并不一定就意味着其是合法或者是孔府自称“钦拨”。为何这样说呢？笔者查阅《大明会典》时发现所载“天顺二年，敕皇亲公侯伯文武大臣，不许强占官民田地起盖房屋，把持行市，侵夺公私之利。事发，坐以重罪。其家人及投托者，悉发边卫永远充军”③。显然随着国家法度渐弛与土地兼并的开始，在英宗天顺之前皇亲国戚及世家豪族就开始凭借自身的特权或势力侵占小农土地，并且逐渐将其触手延伸至商业领域内并造成公私利益受损，引起朝廷与民间的重视。以至于英宗不得不下旨制止，但其具体实施的效果似乎并不是特别明显。这与皇家自己带头与民争利不无关系，且到了万历之后，其情形呈现愈演愈烈之势，像山东的衡王府、陕西的韩王府等等在明中后期都占有大量的皇店和铺面。④ 清初顾炎武在总结明亡之时，于其书中发出“自万历以后，天下水利、碾硙、场渡、市集无不属之豪绅，相沿以为常事矣”这样的感叹。⑤ 因而，这一时期孔府似乎是有可能存在未经国家批示而设立自己的私属集市。

但是根据《明史》中记载，这一时期国家对衍圣公的管束还是比较严格的，最常见的做法是在衍圣公年幼时就将其送入北京的国子监读书，以培养其品格性情。而且对衍圣公犯法也会采取处罚，比较有名的案例就是孔弘绪失爵一案，史书记：“（孔）弘绪少贵，又恃妇翁大学士李贤，多过举。成化五年被劾，按治，夺爵为庶人，令其弟弘泰袭。”⑥ 可知，虽然孔府备受恩宠，但是一旦行为越界就会受到官绅们的抵制并受皇帝的处罚。加上明初时太祖对权贵们的谕令，可知孔府大体上不太可能为私设集市这点蝇头小利来和地方产生矛盾导致触犯天颜。不过，笔者认为明代中期从孔府经济需求和国家制度转变的角度上孔府已经具备了设立集市的基本条件，多多少少可能会存在有少量的

① 《明史》卷七十八，同文书局石印本，第 3 页 b。

② 曲阜师范学院历史系：《曲阜孔府档案史料选编》第二编《明代档案史料》，济南：齐鲁书社，1980 年，第 206 页。

③ （明）赵用贤：《大明会典》卷十七，明万历内府刻本，第 33 页。

④ 田培栋著：《明代社会经济史研究》，北京：北京燕山出版社，2008 年，第 483 页。

⑤ （清）顾炎武著：《日知录·贵廉》卷十三，钦定四库全书，第 35 页。

⑥ 《明史》卷二百八十四，同文书局石印本，第 4 页 b。

孔府控制的集市。但没有足够明确的官方文献记载及明代孔府档案记录表明，这一时期孔府是否有集市或者国家允许孔府设立集市（即钦拨屯集），所以这些推测依旧还是存疑的。

三、明代应没有“钦拨”

到了这里研究似乎陷入困境，实则不然。在上节中参看万历《兖州府志》是不能得到孔府钦拨屯集的依据，那不妨就来查阅一下明清两代编修的《曲阜县志》，笔者所能查阅到较早的县志是康熙《曲阜县志》[①]。此书是由清孔胤淳纂修，它是基于明朝的崇祯《曲阜县志》稍作增补，大体上保留相当多的明崇祯时曲阜县的情况。书中有明政府给孔氏族人免粮的时间和地亩数量及曲阜县祭学田数量的记载，其中一条为：

> 论曰：孔氏免粮之典，历朝开载简牒矣。迨我皇明体念至圣，乃检宗嫡族众所植额外田地，亦量蠲免。版籍之内类可考稽，夫有身有庸有田有赋三代定制，孔氏不惟复其身且并复其赋，周泽至渥矣。为圣人后者，可无水木之思与！[②]

这是对孔氏免粮的评论，从其内容上看，认为这是延伸对孔氏的优待以尊崇孔子之道的表现。而在对祭田学田的评论中则直述学田祭田是大明朝廷为“报功文右”。但两论均无说及是否拨发屯集给孔府一事。继续查看康熙《曲阜县志》有关曲阜村集的记载，但由于其本身是残本，在村集处发现其所载残缺。因而不能知晓县内集市具体情况，故是否记录明代赐予屯集一事无从可知。不过，倘若真的将屯集赐给孔府，作为曲阜和孔府的一件大事，必然会对此优崇圣裔之举进行一番吹嘘。特别当时的曲阜知县还是由孔氏族人世职担任，不可能不对此盛举进行记录评论；尤其是县志内已经对免粮和赐田进行了评论，更是理所应当地会给赐集的举动予评论和记载。以此为依据，笔者推断明代钦拨屯集这事可能是不存在的。

为何如此推断，是否有足够的证据来支撑这一猜测呢？笔者从更早记录曲阜的地方史志入手，以期发现能证明或者推翻这一猜测的史证。现存比较早的明代有关曲阜的地方史志是由陈镐编纂于弘治十八年的《阙里志》，现存版本为嘉靖年间曲阜知县孔弘干增修版。此书共十五卷，基本上大量保留了到明代嘉靖时有关曲阜及孔氏的史实。其对于历代给予孔氏赐田和免粮役两事叙述得比较清楚，特将明代赐田情况摘录：“国朝景泰六年，都御史徐有贞题准清查祭田六十顷，拨与颜孟二氏子孙管业；仍拨空闲田，每家各添与二十顷。”[③] 这段关于明代赐田情况的记录，只说明了孟颜二氏受田的情况，却没有

① 现存世可查最早的《曲阜县志》是崇祯八年修纂的，笔者现无途径查阅，而康熙《曲阜县志》亦有多处缺失。

② （清）孔胤淳纂修：康熙《曲阜县志》卷二，清康熙十二年刻本，第13页。

③ （明）陈镐：《阙里志》卷六，明崇祯刻清雍正增修，第19—20页。

记录孔府受田，更无有记载国初赐田两千大顷和钦拨屯集之事。而成书大致是明末清初的《重修阙里志》，虽晚于《阙里志》，却有记录孔府明代受田的情况，更是将太祖皇帝赐田两千大顷的事补齐，但同样丝毫没有提及钦拨屯集一事。如此一来，笔者再加上之前万历《兖州府志》的记录，从这一角度上来看有明一代没有钦拨屯集之事基本是成立的。

同时，根据郑克晟研究可知在明代中后期时，随着法度逐渐松弛，出现了大量的皇店和权贵私店，侵占原本属于国家的榷税权并对明代社会经济造成相当大的影响。[①] 故孔府作为山东大族豪强不可能不涉及商业领域。孔府档案中确实也有记载明代孔府商业纠纷的记载。现存最早有关于孔府集市的档案，其时间是崇祯十二年，内容为汶上佃户申述孔府小甲因集市被占与人理论被殴打的事情。原文如下：

告状人魏见，年三十九岁，系汶上佃户，为指官抬诈事。枭蚕苑可养等，倚豪强霸苑村集市，小甲赵文焕向伊理讲，反触怒，将领群虎苑可观等，假指两部明文，痛打文焕，遍身血破，昏倒在地，命在旦夕，抢去银捌两、钱肆百文、被套等物，吴魁等救证。切思指官抬诈，枭恶无摭，诳捏虚词牟告，工部批行运河厅查审。身等赴本府告准，蒙差拘提，伊大肆逛逆，藐法不遵，三尺何在？若不咨惩剪奸正法，伊恐得陇望蜀。为此具启本府老爷位下。

详行

被告苑可养　苑大真　苑可观　苑可运　苑可召　苑大宅　苑可瞻　苑可成　苑可训　苑齐　不知名三十余人

证人吴魁　陈所正　邵起龙

准行文

崇祯十二年四月二十六日具启人魏　见[②]

从原文中笔者得知事件发生的集市坐落在汶上县苑村，这附近有孔府的田地和佃户并可能在这里售买东西。苑可养等人霸占了这个集市引起孔府小甲和佃户的不满，从而引起了冲突并打伤孔府的小甲赵文焕。此外，从原文中可以看出，孔府对这个集市肯定有一定的影响力，甚至有可能具备管理的权限，不然佃户魏见也不会向孔府申告。但原文中没有明确提及这个苑村集市是否由孔府设立或者管理，并且也无后续的档案揭示最终结果，所以也就无法断定这个集市是否是孔府的。不过，依照前文分析并结合当时的社会情况，孔府控制这个集市是有可能的。

众所周知，崇祯年间战乱不断，中央政府控制地方的能力不断减弱，豪强大族们趁

① 郑克晟著：《明代政争探源》，北京：紫禁城出版社，2014 年，第 329—333 页。

② 曲阜师范学院历史系：《曲阜孔府档案史料选编》第二编《明代档案史料》，济南：齐鲁书社，1980 年，第 294 页。

机把持地方。孔府因为自身的需求，设立集市或者控制地方集市征收牙税在这一时期变为可能。在清代衍圣公孔传铎给雍正皇帝的折子中就直截了当地说："查拨给臣庙祀地，坐落山东兖州府所属地方，嗣因所收籽粒无从变易，自明季以来各屯庄遂设小集以通有无，共有一十一处，每年共计税银四十二两六钱四分。历世相沿以充尼山书院及林墓岁修之费。"① 从中我们得知孔府的屯集是明末为变卖粮食才普遍设立的，并非开头集头所称洪武随屯钦拨的，但也没有说出这些屯集到底是不是明末拨发的。而在清初方大猷呈报给朝廷的《为恭陈平定山东十二要策事》第七款《崇圣学》内载：

> 一、屯田。孔庙祀田历代各有钦赐，至明洪武二年钦赐祭田二千大顷，坐落兖属二十七处，其界段数载在阙里志可考。近因寇盗扰乱，土地荒芜，佃丁逃亡，钱粮无备，每至祭期，卖产毁器，心血几枯。幸际圣朝，惟冀新恩。②

也只说明了该如何处理明末留下的孔府祭田，而对孔府的屯集并未提及。故此，可以认定其并非明政府赐予的，可能是孔府私立的。另外，我们综合上文的分析并据此条判断，有可能整个明朝出现的孔府集市并非政府钦赐。

小　结

经过前面从文献和制度角度的分析研究，笔者得出一个基本看法，孔府的屯集可能早在明中期时少量出现，到明末因战乱等原因才普遍设立，其性质在明代并非国家赐予而是私自设立的。那么孔府屯集的钦赐应该是在清初定鼎时承认的，到雍正时确立的。为何如此认为呢？在清初时，由于衍圣公和清政府的合作，使清朝的统治迅速稳定下来。因此对衍圣公采取极大的优渥政策，在方大猷呈报给朝廷的《为恭陈平定山东十二要策事》中第七款处理衍圣公的办法时，朝廷都给予准行的回复"顺治元年九月初四日奉令旨，先圣为万世道统之宗，礼当崇祀，昭朝廷尊师重道至意。这本内所开各款，具应相沿，期于优渥，以成盛典"③。这就使明末普遍出现的孔府屯集在清代有了一个模糊的法律依据。在雍正年间清查商税时，衍圣公通过向户部申报屯集数量和集税收入后，才将孔府屯集的钦拨性质彻底以国家存案的形式确定下来。因而，在此之前的有关孔府屯集都没有记录是可以理解的，这也是直到《阙里文献考》时才将其记录的原因。

---

① 曲阜师范学院历史系：《曲阜孔府档案史料选编》第三编第十四册《集市》，济南：齐鲁书社，1982 年，第 278 页。

② （清）陈梦雷编纂：《古今图书集成》卷一百十六《明伦汇编·官常典圣裔部二》，清雍正铜活字本，第 26 页。

③ 曲阜师范学院历史系：《曲阜孔府档案史料选编》第三编第三册《公府组织与职掌》（上），济南：齐鲁书社，1981 年，第 4 页。

故其最终的结论为有明一代确有屯集的出现，其是顺应孔府祭田经济发展的需求，而非国家钦赐的行为。到清初时，为安抚山东地方和显示崇儒重道之意，特将原先自设的屯集以国家名义赐给孔府。这便是孔府屯集钦赐的真正依据，并非孔府自称的前代钦拨。

打破研究壁垒，加强学术对话

“第一届历史档案与特色文献研究学术研讨会”综述

苟德仪　卿文静*

近年来，历史档案与特色文献的整理和研究如火如荼，成为学术研究新的增长点和热点。这主要得益于国家的推动，也是学术发展内在理路的必然结果。为了挖掘和保护我国丰富的历史文化遗产，国家有意识地通过项目立项、经费支持，来推动对历史档案与特色文献的整理、研究、保护、传承。就学术发展的内在理路而言，随着研究者的“眼光向下”，以往常用的正史、政书、日记、文集、方志等传世文献已无法满足日益增长的研究需求，而那些提供了大量细致入微、具体翔实、生动逼真的历史信息的档案与特色文献进入了他们的视野。近年来推出的一些具有较高水平的研究论著可证明，历史档案与特色文献的整理与研究，尤其是一些具有地方特色的历史档案的发掘利用，极大地推动了政治史、经济史、社会史、文化史、教育史的研究，引起了学界的广泛关注。

尽管如此，在历史档案与特色文献整理和研究中，仍然存在很多问题需要解决。比如档案的整理路径历来遵循这么三种：一是“档案来源原则”，二是用现代观念重新归类整理，三是以案件为中心，将分散其他卷宗的档案进行整理和归纳。第一种原则更多是一种理想，因为要做到几乎是不可能的，因为档案经过社会变迁，不断移交和整理，原始保存状态已经被打乱。第二种路径的代表比如巴县档案、淡新档案、宝坻档案皆如此。第三种路径的代表是龙泉司法档案，被称为“地方档案整理的龙泉经验”。问题在于，龙泉经验在多大程度上可以推广？如果仅仅选其中的司法案件进行整理尚可适用，档案中其他公文和非司法案件如何整理？而且我们发现，各地对历史档案的整理有各自为政的倾向，很多研究也有碎片化趋势。如何更全面、更系统、更科学地开展历史档案与特色文献的整理和研究？如何在大一统视野下通过比较发掘地方档案的个案研究价值？如何打破研究（尤其是学科、专业、方向）的壁垒，加强学术的对话，已成为当前亟待解决的问题。

因此，搭建一个历史档案与特色文献研究的学术交流平台是十分必要的。鉴于此，由西华师范大学主办，历史文化学院、地方档案与文献研究中心共同承办的“第一届历史档案与特色文献研究学术研讨会”于 2019 年 11 月 23 日在四川南充举办。来自四川大学、厦门大学、中山大学、华中师范大学、河南大学、广西师范大学出版社、孔子博物

* 苟德仪，西华师范大学历史文化学院教授，历史学博士，主要从事地方档案的整理与研究；卿文静，西华师范大学历史文化学院硕士研究生，现就职于四川省三台县第一中学。

馆、南充市档案馆、西华师范大学等27所高校、出版社、科研单位共60余名专家学者出席本次研讨会，会议选录学术论文共42篇。

会议主要分领导和嘉宾致辞、主题发言、分组讨论三大板块。在开幕式致辞中，西华师范大学党委常委、副校长李敏教授充分肯定了这次大会举办的重要学术价值，对继承和发扬西华师大70多年的学术研究传统具有重要现实意义。四川大学的陈廷湘教授梳理了我国历史研究范式的变化，充分肯定了历史档案与特色文献对推动史学研究范式转型做出的贡献。其他嘉宾重点介绍了四川华蓥山保存的历史档案及研究价值，南部档案及研究现状。

大会的主题发言和分组讨论中，主要涉及三大主题：历史档案、特色文献、其他研究。这当然是一个大致的区分，主要目的是为了分组交流的方便。因为学者提交的论文中，很少有单纯是研究某一类历史档案或特色文献的，都是综合了各种文献写出来的。

在“历史档案”类，重点是依托巴县档案、南部档案、清水江文书、新疆吐鲁番档案、孔府档案、太行文书等学界熟知的地方历史档案，做相应的问题探讨。比如厦门大学梁勇以《巴县档案》为依托，考察了清末重庆两级审判、监察机构的建立，并认为巴县行政、司法的分离引起了原来州县政府内衙役的不满，进而导致衙门公务无人办理，地方自治难度加大，对衙门行政运作体系造成冲击的事实。四川外国语大学惠科以《巴县档案》为核心材料，考察了20世纪初重庆的华洋版权纠纷案，不仅揭示了地方政府与商帮的合作，还展现了中英双方在利益权衡上的互相妥协。西北师范大学张连银以清代新疆档案资料为依据，既考察了有关乡约档案文本的制作过程，又考察了档案文本内容的真实性，分析了吐鲁番厅乡约形象的生成过程。他认为在清末吐鲁番厅的档案文书中，乡约制度在选任、任期、形象上存在虚构现象，遮蔽了乡约在基层治理中的贡献。天津师范大学曹志敏以《新疆图志》为例，指出历史档案在地方方志的编纂中的作用。他认为地方的官私档案是方志纂写的重要来源，并呼吁专家学者在方志研究中应重视对档案的利用。西华师范大学苟德仪通过系统梳理南部档案中的土地量词，详细考证这些量词的涵义，指出这一研究折射出清代基层社会的多歧性、复杂性、区域性特征，对研究清代西南区域的经济问题大有裨益。西华师范大学左平以《南部档案》为例，认为只有加强科研力量强大的高校与地方档案馆之间的合作，才能进一步推动档案整理与研究事业的新发展。西华师范大学杨小平及其弟子就南部档案中存在的大量俗字俗语进行了考证与分析，向大会提交了多篇文章，考证了个别俗字在当时的书写用法，对推动南部档案的整理和研究具有重要意义。西华师范大学吕兴邦借助松滋县民国档案对江汉平原特有的垸进行深入剖析，聚焦垸的区乡保行政与水利行政的动态关系，认为两种类型的行政内部利益错综复杂，其背后则是拥有大量土地和商业往来的强宗大族之间的利益权衡。西华师范大学刘艳伟通过南部档案，考察了州县地方政府在童试中扮演的角色，主要包括发布试期、考场规则信息，又要召集人员负责考务、置办考试用具、布置考场，还要维护秩序，为研究科举制度提供了新路径。华中师范大学在读博士李升涛通过爬梳南部档案中的相关资料，探讨了清代中后期南部县养猪户、屠户、猪客与地方猪市的问题，作者认为养猪户从市场购入、销售生猪，偷猪贼通过市场处理赃猪，屠户与猪客在市场中达成交易，正是他们不断往复的购入、销售生猪，沟通了城与乡、家庭与市场、本地和外地市场，也使得场市逐步成为农村经济中心地。这对于研究清后期区域市镇的问题提供了重要视角。贵州师范大学徐子越将契约文书与民间司法相结合，认为在贵州清水江流域，组成“法”秩序的不仅是国家制定法，还包括民间社会推行的非正式法律制度，真实反映了民间社会的司法样态。孔子博物馆鲁凤以孔府档案为基础，结合其他史料考证了曲阜县知县从世袭制到世职制再到流官制变革的过程。中国政法大学林乾将包世臣所著的“书三案始末”中的段李氏命案与官方档案进行对比互证，认为是由于州县官的断案不公，上下之间官官相护导致了官方记录的原委、始末、与事实真相相距甚远，从而透视了嘉道时期司法危机背后的深层制度性原因。

对契约文书、家谱族谱、敦煌文书、古籍纸背文献、日记等特色文献进行探讨也是这次会议的重要内容。广西师范大学出版社宾长初指出，出版社对特色文献的整理出版能够促进学术研究的深化与发展，推动学术研究范式的转型，拓宽学术研究的领域，实现研究方法的突破，所以推动学术研究与出版社之间的良性互动是非常必要的。广西师范大学出版社鲁朝阳介绍了海外与中国研究相关的文献具有较高史料价值，它能与国内的相关研究在内容上形成互补、互证，从而达到更加完整的研究成果体系，同时呼吁更多学者共同致力这些文献引入国内，更好地为历史研究和社会服务。河北师范大学耿洪利就公文纸本古籍文献的类型、特点、收藏、分布和搜集方法做了系统的总结，指出公文纸本古籍纸背文献能为学界提供更多的史学资料，呼吁各界人士对这一传世古籍加以关注。中山大学盛承以《湖北天门熊氏契约文书》中的土地交易契约为依托，从税粮的具体表述形式出发，归纳了契约中税粮起科类型的演变，解析了其产生的历史过程与制度渊源，进而探讨了契约中税粮的相关问题。四川省社会科学院张彦、姚刚借助成都房地产档案馆珍藏的清代、民国房契解读了城市发展变迁的诸多因素，同时也以成都城市房契文化为视角，探讨了该城市从晚清到民国时期的近代化转型问题。四川省社科院苏东来也通过对成都市房管局房契的研读，揭示了房产契约在川西地区宗族关系、社会习俗等方面的独特性。四川师范大学王川通过戴新三先生的《拉萨日记》，以“小人物”的亲身经历，从微观角度考察了民国后期西藏地方与中央政府之间的关系。西华师范大学蔡东洲对武胜《段氏族谱》的编撰过程和内容特征做了翔实的考察，认为可借此研究蓬、遂、武、合、南五地在转折时期的历史，以及嘉陵江沿岸的社会发展过程。西华师范大学王使臻以敦煌文书中的杨洞芊写本为研究对象，并结合其他特色文献，总结了宋代敦煌孔目官文书的相关职责。邯郸学院邹蓓蓓以地方识字类蒙书为文本，透视了在特定时代下民众的思想、社会心态、文化心理、道德观念、价值取向的发展变化，对当今构建社会主义核心价值观具有重要的借鉴意义。江西省博物馆高劲松等学者根据赣南过继文书的组成、民间过继的类型以及过继的本质揭示了宗族内过继承祧的行为方式，反映了各地方民族风俗的差异，同时也探讨了国人的传统信仰。

与会学者还对《全元诗》《三国志·诸葛亮传》《朱文公家礼》等文献进行研究，有的还讨论了一些具体的历史问题。延安大学杨绍固就《全元诗》中收录在偰逊名下 120 首诗进行精细考证，指出《高秋感兴》《岁暮杂述》《书感》的作者并非偰逊，这是辑录者对朝鲜半岛的古代诗人和古典文献不熟悉的缘故，同时告诫当今学者在研究过程中要有大胆质疑的精神。北京师范大学单磊以赵翼诸种著作为着手点，考述了史学家在著作中所营造的学术生态与群落结构，并认为这种群落结构是著作中所体现的思想、情趣、成就、风格以及方法。兰州大学崔峰耀利用陈寿的著作《诸葛亮传》，阐述了诸葛亮的治国理政之才、蜀政之善，并借此折射出陈寿的治国理念。西华师范大学周兴着眼于朱熹《家礼》，将儒家的义理落实到日常生活，并指出朱子的家教思想对当今社会主义价值观的培养具有借鉴意义。西华师范大学金生杨教授认为遂宁张氏家族在为官、教育、品行等方面对后世影响深远，对研究明清巴蜀地方历史具有重要的参考意义。广东工业大学黄庆林认为在“裴景福事件”中清政府的处理措施失当，将内政与外务混淆，而且无力约束地方官吏。同时新闻报刊又借机发挥舆论功能，进而达到了为新政改革助威的目的。西华师范大学董清平就民国时期盐运失事、保险赔偿纠纷、官商协议三方面着手，揭示了官方在社会纠纷中的协调能力以及盐运风险管理的实态，并指出在中国近代的市场化模式下，政府干预是经济发展的重要因素。曲阜师范大学林家伟对明代孔府屯集钦拨进行考证，证实了明代屯集的出现并非国家钦赐行为，而是民间为顺应孔府祭田经济发展而进行的活动。曲阜师范大学王越对孔府屯集与义集两种集市的分类和特点进行论述，指出屯集具有官方性质，而义集不仅要承担屯集的责任还要兼具民集的双重身份。限于篇幅，还有个别作者的精彩观点，不再一一介绍。

纵观本次学术研讨会，有以下几个特点：一是与会代表具有广泛性，既有来自全国高校、地方社会科学院的专家学者，又有来自出版社、博物馆、档案馆、旅游景区的文史工作者；二是学术交流体现了多学科性，学者们多从档案学、文献学、文学、法学、政治学、经济学等方面来探讨历史问题，这种打破壁垒的对话，对深入研究相关问题非常有益；三是历史档案与特色文献是本次会议的亮点，既有《巴县档案》《南部档案》《清水江文书》《湖北松滋档案》《清代新疆档案资料选辑》等，又有家谱、日记、契约、红色指示等特色文献，专家们就历史档案与特色文献的整理、研究、创新等方面提出了宝贵意见。

通过本次学术研讨会，对历史档案与特色文献的研究取得了新的进展。在未来的研究中需要注意以下几点：首先，“尽信档案不如无档案”，无论是记事还是治史，研究者要以一种审视、辩证的态度考证档案的真实性，要尽可能完整全面地掌握相关记载，以期史实真相能全方位多层次的展开。其次，加强跨学科的对话是时代发展的必然，国家和有关单位应该积极支持这类学术会议的举办。最后，历史档案与特色文献的研究任重道远，希望有更多的年轻学者关注这方面的动态，充实研究队伍，做出更大贡献。

图书在版编目(CIP)数据

地方档案与社会治理．第一辑 / 西华师范大学中华档案文献研究院编.—成都 ：巴蜀书社，2021.9

ISBN 978－7－5531－1530－6

Ⅰ.①地… Ⅱ.①西… Ⅲ.①地方档案—中国—文集 ②地方政府—社会管理—中国—文集 Ⅳ.①G279.27－53②D625－53

中国版本图书馆 CIP 数据核字(2021)第 168949 号

地方档案与社会治理(第一辑)

DIFANG DANGAN YU SHEHUI ZHILI DIYIJI　西华师范大学中华档案文献研究院　编

责任编辑	谢正强
封面设计	墨创文化
出　　版	巴蜀书社 成都市槐树街 2 号　邮编：610031 总编室电话：(028)86259397
网　　址	www.bsbook.com
发　　行	巴蜀书社 发行科电话：(028)86259422　86259423
经　　销	新华书店
照　　排	成都完美科技有限责任公司
印　　刷	成都顺印天下数字印刷有限公司
版　　次	2022 年 1 月第 1 版
印　　次	2022 年 1 月第 1 次印刷
成品尺寸	185mm×260mm
印　　张	19
字　　数	450 千
书　　号	ISBN 978－7－5531－1530－6
定　　价	88.00 元

本书如有印装质量问题，请与印刷厂调换